本 书 幸 承

教育部教师工作司

东北师范大学教师教育研究院

东北师范大学教师教育省部共建协同创新中心

资助

谨此致谢！

2019年度教育部教师工作司委托项目“教师教育政策文献研究”（JSSKT2019022）
2019年度国家社会科学基金教育学重大招标课题“新时代中国教育高质量发展的路径和对策研究”（VFA190004）

中国教师发展报告2019

中小学教师队伍建设的成就、挑战与举措

李　广　柳海民　等◎著

科学出版社
北　京

内 容 简 介

加强中小学教师队伍建设是促进教育改革创新与高质量发展的重要途径。本书是在教育部教师工作司的指导下，依托东北师范大学教师教育省部共建协同创新中心、教师教育研究院，对我国8个省（自治区）城乡中小学充分调研的基础上，经课题组专家团队近两年精心打磨而成。调研对象为涵盖小学、初中、高中三个学段的一万余名教师，调研内容聚焦于我国中小学教师师德修养、工作强度、教学能力、社会声望、薪酬待遇等。实证调查与文献分析相结合，自主开发、研制了调研工具，并通过大规模实地调研与走访，获取了翔实可靠的第一手数据资料。在深入挖掘数据的基础上，全面、客观地分析了我国中小学教师队伍生存、发展的真实样态，总结了我国中小学教师队伍建设取得的一系列成就，细致、深入地剖析了我国中小学教师队伍建设中存在的重点、难点问题，在此基础上展开理论探讨，进行理性分析，提出了解决我国中小学教师队伍建设问题的有效策略与建议。

本书适合教师教育研究者、教师教育政策研制者、中小学教师阅读与参考，同时也对关注中国教师发展的其他读者有参考价值。

图书在版编目（CIP）数据

中国教师发展报告2019：中小学教师队伍建设的成就、挑战与举措 / 李广等著. —北京：科学出版社，2020.9
ISBN 978-7-03-065941-5

Ⅰ. ①中… Ⅱ. ①李… Ⅲ. ①中小学–师资队伍建设–研究报告–中国–2019 Ⅳ. ①G635.12

中国版本图书馆CIP数据核字（2020）第161069号

责任编辑：孙文影　高丽丽 / 责任校对：杨　然
责任印制：李　彤 / 封面设计：润一文化

科学出版社 出版
北京东黄城根北街16号
邮政编码：100717
http：// www.sciencep.com
北京建宏印刷有限公司 印刷
科学出版社发行　各地新华书店经销
*
2020年9月第　一　版　开本：720×1000　B5
2020年11月第二次印刷　印张：22 1/4
字数：430 000
定价：148.00元
（如有印装质量问题，我社负责调换）

前　言

党的十九大报告提出了中国发展新的历史方位——中国特色社会主义新时代。我国的主要矛盾转变为人民日益增长的美好生活需要和不平衡不充分的发展之间的矛盾，我国经济已由高速增长阶段转向高质量发展阶段，必须坚持质量第一、效益优先，以供给侧结构性改革为主线，推动经济发展质量变革、效率变革、动力变革，提高全要素生产率。2018 提 12 月，习近平总书记在《庆祝改革开放四十周年大会的讲话》中提出“努力实现更高质量、更有效率、更加公平、更可持续的发展”①。实现教育“更加公平、更有质量”发展的前提是必须有一支更有质量的教师队伍。

《中国教育现代化 2035》提出建设高素质专业化创新型教师队伍，将师德师风作为评价教师素质的第一标准，推动师德建设长效化、制度化，提高教师社会地位，完善教师待遇等系列重要举措。教师是立教之本、兴教之源，是塑造灵魂、点化生命的“筑梦人”，是提高教育质量、促进教育公平、推动教育变革的核心力量。

应于新时代新教育的历史转换，“中国教师发展报告”项目课题组敏锐地洞悉国家加强教师队伍建设的时代使命，将连续推出面向全国、基于现实、广谱调查、年有侧重的中国各级各类教师队伍发展现状的调查报告，以为国家的教师教育改革决策提供依据和参考，并以此助力新时代的教师教育创新发展。

《中国教师发展报告 2019：中小学教师队伍建设的成就、挑

① 习近平：在庆祝改革开放四十周年大会上的讲话．新华网．http://www.xinhuanet.com/politics/2018-12/18/c_1123872025.htm［2019-11-15］．

战与举措》以习近平新时代中国特色社会主义思想为指导，遵循《中国教育现代化2035》要求，以建设具有新时代中国特色高质量教师培养培训体系为目标，依托东北师范大学教师教育省部共建协同创新中心、中国农村教育发展研究院开展调查研究，旨在全面、客观地呈现我国中小学教师队伍真实的生存、发展样态，细致、深入了解我国中小学教师队伍建设的重点、难点问题，全力服务国家高质量教师教育发展战略需求，为我国教师教育改进与发展提供有力的理论支撑和智力支持。

本书以全国8个省（自治区）为调研地区，涵盖小学、初中、高中三个学段，主要涉及师德现状、专业发展、社会地位等重要论题，调研地区侧重于我国东部和中部地区，主要内容聚焦于我国中小学教师师德修养、工作强度、教学素养、社会声望和薪酬待遇等方面。这些内容既是我国教师队伍建设的关键问题，也是关乎中小学教师发展的切身问题。全面、客观呈现我国中小学教师队伍的真实情况，突出重点，聚焦难点，破解焦点，是本报告的主要研究特色。

确定项目名称后，课题组旋即成立专家组，涵括教育学、法学、统计学等学科领域，在借鉴、吸收已有研究报告的基础上，设计、开发了调研工具——中国教师发展问卷和访谈提纲，包括校长卷、教师卷、家长卷以及社会人士卷。从提出研究问题到调研工具的研发、调试与确定，前后耗时逾半年，研讨30余次。2018年秋季始，项目组分批奔赴目标地区开展调研。为更广泛、更全面地收集到真实和具体的研究数据，调查遵循随机抽样原则，在我国东北、西北、华南和华东地区共8个省（自治区）11个城市调研取样，实地调研54所学校，其中小学33所、初中15所、普通高中6所；含九年一贯制学校、完全中学若干；教师卷总样本量为12 348人，其中女教师9684人，男教师2593人，71人数据为缺失值。接受调研的教师中，年龄在35～45岁的教师居多，教龄在15～25年的教师居多；职称为中教一级（或小教高级）的教师较多；公办学校的教师较多。同时，项目组还实地访谈了323人，其中小学教师170人，初中教师85人，普通高中教师68人，含教育局局长、校长、家长若干人，样本覆盖面较广，具有一定的广泛性和代表性。

本书的最大特点是开发、研制了调研工具，通过大规模实地调研与走访，获取了翔实可靠的一手数据资料，这些资料是我国中小学教师工作、生活的真实写照。本书开展了大规模实证研究，以为深入分析我国中小学教师队伍建设现状提供数据支撑和自我认知，为提高教师队伍建设质量和教师教育改革决策提供学术咨询和智力支持。

《荀子·大略》有言："国将兴，必贵师而重傅；贵师而重傅，则法度存。"百年大计，教育为本；教育大计，教师为本。推进教育走向高质量发展时代，建设高质量教师队伍当是起点！

目　　录

绪　论

本书梳理了我国中小学教师队伍在发展过程中取得的一系列成就以及存在的一些问题，并对此提出了有针对性的策略建议。绪论部分概括呈现了上述内容，读者可总结性了解本书的主要内容。

一、取得的成就

（一）教师教育政策关注的重点突出

1. 提高度：师德成为“第一标准”

教师大计，师德为本，师德师风已成为评价高素质教师队伍的第一标准。2012年以来，教师的师德建设越来越受到重视，国家连续发布重要文件强调师德师风建设是提升教师素质、办好人民满意的教育的首要任务。文件和领导讲话中频繁出现“第一”“首要”这样的字眼，说明国家层面将师德建设提升到前所未有的高度，在当前及今后相当的长一段时间内，师德都是我国的政策热点。具体来看，有关师德师风建设的政策文件有四个方面的特征：①正面倡导与禁令规约并重；②重视长效机制建设，形成常态监测；③双向引导，师德要求落实与尊师氛围形成；④师德规范更强调针对性。

2. 有力度：教师教育方式深化改革

进入新时代，我国在教师教育方式上做了深入的探索，涉及职前培养与职后培训两个重要领域，以下为教师教育改革的主要内容。

（1）职前培养方式多样化。我国倡导职前培养要形成以师范大学为主体，高水平非师范院校和有实力的综合大学共同参与教师教育研究的教师培养体系。

（2）重视职后培训的层次性和覆盖面。党的十八大以来，国家根据教师队伍现状，针对一线教师、班主任、校长等不同的教师群体开展中小学骨干教师培训、名师培训、班主任培训、骨干校长和名校长培训，增强了培训的层次性和针对性。

（3）培训结构趋于合理，培训要求科学规范。国家对于中小学和幼儿园教师培训的层次、学时数、参训周期、学习内容、学习方式、反馈评价等方面都做出了要求，培训结构越来越合理。

3. 新动能：教师素养体现时代要求

“新动能”是经济学领域的词汇，后来逐渐被应用到社会学、教育学等领域。在这里，教师专业素养发展方面的新表达、新要求、新业态、新动因等都可以被称作新动能。当前，我国对教师素养的要求呈现出鲜明的时代特点。

（1）形成新的教师素养表达。教师素养包括职业道德、知识、能力、理念等方面。要建立具有中国特色的教师教育体系，培养中国好老师，首先要凝练出中国教师的特色表达。习近平总书记先后用“大先生”①“筑梦人”②“引路人”③等表现力极强的称谓表达对广大教师的殷切期望，并提出“四有好老师”④“四个引路人”⑤“四个相统一”⑥，在师德师风、教书育人素质等方面提出了时代要求。另外，在教师职业发展的梯度上，我国提出了骨干教师、卓越教师、教育家型教师等说法，尤其是第一次提出教育家型教师，为广大教师提升自身专业素养指明了方向。

（2）重拾具有中国特色的教师素质要求。通过鼓励师范生招生的二次选拔，招收乐教、适教、善教的优秀学生就读师范专业。更加注重促使师范生进行有质量的教育教学实践，强化钢笔字、毛笔字、粉笔字和普通话等教学基本功和教学技能训练。推进新时代教师培养供给侧结构性改革，突出专业化，分类培养专业突出、底蕴深厚的卓越中学教师，以及素养全面、专长发展的卓越小学教师，继承我国养成教育的传统培养模式。另外，提出要定向培养“一专多能”的乡村教师，解决乡村教育面临的特殊问题。

（3）重视教师的信息素养。素质教育、新课程改革、核心素养等教育改革以及互联网、人工智能等新技术的发展不断地重塑着教育形态，对教师的专业素养提出了新的要求。

4. 补短板：专项建设乡村教师队伍

（1）乡村振兴战略背景下国家对教师队伍建设的高度重视。在实施乡村振兴战略的大背景下，2015 年，《国务院办公厅关于印发乡村教师支持计划（2015—2020 年）的通知》提出要把乡村教师队伍建设摆在优先发展的战略位置。

---

① 习近平寄语教师金句：要成为塑造学生的“大先生”. 人民网. http://cpc. people.com.cn/xuexi/n1/2018/0906/c421030-30276689.html [2018-09-07].

② 习近平同北京师范大学师生代表座谈时的讲话. 中国新闻网. http://www.chinanews.com/gn/2014/09-10/6575002_3.shtml [2014-09-10].

③ 习近平回八一学校拜访师生 四个“引路人”领航科教兴国战略. 中国青年网. http://news.youth.cn/gn/201609/t20160910_8643355_1.html [2016-09-10].

④ 习近平同北京师范大学师生代表座谈时的讲话. 中国新闻网. http://www.chinanews.com/gn/2014/09-10/6575002_3.shtml [2014-09-10].

⑤ 习近平回八一学校拜访师生 四个“引路人”领航科教兴国战略. 中国青年网. http://news.youth.cn/gn/201609/t20160910_8643355_1.html [2016-09-10].

⑥ 习近平主持召开学校思想政治理论课教师座谈会. 央视网. http://news.cctv.com/2019/03/18/ARTIQfuAgYriqdIP8wfUszCe190318.shtml [2019-03-18].

（2）明确突出问题，提出针对性措施。乡村教育问题是一个极为重要的现实问题，也是当前教育体系中的一个薄弱环节。提高乡村教育质量的关键在于提升乡村教师队伍的整体素质，当前乡村教师的问题可凝练为一句话——如何“下得来、留得住、教得好”。《乡村教师支持计划（2015—2020年）》中对“下得来、留得住、教得好”的问题单列条目进行了详细规定：提高乡村教师生活待遇；拓展乡村教师补充渠道；全面提升乡村教师能力素质；等等。《教师教育振兴行动计划（2018—2022年）》单列“乡村教师素质提高行动”条目，从乡村教师的补充、培训等方面进行了规定。国家通过乡村教师公费定向培养机制、特岗计划、“三支一扶”计划、“银龄讲学计划”等多种途径加大乡村教师补充力度，以缓解乡村学校缺岗缺人的问题；不断提高乡村教师的生活待遇，落实乡村教师生活补助政策，尤其是解决乡村教师的住房与保险问题，让乡村教师“留得住”；建立县、区乡村教师专业发展的支持服务体系，加强教师职后培训，注重新课标、新教材和教育观念、教学方法培训，提高培训的实效性，提升教师的专业水平，为教师“教得好”助力。

（二）教师教育研究成果丰硕

1. 围绕“德”，重点突出师德建设举措

（1）全面认识师德现状。
（2）突出师德评价的作用。
（3）借鉴师德建设域外经验。
（4）构建新时代师德建设本土方案。
（5）探索师德建设政策逻辑。

2. 围绕“能”，全面把握教师教学能力现状

（1）进行教学能力的本体透视。
（2）建构教学能力提升对策。

3. 围绕“培”，深度探索教师培训有效路径

（1）深度把握教师培训现状及问题。
（2）多举措改善教师培训。

4. 围绕“劳”，积极关注教师工作强度

（1）多学科视角下的教师工作投入成为研究新热点。教育学关注教师工作投入现状、影响因素及对策研究，心理学关注教师工作投入的影响因素及干预研究。

（2）以减负为抓手探讨减轻教师工作强度的有效策略。

（3）情感劳动成为教师劳动研究的新领域。

5. 围绕“酬”，持续改善教师薪酬待遇

（1）全面了解教师薪酬待遇状况。

（2）系统探索薪酬待遇提升路径。

（3）深入研究绩效工资实施策略。

6. 围绕“誉”，多维勾勒教师社会声望

（1）探讨教师社会声望本体意蕴。

（2）研究教师社会声望提升策略。

（3）借鉴国际经验提升教师社会声望。

（三）教师队伍数量与结构整体向好

1. 教师队伍建设逐年向好

（1）从我国2012—2017年教师队伍的统计数据来看，普通中小学教师队伍在不同年段、城乡、地区的教师数量分布，以及性别结构、年龄结构、职称结构、学历结构、师生比结构、学科结构等方面都取得了重大成就。

（2）在数量上，整体保持一个相对稳定的数量，呈现稳中上升的趋势。

（3）在结构上，逐渐优化、合理，如随着年段的升高，性别比例逐渐均衡；年龄结构和职称结构总体上呈现出较为合理的倒“U”形分布形态；学历整体水平逐年提高，呈上升趋势；对于学科结构，体育、艺术、综合实践活动等“小学科”教师所占比例呈现升高趋势，且城乡之间在学科结构上的差别不大；等等。

2. 教师队伍数量日益壮大

（1）专任教师数量稳步增加。2012—2017年，全国中小学专任教师年段分布

的总体状况是：小学、初中和普通高中专任教师数量基本稳定，并呈现增长趋势。2017年，普通中小学专任教师有1126.76万人，相比2012年增长了58.27万人，发展态势良好。

（2）乡村教师队伍建设得到加强。2012—2017年，全国中小学专任教师城乡分布的总体状况是，小学专任教师多数在农村，初中专任教师多数在县镇，而高中专任教师多数在城市。农村教师数量虽有所下降，但从生师比状况来看，农村教师队伍逐渐得到加强。根据2012—2017年我国普通中小学生师比的城乡状况，无论是小学阶段还是初中阶段，我国的生师比均呈现出逐渐下降的趋势，表明中小学教师数量逐渐增多，师资配置趋于合理。

（3）东部地区教师数量稳定增长，西部地区教师数量快速增长。2013—2017年，全国普通中小学专任教师数量地区分布的总体状况为东部>中部>西部。

3. 教师队伍结构逐步优化

（1）初高中男女教师比例基本均衡。

（2）我国普通中小学教师年龄结构总体呈现出较为合理的倒“U”形的分布形态，即中青年（35～49岁）教师居多，34岁及以下和50岁及以上的教师略少。

（3）学历整体水平逐年上升。我国普通中小学教师学历层次趋向合理，硕士、本科学历的教师占比逐年递增，专科教师及高中阶段毕业及以下的教师数量在逐年减少，教师的学历合格率不断上升，高学历教师占比也逐年递增。从不同年段的数据看：小学阶段，我国小学教师队伍中专科学历占比逐年下降，本科学历教师占主体；初中阶段，本科及以上学历的教师占据绝对优势，呈现逐年递增趋势；高中阶段，研究生学历的教师数量逐年增加。2017年，小学、初中、普通高中专任教师的学历合格率分别达到99.96%、99.83%、98.15%，其中，有95.26%的小学教师取得专科以上学历，84.62%的初中教师取得本科及以上学历，8.94%的普通高中教师具有研究生学历。

（4）职称结构趋向合理。中小学教师职称结构呈正态分布，中小学一级、二级职称教师数量较多，而高级和三级职称教师较少。

（5）主科比例下降，小学科比例上升。我国城乡及各年段都呈现语文、数学等主科教师比例下降，体育、艺术、综合实践活动等“小学科”教师比例增大的趋势，并且城乡之间在教师学科结构上差别不大，表明我国普通中小学教师学科结构逐步合理，有利于学生的全面发展和综合素质的提升。

（四）教师师德修养不断提高

1. 绝大多数教师有正确的职业理解与认识

（1）绝大多数教师热爱教师职业。调查结果显示，56.75%的教师表示喜欢教师这一职业，不会放弃，即一半以上的中小学教师喜欢自己所从事的职业。65.44%的教师认为教师职业的意义在于与学生共同成长，表明大部分教师认可自己职业的意义源于与学生之间互动的过程或者结果，很少一部分教师将教师职业视为谋生的手段。

（2）教师职业选择的自愿性强、动机各异。调查发现，对于选择教师这一职业的原因，21.73%的教师是因为教师职业的吸引；20.09%的教师是因为家庭的影响；16.23%的教师源于教师榜样的引领；19.26%的教师是因为儿时的梦想；12.96%的教师是因为没有更好的选择；9.66%的教师是因为听取了他人的建议。大多数教师对于为什么从事教师行业有清晰的认知，对于这部分人来说，无论是自我对教师职业的认识，还是受家庭、社会的影响，他们都认为教师职业的吸引力很大。

（3）多数教师对专业发展重要性的认同度高。调查发现，有66.23%的教师非常认同教师职业的专业性和独特性特点，应该注重自身的专业发展；28.25%的教师表示比较认同这一观点。这一结果表明，现代中小学教师几乎都将教师职业视为高度专业化和具有独特特征的职业，并非人人皆可从事这一职业。

（4）多数教师具备团队合作意识。调查发现，61.66%的教师在教学过程中会与同事开展团队合作；20.57%的教师认为这一要求与自己比较相符；极少数教师不会与同事展开团队合作。我们通过调查还发现，教师是否具有团队合作精神，与教师的学历和所教科目相关不显著。因此，教师是否具备团队合作精神与教师学历和所教科目不存在相关关系。

2. 绝大多数教师有以生为本的学生观

（1）关心学生的安全。我们通过调查发现，在学生生命受到威胁的时候，62.53%的教师会像李芳那样选择牺牲自己保护学生。[①]这一结果表明，大多数教师有保护学生生命安全的责任意识。

（2）尊重学生的人格。调查结果表明，近一半教师认为对学生进行体罚是一种不可取的教育方式，应该以尊重学生人格的方式对其进行教育。

---

① 河南省李芳老师护送学生离校返家，途中遇到无牌照三轮摩托车闯红灯急速驶来，她奋不顾身冲上前去用自己的身体挡护学生，遭到严重撞击，经多方抢救无效逝世。

（3）教师有正确的学生发展理念。

3. 绝大多数教师注重学生全面发展

（1）调查结果显示，在教师对学生进行评价时，有71.53%的教师以学生的全面发展作为评价学生的重要依据。

（2）多数教师尊重学生的个体差异。我们通过调查发现，大多数的教师能够充分了解学生的身心发展并尊重学生的个体差异，施予适当的教育，但还有一部分教师对此持不确定的态度或认为自己不符合该情况。

4. 教师自身修养水平较高

（1）多数教师具有爱心和责任心。调查发现，61.9%的教师表示会利用自己的休息时间对学生提出的问题进行解答。这一结果表明，大部分教师对学生是高度负责的，愿意牺牲自己的部分利益去帮助学生。

（2）多数教师对待工作和生活的态度乐观。调查结果显示，有48.56%的教师认为自己会乐观地面对工作中的困难；36.9%的教师认为这一行为与自己符合。从中可以看出，绝大部分教师能够积极面对工作中的困难，对职业生活持一种乐观的态度。

（3）多数教师的自我情绪管理能力较强。调查结果显示，48.91%的教师认为自己完全可以找到适合自己的调节方式；39.78%的教师认为这一要求与自己比较符合。这一数据与教师拥有积极乐观的生活态度具有高度一致性，说明乐观的人更能管理好自己的情绪，在工作中收获一份恬静。

（4）多数教师的自我提升意识较强。调查发现，对于教师能否与时俱进地设定专业发展目标并努力实现，49.01%的教师认为这一要求与自己的行为完全符合；41.53%的教师认为这一要求与自己的行为比较符合。

（5）多数教师注重自身的仪表和言行。调查发现，77.16%的教师认为自己在教学中衣着整齐、行为得体；18.85%的教师认为注重自身仪表和言行这一行为与自己比较符合。这一结果表明，中小学教师几乎都关注自己的外在形象，希望以一种良好、得体的形象示人。

（五）教师教学能力整体较强

1. 总体来看，教师的教学能力较强

研究发现，教师教学能力的总均值为4.19，其中，教学设计能力、教学实施

能力、教学调控能力、课程资源开发能力和教学研究能力各维度的均值分别为4.44、4.30、4.23、4.33和3.59。由此可见，在教师教学能力的五个维度中，教师的教学设计能力表现最为突出，其次是教师的课程资源开发能力，而教师的教学研究能力处于末位，相对较弱，亟待提高。

2. 教师教学能力的五个维度发展势态良好

（1）教师的教学设计能力、教学实施能力、教学调控能力、课程资源开发能力较强，四个维度的均值均高于教师教学能力的总均值4.19，总体表现情况较好。

（2）教师的教学研究能力有待提高，但在教学研究能力方面教师的创新能力较强。调查结果显示，教师的教学研究能力维度的均值为3.59，低于教师教学能力的总均值4.19。其中，教师的创新能力指标的均值为4.13。

3. 教师教学能力虽有地域差异，但中部地区与城市教师的能力水平高

（1）在区域上，中部地区教师的教学能力较强。调查结果表明，中部地区教师的教学能力均值为4.14。

（2）城市教师的教学能力较强。调查结果表明，城市教师的教学能力均值为4.21。

（六）广大教师具有无私奉献精神

1. 广大教师在下班后、假期时间仍然选择为工作付出

（1）多数教师的日常工作时间较长。调查发现，仅有49.95%的教师每天在校工作时长在法定范围内，有超过半数的教师每天工作时长超过国家法定在校时长（8小时），相当大比例的教师每日在校工作时间在10小时以上。

（2）教师正常工作日下班后并未完全脱离工作环境。调查结果显示，82.89%的教师在下班后花费2个小时以内的时间继续工作，约17.11%的教师在下班后花费2小时以上的时间继续工作。

（3）多数教师利用假期时间工作。调查显示，教师一个月内周末加班天数均值为1.56天，中小学教师在周末平均花费6.32小时用来工作；寒暑假不加班的教师不足总体的1/5，大多数教师在寒暑假都继续完成与工作相关的事宜。

综上所述，广大教师不仅遵守了国家法定在校时长的要求，而且利用自己的休息时间继续为教育工作付出，这种奉献精神难能可贵。

2. 广大教师肩负了多项工作任务

（1）教师完成了多方面的日常工作任务。调查显示，教师每周的工作量很大，与教学相关的任务包括备课上课、班级管理、辅导学生、批改作业、教研科研，非教学相关的任务包括家校沟通、比赛交流、教师培训、写心得笔记、备检迎检、扶贫等。

（2）教师在寒暑假也积极参与到各式各样的活动中。调查结果表明，有 64.5%的教师选择准备下学期课程，62.2%的教师选择教师培训活动，49.2%的教师选择自主学习活动，21%的教师选择教研科研活动，18.7%的教师选择家校沟通，14.9%的教师选择扶贫。

由上述两方面调查结果可知，广大教师不但在日常工作中努力完成各项教育教学任务，而且在假期休息时也选择通过多种途径来提升专业能力，这种勤勤恳恳的敬业态度值得钦佩。

3. 教师对于工作能力的自我认知状况良好

本次调查题目采用利克特五点量表设计，从 1 到 5 分别表示“从不”“偶尔”“有一些”“经常”“非常频繁”。分值越高，表示教师对工作能力的自我认知水平越乐观。调查结果显示，教师对工作能力的自我认知水平的均值普遍介于“经常”与“非常频繁”之间，即他们普遍认为自己能有效处理工作中的各种问题；自己在师生关系上经常能营造一种轻松的氛围；自己的工作对学生成长有积极的影响。

（七）教师薪酬待遇得到基本保障

1. 教师月工资足额按时发放

调查发现，教师月平均工资为 4324.61 元，其中，月工资超过 5000 元的教师占样本总体的 32.39%；月工资不高于 4000 元（含 4000 元）的占 53.32%，月工资不高于 2000 元（含 2000 元）的约占 2.80%。这一结果表明，部分教师月工资较低的原因可能与地区分布、不同学段、不同职称间存在差异有关，但工资会足额按时发放。东部地区教师的月平均工资为 5133.17 元，而中部地区教师的月平均工资为 4095.32 元，西部地区教师的月平均工资为 3665.08 元。

2. 班主任津贴发放整体状况良好

从整体来看，班主任津贴的差异较大，主要是因为部分教师的班主任津贴较高。班主任津贴收入的中值为260元；不低于600元（含600元）的有2509人，约占总体的20.32%，其中不低于1000元（含1000元）的有689人，占总体的5.58%；不高于100元（含100元）的有2997人，约占总体的24.27%。班主任津贴收入为0元的教师约占总体的11.76%。这一结果表明，超过1/10左右的教师未享有班主任津贴。

3. 教师薪酬满意度随着教龄的增加有提高的趋势

相关分析发现，与能力和劳动量相比，教师对薪酬的满意度与教师的教龄呈显著相关，教师的教龄越长，对薪酬的满意度就越高。调查结果显示，从整体情况看，在平均教龄增加的情况下，教师对薪酬的满意度有所上升。

（八）社会对教师职业的认同度高

1. 社会人士对中小学教师社会声望的评价相对较高

调查数据显示，社会人士对中小学教师社会声望的评价（M=3.22）显著高于教师的自我评价（M=2.47）（问卷采用利克特五点量表设计，从1至5表示评价等级越来越高）。社会人士中，认为中小学教师社会声望高的占16.25%，认为中小学教师社会声望为中等水平的占35.45%，认为中小学教师社会声望低的占48.30%。

2. 教师整体表现出较高的职业认同感，具体体现在较为良好的角色价值观、较强的职业归属感以及较高的职业自尊感

（1）多数教师具有良好的角色价值观。调查结果显示，33.63%的教师认为教师工作带来了高水平的自豪感，33.55%的教师认为工作带来了中等水平的自豪感，而认为自豪感为较低等级或最低等级的教师仅分别占18.54%和14.28%。

（2）教师整体具有较强的职业归属感。调查中，教师对于“当有人指责教师群体时，我感到自己受到侮辱”这一问题的回答均值为4.22，有84.08%的教师表示会感到自己受到侮辱，仅有8.24%的教师表示不确定，7.68%的教师表示不会受到影响。

（3）教师整体表现出较强的职业自尊感。调查表明，职业声誉深受绝大多数教师重视（M=4.41），89.72%的教师高度重视自己的职业声誉，仅有3.43%的教师持相反态度，另外有6.85%的教师表示重视程度一般。

3. 相对教师而言社会人士对教师的职业魅力给予了更高评价

（1）社会人士倾向于认为中小学教师较受尊重。调查问卷中，基于“家长对中小学教师的尊重程度”和“我觉得当教师在社会上很受人尊重”两题的数据进行统计，“教师卷”的均值分别为2.66和2.95，“社会人士卷”的均值分别为3.66和3.45（采用利克特五点计分，从1至5表示评价越来越高）。

（2）中小学教师职业的贡献度较高已是共识。调查显示，教师和社会人士一致认为，中小学教师这一职业对社会有着较高的贡献度，其中教师对贡献度的评价均值为4.28，社会人士的评价均值为4.05，都处于较高水平。

（3）社会人士认为中小学教师的职业吸引力更大。调查显示，45.98%的社会人士认为中小学教师职业具有高水平的吸引力，25.15%的教师认为中小学教师职业具有高水平的吸引力，比例明显低于前者。

（4）多数中小学教师对工作待遇的满意度不高。在调查中，31.57%的社会人士认为教师的收入水平不低于公务员收入水平，而教师中则有87.41%的比例认为教师的收入水平低于公务员收入水平，两者的差别较大。

（九）“U-G-S”教师教育模式下区域学校教师专业发展典型个案

“U-G-S”是“师范大学（university）—地方政府（government）—中小学校（school）”的简称。“U-G-S”是由东北师范大学提出并实施的教师教育新模式，由师范大学、地方政府和中小学校合作展开。该模式实施十余年来，在促进师范生培养、中小学教师培训、基础教育课题研究、教师教育者专业发展和教师教育信息平台建设等方面，取得了良好的教育效果和社会效益。实践证明这一模式可以提高师范生教育实践质量，转变教师教育者专业发展范式，并且为创办世界一流师范教育提供了重要的实践基础。

1. 多方联动，明晰角色责任

在长春市南关区区域教师专业发展过程中，大学发挥着理论引领的重要作用，在引领地方教育行政部门、教师进修学校、教研室等的过程中，积极带动中小学教师在教育理论和方法等方面的专业成长。地方教育行政部门及其所辖的教师进修学校、教研室等一方面链接着师范大学的智力资源，另一方面链接着中小学教师专业发展的实践场域，具有重要的中介功能。基础教育实验学校更是教师专业成长的重要场域，是影响教师专业成长的关键要素。

2. 目标带动，多维路径推进

2018 年 7 月，南关区学校邀请全国著名特级教师吴正宪与实验学校的两名教师开展小学五年级数学“比的认识”同课异构活动，在南关区引发了强烈反响，较好地推动了数学教师教学能力的提升，促进了专业发展。同时，实验学校的多位中小学教师受邀担任东北师范大学教师教育研究院的教育实践导师，将自身的专业所得与师范大学的实践需求相对接，有力地促进了双方的共同成长。此外，名师工作室、课程展示、专业研讨等创新性的教研活动，也有力地促进了南关区区域教师专业发展。

3. 任务驱动，破解核心问题

长春市南关区是一个具有深厚教育底蕴、教师文化的文化区域，但教师队伍老化、教师知识结构不合理、教师专业发展动力不足等问题仍制约着南关区区域教师队伍的整体提升。为此，东北师范大学委派专家组开展了全面调研，与南关区教育局一道发现真实问题，探讨解决方案，最终探索出《南关区生态教师队伍建设工程实施方案》，详细规划了发展目标、基本原则、主要任务、实施步骤、预期成果等具体要素，以任务驱动的方式助推教师专业发展。

4. 常态互动，促进互惠交流

在长春市南关区区域教师专业发展项目中，南关区教师经常参与东北师范大学的课堂教学，与各师范专业本科生、硕士研究生、博士研究生等一起探讨教育问题；东北师范大学的教育专家也常常带领博士、硕士研究生团队前往实验学校，与教师一起就某个问题开展集中攻坚、协同研讨。这种常态化的互动，以互惠为基本原则，有力地推动了教师的专业成长。

5. 典型牵动，发挥示范功能

2018 年 12 月，长春市南关区 104 中学孙颖名师工作室、于茜名师工作室开展了系列活动，各校的名师工作室成员积极参与其中，认真聆听了大学教育专家的点评与建议，并就自身专业成长存在的问题、名师工作室建设等与教育专家进行了深入交流，有效地增强了教师的专业自觉。同时，“中小学名师领航工程”的多位全国名师在东北师范大学研修期间，在东北师范大学教育专家的带领下，与实验学校教师就专业发展问题展开交流，以自身的经验为基础，为实验学校教师提供了很好的外部资源。

二、主要问题

（一）教师队伍数量与结构上存在的问题

1. 专任教师数量虽稳步上升，但仍存在一定数量的代课教师，且小学阶段代课教师远多于中学阶段

2017 年，全国中小学仍有 23.34 万代课教师，其中，小学阶段代课教师达到 16.57 万人，占小学教师总量的 3.04%；中学阶段代课教师为 6.77 万人，占中学教师总量的 1.12%，且中小学代课教师数量在 2015 年后均呈现上涨趋势。

2. 乡村教师队伍虽得到加强，但城镇学校的生师比较高

从分城乡数据看，我国城镇的生师比明显高于农村，可以看出，乡村教师的数量还是十分充裕的，但是随着近年来学生不断进入城镇，导致乡村生源较少、城镇班额过大等诸多问题。

3. 教师队伍东部地区稳定增长，西部地区快速增长，但中部地区发展缓慢

中部地区专任教师数量虽然也有所上升，但生师比呈现上升趋势，并逐步超过东、西部地区。同时，中部地区中小学代课教师数量明显高于东、西部地区，且在 2015 年后中部地区代课数量呈现上升趋势，中部地区专任教师队伍发展较为缓慢。

4. 教师队伍在结构上存在失衡问题

（1）小学阶段性别失衡严重，男教师比例整体上逐年下降。2017 年，全国小学男教师比例仅占 32.81%，表明小学阶段女教师数量是男教师的 2 倍之多，初中和高中阶段女教师数量也高于男教师。伴随着女教师越来越多、男教师不断减少，小学教师性别比例失衡成为当前我国教师队伍建设的突出问题。

（2）老年教师比例逐年上升。我国普通中小学教师年龄结构总体呈现出较为合理的倒“U”形的分布形态，但值得注意的问题是，2012—2017 年青年教师比例在初中阶段有小幅下降，高中阶段出现大幅下降，而 50 岁以上老年教师逐年增多。在城乡数据的比较中，城市、县镇和农村都表现出 34 岁以下青年教师比例下

降，而 50 岁以上老年教师比例逐年上升的趋势，尤其是城镇老年教师数量增长迅速，而中年教师比例城市最高，农村最低。

（3）高学历教师比例有待提高。在东、中、西部地区的比较中，各年段中、西部地区教师学历合格率和高学历教师比例均低于东部地区。尤其是在初中阶段，东、中、西部地区本科以上学历的教师比例分别为 89.98%、79.38%、83.31%，中、西部地区本科以上学历的教师比例明显低于东部，其中，中部地区本科以上学历教师的比例最低。

（4）高级职称比例的区域和年段差异明显。2017 年，小学高级职称教师比例仅为 3.69%，而初高中阶段高级职称教师比例分别达到 18.99%、27.68%。在东、中、西部地区的比较中，中部地区小学高级职称教师的比例明显高于东、西部地区，而西部地区小学高级职称教师的占比得到明显提高，西部地区小学高级职称教师的比例甚至高于东部地区。因此，整体上看，我国教师职称结构较为合理，但小学阶段高级职称教师比例较低的现象亟待改善，尤其是表现在中部地区小学阶段。

（5）部分学科教师比例亟须关注。部分学科教师比例存在问题，如普通高中阶段技术（含信息技术和通用技术）学科教师比例呈现出下降趋势，需引起关注。在城乡教师学科结构比较的过程中，初高中阶段语文、数学教师比例在城市、县镇和农村的分布较为均衡，但农村外语教师的比例较低。同时，并没有出现农村“小学科”教师比例较低的现象，甚至农村“小学科”教师比例略高于城市和县镇，表明我国农村教师队伍得到加强，城镇学校在校学生数量大、教师需求高，技术、体育与健康、艺术、综合实践活动“小学科”仍需补充加强。

（二）部分教师的师德修养有待进一步提升

1. 一些教师应进一步树立职业理想

教师职业选择的内部动机有待提升，教师职业理想在一定程度上有弱化的倾向。调查显示，38.67%的教师认为如果可以重新选择职业的话，愿意放弃教师职业而考虑从事其他职业。这也体现了现代社会教师这一职业的吸引力并不大，一些教师对这一职业不是十分热爱。从调查中还可以得知，教师的教龄、职称与教师的身份三者与教师对职业的热爱没有相关关系，也就是说，教师对教育事业的热爱程度没有随着教龄的增长、职称的提升而有所变化，并没有因为教师这一身份而感到自豪，这样的情况不容忽视。本次调查发现，教师对教育事业的热爱与教师是否尊重教育规律的相关性显著。

2. 一些教师应进一步强化保护和尊重学生的意识

（1）部分教师对学生生命安全依旧存有“旁观者”的心态。调查显示，在李芳事件中，当学生的生命受到威胁的时候，38.46%的教师表明不管什么原因都不会采取行动。由此可见，教师对学生的生命安全依旧存有“旁观者”的心态，应该在思想上引起重视。

（2）部分教师对学生缺乏应有的尊重。调查显示，对于教师是否认同体罚学生，教师的观点并不一致，有 27.46%的教师认为体罚是一种必要的教育手段，有 24.73%的教师认为体罚是因为教师生气，这种做法在所难免，可以原谅。对于“教师本人身边是否有同事体罚学生”与事实的符合程度，调查显示，有 12.51%的教师认为比较符合，2.96%的教师认为完全符合。

3. 一些教师应进一步更新教育教学观念

（1）部分教师缺少全面发展的育人观。仍然存在一部分教师以学生的成绩作为评价学生的主要依据；一些教师以学生的能力和个性作为评价学生的主要依据。

（2）部分教师对个性发展教育观的重视程度不够。通过调查可知，教师的学历、职称、教龄与教师是否尊重教育规律存在相关关系。

4. 一些教师应进一步加强职业修养

（1）教育教学过程中教师对学生的关爱程度有待加强。“关爱学生”是中小学教师基本的职业道德规范要求。调查显示，17.1%的教师认为不会利用自己的休息时间与学生交流，这部分教师不会牺牲个人时间关爱学生。

（2）教师的自我专业修养有待提升。通过调查可知，部分教师的自我修养不足，主要表现在教师专业素养、心理素质和个人形象三个方面有待提升。

（三）教师的教学能力发展不均衡

1. 区域教师的教学能力发展不均衡

（1）西部地区教师的职称相对偏低。调查发现，东部地区职称为中教高级（小教特级）的教师数量是西部地区的 3 倍以上，且西部地区职称为中教三级（小教二级）和未定级的教师较多。

（2）西部地区教师编制短缺，代课教师较多。调查发现，东、中部地区在编教师人数均超过总人数的85%，西部地区在编教师人数约为77%，而在代课教师人数上，东、中部地区代课教师人数均不超过总人数的1%，西部地区代课教师人数却远超东、中部地区。

（3）西部地区教师所教班级的班额较大。调查表明，西部地区教师所教班级的班额多在50～60人，所教班级班额为70～80人的教师人数占比超过了东、中部地区。

（4）教师培训机制不健全。调查发现，西部地区许多教师参与最多的是校本教研和校际交流。

2. 与城市相比，乡村教师的教学能力相对较低

（1）乡村教师缺乏提升教学能力的动力。通过访谈发现，部分乡村教师对职称评聘、薪酬待遇以及家长态度等都不够满意，由此影响了他们提升教学能力的积极性。

（2）乡村教学资源的有效应用程度较低。调查发现，大部分乡村学校配备了基础教学设施，但应用的有效程度较低，多数教师对优秀教学资源的需求还是较为迫切的。

（3）国家"特岗计划"教师的教学能力较弱。调查显示，国家"特岗计划"教师多为刚毕业的大学生，虽然其理论知识较好，但缺乏教学的实践经验，教学能力还有待提升；部分国家"特岗计划"教师在服务期满后可以离开当前的工作岗位，责任感不强。

3. 教师的教学研究能力较为薄弱

（1）教学研究课题不由教师自主选择。譬如，在访谈中，W老师说："教学研究是会开展的，但我也没考虑过要研究什么，一般都是学科组或学校统一确定，然后我参与就可以了。"

（2）部分教师对教学研究的流程和方法不够明确。调查数据显示，在研究方法上，大部分教师会使用问卷调查法和经验总结法，但对个案法、文献法等的使用较少。

（3）部分教师对教学研究缺乏正确的认识。我们通过访谈发现，部分教师仅将教学研究视为任务，没有正确认识到教学研究对自身专业发展的价值，譬如，H老师说："教学研究必须得做，跟职称有关。"

（四）多数教师工作强度需要适度调节

1. 教师工作繁琐，非教学工作量偏高

（1）教师的工作繁重。调查结果表明，教师不仅在校工作时间长，还普遍存在加班的情况，通常下班后教师仍需完成其他非教学工作；在寒暑假中，不加班的教师不足总体的1/5。

（2）教师工作任务结构不合理，与教学无关的工作占用了教师大量的时间和精力。调查显示，教师不仅要承担所任教学科的教学相关任务，还为应对各类检查、考核、评比活动耗费了大量时间，非教学任务的繁杂增加了教师的职业倦怠感，削弱了教师的工作价值感；破坏了教师正常的教学秩序；额外的任务给教师增添了工作压力，使得教师不能把重心放在教学上。

2. 教师工作的成就感、价值感与获得感不强

在访谈中，很多教师反映这几年当教师体会不到自豪感，关于教师工作成就感和意义感的调查结果也证实了这一点。调查数据显示，教师对自身工作的热情并不高，部分教师有职业倦怠倾向，甚至一些教师出现了转行退职的想法，当前教师工作的成就感和意义感较差。

3. 教师特别是班主任教师工作压力问题比较突出

（1）班主任教师工作时间长，工作任务重。调查数据显示，班主任教师每天在校工作时间（约9.22小时）明显长于非班主任教师每天在校工作时间（8.78小时）。通过数据分析可知，在周工作任务中，班主任教师与非班主任教师在班级管理、批改作业、家校沟通的时间上存在显著性差异，且班主任教师在这三项上的均值明显高于非班主任教师。

（2）班主任津贴的鼓励性不足。调查结果发现，班主任教师与非班主任教师对于工作量的满意度存在显著差异，即与非班主任教师相比，班主任教师对工作量的满意度更低。

（3）班主任教师身心压力水平较高。调查显示，班主任教师与非班主任教师在身体健康状况认知水平上都存在显著差异，在心理健康状况上，班主任教师与非班主任教师也存在显著差异。

（五）教师薪酬待遇问题仍需完善

1. 教师工资收入总体偏低，地区间差异大

（1）教师的工资收入有待提高。在教师过去一年的总收入调查中，大部分教师收入还处于比较低的水平，约有78%的教师年收入在6万元以下，教师年收入主要分布在4.1万～6万元，约占总体样本的43%。

（2）教师工资收入地区间差异较大。①东、中、西部地区间的差异较大。我们通过调查发现，东部地区教师平均工资约是中部地区的1.25倍，是西部地区的1.4倍。②各省（自治区、直辖市）之间的差异较大。调查显示，教师月平均工资最高的省（自治区、直辖市）和最低的省（自治区、直辖市）之间相差约3000元，收入最高的省（自治区、直辖市）的教师月平均工资约为收入最低省（自治区、直辖市）的2倍。

2. 班主任津贴总体偏低，缺乏增长机制

（1）班主任津贴总体偏低。调查结果显示，约有1/4的教师班主任津贴每月不超过100元，超过1/10的教师没有班主任津贴。

（2）缺乏增长机制。各地方在班主任津贴的数额上有所提升，但提升的比例不大，导致班主任津贴总体偏低，对于班主任津贴何时增、怎么增，都没有一个明确的标准。

3. 满意度不高，工资制度缺乏激励作用

（1）教师对工资收入的满意度不高。调查数据表明，与自身能力、劳动量和当地公务员工资相比，对薪酬较为满意或很满意的教师比例均不到20%。

（2）现有教师工资制度对西部地区教师缺乏激励作用。调查显示，西部地区教师对薪酬的满意度要显著低于中、东部地区教师，西部地区教师的月平均工资为3668.32元，比中、东部地区教师分别低427.10元和1466.29元。

（3）现有教师工资制度对高学历人才缺乏激励作用。调查发现，高学历教师的平均年龄在30～35岁，正处于家庭、事业的建设阶段，对薪酬的满意度低可能会直接导致高学历人才的流失。

4. 存在教师工资政策执行不到位的情况

（1）教师对工资调整政策的及时了解度不高。我们通过调查发现，仅有不到

1/4 的教师认为自己能及时了解工资调整政策。

（2）教师感到工资政策的落实度不高。调查表明，仅有不到 4 成的教师认为自己所在的地区能严格按标准或政策发放教师工资，且仅有 3 成左右的教师认为自己所在地区中小学教师的工资（或部分工资）不存在未兑现的现象。

（3）教师工资政策的执行效果存在群体间偏差。教师对工资政策的了解度随着教师所教学段的升高而降低，城市教师在工资兑现方面的积极感知要高于农村教师等。

（六）中小学教师的社会声望有待改善

1. 中小学教师的社会声望受多方面因素影响

（1）教师的经济地位影响教师的社会声望。调查发现，绝大多数教师表示出对收入待遇的不满，认为工资收入与工作付出不成正比，且低于公务员的平均收入水平。数据分析也表明，教师的经济地位与社会声望呈较强的正相关，教师待遇过低是导致教师职业声望下降的重要因素。

（2）教师队伍的整体师德水平影响教师的社会声望。调查发现，教师对学生的尊重和保护意识仍有提升的空间，部分教师对学生缺乏应有的尊重，对学生的生命安全持“旁观者”心态，以及缺乏全面发展的育人观、个性发展的教育观。

（3）媒体的新闻报道影响教师的社会声望。根据调查，80.12%的教师认为媒体对教师的负面报道降低了教师的社会声望。访谈中，有教师表示，一些事件只是个别现象，大多数教师具备良好的个人素养，在教育工作中兢兢业业、恪尽职守。

（4）尊师重教的文化氛围影响教师的社会声望。调查显示，教师认为自己被尊重的水平处于中等以下，教师在访谈中多次用“弱势群体”形容当前教师职业的特点。

2. 教师职业的魅力有待提升

（1）工作中的“相对剥夺感”会影响教师的整体感知。教师的劳动具有弥散性，工作压力不断增加，而收入水平、福利待遇相对于其他行业中的同学历人员又相对偏低，这会使教师产生相对剥夺感，进而导致其对职业声望的评价偏低。

（2）专业发展的“高原反应”会影响教师的职业评价。调查发现，处于不同发展阶段的教师，从入职期（1～3 年）到稳定期（4～6 年），再到实验和歧变期

（7～15年），对教师职业声望的评价都不高。

（3）重大教育事件的“职业共情”会影响教师对其声望的评价。我们通过调查发现，多数教师认为社会对教师的职业形象期待过高，似乎在以“圣人”的标准对教师予以道德绑架，而在某些教育事件中真正的弱势群体实质上是教师本身；当某些教师被指责或利益受到侵害时，其他教师出于职业共情，也会产生受到侮辱的心理反应，进而导致其对职业声望的评价偏低。

3. 教师的职业认同有待进一步加强

调查发现，城乡教师之间的内向性社会声望格局发生逆转，农村教师不想做教师的想法的比例显著低于城市教师。

三、策略建议

（一）进一步完善教师队伍结构

1. 采取多种举措妥善解决代课教师问题，加强中部地区专任教师队伍建设

中部中小学代课教师数量明显高于东西部，且在2015年后中部代课数量呈现上升趋势，中部专任教师队伍发展较为缓慢。教师队伍结构的差异严重影响着一个地区的教育质量。如何对实施情况进行跟踪调查并加强指导实现更好的政策效果，仍然需要时间和投入去改进和完善。

2. 解决中小学教师在性别、年龄、学历、职称和学科方面的失衡问题

措施主要包括：①加大对小学阶段男教师的关注；②通过科学合理的政策招聘青年教师，为教师队伍注入新鲜的血液；③提高高学历教师比例；④改善小学阶段高级教师比例较低的现象，尤其是中部地区小学阶段；⑤加大对普通高中阶段技术（含信息技术和通用技术）学科教师和农村外语教师的关注。

（二）提高教师的师德修养

1. 研制教师师德修养评价标准

（1）需确定一个科学合理的师德修养评价指标。明确师德修养评价指标的考核点、考核内容，严格约束并监督教师的职业行为和道德规范；要基于师德建设

的目标，对构成师德评价指标的细致内容及预期目标进行定量和定性分析，做到清晰、准确和可测。

（2）师德修养评价标准应具有时代特征，满足新时期教育发展的需要，适应素质教育的发展。根据教育的实际情况制定符合实际、科学严谨的师德评价标准是教师师德修养建设的重要保证。

（3）评价指标应体现内容的全面性。教师师德修养评价的标准体系应由社会行为标准和职业道德标准共同构成，并且在进行评价时要从学生的综合发展上分析教育成效，对教师的教学能力和教学态度进行综合考察。

2. 加强教师师德课程教学建设

（1）以师德为基础来构筑高等师范教育德育的平台。①要从教育劳动的本质出发，增强师范生的职业信念。②要从教育劳动者必备的素养出发，培养师范生的职业品行。③必须关注“师范化的环境”的创设。

（2）高等师范学校应加强师德建设。①高校教师要提高自身的思想政治觉悟，努力学习高等教育理论，树立现代教育观念。②高校要注重培养教师的职业道德，加强师德考核强化政策导向，建立师资管理的激励机制与淘汰机制，营造良好的校园环境。

（3）要加强职前师德培训。高等师范院校应加强职前教师师德修养课程教学方面的建设，具体可以从以下四个方面切入。①认识师德。通过讲座、开设专门的师德课程等多种形式向师范生传递师德要求，强调师德的重要性。②情感陶冶。高等师范院校可以请全国优秀师德模范教师来学校开办讲座，与师范生进行交流，树立师德榜样，并向榜样看齐。③意志锻炼。高等师范院校可以在具体的教学实践中教育师范生践行师德标准以锻炼其师德意志。④行为习惯养成。高等师范院校可以通过师德修养的相关课程与教学使师范生把师德意志自觉转化为育人的师德行为，这是提高师德品质的关键。

（4）改革师范教育，培养创造性人格。教师教育课程应强化对实际教学及教学管理活动案例的解剖和反思，以及在此基础上设计出有个性的教学及管理方案。同时，师范院校应重视对学生的创造能力的考核，鼓励学生去不断追问、不断改变和创新。

综上所述，“教师在培养‘明日教师’的文化专业素质的同时，应将师德的培养纳入教育目标、体制、课程、环境、生活、生源、分配、评价和管理等所有教育环节，并真正落到实处”[①]。

3. 严格教师准入中的师德要求

（1）教育管理部门应把师德建设纳入教师队伍建设整体规划的章程中，严格教师资格准入制度，加大对教师师德修养的考核力度，挑选有真才实学、职业道德良好的人进入教师队伍和岗位，始终保持教师队伍的纯洁性，堵住源头的漏洞。

（2）政府应重视教师准入制度建设，严把入口关，在聘用教师时加强对其师德修养水平的测评与评估，建立科学的测试体系，防止不符合任职资质的人员、师德修养不合格的人员进入教师行业任教，建设一支师德高尚、热爱学生、业务精良、结构合理的教师队伍。

（3）学校本身要强化德育教育的责任感和使命感，认真对教师的道德资质进行考核，打造和持续培育教师队伍的道德优势，让教师队伍真正成为优秀的群体，让德才兼备的教师成为学校的中坚力量，只有这样才能真正创设“教书育人”的良好教学气氛，培养全面发展的人才。

4. 优化教师师德修养提升策略

（1）集中落实《新时代中小学教师职业行为十项准则》的基本内容。①准则需要形成制度体系；②加强对准则的宣传、学习、培训；③要把准则要求落实到教师管理的具体工作中；④强化监督和检查；⑤将准则要求作为教师考核评价的依据之一；⑥坚决查处有违基本职业准则的行为。

（2）创新和完善中小学教师师德修养的长效机制。①创新和完善培训机制以实现师德修养的“知行统一”。一是优化培训内容，提高教师的道德判断能力；二是改进培训方式，灵活对待教师师德培训；三是重构师德修养的培训制度及相关保障。②创新和完善评价机制，以促进教师自觉地加强师德修养。一是注重教师自我评价，提高教师的反思意识，加强自我教育；二是坚持评价主体多元性原则，广泛收集来自学校同事、领导小组和学生、家长的评价意见；三是完善评价制度，改变评价的形式主义，使得对教师师德修养的评价落实到位。③创新和完善监督机制，以形成广泛参与的监督网络。一是加大对学校内部组织的监督力度；二是广泛收集来自学生、家长关于师德师风的建设意见和建议；三是设立师德师风举报箱、公开举报电话，安排具体人员接待群众、处理来信来访，处理好群众意见。

---

① 钱焕琦. 从师德的基本要求出发 构筑高师德育的平台[J]. 高校理论战线，2003（3）：37-39.

（3）强化中小学教师师德自我修养的基本方法。①学习与实践。要学习马克思列宁主义、毛泽东思想、邓小平理论、“三个代表”重要思想、科学发展观、习近平新时代中国特色社会主义思想，中国特色社会主义理论、师德修养理论、教师职业道德规范、专业知识和教育理论，积极投身到社会主义物质文明和精神文明的建设中去，投身教育实践。②尝试与自省。一是教师要在实践中不断尝试；二是教师在吸取经验的过程中，要了解自己的优点和不足，不断自省。③自省与交流。同一所学校的教师之间要相互学习、互相借鉴，强化团队合作意识；在不同学校，要求教师通过互联网进行校际协作互动、资源共享。④交流与慎独。一是要从隐处着眼，从自己的思想深处去寻找最隐蔽的不良思想动机，并与之斗争；二是要从微处着手，防微杜渐，不放过一个错点。

（三）促进教师的教学能力均衡发展

1. 出台西部教师队伍建设振兴专项计划

（1）落实和完善首席教师岗位计划。要加强西部地区教师队伍建设，通过首席教师的引领，带动部分学校教师教学能力的提升，逐步促进西部地区教师教学能力的整体提升。

（2）增加西部地区高级职称教师数量。适当增加西部地区高级职称教师数量，以实现东、中、西部地区三大区域教师岗位结构比例的总体平衡。

（3）适当扩增西部地区教师编制。应按照生师比和班师比相结合的方式核定编制，适当增加西部地区教师编制，并且在有合格教师来源的情况下，应“补编进新”，不可以长期使用代课教师或临聘教师。

（4）完善远程培训机制。可以在进行面对面培训的同时，建立线上教师培训中心，利用信息技术实现远距离培训，提高西部地区教师的培训效率。

2. 有效落实乡村教师队伍建设支持计划

（1）切实提高乡村教师的生活待遇。对教师的生活保障工作要做好，要让教师体面地生活。

（2）拓展乡村教师补充渠道。一方面，应充分发挥优秀退休教师的引领和示范作用，面向社会公开招募一批优秀退休校长、教研员、特级教师、高级教师等到农村义务教育学校讲学；另一方面，应组织优秀的在校大学生到乡村支教，实现多方共赢。

（3）加强对国家“特岗计划”教师的培养。一方面，可以让教学能力强的教师与他们建立师徒关系，以强带弱，提升国家“特岗计划”教师的教学能力；以新促老，增加老教师的教育改革前沿思想和观念以及教育策略方面的知识，从而在合作中实现双赢。另一方面，还要加强对国家“特岗计划”教师的职前、职后培训。

3. 优化教师教学能力提升策略

（1）以“培”促教，完善教师培训的长效机制。要让更多教师参加培训，并且这个培训要具有连贯性和长效性。

（2）以“学”促教，激发教师自主学习的原动力。可建立有效的竞争机制，以竞争激发教师自主学习的原动力。

（3）以“研”促教，加大对研究型教师队伍的建设力度。要组建专业的教师研究团队，共同攻克教学研究难题。

（4）以“评”促教，强化教师的教学评价能力。应充分发挥评价的导向、诊断、激励等作用，提升教师的教学能力。

（四）为广大中小学教师适当减负

1. 国家应出台教师工作量标准

（1）学校要根据标准依法拒绝上级不合理摊派的任务，依规要求“晋级后懈怠”的教师完成必要的工作量，判断教师是否真的“超限工作”，合法发放教师超额劳动的补贴，等等。

（2）从教师工作的核心要素和主要任务模块来考虑制定教师工作量标准。在教师的主体工作方面，主要的任务模块就依据教师日常工作的显性任务群来划分；教师的隐性工作比较难以量化处理，我们可以参考经济合作与发展组织（Organization for Economic Co-operation and Development，OECD）的标准，再根据中国的现实国情来制定。

2. 核编改制，合理配置，为教师减负、减压

（1）解决城乡教师编制问题。①增强农村教师岗位的吸引力，配齐艺术、体育、信息技术、英语等方面的专任教师；②加强寄宿学校管理，聘请校外人员或设置专任编制人员来负责相应的管理工作；③解决农村小规模学校的一师多职问

题，完善师资配置。

（2）改革教师核编标准，为中小学教师合理减负。①合理核定教职工编制。一是在教师编制配备上应考虑多方面的因素，其中教师的工作总量是需要考量的一个重点；二是不能仅仅根据师生比来配备教师编制，应当将班师比/年级情况和学科情况也纳入考虑；三是当教师在社会、家庭等扮演非教师角色时，如开展教学研究、休产假等特殊情况，应将其考虑在教师编制范围内，不可以总是采取让校内其他教师代课的办法解决。②应当盘活事业编制存量。一是推行教师资源共享，可以在区域内推行走教的方式实现资源共享，还可以在地域比较邻近的乡镇之间建立学校共享联盟；二是下放学校用人自主权；三是可以寻求技术突破，通过建立数据库的方式精准对位，实现区域内教师编制的调配。③采取多种形式增加教师总量。一是合理调整用工制度；二是建立教师机动编制；三是增加财政投入，设立专项拨款，通过省区统筹的方式，实现各部门统一协调管理教师编制。

3. 合理约束行政权力，赋予学校发展自主权

（1）要严格执行教育部明文列出清单的制度，合理约束行政权力，划出监管边界。

（2）减少行政部门对学校教育的过度干预。

（3）应该转变政府行政管理部门的理念与职能，真正落实从“管理”到“服务”，要约束行政部门利用评价给学校层层施压的权力，同时也要赋予学校合理拒绝的权力。学校作为教育的主阵地，教育者作为懂教育的专业人士、有教育情怀的德高之人，应当相信他们有做出最有利于教育和学生发展的专业判断的能力，应赋予学校应有的发展自主权，让教师做好当为之事。

4. 教师工作量“减负”与“增量”要同步转换

（1）减少教师的非教学工作，让教师实现专业发展。

（2）除了组织培训之外，国家还应该为教师专业成长提供全方位的制度保障，尤其是教育经费“从物到人”的投入更是当下急需做出的改革。

（3）需要在教师招聘、交流与退出等方面给予学校一定的话语权，在建立奖惩制度、调动教师的积极性、为教师提供专业学习支持等方面给予学校一定的经费支配权。

（五）建立科学的教师薪酬待遇保障制度

1. 建立教师工资最低保障制度

（1）明确教师薪酬待遇标准，落实“不低于当地公务员平均水平”，保障教师的最低平均工资。一方面，需要建立透明的薪酬标准体系，杜绝教师工资发放不到位的情况和部分学校存在“小金库”给教师工资间差异拉大的情况；另一方面，需要将《中华人民共和国义务教育法》中明确规定的“教师的平均工资水平应当不低于当地公务员的平均工资水平”作为中小学教师平均工资的法律保障，这可以平均水平的方式保障教师最低工资，为教师的工资标准提供基线。

（2）探索教师薪酬管理制度，建立教师队伍自身的工资最低标准。政府应当建立教师队伍自身的工资最低标准，提升教师职业的吸引力，吸引更多优秀人才进入教师行业，保障教师队伍的先进性。此外，从国家制度层面应该建立一个“底线”，各省（自治区、直辖市）应根据国家标准以及自身的情况建立各自的标准。

2. 建立工资持续增长制度，创新教师薪酬待遇管理机制

（1）建立多方位的工资持续增长制度。①建立教师工资与物价增长相联系的工资增长机制。②教师工资增长率不低于公务员工资增长率。③定期调整教师工资至国民经济行业的中上等水平。④参照全国同等学力人员平均工资水平，提高高学历教师的工资水平。

（2）尝试建立宽带薪酬制度和特人特薪制度。①建立以工作表现为重要决定因素的宽带薪酬制度。在宽带薪酬制度下，教师只需不断提高自身的教学技能、丰富教育知识就可以获得相应的报酬。②结合年薪制、考核制，针对特殊人才实行特人特薪制度。一是在学校中建立特人特薪制度时，可借鉴企业中的年薪制，将特殊人才的薪酬分为基本年薪和风险年薪两部分，风险年薪主要与绩效和学校组织的整体发展情况相挂钩；二是在此基础上还应完善教师工资的考核制度，对高学历人才、特殊人才参照市场相应人才的标准，对教师进行个人能力评价和工作绩效考核，以此作为评判教师风险年薪高低的依据。

3. 进一步加强工资政策的完善度、规范化和透明度

（1）进一步明确政策的内涵，优化教师工资政策的实施环境。

（2）有针对性地加强对教师工资政策的宣传。针对工资调整政策主动了解度

不高的群体，要找准了解度不高的原因和根据他们不同的特征找准宣传方式，尤其要注意在宣传时要积极调动这部分教师的工作积极性，增强教师对政策的了解度，进而改善教师工资政策执行的效果。

（3）加强推进预算公开。①发挥《中华人民共和国预算法》对基层财政的监督作用，提高教师工资政策的规范化和透明度，保障教育经费的合法筹措和使用。②进一步增强教师对工资政策的满意度，提高教师对工作的幸福感和获得感，从而增强教师的工作积极性。③建立工资长效联动机制，以促使地方教育财政因地制宜地划定教师工资足额兑付的预算。

4. 建立工资政策执行的监督与问责机制

（1）厘清各级政府对教师工资的支出责任，明确落实教师工资的来源和渠道。在建立以省级政府统筹的教师工资保障机制的基础上，进一步明确各级政府对教师工资的支出责任。

（2）维护政策权威，落实教师法定工资，进一步完善教师工资政策配套的经费保障机制和工资考核标准体系。一是健全教师绩效工资政策执行的评估与问责机制；二是将各级政府职责和经费保障作为统一的整体，互相协调；三是在制定工资考核标准时，要保证多元主体参与。

（六）优化提升教师职业社会声望的策略

1. 营造尊师重教的文化氛围

（1）政府、学校要努力营造风清气正的教师队伍建设环境，因地制宜地开展多种形式的教师表彰活动，积极落实相关优待政策，增强教师的职业荣誉感。学校领导应首先表现出对一线教师的尊重，对教师给予积极的支持和评价，为教师提供坚实可靠的后盾，尽最大努力保护教师的合法权益。

（2）家长要以身作则，爱师敬师，尊重并积极支持教师的工作，引导孩子尊重教师。同时，家长应积极参与家校共育和家长培训，增进对教师的理解和包容。

（3）媒体应坚持主流价值，充分发挥正向和引导作用。媒体要理性地报道教育事件，宣传教师中的“时代楷模”和“最美教师”，通过发掘优秀教师典型、宣传优秀教师先进事迹，树立新时代优秀教师的典范和榜样，引导师德建设，强化人们对教师队伍的正向认知，进而营造尊重教师的社会氛围。

2. 确保相关政策法规的完善及落实

（1）完善教师资格证书制度。适当提高教师入职门槛，选拔具有良好的专业素质和道德品质的高素质人才进入教师队伍；在职教师要保持积极的学习状态和工作状态，提升自己的专业素质和师德水平。

（2）改进对媒体的监督和审查制度。国家应从政策法规的角度对媒体环境进行严格的规范和监督，依法管理媒体对教师问题的报道，并对造成恶劣影响的严重失实报道进行强有力的责任追究；相关部门也应加强对媒体的督导，科学、全面地评估媒体运营环境，一些事件须经相关部门同意再报道，鼓励媒体进行有正面导向的理性报道，对一些选择性丑化教师、不实报道教师问题的媒体，应依法从严从重处罚。

（3）建立权威的学生惩戒法规制度。只有建立权威而具体的义务教育学生惩戒措施体系，在具体政策的指导和保障下，教师理性管理学生的勇气才会重新拾起，从而对学生施以严爱相济的教育，有助于学生的成长。

（4）建立家长行为规范制度。国家需要建立明确的家长行为规范制度，一方面制约家长不规范行为；另一方面也应对学校的科学家校管理予以制度保障。

3. 提高中小学教师专业素养

（1）中小学教师要特别注重师德修养。①教师应增强师德内化的主体意识，深化对师德重要性的认识，进行自我锻炼、自我改造和自我提高；②媒体应对教师道德规范的相关内容进行宣传与多方位的解读，以提高教师对师德的认知；③富有实效的榜样示范、奖惩机制以及社会舆论的支持机制也不可或缺。

（2）激发教师专业发展的内驱力。教师必须努力提升专业素养，不断发展自我，逐渐积累知识技能和工作艺术，塑造教师这一职业的不可替代性，实现教师职业价值，提高教师职业声望。

（七）“U-G-S”教师教育模式引领教师教育发展

1. “U–G–S”教师教育模式为师范生教育实习提供保障

中小学校组织的更新、教师的专业发展以及学生学习成就的提升，需要大学的支持。“U-G-S”教师教育模式由大学与中小学校展开合作，配合地方政府的积极介入，可以为师范生教育实习有效、长远的运行提供政策保证。师范大学主导构建的“U-G-S”教师教育模式既能引导地方政府和中小学校转变为“责任共担”的培养者、“协同发展”的促进者，又能有效地破解师范生教育实习难题。

2. “U–G–S”教师教育模式完善中小学教师培训机制

“U-G-S”教师教育模式可以将师范大学的人才培养、科学研究、社会服务、文化传承的功能延伸至“实验区”中小学校，“实验区”有多大，师范大学的校园就有多大。譬如，在“U-G-S”教师教育模式实施过程中，东北师范大学针对“实验区”中小学校教师专业发展的现状与需求，构建并实施了以“常青藤工程”（激活教师进修学校职能，盘活教师进修学校资源）为主，由“集中培训”“同课异构”“置换培训”“校本研修”“订单培训”“送课下乡”“影子培训”“双向挂职”等形式构成的在职教师培训体系，培训工作促进了“实验区”中小学教师的专业发展，“实验区”中小学教师专业水平持续提升，通过教育实习指导工作间接“反哺”了师范大学的师范生培养。

3. “U–G–S”教师教育模式促进教师教育者专业发展

首先，教师教育者的专业发展得到尊重与保障，是实施“U-G-S”教师教育模式的基本前提。基于这样的思考，东北师范大学提出了“优先发展教师教育、优质服务基础教育”的教师教育发展战略思想。东北师范大学利用科研经费支持，将教师教育研究者的课题研究与“U-G-S”教师教育模式的实施和“实验区”建设结合起来，鼓励大学教师教育研究者研究课题来源于基础教育、研究过程结合基础教育、研究成果应用于基础教育，把研究放在基础教育的课堂里，把论文写在基础教育的校园里，把研究成果留在基础教育的实践中。其次，通过教师教育文化建设，可以影响大学教师教育研究者专业发展的价值取向，倡导大学教师教育研究者到“实验区”中去，通过师范生教育实习指导、基础教育课题研究、中小学教师校本培训，洞悉基础教育发展的新态势，把握基础教育发展的新动向，了解学校、教师、教学发展的新需求，从而获得专业历练与成长，为大学教师教育者熟悉前沿、更新自我、提升专业水平创造了良好的专业发展文化情境。

四、个案经验

东北师范大学倡导建构的“U-G-S”教师教育模式为基础教育教师成长搭建了优质的发展平台，正成为很多师范大学指导区域教师专业发展的重要工作机制。

本报告选择长春市南关区作为“U-G-S”教师教育模式下区域教师专业发展的个案，经过大学专家的有力指导以及南关区教育局的顶层设计，各实验学校都在教师专业发展方面进行了各具特色的实践探索，并积累了宝贵经验。

（一）基于区域需求，创生发展模式

在青岛市李沧区、长春市南关区等若干“U-G-S”教师教育模式的构建实践中，地方政府的主动作为往往成为推动当地教师教育深度变革的动力来源。因为地方教育行政部门主管当地的中小学，并与大学建立起学校改进的长期项目，有利于打造教师教育的新模式。这一做法改变了原来“U-G-S”教师教育模式中由师范大学发起的传统思路，地方教育行政部门的积极作为不仅保障了教师教育区域变革的进行，而且强有力地增强了区域变革的效果。

（二）贡献大学智慧，形成顶层设计

2017 年 3 月，长春市南关区教育局与东北师范大学教师教育研究院研究决定开展为期三年的“生态教育理念下南关区学校改进项目”。该项目的一个重要内容就是要对南关区各校的教师专业发展进行有效指导。改进项目进行以来，各学校在理解生态教育理念、推动本校教师成长的过程中，经常召开专家咨询会、邀请专家入校，结合本校发展实际，诊断教师专业发展等方面存在的现实问题，从而有效地提升了本校教师的专业发展水平。来自师范院校的教育专家组建专家团队，充分利用学校改进项目投身于学校教师专业发展之中，对各校开展顶层设计、协同攻关，切实提高了教师的专业成长能力。应该说，正是有了众多教育专家的积极参与，主动贡献大学智慧，科学谋划顶层设计，才有了各校教师专业发展的持续性、健康化推进。

（三）转变政府角色，提供专业保障

长春市南关区在推动教师专业发展过程中，积极听取专家的意见，从管理型向服务型转变，与大学教育专家一道走进中小学，与中小学校长、教师联合开展调查研究、听课评课以及教师成长沙龙等系列活动。这种保障功能有别于制度、资金等资源支持，因为专业保障能在很大程度上推动教育专家在中小学教师群体中贡献智慧，更能使中小学教师在专业成长的道路上获得智力支持、科研支持与

理念支持。同时，“U-G-S”教师教育模式也在一定程度上推动着地方教育行政部门重新审视自身所具有的教育职能及履行其职能，以科学的理念和方法为地方教育发展贡献大学智慧，唤醒地方教育局、教研室、教师进修学校转变职能，转换角色，创建服务型教育局、教研室、教师进修学校，从而进一步改善了地方教育生态。因此，“U-G-S”教师教育模式的成功实践在某种意义上正得益于地方教育行政部门的职能转变，为“U-G-S”教师教育模式提供了专业保障，同时又反推着地方教育行政部门自身能力的提升。

（四）尊重学校原创，发现原生思想

长春市南关区104中学的孙颖名师工作室以孙颖老师为核心，带动了学校教师的制度化研讨、模块化学习，产生了一批具有孙颖名师工作室风格的优秀教师。在“U-G-S”教师教育模式下，师范大学的教育专家积极利用这一名师工作室，强化并提升名师工作室对教师专业成长的辐射与带动作用，搭建平台、提供机会，促进更多教师在学校原创条件下更好地发展，从而创生更多原生教师教育思想。

（五）注重过程管理，强化反思提升

在“U-G-S”教师教育模式中，教育专家引导教师充分理解反思的重要价值，积极利用听课评课等日常活动，以身示范，提升教师的反思意识与能力，带动教师学会反思、乐于反思并养成反思习惯。在长春市南关区区域教师专业发展过程中，专家每个月都要到实验学校中听课，与教师共同研磨一节课，并以一节课为核心点来带动相关课堂教学，启发教师在教学设计、教学方法等方面开展高质量、有深度的教学反思，从而推动了教师的专业成长。

（六）发挥成果效应，引领区域发展

“U-G-S”教师教育模式十分重视教师专业成长的成果效应。在长春市南关区区域教师专业发展的过程中，来自东北师范大学的教育专家建议以三项成果来标志教师的专业成长。一是教师的理论成长，表现为教师在“U-G-S”教师教育模式下发表的学术论文、出版的著作以及成功申报的研究课题，这种高质量的理论成果代表着教师在专业理性方面实现的自觉与自为。二是教师的实践成长，表现为教师在“U-G-S”教师教育模式下能够主动提升自身的教学水平与研究能力，

并着力强化自身的反思意识与合作精神，能够与其他教师协同成长。三是社会效应，表现在教师在教学示范课、公开课、展示课等不同课型中所获成长得到了广播、报纸、电视、网络以及新媒体等的宣传、报道，从而扩大了教师在区域教师专业成长中的影响力。从他者视角而言，这种第三方评价能够为教师专业成长提供更为独特的意见。无论是理论成长、实践成长，还是社会效应，都在一定程度上提升了教师专业发展的能力与水平，推动着教师在区域内发挥更大的成长带动效能。

第一章
教师教育政策分析

教育大计，教师为本，教师是教育事业发展的重要基石。近年来，我国教师教育事业取得了长足发展，而这在一定程度上得益于教师教育政策的不断发展与完善。教师教育发展进入新的历史时期，2018 年 1 月，中共中央、国务院出台了中华人民共和国成立以来第一个专门面向教师队伍建设的里程碑式政策文件——《中共中央 国务院关于全面深化新时代教师队伍建设改革的意见》，彰显了国家对于教师教育发展的高度重视。党和政府更是从社会结构转型与教师教育改革的高度上，认识到教师教育优先发展的必要性。本章将从教师教育发展的时代背景、政策脉络和热点透视三方面展开，分析重视教师教育政策的必要性与重要性。

一、教师教育发展的时代背景

人类发展已经进入知识经济时代，科学技术实力成为衡量国家综合国力强弱的重要指标，世界各国都在制定和实施面向 21 世纪的发展战略。我国提出科教兴国、人才强国的发展战略。教育振兴在教师，因此，国家越来越重视通过提升教师教育的质量来完成中国教师专业素质的提升，以助于实现兴国、强国之梦。

（一）国家战略的需要

世界新一轮科技革命和产业变革催生出一系列颠覆性科学技术和重大产业变革，产生越来越多的新产品、新需求、新业态，深刻影响着国家战略力量和世界经济格局的变化。我国提出的科教兴国、人才强国和优先发展教育等政策强调了教育在提升国家竞争力、实现中华民族伟大复兴等方面的重要作用，是国家发展的基础。新时代的中国，无论是考虑国家振兴还是对世界的贡献，都要求我们坚持把教育摆在优先发展的战略地位，决胜全面建成小康社会、开启全面建设社会主义现代化国家新征程，实现中华民族伟大复兴的中国梦，必须优先发展教育。党的十八大以来，党中央把加快建设人才强国摆到更加突出的位置。习近平总书记在欧美同学会成立 100 周年庆祝大会上的讲话中明确指出："人才资源作为经济社会发展第一资源的特征和作用更加明显，人才竞争已经成为综合国力竞争的核心。谁能培养和吸引更多优秀人才，谁就能在竞争中占据优势。""没有一支宏大的高素质人才队伍，全面建成小康社会的奋斗目标和中华民族伟大复兴的中国梦就难以顺利实现。"[①] 实施人才强国战略的关键是教育创新，人才是知识的创造者、发明者、传播者和使用者，是创造财富最重要的资源，只有把教育做好，建设教育强国，才能化人口压力为人才优势，化人口大国为人才强国。教师是教育事业发展的第一资源，教师的水平决定着人才的水平，教师的质量反映出教育的质量。建设一支数量充足、结构合理、素质优良的教师队伍，是落实国家战略的重要基础。我国把教师队伍建设作为一项重大政治任务和根本性民生工程，加强教师教育有其时代诉求与现实需要。

---

① 习近平. 在欧美同学会成立 100 周年庆祝大会上的讲话[N]. 人民日报，2013-10-22.

（二）基础教育高质量发展的需要

改革开放40多年来，从“人人有学上”转向“人人上好学”，从“追求数量”转向“提高质量”，从教育大国向教育强国迈进，我国基础教育发展取得了历史性成就，实现了历史性跨越。

教育事业全面发展，教育均衡状况不断完善。在教育投入方面，公共财政优先保障教育，自2012年开始，国家财政性教育经费占国内生产总值的比例始终保持在4%以上[①]，为教育事业全面发展奠定了基础；在教师资源配置方面，通过师范生公费教育、“特岗计划”、中小学教师国家级培训计划（以下简称“国培计划”）等推进教师队伍建设，增加基础教育教师数量，提高教师队伍质量，缩小区域间、城乡间的差距；在学校硬件建设方面，自2013年启动县域义务教育均衡发展督导评估以来，全国31个省（区、市）和新疆生产建设兵团“新增校舍面积3.4亿平方米，新增实验室、功能室697万间，新增教学仪器设备价值2839亿元，新增图书11亿册，新增计算机966亿台”[②]，“全面改薄”成效显著。教育部发布的《2016年全国义务教育均衡发展督导评估工作报告》中提到，截至2016年底，我国有1824个县通过国家的义务教育均衡发展督导评估认定，占全国总数的62.4%，可以说，我国基础教育在硬件环境和基础教学资源方面已经基本实现了均衡发展的目标，由外延式发展向内涵式发展转变，教育改革发展逐步向高质量发展阶段迈进。

高质量发展意味着高质量的供给、高质量的需求、高质量的配置、高质量的投入与产出、高质量的收入分配和高质量的经济循环。在教育方面则表现为通过精准的供给、高质量的师资等教育资源配置，开展高质量的教育活动，以追求高质量的教育发展，培养高素质的人。教师是教育活动的组织者、参与者和指导者，只有拥有高质量的教师队伍，才能组织高质量的教育活动，才有可能培养出高质量的学生。对于教育发展来说，教师队伍的素质和质量依然对其具有决定作用。因此，教育改革必须主抓教师队伍建设，提高教师队伍的整体专业水平。

二、教师教育政策的类别划分

进入新时代以来，我国在教师教育和教师发展方面颁布了非常多的政策文件，

---

① 李克强：国家财政性教育经费占国内生产总值比例继续保持在4%以上[EB/OL]. 中国网. http://finance.china.com.cn/news/special/lianghui2019/20190305/4914008.shtml[2019-03-05].

② 2016年全国义务教育均衡发展督导评估工作报告[EB/OL]. 教育部网站. http://www.moe.gov.cn/jyb_xwfb/t20170222_297055.htm [2017-02-23].

国家主要领导人和教育部相关负责人也发表了重要讲话，我们将这些政策、文件、讲话等进行归类梳理，从以下五个方面进行简要介绍。

（一）师德师风的要求与规定

习近平总书记在2014年同北京师范大学师生代表座谈时提到，“做好老师，要有道德情操”，“老师对学生的影响，离不开老师的学识和能力，更离不开老师为人处世、于国于民、于公于私所持的价值观”，“师德是深厚的知识修养和文化品位的体现”。① 2014年5月，教育部部长袁贵仁在《坚持立德树人 加强社会主义核心价值观教育》中提到，“要继续实施好师德师风建设工程，把社会主义核心价值观纳入教师教育课程体系，融入教师职前培养和准入、职后培训和管理的全过程”②。国家倡导教师严格要求自己，以高尚的职业道德情操来从教，并且在一系列关于教师的综合性文件中均提到了师德建设的内容。

1. 综合性文件中关于师德的论述

2017年，《国务院关于印发国家教育事业发展“十三五”规划的通知》中指出，要“落实大中小学师德师风建设长效机制……完善师德师风考评监督机制”。教育部部长陈宝生在2019年全国教育工作会议中也重申“严格执行师德‘一票否决’”，具体表述为：“印发新时代教师职业行为准则系列文件，选树优秀教师典型，维护人民教师良好社会形象”，“在教师资格准入、招聘考核、职称评聘、推优评先、表彰奖励等一切环节，都要突出师德把关，严格执行师德‘一票否决’”，同时“要大力树立和宣传优秀教师典型，配合做好包括‘人民教育家’在内的国家功勋荣誉表彰工作，做好全国教育系统表彰奖励，完善新时代人民教师荣誉表彰体系”。③ 2018年1月，中共中央、国务院发布的《中共中央 国务院关于全面深化新时代教师队伍建设改革的意见》是中华人民共和国成立以来党中央出台的第一份专门面向教师队伍建设的里程碑式政策文件，文件中将“突出师德”列为教师队伍深化改革的五项基本原则之一。另外，还提出要抓好三项举措：“加强教师党支部和党员队伍建设”，“提高思想政治素质”，突出强调“弘扬高尚师德”。还

① 习近平：做党和人民满意的好老师——同北京师范大学师生代表座谈时的讲话[EB/OL]. 中国政府网. http://www.gov.cn/xinwen/2014-09/10/content_2747765.htm [2014-09-10].

② 袁贵仁. 坚持立德树人 加强社会主义核心价值观教育——深入学习贯彻习近平同志在北京大学师生座谈会上的重要讲话精神[J]. 中国农村教育，2014（6）：4-6.

③ 陈宝生. 落实 落实 再落实——在2019年全国教育工作会议上的讲话[N]. 中国教育报，2019-01-31（001）.

提出要“开展教师宣传国家重大题材作品立项，推出一批让人喜闻乐见、能够产生广泛影响、展现教师时代风貌的影视作品和文学作品，发掘师德典型、讲好师德故事，加强引领，注重感召，弘扬楷模，形成强大正能量”，推行师德考核负面清单制度，建立“教师个人信用记录”。[①] 2018 年 3 月，《教育部等五部门关于印发〈教师教育振兴行动计划（2018—2022 年）〉的通知》提出，“师德养成教育全面推进行动。研制出台在教师培养培训中加强师德教育的文件和师德修养教师培训课程指导标准。将师德教育贯穿教师教育全过程，作为师范生培养和教师培训课程的必修模块”，并强调“通过中华优秀传统文化涵养师德”，“组织开展师范生‘师德第一课’系列活动”，挖掘新时代优秀教师，为师德师风建设明确目标和基本要求。[②] 2019 年，中共中央、国务院印发《中国教育现代化 2035》，针对师德师风建设，强调以德为先，将“建设高素质专业化创新型教师队伍”列为面向教育现代化的十大战略任务之一，其中强调要大力加强师德师风建设，将师德师风作为评价教师素质的第一标准，推动师德建设长效化、制度化。

2017 年 10 月，习近平总书记在党的十九大报告中指出，要“加强师德师风建设，培养高素质教师队伍，倡导全社会尊师重教”[③]。2018 年 12 月，教育部专门召开全国师德师风建设工作视频会议，陈宝生部长在会上指出，加强师德师风建设“一要提高政治站位，将师德建设作为教师队伍建设的首要任务，加大对师德建设的时间投入、精力投入、资源投入，健全师德工作体系和架构。二要夯实主体责任，将师德建设工作责任落实情况、师德问题整治成果纳入教育督导考核，坚持失责必问、问责必严。三要做好宣传解读，坚持全覆盖、无死角，推动学习宣传不断往心里走、往深里走、往实里走，维护教师职业形象，提振师道尊严”[④]。

2. 专项文件中对师德师风建设的要求

不仅综合性文件强调要加强师德规范，国家还针对中小学教师师德师风建设出台了多项专项政策文件（表 1-1）。这些文件直接针对师德问题，或建立健全师德建设长效机制，或者针对违反师德行为提出处理办法，都有效地推动了师德师

① 中共中央 国务院关于全面深化新时代教师队伍建设改革的意见[EB/OL]. 教育部网站. www.moe.gov.cn/jyb_xwfb/moe_1946/fj_2018/201801/t20180131_326148.html[2018-01-20].

② 教育部等五部门关于印发《教师教育振兴行动计划（2018—2022 年）》的通知[EB/OL]. 教育部网站. http://www.moe.gov.cn/srcsite/A10/s7034/201803/t20180323_331063.html [2020-02-11].

③ 习近平. 决胜全面建成小康社会夺取新时代中国特色社会主义伟大胜利——在中国共产党第十九次全国代表大会上的报告（2017 年 10 月 18 日）[M]. 北京：人民出版社，2017：45.

④ 努力造就党和人民满意的高素质专业化教师队伍[EB/OL]. 教育部网站. http://www.moe.gov.cn/jyb_xwfb/gzdt_gzdt/moe_1485/201812/t20181214_363634.htm [2018-12-16].

风建设。

表 1-1 关于中小学教师师德师风建设的专项政策文件

发布时间	发布机构	文件名称
2013 年 9 月	教育部	《教育部关于建立健全中小学师德建设长效机制的意见》
2014 年 1 月	教育部	《中小学教师违反职业道德行为处理办法》
2014 年 7 月	教育部	《严禁教师违规收受学生及家长礼品礼金等行为的规定》
2016 年 7 月	教育部办公厅	《教育部办公厅关于开展治理中小学有偿补课和教师违规收受礼品礼金问题自查工作的通知》
2018 年 11 月	教育部	《中小学教师违反职业道德行为处理办法（2018 年修订）》
2018 年 11 月	教育部	《新时代高校教师职业行为十项准则》《新时代中小学教师职业行为十项准则》《新时代幼儿园教师职业行为十项准则》

2013 年 9 月，教育部发布《教育部关于建立健全中小学师德建设长效机制的意见》，围绕建立健全教育、宣传、考核、监督与奖惩相结合的中小学师德建设长效机制提出七项意见：创新师德教育，引导教师树立远大职业理想；加强师德宣传，营造尊师重教社会氛围；严格师德考核，促进教师自觉加强师德修养；突出师德激励，促进形成重德养德良好风气；强化师德监督，有效防止失德行为；规范师德惩处，坚决遏制失德行为蔓延；注重师德保障，将师德建设工作落到实处。2014 年 1 月，《中小学教师违反职业道德行为处理办法》明确规定了十种违反职业道德行为的行为、处理对象、处理原则与处理权限等，以规范教师职业行为，保障教师、学生的合法权益。2016 年 7 月，《教育部办公厅关于开展治理中小学有偿补课和教师违规收受礼品礼金问题自查工作的通知》发布，该通知包含四项主要内容：各地治理中小学有偿补课、教师违规收受礼品礼金实施方案和处理规定的制定情况；开展专项治理的主要举措、突出成效、存在问题，开展专项督导检查的重点内容、方法，发现的问题及处理情况；监督方式、问题受理、案件查处以及责任督学督导工作等情况；开展严禁中小学校和教师有偿补课、违规收受礼金等方面内容的宣传教育工作情况，包括举措、反响和成效等。2018 年 11 月，教育部对《中小学教师违反职业道德行为处理办法》进行了修订，增加了需要处理的学校及主管教育部门不履行或不正确履行师德师风建设管理职责的六种行为。

2013—2019 年，国家从建立师德建设长效机制到出台教师违反职业道德行为的处理办法，从宏观到中观逐步完善师德师风建设机制，加强教师队伍的师德师风建设。

（二）教师职前培养的模式改革

教师职前培养是教师教育工作体系中的一个重要环节，进入 21 世纪，世界教师教育呈现出高层次化、专业化、开放化等新的发展趋势。我国社会政治、经济的发展需要和基础教育的改革的需要，尤其是在国家大力支持教育扶贫、扶智的背景下，我国原有的教师职前培养模式已不能适应时代和社会对教师的需求，需要进行与时俱进的改革。关于教师培养方式的改革，国家在一系列文件中都有所提及（表 1-2）。

表 1-2 关于教师培养的政策文件

时间	文件	相关内容
2012 年 8 月	《国务院关于加强教师队伍建设的意见》	完善师范生招生制度；发挥教育部直属师范大学师范生免费教育的示范引领作用，鼓励支持地方结合实际实施师范生免费教育制度；提高教师培养质量；扩大教育硕士、教育博士招生规模；创新教师培养模式，建立高等学校与地方政府、中小学（幼儿园、职业学校）联合培养教师的新机制；落实师范生教育实践不少于一学期制度
2015 年 6 月	《乡村教师支持计划（2015—2020 年）》	鼓励地方政府和师范院校根据当地乡村教育实际需求加强本土化培养，采取多方式定向培养“一专多能”的乡村教师
2017 年 1 月	《国家教育事业发展“十三五”规划》	探索建立教师教育质量监测评估制度；做好师范类专业认证试点工作；继续实施卓越教师培养计划，扩大教育硕士招生规模，培养高层次中小学和中等职业学校教师
2018 年 1 月	《中共中央 国务院关于全面深化新时代教师队伍建设改革的意见》	加大对师范院校支持力度；建立以师范院校为主体、高水平非师范院校参与的中国特色师范教育体系；吸引优秀青年踊跃报考师范院校和师范专业；完善教育部直属师范大学师范生公费教育政策；改革招生制度；加强教师教育学科建设；教育硕士、教育博士授予单位及授权点向师范院校倾斜；支持高水平综合大学开展教师教育
2018 年 2 月	《教师教育振兴行动计划（2018—2022 年）》	加大义务教育阶段学校本科层次教师培养力度；探索普通高中、中等职业学校教师本科和教育硕士研究生阶段整体设计、分段考核、有机衔接的培养模式
2018 年 9 月	《教育部关于实施卓越教师培养计划 2.0 的意见》	分类推进卓越中学、小学、幼儿园、中等职业学校和特殊教育学校教师培养改革；提高实践教学质量；全面落实高校教师与优秀中小学教师共同指导教育实践的“双导师制”；深化教师教育国际交流与合作；拓展师范生国际视野；落实《普通高等学校师范类专业认证实施办法》

教育部负责人就《中共中央 国务院关于全面深化新时代教师队伍建设改革的意见》答记者问时提到，“研究制定师范院校建设标准和师范类专业办学标准，重点建设一批师范教育基地”，“鼓励各地结合实际，适时提高师范专业生均拨款

标准，提升师范教育保障水平”，“改革招生制度……提高生源质量……选拔有志于从教的优秀学生进入师范专业”。[①] 教育部教师工作司负责人就《教师教育振兴行动计划（2018—2022 年）》答记者问时强调，“经过 5 年左右努力，办好一批高水平、有特色的教师教育院校和师范类专业，教师培养培训体系基本健全，为我国教师教育的长期可持续发展奠定坚实基础”[②]。教育部部长陈宝生在 2019 年全国教育工作会议上讲道：“实施好教师教育振兴行动计划，以专业认证重塑师范体系，以公费教育延揽优秀人才，以卓越教师引领素质提升，提高师范专业生均拨款水平，重点支持、切实办好一批师范院校和师范专业，支持一批高水平综合大学开展教师教育。”[③]

总体来看，我国教师职前培养采取了多种措施，力图构建多元参与、逐步开放、提升质量的师范教育体系，以期在教师职业生涯发展中把好入口关。

（三）教师准入资格与教师队伍建设

我国在基本实现教师数量充足的条件下，提升教师学历、完善教师准入制度已成为新时代教师队伍建设的必要条件。

1993 年，《中华人民共和国教师法》将《中华人民共和国义务教育法》（1986 年）中规定的“建立教师资格考核制度”升级为“国家实行教师资格制度”。其全面规定了各级各类教师的资格条件，确立了教师资格的条件和考核等制度。针对教师资格的学历要求，2018 年，《中共中央 国务院关于全面深化新时代教师队伍建设改革的意见》对教师资格的学历提出了新的要求：“逐步将幼儿园教师学历提升至专科，小学教师学历提升至师范专业专科和非师范专业本科，初中教师学历提升至本科，有条件的地方将普通高中教师学历提升至研究生。”[④] 教育部教师工作司司长任友群强调，深化教师管理改革，严格资格准入，改革聘用制度，遴选乐教、适教、善教的优秀人才进入教师队伍。[⑤]

国家不仅在政策倡导和任职要求方面做出了规定，而且在具体执行的规则方

---

① 中共中央 国务院全面关于深化新时代教师队伍建设改革的意见[EB/OL]. 中国政府网. http://www.gov.cn/xinwen/2018-01/31/content_5262659.htm [2018-01-20].

② 教育部等五部门关于印发《教师教育振兴行动计划（2018—2022 年）》的通知[EB/OL]. 教育部网站. http://www.moe.gov.cn/srcsite/A10/s7034/201803/t20180323_331063.htm [2020-02-11].

③ 陈宝生. 落实 落实 再落实——在 2019 年全国教育工作会议上的讲话[J]. 中国民族教育，2019(3): 3-12.

④ 中共中央 国务院关于全面深化新时代教师队伍建设改革的意见. 中国政府网. http://www.gov.cn/xinwen/2018-01/31/content_5262659.htm [2018-01-20].

⑤ 任友群. 开创新时代教师队伍建设新局面[N]. 中国教育报，2018-11-28（002）.

面也做出了探索与尝试。在中共中央、国务院的决策部署和教育部党组的精心部署下，中小学教师资格考试改革和定期注册试点于 2011 年在浙江、湖北两省率先启动，之后扩大到河北、上海等 10 个省（自治区、直辖市）（表 1-3）。改革试点的主要工作如下：一是统一教师资格考试标准和考试大纲；二是完善考试科目设置，突出对教育教学实践能力的考察；三是将考试命题和考务组织交给专业化的教育考试机构承担；四是师范毕业生不再直接被认定教师资格，统一纳入考试范围；五是破除教师资格终身制，实行 5 年一周期的定期注册，加强对教师师德表现、培训学时和工作业绩的考核。[①]

表 1-3　关于教师资格考试改革的政策文件

时间	政策文件	内容
2013 年 8 月	《教育部关于扩大中小学教师资格考试与定期注册制度改革试点的通知》	新增山西、安徽、山东、贵州四个省为试点省；新增试点省份从 2013 年下半年开始参加中小学教师资格考试，同时选择 1 个地级市开展中小学教师资格定期注册试点
2013 年 8 月	《中小学教师资格考试暂行办法》	规定了教师资格考试的报考条件、考试内容与形式、考试实施、安全与违规处罚等
2013 年 8 月	《中小学教师资格定期注册暂行办法》	规定了教师资格的注册条件、注册程序和罚则等
2014 年 7 月	《关于进一步扩大中小学教师资格考试与定期注册制度改革试点的通知》	2014 年新增吉林、江苏、福建、四川、陕西 5 个省为试点省；选择 1—2 个地级市开展中小学教师资格定期注册改革试点
2015 年 7 月	《教育部办公厅关于进一步扩大中小学教师资格考试与定期注册制度改革试点的通知》	全面实施中小学教师资格考试与定期注册制度；在浙江、湖北等 15 个省（区、市）试点基础上，新增 13 个省（区、市）为试点省份

2011—2015 年的 5 年间，我国全面实施了中小学教师资格考试与定期注册制度，通过严把教师队伍入口关，不断提高教师队伍整体素质。《中小学教师资格考试暂行办法》《中小学教师资格定期注册暂行办法》作为扩大改革试点工作的政策指导文件，对中小学教师资格考试和定期注册制度做了全面的政策规定。教师资格考试改革与定期注册试点的顺利推进，为下一步逐步推开此项改革奠定了坚实的基础。

（四）教师职后培训与专业素养提升

围绕提升教师队伍质量，国家启动了专项工程进行改善和提高，如教育部先

① 严格教师职业准入加强教师考核管理——中小学教师资格考试改革和定期注册试点成效显著[EB/OL]. 教育部网站. http://old.moe.gov.cn/publicfiles/business/htmlfiles/moe/s6866/201308/155575.html [2013-09-03].

后启动了“跨世纪园丁工程”“中小学教师继续教育工程”“中小学骨干教师国家级培训工程”“2003—2007年教育振兴行动计划工程”“中小学教师国家级培训计划”“国培计划中小学名师名校长领航工程”等一系列专项工程。进入新时代以来，为确保教师培训工作与教育改革同步进行，国家对教师培训工作尤为重视，并出台了相关的政策文件予以支持（表1-4）。

表1-4 关于教师培训的政策文件

时间	政策文件	内容
2012年8月	《国务院关于加强教师队伍建设的意见》	实行五年一周期不少于360学时的教师全员培训制度，推行教师培训学分制度；采取顶岗置换研修、校本研修、远程培训等多种模式；加强校长培训，重视辅导员和班主任培训；依托现有资源，加强中小学幼儿园教师、职业学校教师、特殊教育教师、民族地区双语教师培养培训基地建设；规范建设县（区）域教师发展平台；实施中小学名师名校长培养工程
2013年5月	《教育部关于深化中小学教师培训模式改革全面提升培训质量的指导意见》	一是增强培训针对性，确保按需施训；二是改进培训内容，贴近一线教师教学实际；三是转变培训方式，提升教师参训实效；四是强化培训自主性，激发教师参训动力；五是营造网络学习环境，推动教师终身学习；六是加强培训者队伍建设，增强提供培训的能力；七是建设培训公共服务平台，为教师提供多样化服务；八是规范培训管理，为教师获得高质量培训提供有力保障
2015年8月	《教育部 财政部关于改革实施中小学幼儿园教师国家级培训计划的通知》	集中支持中西部乡村教师校长培训；加强培训团队建设，探索培训新模式，为各地开展乡村教师培训培养“种子”、打造“模子”、探索“路子”
2015年6月	《乡村教师支持计划（2015—2020年）》	把乡村教师培训纳入基本公共服务体系，保障经费投入，确保乡村教师培训时间和质量；采取切实措施加强老少边穷岛等边远贫困地区乡村教师队伍建设
2017年1月	《国家教育事业发展“十三五”规划》	建立培训学分与教师管理结合机制，构建教师校长培训学分银行；加强县级教师培训机构能力建设；建立中小学教师校长专业发展支持服务体系；在国家和省两级认定一批教学名师，鼓励教学名师交流讲学
2017年11月	《中小学幼儿园教师培训课程指导标准（义务教育语文学科教学）》《中小学幼儿园教师培训课程指导标准（义务教育数学学科教学）》《中小学幼儿园教师培训课程指导标准（义务教育化学学科教学）》	三个文件从师德修养、学科教学、班级管理、学习与发展四个维度建立完善的标准体系，通过统一出台师德修养、班级管理、学习与发展培训课程指导标准，分科出台学科教学教师培训课程指导标准，进一步规范和指导各地分类、分科、分层实施五年一周期的教师全员培训工作。文件统一提到将社会主义核心价值观和教师职业道德规范融入教师培训课程。《中小学幼儿园教师培训课程指导标准（义务教育语文学科教学）》的内容：基于义务教育阶段语文教育教学工作任务及实践需要，明确对语文课程与教学的认识、识字与写字教学、阅读教学、写作教学、口语交际教学、综合性学习的组织与指导等六项培训目标主题，开发义务教育语文教师教学能力自我诊断量表，分层分类设计

续表

时间	政策文件	内容
2017 年 11 月		培训课程。《中小学幼儿园教师培训课程指导标准（义务教育数学学科教学）》的内容：基于义务教育阶段教育教学工作任务及实践需要，明确学科整体理解、数与代数、图形与几何、统计与概率、综合与实践等多项培训目标主题，开发中小学数学教师教学能力自我诊断量表，分层分类设计培训专题课程。《中小学幼儿园教师培训课程指导标准（义务教育化学学科教学）》的内容：基于初中化学教育教学工作任务及实践需要，明确学科整体理解、科学探究、身边的化学物质、物质构成的奥秘、物质的化学变化、化学与社会发展等六项培训目标主题，开发初中化学教师教学能力自我诊断量表，分层分类设计培训课程
2018 年 1 月	《中共中央 国务院关于全面深化新时代教师队伍建设改革的意见》	开展中小学教师全员培训；推动信息技术与教师培训的有机融合；紧密结合教育教学一线实际，组织高质量培训；实行培训学分管理；鼓励教师海外研修访学；实施校长国培计划，重点开展乡村中小学骨干校长培训和名校长研修
2018 年 3 月	《教师教育振兴行动计划（2018—2022 年）》	开展“互联网+教师教育”创新行动；开展教师教育改革实验区建设行动；高水平教师教育基地建设行动
2018 年 9 月	《教育部关于实施卓越教师培养计划 2.0 的意见》	推动人工智能、智慧学习环境等与教师教育课程融合；推动高等学校与中小学师资互聘，建立健全高校与中小学等双向交流长效机制

教育部相关工作人员答记者问《中共中央 国务院关于全面深化新时代教师队伍建设改革的意见》时指出，“到 2035 年，教师综合素质、专业化水平和创新能力大幅提升，培养造就数以百万计的骨干教师、数以十万计的卓越教师、数以万计的教育家型教师。教师管理体制机制科学高效，实现教师队伍治理体系和治理能力现代化。教师主动适应信息化、人工智能等新技术变革，积极有效开展教育教学”[①]。

2014 年，中共教育部党组曾发文，“要进一步深化教师培养培训改革，建立开放协同的教师教育新体制，建立支持教师终身教育和发展的新模式”[②]。教育部副部长朱之文在学习习近平总书记在全国教育大会讲话精神时提出，“要真抓狠抓人才培养，全面提升人才培养质量。具体到基础教育领域，要深化中小学教育教

① 教育部负责人解读新时代教师队伍建设改革意见[EB/OL]. 中国新闻网. http://www.chinanews.com/gn/2018/01-31/8437999.shtm [2018-01-31].

② 习近平：做党和人民满意的好老师——同北京师范大学师生代表座谈时的讲话[EB/OL]. 中国政府网. http://www.gov.cn/xinwen/2014-09/10/content_2747765.htm [2014-09-10].

学改革，全面加强教研工作，提高教师育人能力，增强课堂教学效果”①。教育部教师工作司司长任友群提出，“优化经费投入结构，优先支持教师队伍建设最薄弱、最紧迫的领域，重点用于提高教师待遇保障和专业素质能力”②。教育部部长陈宝生还特别指出，“教师也需要减负……要把时间和精力还给教师，让他们静下心来研究教学、备课充电，提高专业化水平”③。

针对乡村教师的素质提升，国家还专门出台了一系列指南、意见、规划等，促进乡村教师职后培训的开展（表 1-5）。

表 1-5　关于乡村教师职后培训的专项政策文件

时间	政策文件	内容
2016 年 1 月	《送教下乡培训指南》	分学科组建结构合理的高水平送培团队； 分阶段开展主题鲜明的送教下乡培训； 现场指导乡村学校开展校本研修； 提升乡村教师课堂教学能力； 加工生成一批本土化培训课程资源； 完善乡村教师专业发展支持服务体系
2016 年 1 月	《乡村教师网络研修与校本研修整合培训指南》	大力推行网络研修与校本研修整合培训，有效利用教师网络研修社区，为乡村学校持续提供专家指导和优质课程，建立校本研修常态化运行机制
2016 年 1 月	《乡村教师工作坊研修指南》	遴选骨干教师并培养成为工作坊主持人； 依托工作坊主持人建立一批乡村教师工作坊； 工作坊主持人带动一定数量的乡村教师进行工作坊研修； 持续提升乡村教师教育教学能力； 推动工作坊主持人从优秀迈向卓越； 完善乡村教师专业发展支持服务体系
2016 年 1 月	《乡村教师培训团队置换脱产研修指南》	省级教育行政部门遴选高等学校、远程培训机构、市县教师发展中心和优质中小学幼儿园协同承担，组织高年级师范生（城镇教师）顶岗支教，置换出中小学幼儿园骨干教师教研员，进行为期 4～6 个月的脱产研修
2016 年 5 月	《国务院办公厅关于加快中西部教育发展的指导意见》	加大乡村教师培训力度，“国培计划”集中支持乡村教师培训
2016 年 12 月	《教育部等六部门关于印发〈教育脱贫攻坚“十三五”规划〉的通知》	国培计划优先支持贫困县乡村教师校长培训； 提高农村教师信息素养，强化信息技术应用能力，转变教育教学方式

① 朱之文. 牢牢把握正确办学方向 大力推进基础教育公平优质发展[EB/OL]. 教育部网站. http://www.moe.gov.cn/jyb_xwfb/moe_176/201810/t20181019_352159.html[2018-10-19].

② 任友群. 开创新时代教师队伍建设新局面[N]. 中国教育报，2018-11-28（002）.

③ 陈宝生. 落实 落实 再落实——在 2019 年全国教育工作会议上的讲话[N]. 中国教育报，2019-01-31（001）.

新时代教师职后培训将继续围绕强化“国培计划”，并集中支持农村教师；健全培训公共服务平台，增强信息化管理；加强名师名校长工程建设等，并深入推进。

（五）教师的工资待遇与评聘晋升

“工资制度具有分配、保障、激励的职能和杠杆作用。”[①]习近平总书记倡导全党全社会尊师重教，从此前提出的“让教师成为令人羡慕的职业”[②]，到全国教育大会上提出的“让广大教师享有应有的社会声望”[③]，充分体现了习近平总书记对提高教师地位待遇一以贯之的高度重视。合理的工资制度具有激励的积极作用，在2019年的政府工作报告中，李克强总理明确提出“持续抓好义务教育教师工资待遇落实”[④]。在2019年全国教育工作会议上，陈宝生指出“财政教育经费更多向教师倾斜，725个集中连片特困地区乡村教师生活补助政策全覆盖，依法保障教师福利待遇”[⑤]。教育部副部长孙尧特别强调要“切实提高教师地位待遇……从收入上提高，健全中小学教师工资长效联动机制，完善收入分配激励机制，体现多劳多得、优劳优酬”[⑥]。朱之文提到“要着力改善教师待遇，吸引优秀人才报考师范专业，选择长期从教、终身从教，提升教师队伍整体素质”[⑦]。因此，应努力提高教师待遇，吸引更多的优秀人才从教。

大幅度提高教师的工资待遇是提升教师队伍质量的必要前提。有关教师教育的政策文件中（表1-6），都曾以专门的条目阐述了提升教师工资待遇的基本要求和做法。2018年，《中共中央 国务院关于全面深化新时代教师队伍建设改革的意见》发布，明确指出核定绩效工资总量时统筹考虑当地公务员实际收入水平，确保中小学教师平均工资收入水平不低于或高于当地公务员平均工资收入水平。为提高教师工资明确目标和细则。从强调“工资水平”到突出“实际收入水平”，由

---

① 杜屏. 完善中小学教师工资制度和保障机制，推进高素质教师队伍建设[J]. 华东师范大学学报（教育科学版），2018，36（4）：40-42.

② 何娟. 让教师成为令人羡慕的职业[N]. 人民日报，019-09-10（005）.

③ 习近平. 坚持中国特色社会主义教育发展道路培养德智体美劳全面发展的社会主义建设者和接班人[EB/OL]. 教育部网站. http://www.moe.gov.cn/jyb_xwfb/s6052/moe_838/201809/t20180910_348145.html[2018-09-10].

④ 李克强. 加快发展社会事业，更好保障和改善民生[EB/OL]. 新华网. http://www.xinhuanet.com/2019-03/05/c_1210073543.htm [2019-03-05].

⑤ 陈宝生. 落实 落实 再落实——在2019年全国教育工作会议上的讲话[J]. 中国民族教育，2019(3)：3-12.

⑥ 孙尧. 努力建设新时代高素质教师队伍[N]. 中国教育报，2018-10-22（001）.

⑦ 朱之文. 牢牢把握正确办学方向 大力推进基础教育公平优质发展[EB/OL]. 教育部网站. http://www.moe.gov.cn/jyb_xwfb/moe_176/201810/t20181019_352159.html[2018-10-19].

表 1-6　关于教师教育的政策文件

时间	政策文件	相关内容
2012 年 8 月	《国务院关于加强教师队伍建设的意见》	健全符合教师职业特点、体现岗位绩效的工资分配激励约束机制。进一步做好义务教育学校教师绩效工资实施工作，按照"管理以县为主、经费省级统筹、中央适当支持"的原则……对长期在农村基层和艰苦边远地区工作的教师，实行工资倾斜政策
2018 年 1 月	《中共中央 国务院全面深化新时代教师队伍建设改革的意见》	完善中小学教师待遇保障机制，健全中小学教师工资长效联动机制；完善教师收入分配激励机制；完善学校、个人、政府合理分担的民办学校教师社会保障机制……为教师足额缴纳社会保险费及住房公积金；加快乡村学校教师周转宿舍建设；加大教师表彰力度，大力宣传教师中的"时代楷模"和"最美教师"；开展国家级教学名师、国家级教学成果奖评选表彰，重点奖励贡献突出的教学一线教师；做好特级教师评选，发挥引领作用；做好乡村学校从教 30 年教师荣誉证书颁发工作；各地要按照国家有关规定，因地制宜开展多种形式的教师表彰奖励活动，并落实相关优待政策；鼓励社会团体、企事业单位、民间组织对教师出资奖励，开展尊师活动，营造尊师重教良好社会风尚
2019 年 2 月	《中国教育现代化 2035》	提高教师社会地位，完善教师待遇保障制度，健全中小学教师工资长效联动机制，全面落实集中连片特困地区生活补助政策

模糊到具体，步步深入，这就是改革的进度。北京师范大学教授杜屏提出，"相比《中华人民共和国教师法》，这里提法有所变化——'工资收入水平'，加了'收入'两字，这里讲的收入不仅包括平时的工资，还加上年终奖等，以此保障中小学教师的收入水平"①。

教育部教师工作司司长任友群提到，要"切实强化待遇和权益保障"，并列举了各个省（自治区、直辖市）在强化教师待遇和权益保障方面所做的努力："安徽健全同步联动机制，绩效工资总量随学校所在地同一隶属关系、同一财政发放渠道公务员的调整相应调整。浙江制定调整公务员收入分配政策时统筹考虑中小学教师。北京等地提高公办幼儿园非在编教师工资待遇。上海建立不同学段教师绩效工资动态平衡机制……青海对乡村从教 30 年以上教师、中小学特级教师以及获得省级以上表彰的优秀教师，在省内享受机场、火车站等公共场所绿色通道和国有旅游景区半价优惠等。"②

2013 年，《教育部 国家发展改革委 财政部关于全面改善贫困地区义务教育

---

① 落实义务教育教师待遇，三年可期——代表委员和专家谈如何提高教师工资收入水平[EB/OL]. 教育部网站. http://www.moe.gov.cn/jyb_xwfb/xw_zt/moe_357/jyzt_2019n/2019_zt2/zt1902_mtbd/201903/t20190314_373414.html[2019-03-14].

② 任友群. 落实 落实 再落实 全面开创新时代教师队伍建设改革新局面[EB/OL]. 教育部网站. http://www.moe.gov.cn/fbh/live/2019/50256/sfcl/201902/t20190215_369489.html [2019-02-15].

薄弱学校基本办学条件的意见》发布，提到要落实对在连片特困地区的乡、村学校和教学点工作的教师给予生活补助的政策。2015 年 6 月,《国务院办公厅关于印发乡村教师支持计划（2015—2020 年）的通知》发布，强调要提高乡村教师生活待遇。2015 年 11 月,《国务院关于进一步完善城乡义务教育经费保障机制的通知》发布，提出要巩固落实城乡义务教育教师工资政策。2016 年 7 月，国务院印发《国务院关于统筹推进县域内城乡义务教育一体化改革发展的若干意见》，提出改革乡村教师待遇保障机制。2016 年，全国集中连片特困地区乡村教师生活补助共投入补助资金 44.3 亿元，比 2015 年增加了 9.9 亿元，提高了 28.8%；乡镇教师、乡村教师的月收入分别达到 3965.23 元和 3550.38 元，高于县城教师的 3446.37 元，效果较为显著。[①] 2017 年，乡村教师生活补助首次实现了集中连片特困地区县的全覆盖，2017 年中央投入的乡村教师生活补助资金占 91.67%。[②] 2018 年,《国务院办公厅关于全面加强乡村小规模学校和乡镇寄宿制学校建设的指导意见》印发，强调提高乡村教师待遇（表 1-7）。

表 1-7 关于提升乡村教师待遇的政策文件

时间	政策文件	相关内容
2015 年 6 月	《国务院办公厅关于印发乡村教师支持计划（2015—2020 年）的通知》	全面落实集中连片特困地区乡村教师生活补助政策，依据学校艰苦边远程度实行差别化的补助标准，中央财政继续给予综合奖补。各地要依法依规落实乡村教师工资待遇政策，依法为教师缴纳住房公积金和各项社会保险费。在现行制度架构内，做好乡村教师重大疾病救助工作。加快实施边远艰苦地区乡村学校教师周转宿舍建设。各地要按规定将符合条件的乡村教师住房纳入当地住房保障范围，统筹予以解决
2015 年 11 月	《国务院关于进一步完善城乡义务教育经费保障机制的通知》	中央继续对中西部地区及东部部分地区义务教育教师工资经费给予支持，省级人民政府加大对本行政区域内财力薄弱地区的转移支付力度。县级人民政府确保县域内义务教育教师工资按时足额发放，教育部门在分配绩效工资时，要加大对艰苦边远贫困地区和薄弱学校的倾斜力度
2016 年 7 月	《国务院关于统筹推进县域内城乡义务教育一体化改革发展的若干意见》	各地要实行乡村教师收入分配倾斜政策，落实并完善集中连片特困地区和边远艰苦地区乡村教师生活补助政策，因地制宜稳步扩大实施范围，按照越往基层、越往艰苦地区补助水平越高的原则，使乡村教师实际工资收入水平不低于同职级县镇教师工资收入水平。健全长效联动机制，核定义务教育学校绩效工资总量时统筹考虑当地公务员实际收入水平，确保县域内义务教育教师平均工资收入水平不低于当地公务员的平均工资收入水平

① 邬志辉. 中国农村教育发展报告 2017[N]. 中国教师报，2017-12-27（011）.
② 佚名.《中国农村教育发展报告 2019》发布[N]. 中国民族报，2019-02-19（003）.

续表

时间	政策文件	相关内容
2018年1月	《中共中央 国务院关于全面深化新时代教师队伍建设改革的意见》	深入实施乡村教师支持计划，关心乡村教师生活；认真落实艰苦边远地区津贴等政策，全面落实集中连片特困地区乡村教师生活补助政策，依据学校艰苦边远程度实行差别化补助，鼓励有条件的地方提高补助标准，努力惠及更多乡村教师；加强乡村教师周转宿舍建设，按规定将符合条件的教师纳入当地住房保障范围，让乡村教师住有所居；拿出务实举措，帮助乡村青年教师解决困难，关心乡村青年教师工作生活，巩固乡村青年教师队伍；在培训、职称评聘、表彰奖励等方面向乡村青年教师倾斜，优化乡村青年教师发展环境，加快乡村青年教师成长步伐
2018年4月	《国务院办公厅关于全面加强乡村小规模学校和乡镇寄宿制学校建设的指导意见》	进一步落实和完善乡村教师工资待遇政策，核定绩效工资总量时向两类学校适当倾斜，统筹考虑当地公务员实际收入水平，加强督促检查，确保中小学教师平均工资收入水平不低于或高于当地公务员平均工资收入水平；认真落实乡村教师享受乡镇工作补贴、集中连片特困地区生活补助和艰苦边远地区津贴等政策；因地制宜稳步扩大集中连片特困地区乡村教师生活补助政策实施范围，鼓励有条件的地方提高补助标准，并依据学校艰苦边远程度实行差别化补助

在学习习近平总书记在全国教育大会上的讲话精神时，教育部人事司司长张东刚强调，“实行更加积极、更加开放、更加有效的人才政策，强化服务国家战略需求，突出‘高精尖缺’导向，精准引进急需紧缺人才，破除人才体制机制障碍，促进区域人才协调发展，高度重视人才安全”①。教师工作司司长任友群提到“教师管理点多、面广、线长，面临不少矛盾，存在着不少‘硬骨头’，必须聚焦管理顽疾，实施破解之策，持之以恒，久久为功。创新教师编制配备，盘活编制存量，加大跨区域、跨行业调配力度，增加教师总量……深化职称制度改革，提高中小学中高级教师岗位比例……让教师职业发展通道更宽广、更通畅”②。

2011 年 8 月召开的国务院常务会议决定扩大中小学教师职称制度改革试点，现中小学教师职称设置从正高级职称到员级 5 个等级，依次为正高级教师、高级教师、一级教师、二级教师、三级教师，与职称的正高、副高、中级、助理、员级相对应。2012 年 8 月，《国务院关于加强教师队伍建设的意见》发布，其中，第四部分“建立健全教师管理制度”中提到，加强教师资源配置管理，加快推进教师职务（职称）制度改革，全面推行聘用制度和岗位管理制度，健全教师考核

① 张东刚. 为办好新时代教育提供坚强的组织保证和人才支撑[N]. 中国教育报，2018-11-09（002）.
② 任友群. 开创新时代教师队伍建设新局面[N]. 中国教育报，2018-11-28（002）.

评价制度（表 1-8）。

表 1-8 关于教师管理制度的政策文件

时间	政策文件	相关内容
2012 年 8 月	《国务院关于加强教师队伍建设的意见》	加强教师资源配置管理，健全编制动态管理机制；加快推进教师职务（职称）制度改革，城镇中小学教师评聘高级职务（职称）时，需有一年以上在农村学校或薄弱学校任教经历；全面推行聘用制度和岗位管理制度；健全教师考核评价制度，完善重师德、重能力、重业绩、重贡献的教师考核评价标准
2015 年 6 月	《国务院办公厅关于印发乡村教师支持计划（2015—2020 年）的通知》	统一城乡教职工编制标准；通过调剂编制、加强人员配备等方式进一步向人口稀少的教学点、村小学倾斜；职称（职务）评聘向乡村学校倾斜，实现县域内城乡学校教师岗位结构比例总体平衡；乡村教师评聘职称（职务）注重教育教学一线实践经历
2017 年 1 月	《国务院关于印发国家教育事业发展“十三五”规划的通知》	探索建立新聘教师农村学校任教服务期制度，将在乡村学校或薄弱学校任教经历作为城镇中小学教师晋升高级教师的必要条件；鼓励支持教学效果好、身体健康的退休特级教师、高级教师到乡村学校支教讲学；推动地方实行城乡统一的中小学教职工编制标准
2018 年 4 月	《国务院办公厅关于全面加强乡村小规模学校和乡镇寄宿制学校建设的指导意见》	对小规模学校实行编制倾斜政策；各省（区、市）要结合实际制定具体核定标准和实施办法；推进县域内同学段学校岗位结构协调并向乡村适当倾斜，努力使乡村学校中高级教师岗位比例不低于城镇同学段学校，将到乡村学校、薄弱学校任教 1 年以上的经历作为申报高级教师职称和特级教师的重要条件；切实落实教师职称评聘向乡村学校教师倾斜政策，并优先满足小规模学校需要，保障乡村教师职称即评即聘；深化义务教育阶段教师“县管校聘”管理改革；严格执行教职工编制标准，严格教师准入，为义务教育学校配齐合格教师；加快实行教职工编制城乡、区域统筹和动态管理
2018 年 1 月	《中共中央 国务院关于全面深化新时代教师队伍建设改革的意见》	合理核定教职工编制，盘活事业编制存量，优化编制结构，向教师队伍倾斜，采取多种形式增加教师总量，优先保障教育发展需要；落实城乡统一的中小学教职工编制标准，有条件的地方出台公办幼儿园人员配备规范；创新编制管理，加大教职工编制统筹配置和跨区域调整力度，省级统筹、市域调剂、以县为主，动态调配；加强和规范中小学教职工编制管理，严禁挤占、挪用、截留编制和有编不补；实行教师编制配备和购买工勤服务相结合，满足教育快速发展需求
2018 年 8 月	《国务院办公厅关于进一步调整优化结构提高教育经费使用效益的意见》	推动落实城乡统一的中小学教职工编制标准；各地严格规范教师编制管理，对符合条件的非在编教师要加快入编，并实行同工同酬

为完善教师管理制度，合理配置教师资源，促进义务教育均衡发展，2014 年，《中央编办 教育部 财政部关于统一城乡中小学教职工编制标准的通知》发布，将县镇、农村中小学教职工编制标准统一到城市标准，即高中教职工与学生比为

1∶12.5、初中为1∶13.5、小学为1∶19。[①] 2015年，《国务院办公厅关于印发乡村教师支持计划（2015—2020年）的通知》发布，进一步规定乡村中小学教职工编制按照城市标准统一核定，其中村小学、教学点编制按照生师比和班师比相结合的方式核定，强调职称评聘向乡村学校倾斜。[②] 2017年，教育部通报了中小学教职工编制管理创新工作案例，山东省实行“县管校聘”制度，建立县域内中小学教职工编制总量控制、动态调整机制。内蒙古自治区“自主选择编制核算办法”，既可以按小学19∶1、初中13.5∶1、高中12.5∶1核算，也可以按小学2.4∶1、初中3.7∶1、高中4∶1的班师比核算，也可以综合选择上述两种方法核算。为确保在岗人员人人有编制，内蒙古自治区实行全区预借编制的办法，全区中小学统筹调剂使用。[③]

2015年，在《中共中央 国务院关于全面深化新时代教师队伍建设改革的意见》颁布一周年之际，教育部教师工作司举办了新闻发布会，全面介绍了一年来教师队伍建设的情况，在教师职称评聘方面进行了如下介绍：“实行城乡统一的中小学教职工编制标准，对学生规模较小的村小和教学点按照生师比与班师比相结合的办法核定，确保基本开齐开足国家规定课程。”[④] 教育部有关负责人就《国务院办公厅关于进一步调整优化结构提高教育经费使用效益的意见》答记者问时指出，“加强省级统筹，强化政府责任，优先落实义务教育阶段教师工资收入政策，力争用三年时间解决义务教育阶段教师工资待遇问题”[⑤]。

三、教师教育政策的热点透视

（一）提高度：师德成为“第一标准”

习近平总书记在全国教育大会上指出，“教育大计，教师为本；教师大计，师

① 中央编办 教育部 财政部关于统一城乡中小学教职工编制标准的通知[EB/OL]. 教育部网站. http://old.moe.gov.cn//publicfiles/business/htmlfiles/moe/s7027/201412/181014.html [2015-01-23].

② 国务院办公厅关于印发乡村教师支持计划（2015—2020年）的通知[EB/OL]. 中国政府网. http://www.gov.cn/zhengce/content/2015-06/08/content_9833.htm [2015-06-01].

③ 教育部办公厅关于中小学教职工编制管理创新工作案例的通报[EB/OL]. 教育部网站. http://www.moe.gov.cn/srcsite/A10/s7030/201706/t20170606_306506.html[2017-05-23].

④ 加大落实力度，加快补齐短板，努力建设新时代高素质乡村教师队伍[EB/OL]. 教育部网站. http://www.moe.gov.cn/fbh/live/2019/50340/sfcl/201902/t20190226_371169.htm [2019-02-26].

⑤ 调结构、提效益、把教育经费用到最关键处——教育部有关负责人就《国务院办公厅关于进一步调整优化结构提高教育经费使用效益的意见》答记者问[EB/OL]. 教育部网站. http://www.moe.gov.cn/jyb_xwfb/s271/201808/t20180827_346254.html [2018-08-27].

德为本”[①]。师德师风是评价高素质教师队伍的第一标准。2012 年以来，教师的师德建设越来越被重视，相关部门连续发布重要文件强调师德师风建设是提升教师素质、办好人民满意教育的首要任务。国家把突出师德作为新时代教师队伍建设的基本原则，明确指出要“把提高教师思想政治素质和职业道德水平摆在首要位置，把社会主义核心价值观贯穿教书育人全过程，突出全员全方位全过程师德养成，推动教师成为先进思想文化的传播者、党执政的坚定支持者、学生健康成长的指导者”[②]。文件和领导讲话中频繁出现“第一”“首要”这样的字眼，说明在国家层面师德建设已被提升到前所未有的高度，在当前及今后相当长一段时间内，师德建设问题都将是我国教师教育政策的热点。具体来看，师德师风建设的政策文件有四个方面的特征。

1. 正面倡导与禁令规约并重

20 世纪末期，我国关于教师职业道德方面的文件较少，而且呈现出以笼统规定、正向倡导为主的特点。但是，党的十八大以来，教师师德师风建设明显表现出正面倡导与禁令规约并重的特点。一方面，国家要求各级教育行政部门和学校要大力树立和宣传优秀教师典型，配合做好包括“人民教育家”在内的国家功勋荣誉表彰工作，做好全国教育系统表彰奖励，完善新时代人民教师荣誉表彰体系，印发新时代教师职业行为准则系列文件，选树优秀教师典型，维护人民教师良好社会形象；另一方面，基于幼师虐童事件、教师“冷暴力”事件、教师收受礼品等重大教育舆情事件频频曝光于社会，国家于 2014—2018 年连续发布了《关于建立健全中小学师德建设长效机制的意见》、《严禁教师违规收受学生及家长礼品礼金等行为的规定》、《关于开展治理中小学有偿补课和教师违规收受礼品礼金问题自查工作的通知》、《中小学教师违反职业道德行为处理办法（2018 年修订）》和《新时代高校教师（中小学教师/幼儿园教师）职业行为十项准则》5 个文件，详细规定了教师职业行为的底线规范，对于有偿补课、收受礼品礼金等教师失德失范方面提出了明确的惩处办法，甚至还提出了师德“一票否决制”，对触碰红线的失德教师给出了严厉惩罚。

---

① 习近平在全国教育大会上强调坚持中国特色社会主义教育发展道路 培养德智体美劳全面发展的社会主义建设者和接班人[EB/OL]. 人民网. http://edu. people.com.cn/n1/2018/0911/c1053-30286253.htm [2018-09-11].

② 中共中央 国务院全面深化新时代教师队伍建设改革的意见[EB/OL]. 教育部网站. http://www.gov.cn/xinwen/2018-01/31/content_5262659.htm [2018-01-20].

2. 重视长效机制建设，形成常态监测

《关于加强和改进新时代师德师风建设的意见》中明确指出要推进师德师风建设工作制度化、常态化①。2013 年 9 月，《教育部关于建立健全中小学师德建设长效机制的意见》颁发，其从师德教育、师德宣传、师德考核、师德激励、师德监督、师德惩处、师德保障等七个方面构建了师德建设的长效机制，致力于形成师德监测的常态化。师德成为教师专业素养要求的重要一部分，长期督导实施，最终使所有的教师都拥有高尚的职业情操，成为真正为师为范的榜样。

3. 双向引导：师德要求落实与尊师氛围形成

良好师德的建设需要教师群体自身的努力与社会的支持。一方面，国家对各级各类教师的师德提出了明确要求，并对教师的底线行为做出明确规定。2018 年 9 月 10 日，在全国教育大会上，习近平总书记提倡“做老师就要执着于教书育人，有热爱教育的定力、淡泊名利的坚守”②。这些论述为深化新时代教师队伍建设改革指明了方向，也对师德师风建设提出了新的更高要求。另一方面，国家重要领导人率先垂范，习近平总书记在教师节前往学校看望师生或致信祝贺问候，李克强总理看望基层教师，为全党做出了尊师重教的表率，呼吁全社会要形成尊师重教的良好氛围。同时，在舆论上重视教师正面积极形象的塑造，大力宣传好教师的感人事迹。例如，郑德荣、李芳、钟扬、张玉滚等成为全国优秀教师典型，宣传他们的事迹，使社会大众更了解教师的付出与贡献，更尊重教师的劳动，给教师应有的尊严。

4. 师德规范更强调针对性

我国的教师职业道德要求在爱岗敬业、关爱学生、为人师表、教书育人方面表现出所有教师的共性；但在诚实守信、廉洁自律等方面，结合教师的不同表现、存在的问题及差异性，提出不同要求，更具有针对性。2011 年 12 月，《高等学校教师职业道德规范》下发，特别强调了严谨治学和服务社会两项要求，“秉持学术良知，恪守学术规范。尊重他人劳动和学术成果，维护学术自由和学术尊严。诚

---

① 教育部等七部门印发《关于加强和改进新时代师德师风建设的意见》健全师德师风建设长效机制[EB/OL]. 教育部网站. http://www.moe.gov.cn/jyb_xwfb/gzdt_gzdt/s5987/201912/t20191216_412125.html [2019-12-16].

② 习近平：教育是国之大计、党之大计[N]. 人民日报（海外版），2018-09-11（001）. http://paper.people.com.cn/rmrbhwb/html/2018-09/11/content_1880465.htm [2018-09-11].

实守信，力戒浮躁。坚决抵制学术失范和学术不端行为”①。2018 年 11 月，教育部印发《新时代中小学教师职业行为十项准则》，针对教师职业行为的主要问题、突出问题进行了规范，其中提到教师不得歧视、侮辱学生，严禁虐待、伤害学生；不得组织、参与有偿补课，或为校外培训机构和他人介绍生源、提供相关信息。

（二）有力度：教师教育方式深化改革

进入新时代，我国在教师教育方式上做了深入探索，涉及职前培养与职后培训两个重要领域。

1. 职前培养方式多样化

我国倡导教师的职前培养要形成以师范大学为主体、高水平非师范院校和有实力的综合大学共同参与教师教育研究的教师培养体系。加强师范教育，从源头上保证教师质量，同时提升学历教育；创新教育模式，培养卓越教师；加快师范专业认证评估工作；采取到岗退费或公费培养、定向培养等方式，分类推进中小学、幼儿园教师培养改革；遴选乐教、适教、善教的优秀人才进入教师队伍，提升教师队伍质量。

2. 重视职后培训的层次性和覆盖面

党的十八大以来，国家根据教师队伍现状，针对一线教师、班主任、校长等不同的教师群体开展了中小学骨干教师培训、名师培训、班主任培训、骨干校长和名校长培训，强化培训的层次性和针对性。2012 年 8 月，《国务院关于加强教师队伍建设的意见》发布，提到“实行五年一周期不少于 360 学时的教师全员培训制度”；2018 年 1 月，《中共中央 国务院全面深化新时代教师队伍建设改革的意见》再次重申开展中小学教师全员培训，教师培训覆盖全部教师，尤其强调教师培训要向乡村教师倾斜，集中支持中西部乡村教师校长培训。另外，培训的层次有校本、区县、省级、国家级等各级培训，力图使全国的教师和校长都能接受培训。

3. 培训结构趋于合理，培训要求科学规范

国家对于中小学和幼儿园教师培训的层次、学时数、参训周期、学习内容、

---

① 教育部 中国教科文卫体工会全国委员会关于印发《高等学校教师职业道德规范》的通知[EB/OL]. 教育部网站. http://old.moe.gov.cn/publicfiles/business/htmlfiles/moe/s5972/201201/xxgk_129190.html [2011-12-23].

学习方式、反馈评价等方面都提出了要求，培训结构越来越合理。教师须遵循开展中小学教师全员培训的要求。2017 年 11 月，教育部印发《中小学幼儿园教师培训课程指导标准（义务教育语文学科教学）》等三个文件，分层、分类、分科组织实施教师培训，培训的内容基于学科教师的教学工作与需求来设定，例如，语文学科就设定了语文课程与教学的认识、识字与写字教学、阅读教学、写作教学、口语交际教学、综合性学习的组织与指导等六项培训目标主题。同时，还开发了义务教育语文教师教学能力自我诊断量表，根据量表来分层分类设计培训课程，满足不同能力水平、不同学习需求的教师，提升教师培训的针对性和实效性。

（三）新动能：教师素养体现时代要求

“新动能”是源于经济学领域的词汇，后来逐渐扩展到社会学、教育学等领域。在这里，教师专业素养发展方面的新表达、新要求、新业态、新动因等都可以称为新动能。当前，我国对教师素养的要求呈现出鲜明的时代特点。

1. 形成新的教师素养表达

教师素养包括职业道德、知识、能力、理念等方面，要建立具有中国特色的教师教育体系，培养中国好老师，首先要凝练出中国教师的特色表达。习近平总书记先后用“大先生”①“筑梦人”②“引路人”③等表现力极强的称谓表达对了广大教师的殷切期望，并提出“四有好老师”④“四个引路人”⑤“四个相统一”⑥，在师德师风、教书育人素质等方面提出了时代要求。另外，在教师职业发展的梯度上，我国提出了骨干教师、卓越教师、教育家型教师等说法，尤其是第一次提出教育家型教师，为广大教师提升自身的专业素养指明了方向。

---

① 习近平寄语教师金句：要成为塑造学生的“大先生”[EB/OL]. 人民网. http://cpc.people.com.cn/xuexi/n1/2018/0906/c421030-30276689.html [2018-09-07].

② 习近平同北京师范大学师生代表座谈时的讲话[EB/OL]. 中国新闻网. http://www.chinanews.com/gn/2014/09-10/6575002_3.shtml [2014-09-10].

③ 习近平回八一学校拜访师生 四个“引路人”领航科教兴国战略[EB/OL]. 中国青年网. http://news.youth.cn/gn/201609/t20160910_8643355_1.html [2016-09-10].

④ 习近平同北京师范大学师生代表座谈时的讲话[EB/OL]. 中国新闻网. http://www.chinanews.com/gn/2014/09-10/6575002_3.shtml [2014-09-10].

⑤ 习近平回八一学校拜访师生 四个“引路人”领航科教兴国战略[EB/OL]. 中国青年网. http://news.youth.cn/gn/201609/t20160910_8643355_1.html [2016-09-10].

⑥ 习近平主持召开学校思想政治理论课教师座谈会[EB/OL]. 央视网. http://news.cctv.com/2019/03/18/ARTIQfuAgYriqdIP8wfUszCe190318.shtml [2019-03-18].

2. 重拾具有中国特色的教师素质要求

我国通过鼓励师范生招生的二次选拔，招收乐教、适教、善教的优秀学生就读师范专业；更加注重师范生进行有质量的教育教学实践，强化钢笔字、毛笔字、粉笔字和普通话等教学基本功和教学技能训练；推进新时代教师培养供给侧结构性改革，突出专业化，分类培养专业突出、底蕴深厚的卓越中学教师，素养全面、专长发展的卓越小学教师，继承我国养成教育的传统培养模式；提出要定向培养“一专多能”的乡村教师，解决乡村教育面临的特殊问题。

3. 重视教师的信息素养

素质教育、新课程改革、核心素养等教育改革以及互联网、人工智能等新技术的发展不断地重塑着教育形态，也对教师专业素养提出了新的要求。在教师教育的相关政策文件中设立“互联网+教师教育创新行动”“深化信息技术助推教育教学改革”等专题，强调了加强教师信息素养的必要性。在师范生培养阶段要研究制定“师范生信息技术应用能力标准”①，针对一线教师的教育教学实际，实施新一周期的教师信息技术应用能力提升工程，提升信息化素养，变革教和学的方式，推动信息技术与教育教学融合创新，是促进学生核心素养发展的时代要求。

（四）补短板：专项建设乡村教师队伍

1. 乡村振兴战略背景下国家对教师队伍建设的高度重视

在实施乡村振兴战略的大背景下，2015 年的《国务院办公厅关于印发乡村教师支持计划（2015—2020 年）的通知》中提出，要把乡村教师队伍建设摆在优先发展的战略位置。2019 年 1 月，教育部部长陈宝生在全国教育工作会议上的讲话中提出，“要着力提升队伍素质能力”，“依法保障教师福利待遇”，“要实施好乡村教师支持计划”。②由此可见，乡村教师队伍作为乡村教育的重点和薄弱环节得到了重点关注。同时，教育投入向农村倾斜，优化义务教育教师资源配置，教育硕士招生计划向农村倾斜，教师职后培训将继续以“国培计划”为核心，集中力量支持农村教师队伍发展等一系列举措表明国家对乡村教师队伍高度重视。

① 教育部等五部门关于印发《教师教育振兴行动计划（2018—2022 年）》的通知[EB/OL]. 教育部网站. http://www.moe.gov.cn/srcsite/A10/s7034/201803/t20180323_331063.htm [2018-02-11].

② 陈宝生. 落实 落实 再落实——在 2019 年全国教育工作会议上的讲话[EB/OL]. 教育部网站. http://www.moe.gov.cn/jyb_xwfb/moe_176/201901/t20190129_368518.html [2019-01-30].

2. 明确突出问题，提出针对性措施

乡村教育问题是一个极为重要的现实问题，也是当前教育体系中的一个薄弱环节。提高乡村教育质量的关键在于乡村教师队伍的整体素质，当前乡村教师存在的问题可以凝练为一句话——如何“下得来、留得住、教得好”。《国务院办公厅关于印发乡村教师支持计划（2015—2020年）的通知》中对“下得来、留得住、教得好”问题单列条目进行了详细规定：“拓展乡村教师补充渠道”“提高乡村教师生活待遇”“全面提升乡村教师能力素质”等。《教师教育振兴行动计划（2018—2022年）》单列“乡村教师素质提高行动”条目，从乡村教师的补充、培训等方面做出了规定。

国家通过乡村教师公费定向培养机制、特岗计划、“三支一扶”计划、“银龄讲学计划”等多种途径加大对乡村教师补充的力度，以缓解乡村教师缺岗缺人的问题；不断提高乡村教师生活待遇，落实乡村教师生活补助政策，尤其是重视解决乡村教师的住房与保险问题，让乡村教师“留得住”；建立县区乡村教师专业发展的支持服务体系，加强教师职后培训，注重新课标新教材和教育观念、教学方法培训，提高培训的实效性，提升教师的专业水平，为教师“教得好”助力。

当前新一轮科技革命和产业革命正在兴起，互联网、人工智能等新技术的发展正在不断地重塑教育形态，受此影响，教与学的关系也在发生着深刻的变化，人民群众对教育的需求也更为多样。在此背景之下，教师作为教育发展的第一资源，需要得到必要的关注与重视。进入新时代以来，国家为教师待遇与职业发展颁布了众多利好政策，为教师提高工资、完善教师评聘体系、加强师德师风建设、强力建设乡村教师队伍，提升教师的政治地位与社会地位，使教师成为让人羡慕的职业。在国家政策的引导下，我国教师教育的进一步改革及教师的专业发展值得期待。

第二章
教师队伍数据分析

教育竞争力是国家综合竞争力的基础和重要组成部分，而教师是教育竞争力提升的重要承担者。《中共中央 国务院关于全面深化新时代教师队伍建设改革的意见》描绘了新时代教师队伍建设的宏伟蓝图，鲜明地指出教师承担着传播知识、传播思想、传播真理的历史使命，肩负着塑造灵魂、塑造生命、塑造人的时代重任，是教育发展的第一资源，是国家富强、民族振兴、人民幸福的重要基石。2018 年 9 月，全国教育大会召开，习近平总书记要求“坚持把教师队伍建设作为基础工作”[①]。2019 年 2 月 23 日，中共中央、国务院印发《中国教育现代化 2035》，明确提出建设高素质专业化创新型教师队伍；同日，《加快推进教育现代化实施方案（2018—2022 年）》发布，提出近五年全面加强新时代教师队伍建设的具体要求。

党的十八大以来，党中央对教师队伍建设日益重视，我国教师队伍整体发展态势良好，在数量与结构上均有重大发展。本章以全国普通中小学教师为研究对象，以教育部发展规划司官方网站公布的 2012—2017 年教育统计数据[②]为基础，运用统计分析、比较研究等方法，对普通中小学教师队伍建设总体状况和各个方面进行分析，以把握我国普通中小学教师队伍建设的总体情况。

---

① 习近平在全国教育大会上强调 培养德智体美劳全面发展的社会主义建设者和接班人[EB/OL]. 人民网. http://paper. people.com.cn/rmrbhwb/html/2018-09/11/content_1880467.htm [2018-09-11].

② 中华人民共和国教育部发展规划司 2012—2017 年教育统计数据。参见教育部网站（http://www.moe.gov.cn/s78/A03/moe_560/jytjsj_2017/），如无特殊说明，本章数据均来自这一官方网站。

一、教师队伍整体状况

从统计数据来看，我国普通中小学教师队伍整体保持一个相对稳定的数量，呈现出稳中上升的趋势（图 2-1）。2012 年，普通中小学教职工总数为 1194.01 万人，专任教师总数为 1068.49 万人，占教职工总数的 89.49%；2017 年普通中小学教职工总数为 1238.85 万人，专任教师总数为 1126.76 万人，占教职工总数的 90.95%。2012—2017 年，我国普通中小学教职工总数增加了 44.84 万人，年平均增长率为 0.73%；专任教师增加了 58.27 万人，年平均增长率为 1.07%。从增长的数量上来看，专任教师的增长数量已超过教职工总数的增长数量。

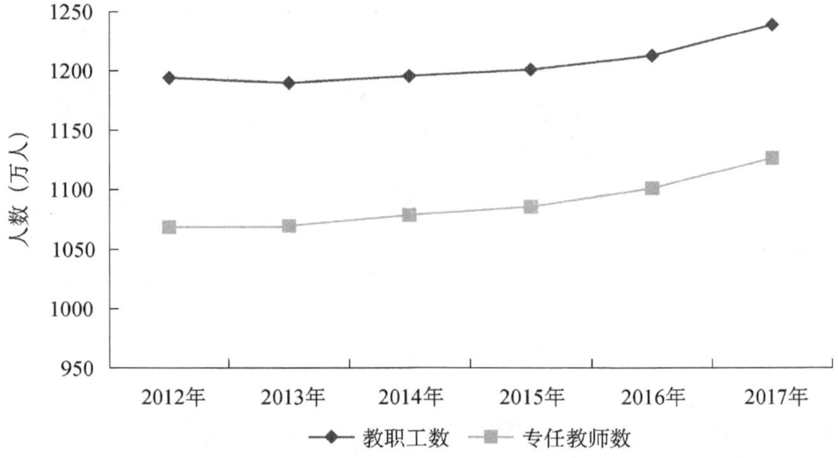

图 2-1　2012—2017 年我国普通中小学教师数量变化情况

在教育部 2019 年第四场新春新闻发布会上，教育部发展规划司司长刘昌亚介绍了 2018 年全国教育事业发展基本情况。[①] 根据 2018 年全国教育事业统计，全国各级各类学校共有专任教师 1673 万人，比上年增加了 46 万人；全国普通小学共有专任教师 609.19 万人，比上年增加了 2.47%；专任教师学历合格率达到 99.97%，专任教师中本科及以上学历的比例为 59.12%；全国初中共有专任教师 363.90 万人，比上年提高了 2.54%；专任教师学历合格率为 99.86%；专任教师中本科及以上学历的比例为 86.22%；普通高中专任教师为 181.26 万人，比上年增加

① 教育部. 2019 年第四场新春新闻发布会[EB/OL]. http://www.moe.gov.cn/fbh/live/2019/50340/twwd/201902/t20190226_371310.html[2019-05-18].

了 2.18%；专任教师学历合格率为 98.41%，比上年提高了 0.26 个百分点。

二、教师队伍数量变化

（一）学段分布

1. 专任教师学段分布状况

2012—2017 年，全国普通中小学专任教师各学段分布的总体状况是：小学、初中和普通高中专任教师绝对数量均有增长（图 2-2），但在相对占比方面，小学和普通高中专任教师所占比例略有上升，初中专任教师所占比例下降（表 2-1）。

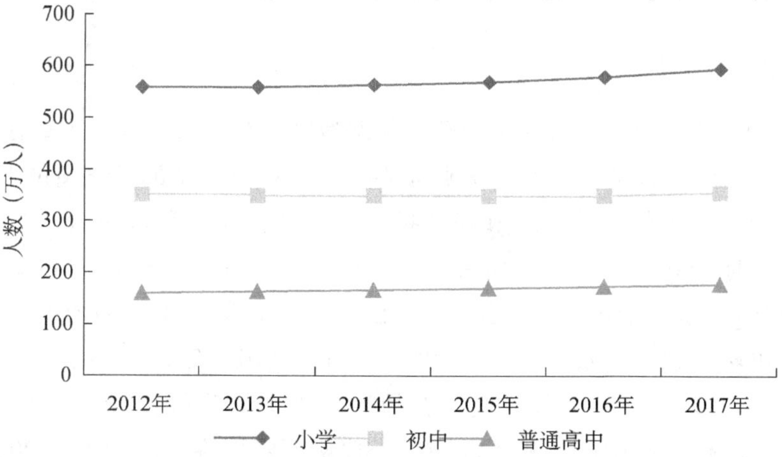

图 2-2　2012—2017 年全国普通中小学专任教师数量变化状况

小学阶段，2012—2017 年小学专任教师数量除 2013 年略有减少外，总体呈现增长趋势。2012 年，全国 1068.49 万普通中小学专任教师中，小学专任教师为 558.55 万人，占总数的 52.27%，所占比例超过半数，这一比例在 2013 年、2014 年均略有下降，分别为 52.22%、52.24%，2015 年后持续上升，2017 年达到 52.76%，教师数量增加 35.94 万人。初中阶段，2012—2017 年初中专任教师数量总体上略有增加，相较 2012 年 350.44 万人的初中专任教师，2013—2016 年呈现减少趋势，2017 年才有所回升，小幅增加 4.43 万人。从所占比例来看，2012 年初中专任教师占全国普通中小学专任教师数量的 32.80%，这一比例逐年下降，至 2017 年为 31.49%。普通高中阶段，2012—2017 年普通高中专任教师数量逐年增加，由 2012 年的 159.50 万人增加到 2017 年的 177.40 万人，6 年中增加了 17.90 万人。普通高中专任教师所占比例也逐年上升，由2012年的14.93%上升至2017年的15.74%，2016年和2017年这一比例持平。

表2-1 2012—2017年全国普通中小学专任教师数量及占比的变化状况

年份	小学		初中		普通高中		总计（万人）
	数量（万人）	占比（%）	数量（万人）	占比（%）	数量（万人）	占比（%）	
2012	558.55	52.27	350.44	32.80	159.50	14.93	1068.49
2013	558.46	52.22	348.10	32.55	162.90	15.23	1069.46
2014	563.39	52.24	348.84	32.34	166.27	15.42	1078.50
2015	568.51	52.37	347.56	32.02	169.54	15.62	1085.61
2016	578.91	52.58	348.78	31.68	173.35	15.74	1101.04
2017	594.49	52.76	354.87	31.49	177.40	15.74	1126.76

2. 代课教师学段分布状况

21世纪以来，国家一直在尽力解决代课教师问题。2006年3月，在教育部新闻发布会上，教育部宣布："代课教师是在一个前提下走上的教学岗位，就是没有经过国家相关部门的正式认定和正式批准，或者说是一种以不合法、不合规的形式存在。他和我们在前几年所说的民办教师的情况不一样。"①尽管国家近几年在解决代课教师问题方面做出了很大的努力，也取得了很大成就，但全国普通中小学仍然存在一定数量的代课教师。2012—2017年，中小学代课教师学段分布的总体状况是：小学阶段代课教师远多于中学阶段，2012—2015年，小学、中学阶段代课教师的数量不断减少、比例不断下降，但2016—2017年又有所增加（图2-3）。

当前小学阶段的代课教师数量仍比较庞大，2012年，全国有17.70万小学代课教师，占小学教师总量（专任教师数+代课教师数）的3.34%，至2015年代课教师减少了3.03万人，但在2016—2017年代课教师数量又有所增加，2017年小学阶段代课教师总量达到16.57万人，占小学教师总量的3.04%。中学阶段②代课教师数量少于小学阶段，2012年，中学阶段共有9.01万代课教师，占中学教师总量的1.59%，至2015年代课教师减少了3.22万人，但在2016—2017

① 教育部2006年第6次新闻发布会文字实录［EB/OL］. 教育部网站. http://old.moe.gov.cn//publicfiles/business/htmlfiles/moe/moe_2284/200603/14394.html［2015-06］.

② 中华人民共和国教育部发展规划司公布的2012—2017年教育统计数据中仅有中学阶段代课教师的合并数据，中学指初级中学、九年一贯制学校、职业初中、完全中学、高级中学、十二年一贯制学校。

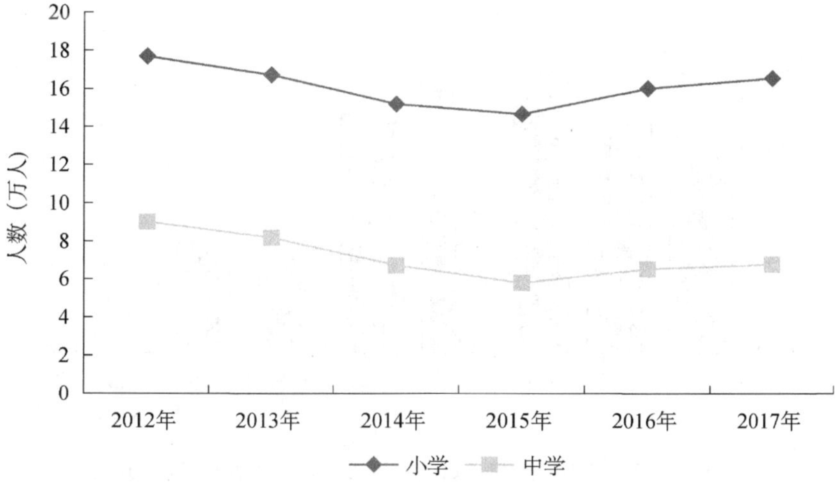

图 2-3 2012—2017 年全国普通中小学代课教师数量变化状况

年代课教师数量又有所增加，2017 年中学阶段有 6.77 万代课教师，占中学教师总量的 1.12%（表 2-2）。纵向来看，小学阶段和中学阶段代课教师所占比例总体上呈现下降趋势。

表 2-2 2012—2017 年全国普通中小学代课教师数量及占比状况

年份	小学		中学	
	数量（万人）	占比（%）	数量（万人）	占比（%）
2012	17.70	3.34	9.01	1.59
2013	16.73	3.18	8.18	1.44
2014	15.20	2.89	6.71	1.17
2015	14.67	2.79	5.79	1.00
2016	16.03	3.00	6.52	1.11
2017	16.57	3.04	6.77	1.12

注：代课教师占比=代课教师数/（专任教师数+代课教师数）。下同

（二）城乡分布

1. 专任教师城乡分布状况

2012—2017 年，全国中小学专任教师城乡分布的总体状况是，小学专任教师多数在农村，初中专任教师多数在县镇，而普通高中专任教师多数在城市（图 2-4）。各学段教师数量的分布也反映了中小学在城乡的分布情况。

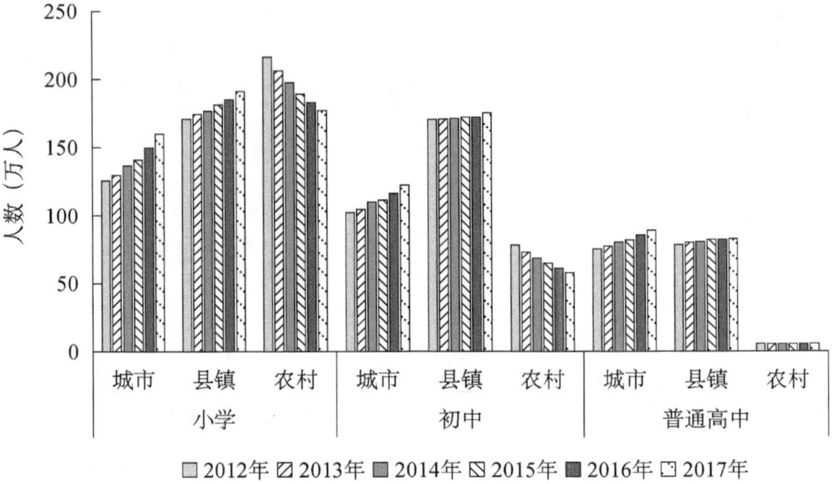

图 2-4　2012—2017 年全国普通中小学专任教师城乡分布状况

小学阶段，2012—2017 年，全国小学专任教师多数在农村，但呈逐渐减少趋势。从数量上来看，城市和县镇小学专任教师数量逐年递增，至 2017 年分别增加了 34.31 万人和 20.87 万人，农村小学专任教师逐年大幅下降，2017 年比 2012 年减少了 39.1 万人。从所占比例来看，2012 年，城市、县镇、农村小学专任教师所占比例分别为 24.50%、33.27%、42.23%，6 年间城市和县镇的这一比例在逐年上升，而农村的比例大幅下降。至 2017 年，城市、县镇、农村小学专任教师所占比例分别为 30.25%、36.21%、33.54%。从 2016 年开始，县镇小学专任教师的数量和比例均已超过农村小学专任教师。

初中阶段，2012—2017 年，全国初中专任教师多数在县镇，且数量稳步上升。城市和县镇初中专任教师数量逐年递增，至 2017 年分别增加了 19.98 万人和 5.14 万人。农村初中专任教师则逐年大幅减少，2017 年比 2012 年减少了 20.69 万人。在相对比例上，2012 年，城市、县镇、农村初中专任教师所占比例分别为 29.15%、48.55%、22.30%，6 年间城市和县镇这一比例在逐年上升，而农村的比例大幅下降。截至 2017 年，城市、县镇、农村初中专任教师所占比例分别为 34.42%、49.39%、16.19%。2017 年，城市和县镇初中专任教师共占比 83.81%，而农村初中专任教师所占比例不足两成，体现出随着城镇化进程的加快和农村学校的撤并，农村初中专任教师数量急剧下降的趋势。

普通高中阶段，2012—2017 年，全国普通高中专任教师多数在城市，且逐年增加。城市和县镇普通高中专任教师数量逐年递增，至 2017 年分别增加了 13.68

万人和 4.04 万人。而农村普通高中专任教师数量有所起伏，相较 2012 年的 5.56 万人，2013—2016 年均在减少，2017 年又有所回升，比 2012 年增加 0.18 万人。在相对比例上，2012 年，城市、县镇、农村普通高中专任教师所占比例分别为 47.27%、49.25%、3.48%，6 年间城市这一比例在逐年上升，县镇和农村比例都有所下降，至 2017 年，城市、县镇、农村普通高中专任教师所占比例分别为 50.21%、46.56%、3.23%。2017 年，城市和县镇初中专任教师占据绝对优势，而农村普通高中专任教师的数量发展式微（表 2-3）。

表 2-3 2012—2017 年全国普通中小学专任教师城乡分布状况

学段	年份	城市		县镇		农村	
		数量（万人）	占比（%）	数量（万人）	占比（%）	数量（万人）	占比（%）
小学	2012	125.50	24.50	170.38	33.27	216.29	42.23
	2013	129.33	25.38	174.21	34.18	206.12	40.44
	2014	136.40	26.72	176.70	34.61	197.44	38.67
	2015	140.72	27.52	181.40	35.48	189.16	37.00
	2016	149.70	28.92	185.02	35.74	182.93	35.34
	2017	159.81	30.25	191.25	36.21	177.19	33.54
初中	2012	102.15	29.15	170.12	48.55	78.16	22.30
	2013	104.63	30.06	170.35	48.94	73.11	21.00
	2014	109.67	31.44	170.68	48.93	68.49	19.63
	2015	111.18	31.99	171.86	49.45	64.52	18.56
	2016	116.12	33.29	171.88	49.28	60.78	17.43
	2017	122.13	34.42	175.26	49.39	57.47	16.19
普通高中	2012	75.39	47.27	78.55	49.25	5.56	3.48
	2013	77.37	47.50	80.01	49.11	5.52	3.39
	2014	80.25	48.27	80.53	48.43	5.49	3.30
	2015	81.86	48.28	82.17	48.47	5.51	3.25
	2016	85.61	49.39	82.21	47.43	5.52	3.18
	2017	89.07	50.21	82.59	46.56	5.74	3.23

2. 代课教师城乡分布状况

2012—2017 年，全国中小学代课教师城乡分布的总体状况是小学阶段农村代课教师数量最多，中学阶段县镇代课教师数量较多。除了城市小学外，城市、县镇和农村中小学代课教师总体上在 2012—2015 年逐年下降，但 2016 年后又有回升的趋势，而城市小学阶段代课教师数量逐年上升（图 2-5）。

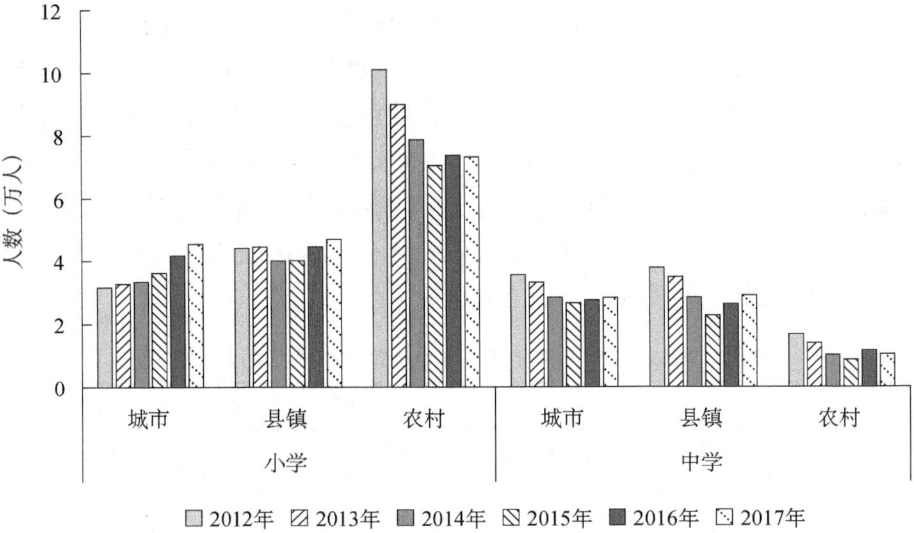

图 2-5　2012—2017 年全国普通中小学代课教师城乡分布状况

小学阶段，2012—2017 年，代课教师多数在农村，2012 年，农村有 10.10 万小学代课教师，占农村小学教师总量的 4.46%，至 2015 年减少了 3.06 万人，2016—2017 年又有所增加，2017 年，农村仍有 7.32 万小学代课教师，占农村小学教师总量的 3.96%。县镇小学代课教师也呈现出先下降又上升的趋势，但城市小学代课教师数量持续上升，2017 年，有 4.55 万代课教师，占城市小学教师总量的 2.77%。中学阶段，县镇代课教师数量最多，但城市代课教师比例较高，2012 年，有 3.56 万城市中学代课教师，占城市中学教师总量的 1.97%，但这一比例逐年下降，2017 年占比为 1.32%。农村中学代课教师所占比例在 2016 年超过城市。农村中学教师总量较少，所以 2016 年的 1.15 万农村中学代课教师占农村中学教师总量的 1.70%，2017 年这一比例下降为 1.60%，但仍高于城市和县镇中学代课教师所占比例（表 2-4）。

表 2-4　2012—2017 年全国普通中小学代课教师城乡分布状况

学段	年份	城市		县镇		农村	
		数量（万人）	占比（%）	数量（万人）	占比（%）	数量（万人）	占比（%）
小学	2012	3.17	2.46	4.42	2.53	10.10	4.46
	2013	3.28	2.47	4.46	2.49	8.99	4.18
	2014	3.34	2.39	4.00	2.21	7.86	3.83
	2015	3.61	2.50	4.01	2.16	7.04	3.59
	2016	4.18	2.72	4.47	2.36	7.37	3.87
	2017	4.55	2.77	4.71	2.40	7.32	3.96

续表

学段	年份	城市		县镇		农村	
		数量（万人）	占比（%）	数量（万人）	占比（%）	数量（万人）	占比（%）
中学	2012	3.56	1.97	3.78	1.50	1.66	1.95
	2013	3.32	1.79	3.48	1.37	1.38	1.73
	2014	2.84	1.47	2.84	1.12	1.02	1.37
	2015	2.66	1.36	2.27	0.89	0.86	1.21
	2016	2.75	1.34	2.63	1.02	1.15	1.70
	2017	2.83	1.32	2.91	1.12	1.03	1.60

（三）地区分布

1986 年，第六届全国人民代表大会第四次会议正式公布了“七五”计划[①]，在计划中将我国[②]具体划分为：东部地区，包括 11 个省（直辖市），分别是北京、天津、河北、辽宁、上海、江苏、浙江、福建、山东、广东与海南；中部地区，包括 10 个省（自治区），分别是山西、内蒙古、吉林、黑龙江、安徽、江西、河南、湖北、湖南和广西；西部地区，包括 9 个省（自治区），分别是四川、贵州、云南、西藏、陕西、甘肃、青海、宁夏和新疆。1997 年，根据发展需要，第八届全国人民代表大会第五次会议将重庆市单独设立为直辖市，并将其划入西部地区，因此西部地区所包括的省级行政区增加到 10 个省（自治区、直辖市）。2000 年，由于内蒙古和广西的人均 GDP 正好相当于上述 10 个西部省（自治区、直辖市）的平均状况，也将内蒙古和广西扩增到国家制定的西部大开发范围之内。所以，目前我国的东、中、西部的确切划分情况为：东部地区包括 11 个省级行政区，分别是北京、天津、河北、辽宁、上海、江苏，浙江、福建、山东、广东和海南；中部地区包括 8 个省级行政区，分别是黑龙江、吉林、山西、安徽、江西、河南、湖北和湖南；西部地区包括 12 个省级行政区，分别是四川、重庆、贵州、云南、西藏、陕西、甘肃、青海、宁夏、新疆、广西和内蒙古。[③]

教育部 2012 年的教育统计数据仅有全国基本情况数据，没有各地统计数据，因此本部分仅对 2013—2017 年各地分省数据按东、中、西部的划分合并处理，进而对中小学专任教师的地区分布情况进行分析。

---

① 中华人民共和国国民经济和社会发展第七个五年计划 1986—1990[M]. 北京：人民出版社，1986.

② 此处的数据不包含港澳台。

③ 马敏娜. 中国三大区域幸福指数比较研究[D]. 南昌大学，2015.

1. 专任教师地区分布状况

2013—2017 年，全国普通中小学专任教师数量地区分布的总体状况均为东部>中部>西部。其中，小学阶段东部、中部、西部地区专任教师分布的差异最大，初中次之，普通高中的差异最小（图 2-6）。

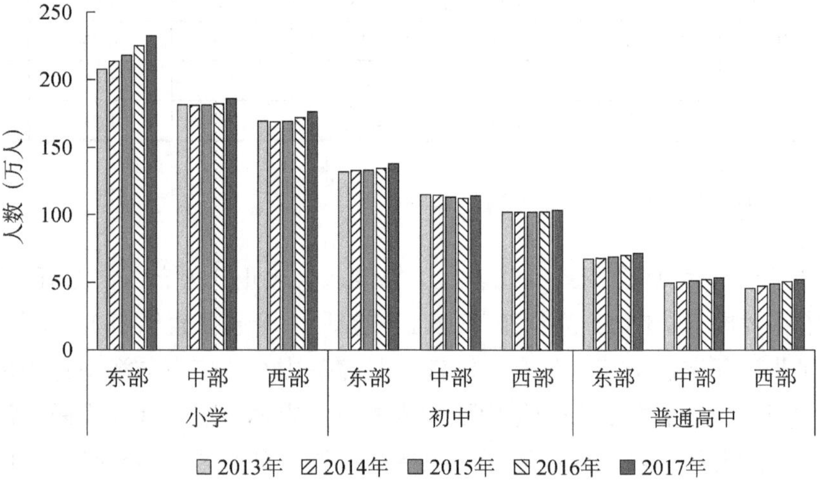

图 2-6　2013—2017 年全国普通中小学专任教师地区分布状况

小学阶段，2013—2017 年东部地区小学专任教师比例呈增大趋势，增长幅度较大，中西部地区小学专任教师数量呈现起伏增加趋势，2014 年略有减少，2015 年、2016 年有所回升，2017 年大幅增加（表 2-5）。2013 年，东部、中部、西部地区小学专任教师所占比例分别为 37.17%、32.50%、30.33%，5 年间东部地区这一比例逐年上升，中西部地区的比例均有所下降，至 2017 年，东部、中部、西部地区这一比例分别为 39.06%、31.29%、29.65%。东部地区小学专任教师数量逐年递增。

初中阶段，2013—2017 年，东部地区初中专任教师比例呈上升趋势，但增幅远小于小学阶段，至 2017 年增加了 6.04 万人。中部地区初中专任教师数量呈现逐年减少趋势，2017 年有所回升，但较 2013 年减少了 0.74 万人。西部地区初中专任教师数量除 2015 年小幅减少外，其他年份均小幅增加，2013—2017 年西部初中专任教师增加了 1.47 万人（表 2-5）。

普通高中阶段，2013—2017 年，东、中、西部地区普通高中专任教师绝对数量均有增加，但东、中部地区普通高中专任教师所占比例个别年份呈下降趋势，西部地区呈现上升趋势。仅西部地区普通高中专任教师数量大幅递增，所占比例由 2013 年的 28.12%上升到 2017 年的 29.40%，表明国家的西部教师补充政策起到了非常积极的效果（表 2-5）。

表 2-5 2013—2017 年全国普通中小学专任教师地区分布状况

学段	年份	东部		中部		西部	
		数量（万人）	占比（%）	数量（万人）	占比（%）	数量（万人）	占比（%）
小学	2013	207.60	37.17	181.48	32.50	169.39	30.33
	2014	213.49	37.89	181.07	32.14	168.83	29.97
	2015	218.06	38.36	181.32	31.89	169.13	29.75
	2016	224.82	38.83	182.21	31.48	171.89	29.69
	2017	232.20	39.06	186.01	31.29	176.28	29.65
初中	2013	131.53	37.79	114.57	32.91	102.00	29.30
	2014	132.58	38.00	114.21	32.74	102.06	29.26
	2015	132.74	38.19	112.88	32.48	101.95	29.33
	2016	134.31	38.51	112.16	32.16	102.31	29.33
	2017	137.57	38.77	113.83	32.07	103.47	29.16
普通高中	2013	67.27	41.30	49.82	30.58	45.81	28.12
	2014	68.16	41.00	50.56	30.41	47.54	28.59
	2015	69.12	40.77	51.36	30.30	49.05	28.93
	2016	70.24	40.52	52.37	30.21	50.74	29.27
	2017	71.59	40.36	53.65	30.24	52.16	29.40

2. 代课教师地区分布状况

2013—2017 年，全国普通中小学代课教师数量地区分布的总体状况为中部>西部>东部，东、中、西部地区代课教师数量在 2013—2015 年总体上呈现下降趋势，2016—2017 年数量又有所增加，其中小学阶段西部地区代课教师数量逐年下降（图 2-7）。

小学阶段，2013—2017 年，代课教师多数分布在中部地区，2013 年，中部地区有 6.99 万名小学代课教师，占中部地区小学教师总量的 3.71%，至 2015 年略有减少，但 2016—2017 年大幅增加，至 2017 年中部地区有 7.63 万名小学代课教师，占中部地区小学教师总量的 3.94%。东部地区小学代课教师也呈现先下降后上升的趋势，但西部地区小学代课教师数量在 2013—2017 年呈现持续下降趋势。

中学阶段，2013—2017 年，同样是中部地区代课教师数量最多，东、中、西

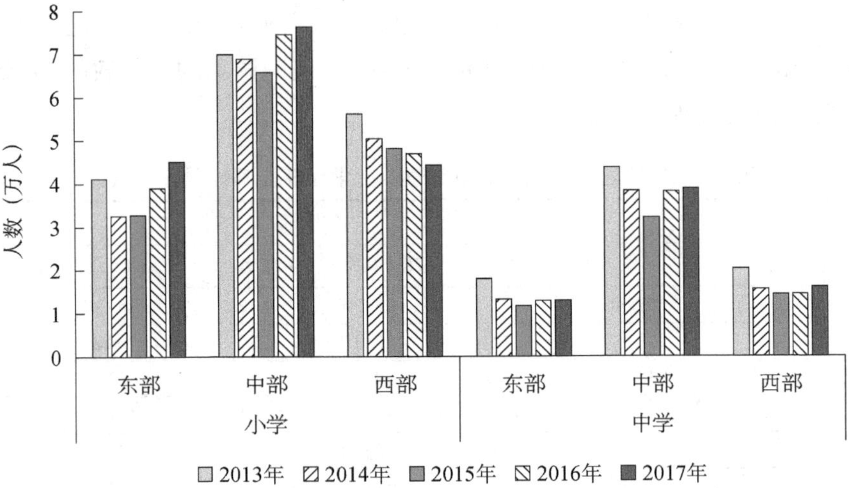

图 2-7　2013—2017 年全国普通中小学代课教师地区分布状况

部地区总体呈现先下降后上升的趋势。2013 年，中部地区有 4.37 万名中学代课教师，占中部地区中学教师总量的 2.59%，此后逐年下降，但 2016—2017 年有所增加，至 2017 年中部地区有 3.88 万名中学代课教师，占中部地区中学教师总量的 2.26%。中学阶段东部地区代课教师数量较少，2013—2017 年代课教师所占比例均不到 1%，2016 年，西部地区中学代课教师所占比例下降为 0.93%，但 2017 年又升至 1.01%（表 2-6）。

表 2-6　2013—2017 年全国普通中小学代课教师地区分布状况

学段	年份	东部		中部		西部	
		数量（万人）	占比（%）	数量（万人）	占比（%）	数量（万人）	占比（%）
小学	2013	4.12	1.94	6.99	3.71	5.62	3.21
	2014	3.26	1.51	6.89	3.67	5.04	2.90
	2015	3.28	1.48	6.58	3.50	4.81	2.76
	2016	3.89	1.70	7.45	3.93	4.69	2.65
	2017	4.51	1.91	7.63	3.94	4.43	2.45
中学	2013	1.79	0.89	4.37	2.59	2.02	1.35
	2014	1.32	0.66	3.83	2.27	1.55	1.03
	2015	1.16	0.57	3.21	1.91	1.43	0.94
	2016	1.28	0.62	3.81	2.26	1.44	0.93
	2017	1.29	0.61	3.88	2.26	1.60	1.01

三、教师队伍结构变化

（一）性别结构

性别结构是指教师群体中男女教师的比例构成。由于性别不同，男女教师在个性、行为方式、价值观念以至于性格和技能上都存在明显的差别，这种差别对于教师群体的教育教学方式、教学水平以及学生的发展都有着重要影响，因此，性别结构是教师队伍建设的一个重要方面。

1. 学段分布状况

从分学段数据来看，随着学段的升高，教师性别比例逐渐均衡，但 2012—2017 年小学、初中和普通高中男教师的数量都呈现下降趋势，女教师数量逐年递增，小学阶段表现得尤为明显。从总体上看，初中和普通高中阶段男女教师的比例基本均衡，而小学阶段男女教师比例差异较大（图 2-8）。

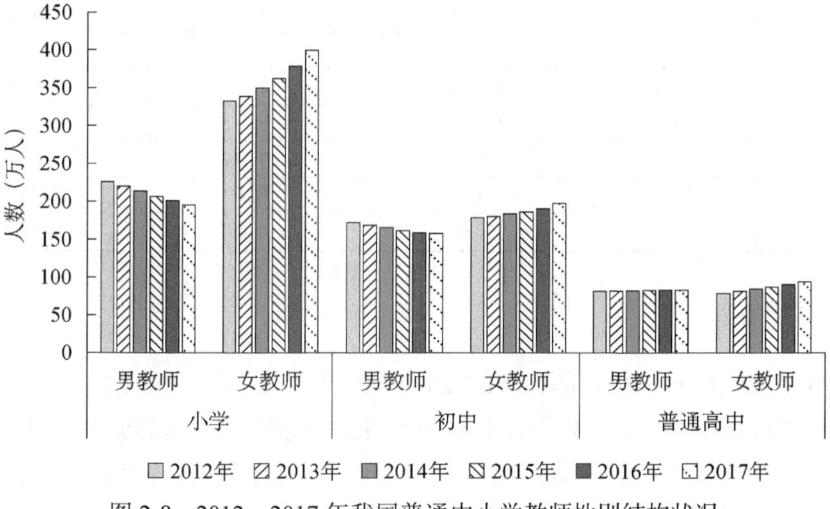

图 2-8　2012—2017 年我国普通中小学教师性别结构状况

具体来看，2012 年，小学阶段男教师比例为 40.42%，但之后这一比例呈现逐年下降趋势，到 2017 年仅为 32.81%，表明小学阶段近 7 成教师是女性。初中阶段，2012 年，男教师比例为 49.08%，男女教师数量基本均衡，但 2017 年这一比例下降为 44.36%。同样，在普通高中阶段也出现教师性别逐年失衡的状况，2012 年、2013 年普通高中男教师比例都在 5 成以上，但至 2017 年，男教师所占比例下降为46.92%（表2-7）。经过以上数据分析发现，我国教师性别均衡水平随学段逐级上升，表明学段越高，教师职业对男性的吸引力越大。同时，在2012—2017年，各学段教师性别结构失衡状况都逐渐加重。

表2-7 2012—2017年我国普通中小学教师性别结构状况

学段	年份	教师总人数（万人）	男教师人数（万人）	男教师占比（%）
小学	2012	558.55	225.75	40.42
	2013	558.46	219.63	39.32
	2014	563.39	213.38	37.87
	2015	568.51	206.18	36.27
	2016	578.91	200.65	34.66
	2017	594.49	195.08	32.81
初中	2012	350.44	171.98	49.08
	2013	348.10	168.14	48.30
	2014	348.84	165.42	47.42
	2015	347.56	161.50	46.47
	2016	348.78	158.73	45.51
	2017	354.87	157.42	44.36
普通高中	2012	159.50	81.27	50.95
	2013	162.90	81.71	50.16
	2014	166.27	82.12	49.39
	2015	169.54	82.47	48.64
	2016	173.35	82.97	47.86
	2017	177.40	83.23	46.92

2. 城乡分布状况

从城乡的数据看，教育部公布的2012—2017年教育统计数据中缺失小学阶段的分城乡统计数据，因此，我们仅对初中和普通高中阶段教师的城乡性别结构状况进行分析。从总体上看，男教师所占比例为农村>县镇>城市，2012—2017年，城市、县镇、农村男教师初中和普通高中阶段所占比例都在逐年下降（图2-9）。

从具体数据来看（表2-8），初中阶段城市男教师比例约为3～4成，且总体上逐年下降，由2012年的37.28%下降至2017年的34.98%；2012—2015年，县镇男教师比例为5成左右，也呈逐年下降趋势，2017年下降至48.34%，但总体上县镇教师的性别比例较为均衡；2012—2017年，农村男教师比例约为5成以上，且逐年下降。普通高中阶段，城市男教师所占比例略高于初中阶段，但低于县镇和农村男教师所占比例，农村男教师所占比例略高于县镇。2012—2017年，普通高

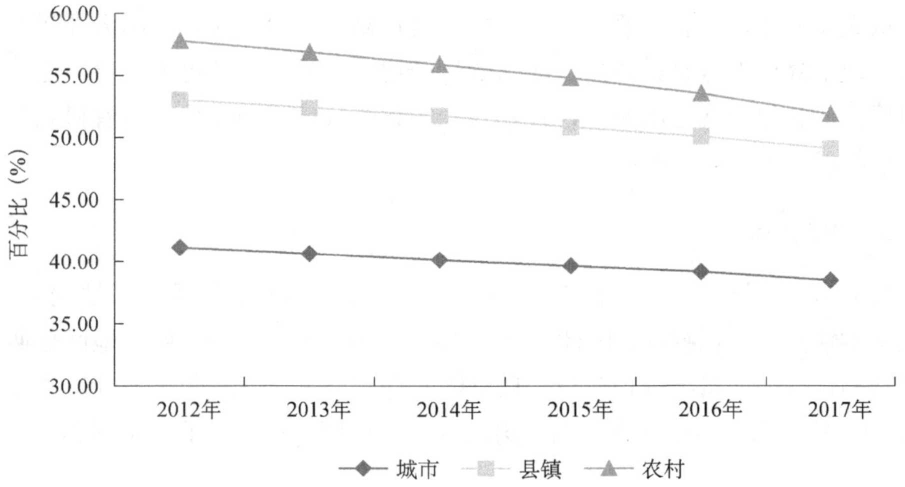

图 2-9　2012—2017 年我国城乡初中及普通高中男教师比例状况

中阶段，城市、县镇、农村男教师所占比例的年平均下降率分别为 1.37%、1.65% 和 2.40%。

表 2-8　2012—2017 年我国城乡初中及普通高中教师性别结构状况

城乡	年份	初中			普通高中		
		教师总人数（万人）	男教师人数（万人）	男教师占比（%）	教师总人数（万人）	男教师人数（万人）	男教师占比（%）
城市	2012	102.15	38.08	37.28	75.39	34.95	46.36
	2013	104.63	38.63	36.92	77.37	35.31	45.64
	2014	109.67	40.03	36.50	80.25	36.17	45.07
	2015	111.18	40.08	36.05	81.86	36.44	44.52
	2016	116.12	41.31	35.58	85.61	37.67	44.00
	2017	122.13	42.72	34.98	89.07	38.54	43.27
县镇	2012	170.12	88.61	52.09	78.55	43.26	55.07
	2013	170.35	87.78	51.53	80.01	43.42	54.27
	2014	170.68	86.96	50.95	80.53	43.02	53.42
	2015	171.86	85.93	50.00	82.17	43.15	52.51
	2016	171.88	84.71	49.28	82.21	42.50	51.70
	2017	175.26	84.72	48.34	82.59	41.89	50.72
农村	2012	78.16	45.29	57.95	5.56	3.06	55.04
	2013	73.11	41.73	57.08	5.52	2.97	53.80
	2014	68.49	38.42	56.10	5.49	2.92	53.19
	2015	64.52	35.49	55.01	5.51	2.88	52.27
	2016	60.78	32.70	53.80	5.52	2.80	50.72
	2017	57.47	29.99	52.18	5.74	2.80	48.78

从表 2-8 中的数据来看，虽然初中和普通高中阶段的农村教师男性所占比例最高，但下降比例也是最高的，城市的下降比例最低。由此可见，整体上教师职业对男性的吸引力在逐渐减小，而随着城镇化步伐的不断加快，在农村教师职业对男性的吸引力也在逐渐减小。

3. 地区分布状况

从分地区数据看，在教育部 2012—2017 年的教育统计数据中，缺失 2012 年各地基本情况的数据统计，因此，仅对 2013—2017 年东、中、西部地区普通中小学教师的性别结构状况进行分析。从总体上看，2013—2017 年男教师所占比例为西部>中部>东部，但东、中、西部男教师所占比例都在逐年下降（图 2-10）。

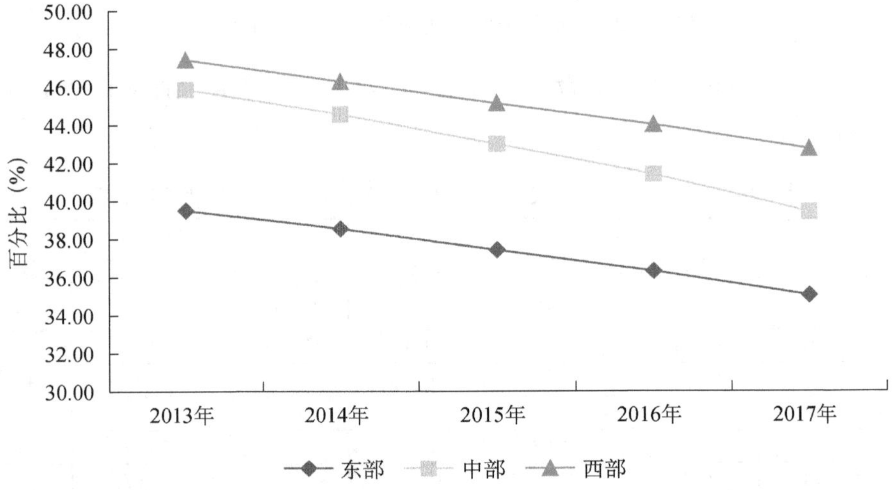

图 2-10　2013—2017 年我国东、中、西部普通中小学男教师比例状况

从具体数据来看，小学阶段，在东、中、西部地区，东部地区男教师所占比例最低，仅为 3 成左右，并由 2013 年的 34.24%下降为 2017 年的 28.87%；2013—2017 年，中、西部男教师所占比例差别不大，西部略高，均从 4 成下降为 3 成左右。初中阶段，东、中、西部地区男教师所占比例分别为 42.78%、48.23%、49.55%，中、西部地区的教师性别结构较为均衡。对于普通高中阶段，东、中、西部地区男教师所占比例均值为分别为 44.83%、51.72%、50.63%，东部地区男教师所占比例最低，中、西部地区男教师均占 5 成左右（表 2-9）。分析结果表明，经济发展水平越高的地区，教师职业对男性的吸引力越小。

表 2-9 2013—2017 年我国东、中、西部普通中小学教师性别结构状况

学段	区域	年份	教师总人数（万人）	男教师人数（万人）	男教师占比（%）
小学	东部	2013	207.60	71.08	34.24
		2014	213.49	70.66	33.10
		2015	218.06	69.33	31.79
		2016	224.82	68.42	30.43
		2017	232.20	67.03	28.87
	中部	2013	181.48	74.47	41.03
		2014	181.07	71.31	39.38
		2015	181.32	67.78	37.38
		2016	182.21	64.39	35.34
		2017	186.01	61.12	32.86
	西部	2013	169.39	74.08	43.73
		2014	168.83	71.41	42.30
		2015	169.13	69.07	40.84
		2016	171.89	67.84	39.47
		2017	176.28	66.93	37.97
初中	东部	2013	131.53	58.38	44.39
		2014	132.58	57.85	43.63
		2015	132.74	56.80	42.79
		2016	134.31	56.40	41.99
		2017	137.57	56.52	41.08
	中部	2013	114.57	57.48	50.12
		2014	114.21	56.13	49.15
		2015	112.88	54.12	47.94
		2016	112.16	52.46	46.77
		2017	113.83	51.52	45.26
	西部	2013	102.00	52.29	51.26
		2014	102.06	51.44	50.14
		2015	101.95	50.58	49.61
		2016	102.31	49.86	48.73
		2017	103.47	49.38	47.72
普通高中	东部	2013	67.27	31.04	46.14
		2014	68.16	31.03	45.53
		2015	69.12	31.00	44.85
		2016	70.24	31.04	44.19
		2017	71.59	31.08	43.41

续表

学段	区域	年份	教师总人数（万人）	男教师人数（万人）	男教师占比（%）
普通高中	中部	2013	49.82	26.65	53.50
		2014	50.56	26.62	52.65
		2015	51.36	26.66	51.91
		2016	52.37	26.65	50.89
		2017	53.65	26.65	49.67
	西部	2013	45.81	24.02	52.43
		2014	47.54	24.47	51.47
		2015	49.05	24.81	50.58
		2016	50.74	25.27	49.80
		2017	52.16	25.50	48.89

（二）年龄结构

年龄结构是指教师队伍的年龄构成，它反映了教师队伍的活力与发展前景，是保证教育工作连续性的前提。教师年龄结构合理与否，直接关系到教育的发展潜力，也关系到总体教育质量的提高。在教育部2012—2017年的教育统计数据中，我国教师队伍的年龄结构以五年为一个年龄时期，其中2012年与2012年以后关于年龄段的分类稍微有所不同。2012年的数据分段标准是25岁及以下为一个阶段，之后每五年为一个阶段，61岁及以上为一个阶段；而2013—2017年的数据分段标准是24岁及以下为一个阶段，之后每五年为一个阶段，60岁及以上为一个阶段，年龄分类有一岁的差别。但因全国教师总量较大，若忽略这一岁的差别，会影响整体趋势的变化，因此，这里仅统计2013—2017年我国普通中小学教师的年龄结构。同时，以五年为一个年龄分段不便于统计分析，因此，进行了数据合并，将24岁及以下、25～29岁、30～34岁合并为34岁及以下，即青年教师段；将35～39岁、40～44岁、45～49岁合并为35～49岁，即中年教师段；将50～54岁、55～59岁、60岁及以上合并为50岁及以上，即老年教师段。

1. 学段分布状况

我国普通中小学教师的年龄结构总体上呈现出较为合理的倒“U”形分布形态，35～50岁的教师居多，34岁及以下和50岁及以上的教师略少，即具有丰富教学经验的中青年教师占主体，年轻教师和老年教师数量不多（图2-11）。我国普通中小学教师队伍的年龄结构总体合理，但中小学青年教师数量逐渐减少和初中、普通高中老年教师数量逐年增多的问题需引起重视。

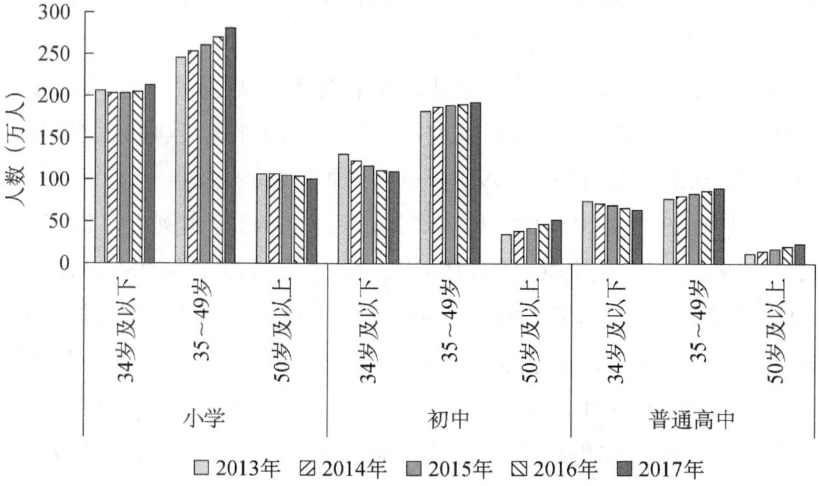

图 2-11 2013—2017 年我国普通中小学教师年龄结构状况

小学阶段，中青年教师占主体，且逐年增加。在绝对数量上，2013—2017 年，34 岁及以下的青年教师数量呈现先下降、后逐步回升的趋势，相比 2013 年的 206.26 万名青年教师，2017 年增加了 6.68 万人；35～49 岁的中年教师数量逐年持续增加，2017 年较 2013 年增加了 35.46 万人；50 岁及以上老年教师数量持续下降，2013—2017 年减少了 6.11 万人。在相对比例上，总体而言，2013—2017 年，34 岁及以下青年教师和 50 岁及以上教师所占比例都有所下降，但青年教师所占比例下降较小，而 35～49 岁中年教师所占比例逐年上升。2013—2017 年，青年和老年教师所占比例分别下降了 1.11 个和 2.19 个百分点，中年教师所占比例上升了 3.30 个百分点，其中 50 岁以下的小学中青年教师比例由 2013 年的 80.91% 上升至 2017 年的 83.10%，总体上而言，小学中青年教师数量和比例都有所上升（表 2-10）。

初中阶段，中青年教师占主体，但出现小幅下降。在绝对数量上，2013—2017 年 34 岁及以下青年教师数量逐年下降，相比 2013 年的 130.99 万人减少到 110.27 万人，5 年来减少了 20.72 万人；35～49 岁中年教师和 50 岁及以上老年教师数量均逐年增加，5 年来分别增加 10.46 万人和 17.09 万人。在相对比例上，2013 年，34 岁及以下、35～49 岁、50 岁及以上的教师所占比例分别为 37.63%、52.36%、10.01%；2013—2017 年，青年教师所占比例逐年下降，下降 6.56 个百分点，中年和老年教师所占比例分别增长 1.94 个和 4.62 个百分点，其中 50 岁以下的中青年教师所占比例由 2013 年的 89.99%下降至 2017 年的 85.37%。初中青年教师所占比例大幅下降，中年教师和老年教师所占比例都有所上升，总体上而言，初中中青年教师所占比例小幅下降（表 2-10）。

普通高中阶段，中青年教师占主体，但青年教师数量出现较大幅度减少。在绝对数量上，2013—2017 年，34 岁及以下普通高中青年教师数量逐年减少，至 2017 年减少了 10.24 万人；35～49 岁中年教师和 50 岁及以上老年教师数量均增加，5 年中分别增加了 13.01 万人和 11.72 万人。在相对比例上，2013 年，34 岁及以下、35～49 岁、50 岁及以上的教师所占比例分别为 45.42%、47.27%、7.31%，至 2017 年青年教师所占比例下降了 9.48 个百分点，中年和老年教师所占比例分别上升了 3.48 个和 6.01 个百分点。其中，50 岁以下的中青年教师所占比例由 2013 年的 92.69%下降至 2017 年的 86.69%；普通高中青年教师所占比例大幅下降，中年教师和老年教师所占比例都有所上升，总体上而言，普通高中中青年教师所占比例大幅下降（表 2-10）。

表 2-10　2013—2017 年我国普通中小学教师年龄结构状况

学段	年份	34 岁及以下		35～49 岁		50 岁及以上	
		数量（万人）	占比（%）	数量（万人）	占比（%）	数量（万人）	占比（%）
小学	2013	206.26	36.93	245.60	43.98	106.61	19.09
	2014	203.13	36.06	252.99	44.90	107.26	19.04
	2015	203.16	35.73	260.30	45.79	105.05	18.48
	2016	204.88	35.39	269.83	46.61	104.20	18.00
	2017	212.94	35.82	281.06	47.28	100.50	16.90
初中	2013	130.99	37.63	182.27	52.36	34.83	10.01
	2014	122.89	35.23	187.26	53.68	38.69	11.09
	2015	116.57	33.54	188.88	54.34	42.11	12.12
	2016	111.33	31.92	190.35	54.58	47.10	13.50
	2017	110.27	31.07	192.68	54.30	51.92	14.63
普通高中	2013	74.00	45.42	77.01	47.27	11.90	7.31
	2014	71.27	42.86	80.33	48.31	14.68	8.83
	2015	69.06	40.74	83.14	49.04	17.33	10.22
	2016	66.23	38.21	86.41	49.85	20.71	11.94
	2017	63.76	35.94	90.02	50.74	23.62	13.32

2. 城乡分布状况

从分城乡数据看，教育部 2012—2017 年公布的教育统计数据中缺失小学阶段分城乡的数据统计，因此，仅对城乡初中和普通高中阶段教师的年龄结构状况进行分析。总体上而言，2013—2017 年城市、县镇和农村呈现出 34 岁及以下青年教师所占比例有所下降，而 50 岁及以上老年教师所占比例逐年上升的趋势，但中青年教师占绝对主体，老龄化现象不明显（图 2-12）。

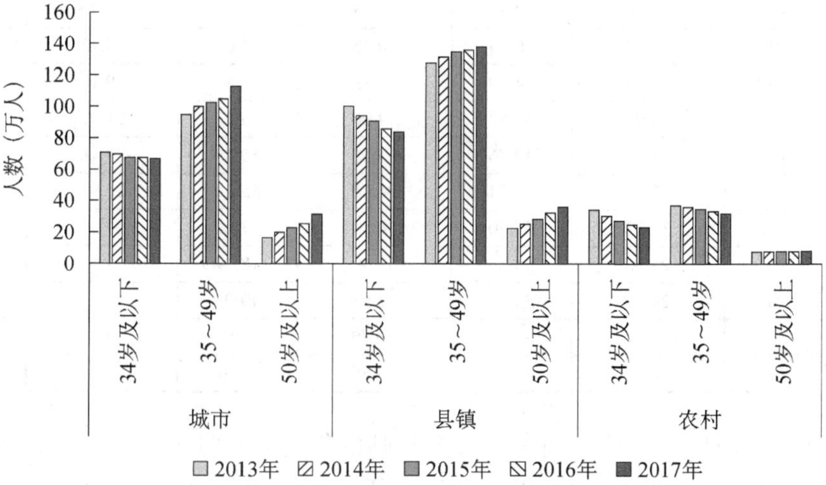

图 2-12　2013—2017 年我国城乡初中和普通高中教师年龄结构状况

初中阶段，总体上城乡教师年龄分布仍大致为中间高、两边低的正态分布，35～49 岁的中年教师居多，34 岁及以下的青年教师次之，50 岁及以上的老年教师略少。在对城乡分布的比较中，5 年间 34 岁及以下青年教师在城市、县镇和农村的平均占比分别为 32.56%、32.88%、38.76%，农村青年教师所占比例显著高于县镇和城市；35～49 岁的中年教师在城市、县镇和农村的平均占比分别为 55.13%、54.70%、49.51%，城市中年教师所占比例高于县镇和农村；50 岁及以上的老年教师在城市、县镇和农村的平均占比分别为 12.31%、12.42%、11.73%，县镇老年教师所占比例最高，农村老年教师所占比例最低（表 2-11）。从这里可以看出，2013—2017 年，我国农村初中教师并没有出现老龄化现象，反而在城市和县镇的比较中，农村初中教师的年龄结构最为合理。

表 2-11　2013—2017 年我国城乡初中教师年龄结构状况

城乡	年份	34 岁及以下		35～49 岁		50 岁及以上	
		数量（万人）	占比（%）	数量（万人）	比例（%）	数量（万人）	占比（%）
城市	2013	37.10	35.46	57.30	54.77	10.22	9.77
	2014	36.96	33.70	60.73	55.38	11.98	10.92

续表

城乡	年份	34岁及以下		35～49岁		50岁及以上	
		数量（万人）	占比（%）	数量（万人）	比例（%）	数量（万人）	占比（%）
城市	2015	35.93	32.32	61.75	55.55	13.49	12.13
	2016	35.94	30.95	64.21	55.30	15.97	13.75
	2017	37.06	30.34	66.78	54.68	18.29	14.98
县镇	2013	62.67	36.79	90.43	53.08	17.25	10.13
	2014	58.36	34.19	93.13	54.57	19.19	11.24
	2015	55.90	32.52	94.90	55.22	21.07	12.26
	2016	53.05	30.86	95.35	55.48	23.48	13.66
	2017	52.65	30.04	96.64	55.14	25.97	14.82
农村	2013	31.22	42.70	34.54	47.24	7.36	10.06
	2014	27.56	40.25	33.40	48.77	7.52	10.98
	2015	24.74	38.35	32.23	49.95	7.55	11.70
	2016	22.34	36.76	30.79	50.67	7.64	12.57
	2017	20.55	35.75	29.26	50.91	7.67	13.34

普通高中阶段，总体上而言，城乡教师的年龄分布打破了中间高、两边低的正态分布，城市和县镇34岁及以下青年教师与35～49岁中年教师所占比例相当，50岁及以上老年教师仅占1成左右；而农村出现青年教师>中年教师>老年教师的阶梯式分布，中青年教师总占比达9成左右。在对城乡分布的比较中，5年间34岁及以下青年教师在城市、县镇和农村的平均占比分别为 38.97%、42.34%、48.03%，农村青年教师所占比例显著高于县镇和城市；35～49岁的中年教师在城市、县镇和农村的平均占比分别为49.80%、48.42%、44.40%，城市中年教师所占比例高于县镇和农村；50岁及以上的老年教师在城市、县镇和农村的平均占比分别为11.23%、9.23%、7.56%，城市老年教师所占比例最高，农村老年教师所占比例最低（表 2-12）。从这里可以看出，2013—2017年，总体上而言，我国普通高中老年教师占比虽然有所上升，但整体上并没有出现老龄化现象，并且农村普通高中青年教师占主体，具有年轻化的特点。

表 2-12　2013—2017年我国城乡普通高中教师年龄结构状况

城乡	年份	34岁及以下		35～49岁		50岁及以上	
		数量（万人）	占比（%）	数量（万人）	占比（%）	数量（万人）	占比（%）
城市	2013	33.52	43.32	37.46	48.41	6.40	8.27
	2014	32.70	40.75	39.46	49.18	8.08	10.07
	2015	31.60	38.60	40.78	49.82	9.48	11.58

续表

城乡	年份	34 岁及以下		35～49 岁		50 岁及以上	
		数量（万人）	占比（%）	数量（万人）	占比（%）	数量（万人）	占比（%）
城市	2016	31.60	38.60	40.78	49.82	9.48	11.58
	2017	29.90	33.57	46.12	51.78	13.05	14.65
县镇	2013	37.63	47.03	37.19	46.48	5.20	6.49
	2014	35.89	44.56	38.41	47.69	6.24	7.75
	2015	34.85	42.41	39.89	48.54	7.44	9.05
	2016	32.79	39.89	40.58	49.37	8.83	10.74
	2017	31.25	37.84	41.33	50.04	10.01	12.12
农村	2013	2.85	51.60	2.36	42.87	0.31	5.53
	2014	2.68	48.82	2.45	44.63	0.36	6.55
	2015	2.62	47.64	2.47	44.91	0.41	7.45
	2016	2.58	46.66	2.48	44.81	0.47	8.53
	2017	2.61	45.47	2.57	44.77	0.56	9.76

（三）学历结构

学历结构是指教师群体中每个成员接受不同层次专业教育的比例。学历结构反映了教师的业务素质及发展的可能，是衡量教师队伍水平的一个重要标志。《中华人民共和国教师法》第十一条明确规定：取得小学教师资格，应当具备中等师范学校毕业及其以上学历；取得初级中学教师，初级职业学校文化、专业课教师资格，应当具备高等师范专科学校或者其他大学专科毕业及其以上学历；取得高级中学教师资格，应当具备高等师范院校本科或者其他大学本科毕业及其以上学历。根据教育部 2012—2017 年的教育统计数据，党的十八大以来，我国普通中小学教师学历层次整体呈现上升趋势，教师学历合格率逐年提高。

1. 学段分布状况

2012—2017 年，我国普通中小学教师学历层次更加趋向合理，硕士、本科学历教师占比在 2012—2017 年逐年递增，专科教师及普通高中阶段毕业及以下的教师数量在逐渐减少，教师学历合格率不断上升，高学历教师所占的比例逐年提升。当前我国小学和初中教师学历合格率已达到 99%以上，接近 100%，普通高中教师合格率自 2012 年以来也不断上升，到 2017 年已达到 98.15%，总体上而言，我国中小学教师队伍的学历结构越来越合理（图 2-13）。

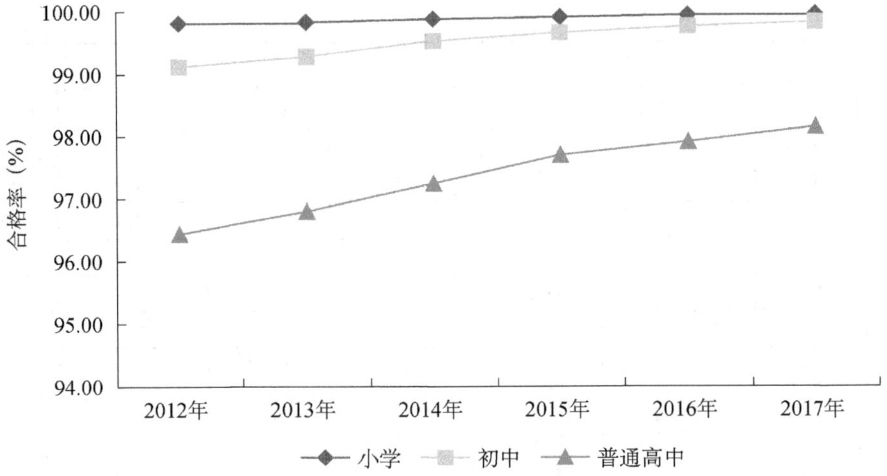

图 2-13　2012—2017 年我国普通中小学教师学历合格率变化状况

小学阶段，我国小学教师队伍专科学历所占比例逐年下降，本科学历教师占主体。2012—2017 年，我国小学专任教师学历合格率持续上升，由 2012 年的 99.81%上升至 2017 年的 99.96%。小学教师的学历结构中，2016 年，小学本科及以上学历教师的数量首次超过专科学历教师，占小学教师总数的 50.42%；2017 年，小学专科及以上学历教师占 95.26%，小学高学历教师比例占绝对优势，本科及以上学历教师占 55.07%，超过半数。初中阶段，本科及以上学历教师占绝对优势。2012—2017 年，我国初中专任教师学历合格率持续上升，2017 年达到 99.83%。初中教师学历结构中，本科及以上学历教师占比由 2012 年的 71.63%上升至 2017 年的 84.62%，占绝对优势。普通高中阶段，我国研究生学历教师逐年增加。2012 年，我国普通高中教师学历合格率为 96.44%，2017 年上升为 98.15%。值得注意的是，在普通高中教师学历结构中，研究生学历教师比例由 2012 年的 5.01%上升至 2017 年的 8.94%，高学历教师比例呈现逐年上升趋势（表 2-13）。

表 2-13　2012—2017 年我国普通中小学教师学历结构　（单位：%）

学段	年份	研究生比例	本科比例	专科比例	普通高中及以下比例	合格率
小学	2012	0.26	32.32	52.33	15.09	99.81
	2013	0.36	36.88	50.09	12.67	99.83
	2014	0.48	41.20	48.16	10.16	99.88
	2015	0.62	45.31	45.96	8.11	99.91
	2016	0.78	49.64	43.23	6.35	99.94
	2017	0.95	54.12	40.19	4.74	99.96

续表

学段	年份	研究生比例	本科比例	专科比例	普通高中及以下比例	合格率
初中	2012	1.04	70.59	27.49	0.88	99.12
	2013	1.30	73.57	24.41	0.72	99.28
	2014	1.57	76.32	21.64	0.47	99.53
	2015	1.88	78.35	19.43	0.34	99.66
	2016	2.20	80.27	17.29	0.24	99.76
	2017	2.61	82.02	15.20	0.17	99.83
普通高中	2012	5.01	91.43	3.48	0.08	96.44
	2013	5.75	91.05	3.12	0.08	96.80
	2014	6.36	90.88	2.70	0.06	97.25
	2015	7.15	90.55	2.25	0.05	97.70
	2016	7.94	89.97	2.04	0.05	97.91
	2017	8.94	89.21	1.81	0.04	98.15

2. 地区分布状况

教育部 2012—2017 年的教育统计数据中缺失 2012 年各地基本情况的数据统计，因此，我们仅对 2013—2017 年东、中、西部地区普通中小学教师的学历结构状况进行分析。总体上而言，2013—2017 年，东部、中部、西部地区普通中小学教师的合格率呈现出东部显著高于中、西部，东部、中部、西部合格率逐年上升的趋势；东部地区 2013—2014 年的增幅较大，之后增长平缓；西部地区增长最快，合格率快速上升，2017 年已超过中部地区（图 2-14）。

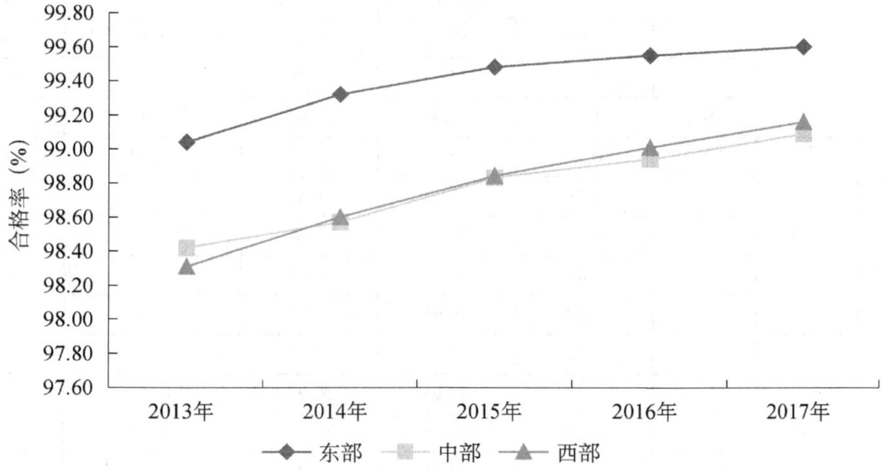

图 2-14　2013—2017 年我国东部、中部、西部普通中小学教师学历合格率变化状况

小学阶段，东部、中部、西部地区小学教师合格率均在 99.5%以上，且逐年上升。东部地区本科及以上学历教师占主体，2015 年东部本科及以上学历占54.18%，2017 年上升至 63.54%，同时专科及以上学历教师占 96.56%，东部地区高学历教师比例明显高于中西部地区；中部和西部地区专科以下学历教师所占比例逐年下降，中部地区 2017 年本科及以上学历教师所占比例首次过半，达到50.23%，至 2017 年西部地区本科及以上学历教师所占比例为 49.02%，2017 年，中部、西部地区专科以上学历教师所占比例均达到 94.43%，且呈现出逐年上升趋势。初中阶段，东部、中部、西部地区初中教师合格率均在 99%以上，本科及以上学历教师占主体，且所占比例逐年上升，但中部地区发展较为缓慢。2013—2017年，东部、中部、西部地区教师的平均合格率分别为 99.78%、99.42%、99.61%，中部地区教师的平均合格率最低。2017 年，东部地区本科及以上学历教师占89.96%，接近 9 成，明显高于中部、西部地区。普通高中阶段，东部、中部、西部地区初中教师的合格率均在 95%以上，且逐年上升。2013—2017 年，东部地区教师的合格率由 97.69%上升至 98.91%，接近 99%；研究生学历教师所占比例的增加更为迅猛，2016 年及 2017 年均在 10%以上，明显高于中部、西部地区（表 2-14）。

表 2-14　2013—2017 年我国东部、中部、西部普通中小学教师学历结构状况

（单位：%）

学段	地区	年份	研究生比例	本科比例	专科比例	普通高中及以下比例	合格率
小学	东部	2013	0.60	45.10	44.08	10.22	99.92
		2014	0.80	49.19	42.06	7.95	99.95
		2015	1.06	53.12	39.67	6.15	99.97
		2016	1.31	57.47	36.48	4.74	99.98
		2017	1.60	61.94	33.02	3.44	99.98
	中部	2013	0.23	32.76	52.17	14.84	99.87
		2014	0.31	37.07	50.46	12.16	99.90
		2015	0.38	41.09	48.68	9.85	99.92
		2016	0.46	45.26	46.65	7.63	99.95
		2017	0.58	49.65	44.20	5.57	99.98
	西部	2013	0.21	31.23	55.22	13.34	99.67
		2014	0.26	35.53	53.39	10.82	99.77
		2015	0.32	39.75	51.16	8.77	99.83
		2016	0.40	44.05	48.44	7.11	99.88
		2017	0.49	48.53	45.41	5.57	99.92

续表

学段	地区	年份	研究生比例	本科比例	专科比例	普通高中及以下比例	合格率
初中	东部	2013	1.97	79.49	18.04	0.50	99.50
		2014	2.41	81.89	15.45	0.25	99.75
		2015	2.88	83.29	13.68	0.15	99.85
		2016	3.35	84.68	11.85	0.12	99.88
		2017	3.90	86.06	9.95	0.09	99.91
	中部	2013	0.94	67.87	30.23	0.96	99.04
		2014	1.12	70.83	27.32	0.73	99.27
		2015	1.31	73.24	24.89	0.56	99.44
		2016	1.56	75.39	22.67	0.38	99.62
		2017	1.87	77.51	20.36	0.26	99.74
	西部	2013	0.83	72.35	26.11	0.71	99.29
		2014	0.99	75.21	23.33	0.47	99.53
		2015	1.20	77.60	20.86	0.34	99.66
		2016	1.42	79.81	18.53	0.24	99.76
		2017	1.69	81.62	16.52	0.18	99.82
普通高中	东部	2013	7.09	90.61	2.24	0.06	97.69
		2014	7.93	90.34	1.68	0.05	98.27
		2015	9.00	89.62	1.34	0.04	98.61
		2016	10.18	88.61	1.18	0.03	98.79
		2017	11.55	87.36	1.07	0.02	98.91
	中部	2013	5.43	90.93	3.54	0.10	96.36
		2014	5.93	90.63	3.37	0.07	96.55
		2015	6.56	90.56	2.82	0.06	97.12
		2016	7.07	90.19	2.67	0.07	97.26
		2017	7.90	89.63	2.41	0.06	97.54
	西部	2013	4.14	91.84	3.93	0.09	95.98
		2014	4.57	91.94	3.43	0.06	96.51
		2015	5.19	91.84	2.92	0.05	97.03
		2016	5.75	91.63	2.57	0.05	97.38
		2017	6.42	91.31	2.23	0.04	97.73

（四）职称结构

职称结构在一定程度上反映了教师队伍的学识水平和胜任教育教学工作的能力层次，也是衡量学科层次和人才培养层次的重要尺度。合理的职称结构对中小学教师队伍建设具有重要意义。整体上而言，教师职称整体水平的提高对于教学有良好的促进作用。2015 年 8 月，人力资源和社会保障部、教育部印发《关于深化中小学教师职称制度改革的指导意见》，改革原中学和小学教师相互独立的职称（职务）制度体系，建立统一的中小学教师职称制度。该意见规定：原中学高级教师（含在小学中聘任的中学高级教师）对应高级教师；原中学一级教师和小学高级教师对应一级教师；原中学二级教师和小学一级教师对应二级教师；原中学三级教师和小学二级、三级教师对应三级教师。因此，本部分按照统一后的中小学教师职称，对 2012—2017 年教育统计数据中的原有教师职称进行对应转换，再加以分析。

1. 学段分布状况

根据 2012—2017 年教育部统计的关于我国普通中小学教师各级职称的数量，职称结构整体上呈正态分布，中小学一级、二级职称教师数量较多，而高级和三级职称教师数量较少。高级职称教师所占比例呈现出普通高中>初中>小学，中小学高级职称教师数量均在逐年增加（图 2-15）。

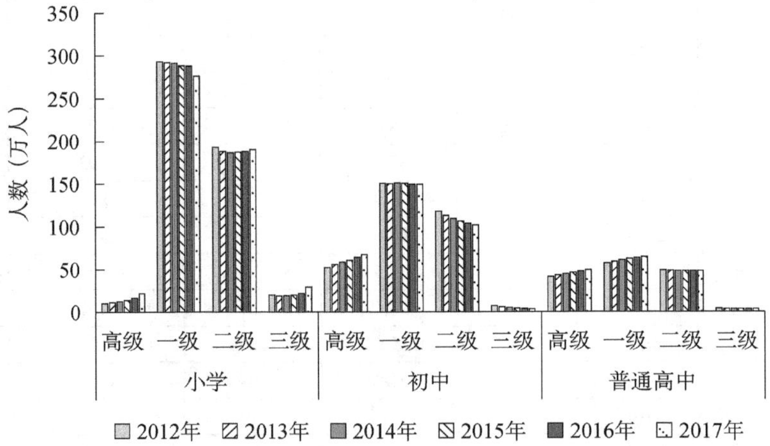

图 2-15　2012—2017 年我国普通中小学教师职称结构状况

小学阶段，一级和二级职称教师占绝大多数，高级职称教师数量虽然逐年增加，但比例很低。2012 年小学教师队伍中，一级和二级职称教师占总数的 86.99%，但 6 年来持续下降，2017 年这一比例下降到 78.49%。高级职称教师所占比例由 2012 年的 1.85%逐年上升至 2017 年的 3.69%，但高级职称教师所占比例仍较低，始终低于三级职称教师所占比例。初中阶段，一级和二级职称教师仍占主导，但初中阶段的高级职称教师比例明显高于小学阶段。2012—2017 年，初中一级职称教师的比例较为稳定，二级和三级职称教师的比例均在逐年下降，而高级教师的比例逐年上升，由 2012 年的 14.93%上升至 2017 年的 18.99%，并且明显高于三级职称教师所占的比例。普通高中阶段，高级职称教师所占比例相较小学、初中阶段最高，且高级、一级、二级职称教师分布差异较小，同时远高于三级职称教师的比例。2012—2017 年，普通高中高级和一级职称教师所占比例均呈现上升趋势，共同占比由 2012 年的 61.74%上升至 2017 年的 64.08%，二级和三级职称教师所占比例逐年下降，尤其是三级职称教师占比较低，2017 年仅占普通高中教师总数的 0.59%。可见我国普通高中阶段教师职称水平最高，初中次之，小学阶段高级职称教师所占比例有待上升（表 2-15）。

表 2-15　2012—2017 年我国普通中小学教师职称结构状况

（单位：%）

学段	年份	高级教师占比	一级教师占比	二级教师占比	三级教师占比
小学	2012	1.85	52.46	34.53	3.59
	2013	2.06	52.28	33.67	3.40
	2014	2.26	51.66	33.13	3.39
	2015	2.46	50.71	32.95	3.51
	2016	2.87	49.70	32.47	3.75
	2017	3.69	46.48	32.01	4.89
初中	2012	14.93	42.93	33.58	2.07
	2013	16.00	43.17	32.37	1.65
	2014	16.80	43.25	31.37	1.46
	2015	17.48	43.27	30.62	1.28
	2016	18.38	42.88	29.77	1.11
	2017	18.99	42.14	28.71	1.00
普通高中	2012	25.86	35.88	30.71	0.85
	2013	26.41	36.14	29.70	0.73
	2014	26.90	36.47	28.89	0.73
	2015	27.15	36.63	28.41	0.66
	2016	27.50	36.61	27.84	0.64
	2017	27.68	36.40	26.99	0.59

注：存在一部分未评级的教师，该数据未列入表格，故每行中各职称教师所占比例之和不是 100%，下同

2. 地区分布状况

从分区域数据看，教育部 2012—2017 年的教育统计数据中缺失 2012 年各地

基本情况的数据统计，因此，本部分仅对2013—2017年东部、中部、西部地区普通中小学教师职称结构状况进行分析。总体上而言，东部、中部、西部地区教师职称结构呈正态分布，高级职称教师数量呈现出东部>中部>西部的趋势（图2-16）。

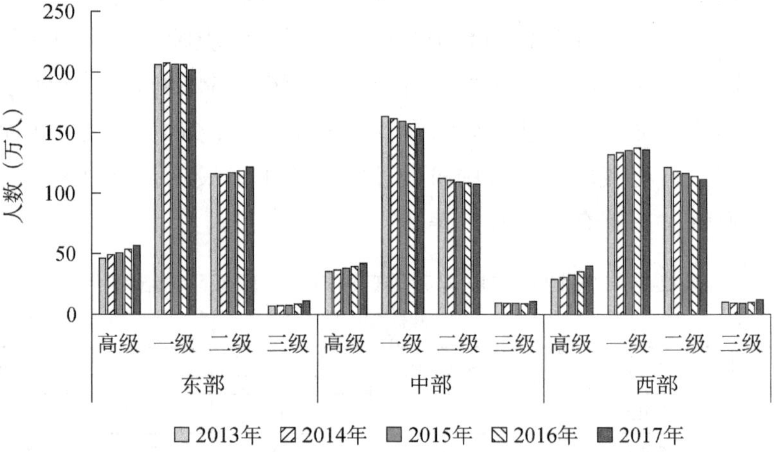

图2-16　2013—2017年我国东部、中部、西部普通中小学教师职称结构状况

从各级职称教师所占比例来看（表2-16），2013—2017年，小学阶段高级职称教师所占比例呈现与整体分布不一致的分布状态，即西部>东部>中部，东部、中部、西部地区高级职称教师所占比例均逐年上升。2017年，在西部地区的小学中，高级职称所占比例达到4.58%，高于表2-15中全国小学高级职称所占比例（3.69%）。小学一级职称教师所占比例为东部>中部>西部，且呈现出逐年下降趋势，2017年，东部、中部、西部地区一级职称教师所占比例分别为48.41%、46.58%、43.83%。小学二级和三级职称教师所占比例均呈现东部<中部<西部的趋势，西部虽然高级职称教师所占比例高于东部、中部，但二、三级职称教师所占比例也较高。2012—2017年，初中和普通高中阶段，高级、一级职称教师所占比例总体呈现东部>中部>西部的分布状态。初中阶段，2017年，东部、中部、西部地区高级职称教师所占比例分别为20.28%、18.28%、18.05%，东部地区较高，中部、西部地区差别不大。同样，东部地区三级职称教师所占比例较低，2017年仅为0.73%；中部、西部地区较高，但2017年西部地区三级职称教师比例为1.12%，首次低于中部地区的1.22%。这在普通高中阶段表现得更为明显，2017年，普通高中阶段，东部、中部、西部地区三级职称教师所占比例分别为0.44%、0.81%、0.58%，中部地区三级职称教师所占比例明显高于东部、西部地区。

表 2-16　2013—2017 年我国东部、中部、西部普通中小学教师职称结构状况

（单位：%）

学段	地区	年份	高级教师占比	一级教师占比	二级教师占比	三级教师占比
小学	东部	2013	2.13	57.35	29.00	2.42
		2014	2.37	56.00	28.76	2.51
		2015	2.57	54.16	29.20	2.71
		2016	2.96	52.28	29.15	3.06
		2017	3.44	48.41	29.82	4.11
	中部	2013	1.71	52.61	33.78	3.53
		2014	1.89	51.71	33.64	3.62
		2015	2.12	50.66	33.32	3.71
		2016	2.51	49.74	33.14	3.75
		2017	3.15	46.58	32.33	4.73
	西部	2013	2.34	45.72	39.26	4.45
		2014	2.52	46.12	38.10	4.24
		2015	2.69	46.32	37.40	4.33
		2016	3.13	46.29	36.10	4.67
		2017	4.58	43.83	34.54	6.08
初中	东部	2013	17.86	46.67	28.06	1.07
		2014	18.73	46.52	27.08	0.97
		2015	19.23	46.30	26.53	0.89
		2016	19.89	45.67	26.02	0.81
		2017	20.28	44.87	25.27	0.73
	中部	2013	16.11	43.57	31.45	1.98
		2014	16.76	43.38	30.79	1.86
		2015	17.38	43.07	30.22	1.63
		2016	18.01	42.55	29.72	1.34
		2017	18.28	41.34	28.94	1.22
	西部	2013	13.48	38.21	38.97	2.01
		2014	14.35	38.85	37.58	1.64
		2015	15.32	39.53	36.39	1.38
		2016	16.82	39.56	34.76	1.25
		2017	18.05	39.38	33.06	1.12
普通高中	东部	2013	27.10	38.38	27.82	0.42
		2014	27.97	38.89	26.46	0.47
		2015	28.20	38.96	25.97	0.41
		2016	28.58	39.04	25.16	0.44
		2017	28.93	38.89	24.30	0.44

续表

学段	地区	年份	高级教师占比	一级教师占比	二级教师占比	三级教师占比
普通高中	中部	2013	27.35	35.56	29.38	1.29
		2014	27.78	35.99	28.78	1.17
		2015	28.09	36.10	28.10	1.06
		2016	28.31	35.75	27.61	0.95
		2017	28.12	35.49	26.97	0.81
	西部	2013	24.37	33.48	32.83	0.58
		2014	24.41	33.50	32.48	0.64
		2015	24.69	33.90	32.16	0.59
		2016	25.18	34.12	31.81	0.60
		2017	25.50	33.92	30.72	0.58

（五）生师比结构

生师比是指某学年内某级教育中每位专任教师平均所教的学生数，可用于反映教师数量的充足程度，教师队伍的生师比结构是反映办学情况和影响办学质量的重要因素。2012—2017年，我国中小学的生师比总体呈不断下降趋势，专任教师与学生的配比状况逐步改善。

1. 学段分布状况

从分学段数据来看，2012—2017 年，全国中小学的生师比分布状况为小学>普通高中>初中，小学的生师比变化较为缓慢，初中及普通高中生师比均呈现逐年下降趋势（图2-17）。

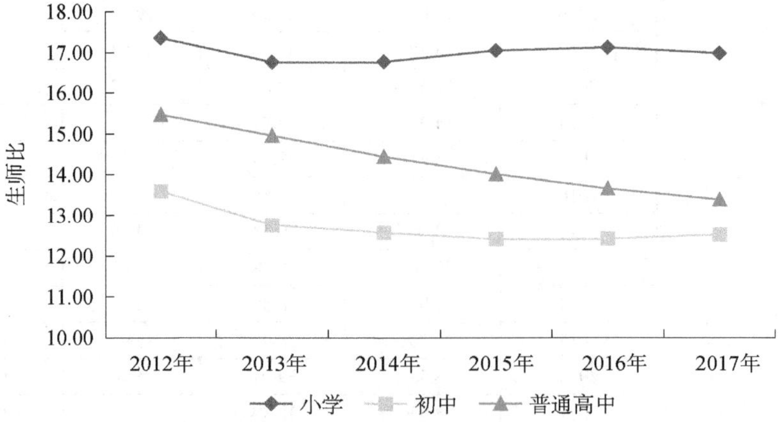

图2-17　2012—2017年我国普通中小学生师比分学段状况

从具体数据看，2012—2017年，小学阶段生师比变化较为平缓，略有起伏，2012年为17.36，2013年有所下降，2014—2016年又略微上涨，2017下降为16.98；初中阶段生师比总体呈下降趋势，2012年为13.59，至2016年逐年下降，但2017年略上涨为12.52；普通高中阶段生师比下降最为显著，从2012年的15.47连续下降为2017年的13.39（表2-17）。总体而言，我国中小学生师比结构有良好的发展态势。

表2-17 2012—2017年我国普通中小学生师比学段分布状况

年份	小学生师比	初中生师比	普通高中生师比
2012	17.36	13.59	15.47
2013	16.76	12.76	14.95
2014	16.78	12.57	14.44
2015	17.05	12.41	14.01
2016	17.12	12.41	13.65
2017	16.98	12.52	13.39

2. 城乡分布状况

从分城乡数据看，总体上而言，2012—2017年，全国普通中小学生师比为城市>县镇>农村，且均呈现下降趋势（图2-18）。

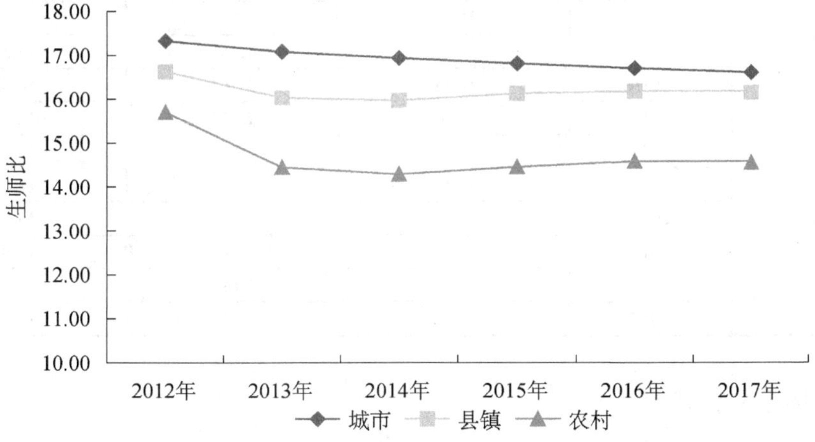

图2-18 2012—2017年全国普通中小学生师比城乡分布状况

从具体数据来看，小学阶段城市生师比较高，2012年，城市、县镇、农村小学生师比分别为21.42、19.69和16.89，但2012—2015年城市、县镇小学生师比呈现出上升趋势，2015 年后才有所下降，农村总体呈现下降趋势，2017 年，城市、县镇、农村小学生师比分别为 20.21、18.85 和 14.71，农村生师比显著低于城镇水平。初中阶段，城镇生师比水平较为接近，并且明显高于农村水平。2012 年，城市、县镇、农村初中生师比分别为 14.11、13.80 和 12.46，2012—2017 年城乡地区总体上呈现下降趋势，2017 年，城市、县镇、农村初中生师比分别为 12.83、12.73 和 11.19，初中阶段农村生师比较低。普通高中阶段生师比城乡分布与小学、初中显著不同，城市普通高中生师比最低，呈现出县镇>农村>城市的分布状况；2012 年，城市、县镇、农村普通高中生师比分别为 14.85、16.09 和 15.00，且均呈现出下降趋势；2017 年，城市、县镇、农村普通高中生师比分别为 12.70、14.11 和 13.58，相比小学、初中阶段，普通高中城乡生师比差距较小（表 2-18）。

表 2-18　2012—2017 年我国普通中小学生师比城乡分布状况

地区	年份	小学生师比	初中生师比	普通高中生师比
城市	2012	21.42	14.11	14.85
	2013	21.44	13.67	14.40
	2014	21.58	13.39	13.88
	2015	21.82	12.96	13.42
	2016	20.31	12.83	13.00
	2017	20.21	12.83	12.70
县镇	2012	19.69	13.80	16.09
	2013	19.35	12.89	15.50
	2014	19.57	12.70	15.00
	2015	20.15	12.62	14.59
	2016	18.89	12.64	14.33
	2017	18.85	12.73	14.11
农村	2012	16.89	12.46	15.00
	2013	15.61	11.14	14.77
	2014	15.45	10.93	14.32
	2015	15.68	10.89	13.98
	2016	14.90	10.98	13.70
	2017	14.71	11.19	13.58

3. 地区分布状况

从分地区数据看，2013—2017 年，总体上而言，全国普通中小学生师比东部地区明显低于中部、西部地区，2015 年前呈现出西部>中部>东部的分布状况，但西部地区生师比逐年下降，2015 年后低于中部地区，2016—2017 年呈现出中部>西部>东部的分布状况（图 2-19）。

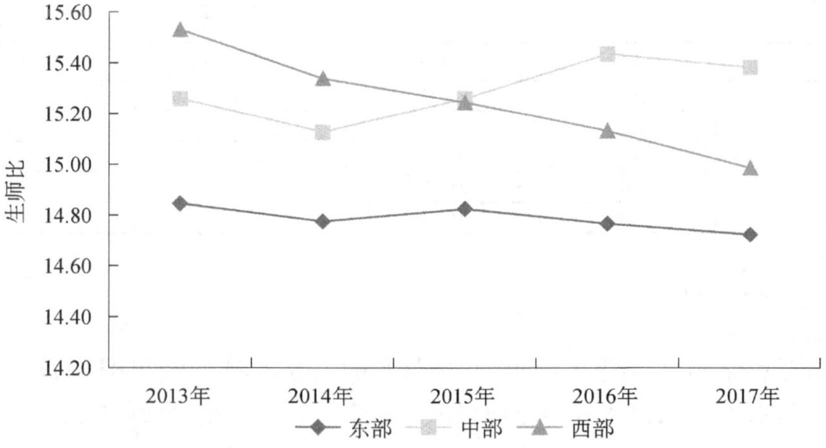

图 2-19 2013—2017 年全国普通中小学生师比地区分布状况

从具体数据来看，小学阶段，东部地区生师比较高，西部地区生师比显著低于东、中部地区。2013 年，东部、中部、西部地区小学生师比分别为 16.94、16.93 和 16.36；2013—2017 年东部、中部、西部地区小学生师比总体上呈现出起伏上升趋势；2017 年，东部、中部、西部地区初中生师比分别为 17.21、17.20 和 16.44。初中阶段，西部地区生师比最高，2013 年，西部地区生师比为 13.85，东部、中部地区部分别为 12.30 和 12.31。2013—2017 年，东部、西部地区初中生师比均呈现出逐年下降的趋势，而中部地区持续上升，2017 年中部地区的生师比为 12.84，超过了西部地区的 12.81 和东部地区的 12.03。普通高中阶段，东部地区生师比较低，中部、西部地区的差距较小。2013—2017 年，东部、中部、西部地区的生师比均呈现出下降趋势；2017 年，东部、中部、西部地区普通高中生师比分别为 11.84、14.47 和 14.39（表 2-19）。

表 2-19 2013—2017 年我国普通中小学生师比地区分布状况

地区	年份	小学生师比	初中生师比	普通高中生师比
东部	2013	16.94	12.30	13.36
	2014	17.04	12.12	12.83
	2015	17.37	11.90	12.41
	2016	17.35	11.85	12.08
	2017	17.21	12.03	11.84
中部	2013	16.93	12.31	15.94
	2014	16.85	12.27	15.40
	2015	17.15	12.34	15.02
	2016	17.37	12.63	14.72
	2017	17.20	12.84	14.47

续表

地区	年份	小学生师比	初中生师比	普通高中生师比
西部	2013	16.36	13.85	16.21
	2014	16.35	13.49	15.72
	2015	16.53	13.14	15.19
	2016	16.57	12.91	14.73
	2017	16.44	12.81	14.39

（六）学科结构

教师学科结构是指组成不同学科的教师的人数比例。不同学科的教学需要不同数量的具有专业知识背景的教师来承担，学科结构是衡量教师队伍结构是否合理的重要指标。为了便于统计分析，按照《义务教育课程设置实验方案》和《普通高中课程方案和语文等学科课程标准（2017 年版）》中的课程设置门类对中小学各学科教师数据进行合并，将各学段的音乐、美术合并为艺术，将初中的历史、地理合并为历史与社会，将物理、化学、生物合并为科学，将普通高中阶段的信息技术、通用技术合并为技术。此外，其他及当年不任课教师的数据未纳入。

1. 学段分布状况

总体上而言，2012—2017 年，我国中小学教师数量在学科结构上呈现出语文、数学等主科教师比例下降，体育、艺术、综合实践活动等“小学科”教师比例上升的趋势（图 2-20～图 2-22）。这表明随着课程改革的不断深入，“小学科”越来越受到重视，课程开足开齐的目标逐渐实现，教师的学科结构逐步合理，这有利于学生的全面发展和综合素质的提升。

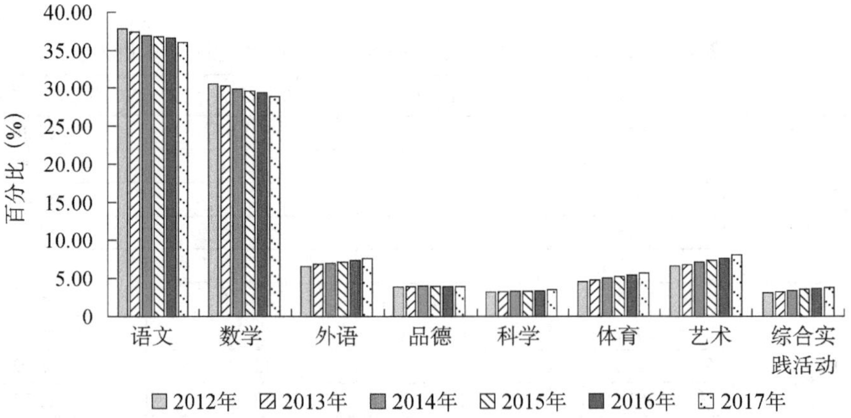

图 2-20 2012—2017 年我国小学各学科教师所占比例状况

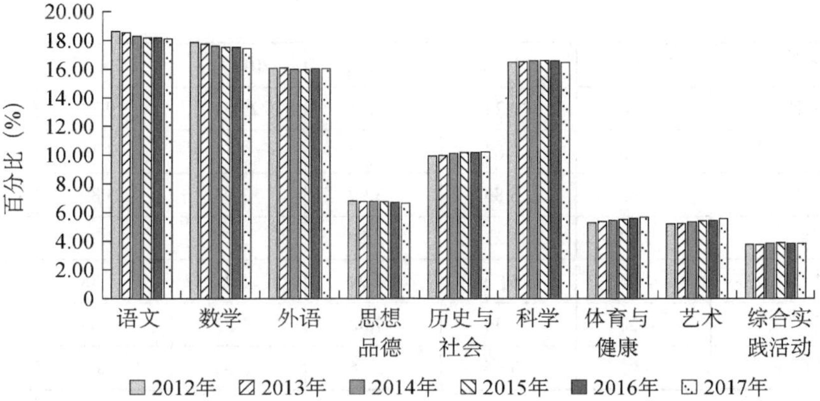

图 2-21　2012—2017 年我国初中各学科教师所占比例状况

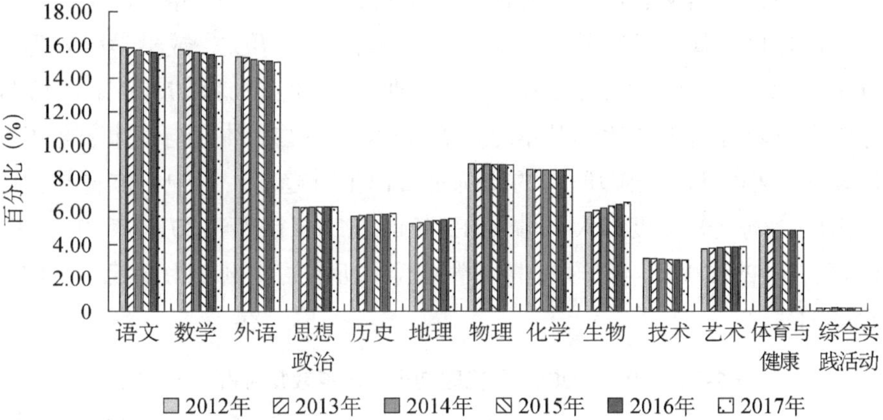

图 2-22　2012—2017 年我国普通高中各学科教师所占比例状况

从各学段的数据看，小学阶段以语文、数学为主学科，2012—2017 年，语文、数学学科教师所占比例在逐年下降，而体育、艺术、综合实践活动等“小学科”教师所占比例呈上升趋势。2012 年，全国小学语文、数学学科教师所占的比例分别为 37.80%、30.50%，2017 年分别下降至 36.04%和 28.84%，而体育、艺术、综合实践活动学科教师所占的比例均有不同程度的上升，其中艺术学科教师所占比例上升幅度最大，由 2012 年的 6.58%上升至 2017 年的 8.05%（表 2-20）。

表 2-20　2012—2017 年我国小学各学科教师所占比例状况

（单位：%）

学科	2012 年	2013 年	2014 年	2015 年	2016 年	2017 年
语文	37.80	37.45	36.93	36.81	36.61	36.04

续表

学科	2012 年	2013 年	2014 年	2015 年	2016 年	2017 年
数学	30.50	30.22	29.81	29.56	29.33	28.84
外语	6.55	6.82	6.98	7.14	7.36	7.61
品德	3.85	3.89	3.99	3.93	3.89	3.88
科学	3.17	3.21	3.28	3.28	3.29	3.46
体育	4.54	4.72	4.99	5.22	5.38	5.67
艺术	6.58	6.76	7.08	7.32	7.58	8.05
综合实践活动	3.06	3.16	3.35	3.55	3.65	3.75

注：其他学科及当年不任课教师的数据未列入，故每列数据之和不是 100%，下同

初中阶段，以语文、数学、外语为主学科，2012—2017 年，语文、数学学科教师所占的比例整体呈下降趋势，2012 年，全国初中语文、数学学科教师所占的比例分别为 18.62%、17.85%，2017 年下分别降至 18.10%和 17.43%，下降幅度较小，外语学科教师所占的比例基本稳定在 16.00%左右。体育与健康、艺术、综合实践活动等“小学科”教师所占的比例呈现出上升趋势。其中，体育与健康学科教师所占的比例上升幅度最大，由 2012 年的 5.28%上升至 2017 年的 5.68%。整体上而言，2012—2017 年我国初中各学科教师所占的比例较为稳定，变化幅度较小（表 2-21）。

表 2-21　2012—2017 年我国初中各学科教师所占比例状况

（单位：%）

学科	2012 年	2013 年	2014 年	2015 年	2016 年	2017 年
语文	18.62	18.53	18.29	18.16	18.17	18.10
数学	17.85	17.75	17.58	17.52	17.51	17.43
外语	16.07	16.09	15.99	15.98	16.03	16.03
思想品德	6.78	6.76	6.77	6.73	6.67	6.64
历史与社会	9.91	9.97	10.11	10.17	10.16	10.22
科学	16.50	16.51	16.59	16.60	16.57	16.47
体育与健康	5.28	5.38	5.47	5.54	5.60	5.68
艺术	5.21	5.25	5.35	5.41	5.44	5.57
综合实践活动	3.78	3.77	3.85	3.90	3.85	3.85

普通高中阶段，2012—2017 年，语文、数学、外语三门主学科教师比例整体

呈下降趋势，2012 年，全国普通高中语文、数学、外语学科教师所占比例分别为 15.88%、15.72%、15.29%，2017 年分别下降至 15.47%、15.34%和 14.97%，其中，语文学科教师所占比例下降幅度最大。普通高中体育与健康、艺术、综合实践活动等“小学科”教师所占比例 6 年间较为平稳，没有显著变化，但技术（含信息技术和通用技术）学科教师所占的比例呈现下降趋势，由 2012 年的 3.19%下降至 2017 年 3.07%（表 2-22）。

表 2-22　2012—2017 年我国普通高中各学科教师所占比例状况

（单位：%）

学科	2012 年	2013 年	2014 年	2015 年	2016 年	2017 年
语文	15.88	15.83	15.70	15.62	15.57	15.47
数学	15.72	15.65	15.56	15.52	15.44	15.34
外语	15.29	15.24	15.12	15.05	15.02	14.97
思想政治	6.24	6.23	6.25	6.26	6.26	6.26
历史	5.70	5.74	5.78	5.80	5.83	5.86
地理	5.26	5.31	5.38	5.43	5.49	5.55
物理	8.86	8.83	8.83	8.80	8.80	8.78
化学	8.52	8.49	8.50	8.49	8.51	8.52
生物	5.93	6.05	6.18	6.31	6.40	6.54
技术	3.19	3.17	3.15	3.13	3.10	3.07
体育与健康	4.84	4.86	4.85	4.84	4.84	4.83
艺术	3.74	3.79	3.82	3.86	3.85	3.88
综合实践活动	0.19	0.18	0.20	0.19	0.19	0.19

2. 城乡分布状况

从分城乡数据看，教育部公布的 2012—2017 年的教育统计数据中缺失小学阶段分城乡的数据统计，因此，仅对初中和普通高中阶段教师的城乡学科结构状况进行了分析。总体上而言，2012—2017 年，我国城市、县镇、农村初中和普通高中各学科教师所占比例也均呈现出语文、数学、外语等主科教师所占的比例下降，艺术、体育、综合实践活动等“小学科”教师所占的比例上升的趋势，并且城乡之间在教师学科结构上差别不大，并没有出现农村“小学科”教师所占比例较低的现象，甚至农村的“小学科”教师所占比例略高于城市和县镇（图 2-23～图 2-26）。

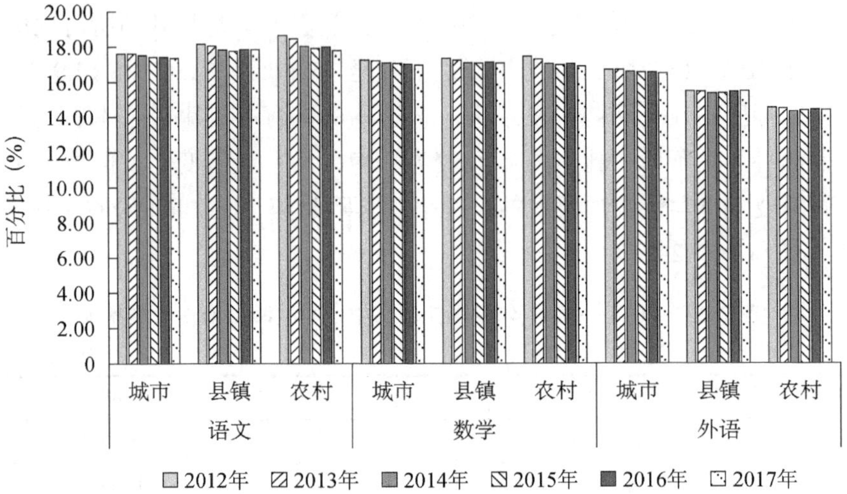

图 2-23　2012—2017 年我国城乡初中主科教师所占比例状况

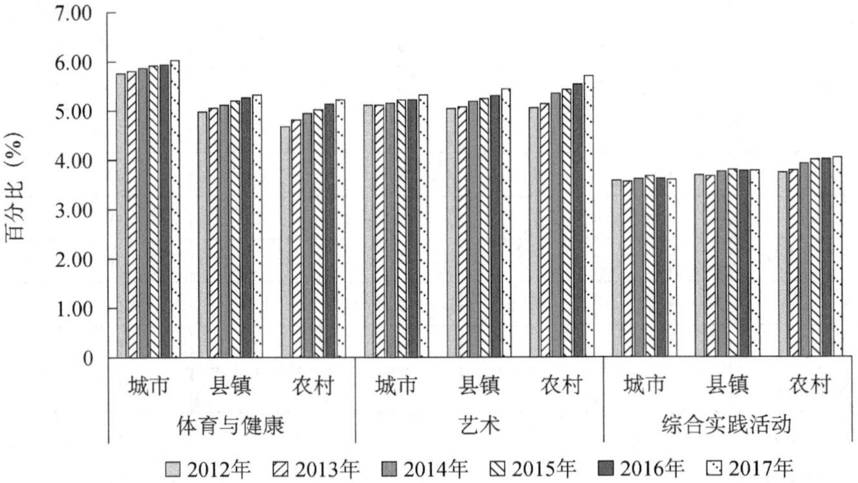

图 2-24　2012—2017 年我国城乡初中“小学科”教师所占比例状况

从各学段的数据来看，初中阶段，2012—2017 年，语文、数学学科教师所占比例在城市、县镇和农村较为均衡，呈现出逐年下降的趋势，但是变化幅度较小。外语学科教师所占的比例在城乡呈现出阶梯式分布，2017 年，城市、县镇和农村初中外语学科教师所占的比例分别为 16.50%、15.47%、14.40%，农村外语学科教师所占的比例较低。体育与健康、艺术和综合实践活动等“小学科”教师所占比例呈现出明显的逐年上升趋势。其中，2017 年，城市、县镇、农村体育与健康学科教师所占比例分别为 6.02%、5.32%、5.22%，农村体育与健康学科教师所占比例低于城市和县镇，但农村艺术和综合实践活动学科教师所占的比例略高于城市和县镇（表 2-23）。

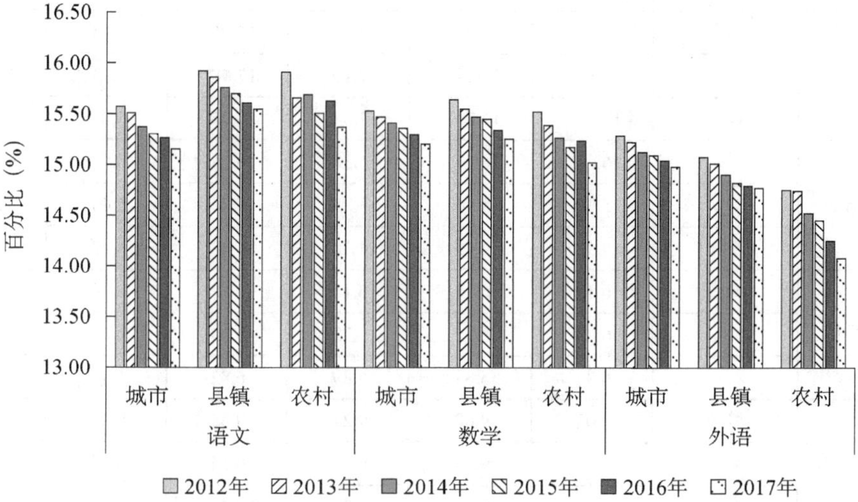

图 2-25　2012—2017 年我国城乡普通高中主科教师所占比例状况

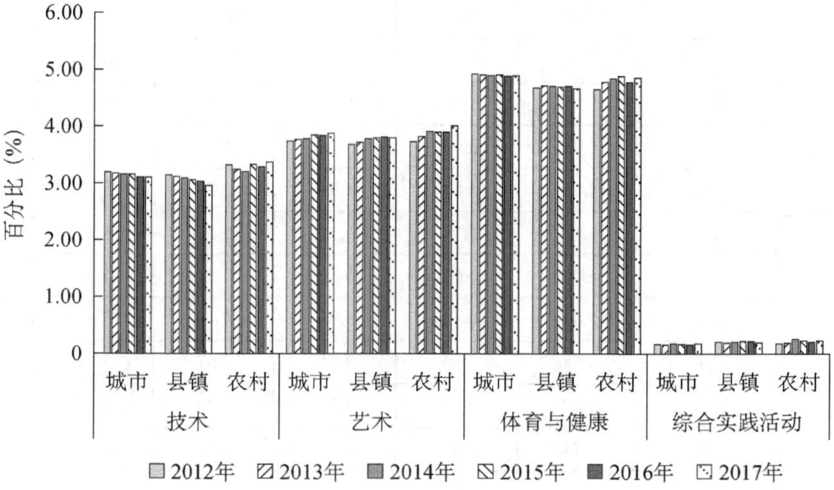

图 2-26　2012—2017 年我国城乡普通高中“小学科”教师所占比例状况

表 2-23　2012—2017 年我国城乡初中各学科教师所占比例状况

（单位：%）

学科	类别	2012 年	2013 年	2014 年	2015 年	2016 年	2017 年
语文	城市	17.60	17.61	17.51	17.42	17.42	17.37
	县镇	18.15	18.04	17.83	17.76	17.85	17.84

续表

学科	类别	2012年	2013年	2014年	2015年	2016年	2017年
语文	农村	18.64	18.46	18.02	17.91	17.98	17.79
数学	城市	17.26	17.22	17.10	17.06	17.03	16.96
	县镇	17.35	17.24	17.10	17.08	17.13	17.08
	农村	17.46	17.29	17.04	16.97	17.05	16.90
外语	城市	16.69	16.70	16.58	16.55	16.55	16.50
	县镇	15.48	15.46	15.35	15.36	15.45	15.47
	农村	14.53	14.49	14.31	14.38	14.42	14.40
思想品德	城市	6.18	6.15	6.15	6.12	6.10	6.12
	县镇	6.72	6.72	6.72	6.73	6.69	6.66
	农村	6.85	6.83	6.89	6.82	6.75	6.71
历史与社会	城市	9.03	9.08	9.21	9.35	9.43	9.53
	县镇	9.89	9.94	10.07	10.14	10.14	10.19
	农村	9.87	9.97	10.21	10.25	10.19	10.28
科学	城市	15.98	16.01	16.09	16.18	16.22	16.15
	县镇	16.01	16.00	16.06	16.09	16.09	16.00
	农村	16.18	16.17	16.30	16.37	16.32	16.20
体育与健康	城市	5.76	5.80	5.86	5.91	5.93	6.02
	县镇	4.97	5.05	5.11	5.19	5.26	5.32
	农村	4.67	4.81	4.94	5.02	5.13	5.22
艺术	城市	5.11	5.11	5.15	5.21	5.22	5.32
	县镇	5.04	5.07	5.18	5.24	5.30	5.44
	农村	5.05	5.13	5.35	5.43	5.53	5.70
综合实践活动	城市	3.58	3.56	3.61	3.67	3.62	3.60
	县镇	3.69	3.67	3.76	3.80	3.77	3.78
	农村	3.74	3.79	3.92	4.00	4.01	4.04

普通高中阶段，2012—2017年，语文、数学、外语学科教师的比例在城市、县镇和农村均呈现出较为明显的下降趋势，尤其是农村变化幅度较大。同样，语文、数学学科教师所占的比例在城市、县镇和农村较为均衡，外语学科教师所占比例在城乡差异较大。2017年，城市、县镇和农村普通高中外语学科教师所占比例分别为14.98%、14.77%、14.08%，农村外语学科教师所占的比例较低。普通高

中技术、艺术、体育与健康和综合实践活动等“小学科”教师所占比例上升幅度并不明显。尤其是在技术学科，城市和县镇都呈现出下降趋势，但农村在 2015 年后有所上升，2017 年，城市、县镇、农村技术学科教师所占的比例分别为 3.10%、2.96%、3.37%，农村技术学科教师所占的比例明显高于城市和县镇，艺术和综合实践活动学科教师所占的比例也呈现出农村高于城市和县镇的分布状况，仅有体育与健康学科教师所占的比例是农村低于城市但仍高于县镇（表 2-24）。

表 2-24　2012—2017 年我国城乡普通高中各学科教师所占比例状况

（单位：%）

学科	类别	2012 年	2013 年	2014 年	2015 年	2016 年	2017 年
语文	城市	15.57	15.51	15.37	15.30	15.26	15.15
	县镇	15.92	15.86	15.76	15.70	15.61	15.55
	农村	15.91	15.66	15.69	15.51	15.63	15.37
数学	城市	15.53	15.47	15.41	15.36	15.29	15.20
	县镇	15.64	15.55	15.47	15.45	15.34	15.25
	农村	15.52	15.39	15.26	15.17	15.23	15.02
外语	城市	15.28	15.22	15.12	15.09	15.04	14.98
	县镇	15.07	15.01	14.90	14.82	14.79	14.77
	农村	14.75	14.74	14.52	14.45	14.25	14.08
思想政治	城市	6.07	6.04	6.08	6.09	6.11	6.08
	县镇	6.28	6.30	6.30	6.31	6.30	6.33
	农村	6.45	6.31	6.38	6.37	6.40	6.35
历史	城市	5.63	5.64	5.70	5.71	5.74	5.78
	县镇	5.67	5.72	5.76	5.79	5.82	5.85
	农村	5.82	5.72	5.75	5.85	5.83	5.84
地理	城市	5.20	5.25	5.33	5.39	5.44	5.48
	县镇	5.22	5.26	5.33	5.39	5.44	5.52
	农村	5.33	5.38	5.46	5.54	5.64	5.72
物理	城市	8.84	8.81	8.82	8.80	8.79	8.78
	县镇	8.77	8.71	8.72	8.70	8.70	8.66
	农村	8.45	8.39	8.30	8.29	8.28	8.16

续表

学科	类别	2012 年	2013 年	2014 年	2015 年	2016 年	2017 年
化学	城市	8.51	8.46	8.48	8.48	8.49	8.49
	县镇	8.42	8.38	8.40	8.39	8.41	8.43
	农村	8.18	8.24	8.08	8.12	8.08	8.08
生物	城市	5.89	6.00	6.14	6.25	6.35	6.47
	县镇	5.88	5.99	6.12	6.27	6.35	6.50
	农村	5.90	5.99	6.15	6.21	6.29	6.45
技术	城市	3.19	3.17	3.15	3.15	3.10	3.10
	县镇	3.14	3.11	3.09	3.06	3.03	2.96
	农村	3.32	3.24	3.20	3.33	3.29	3.37
艺术	城市	3.74	3.77	3.78	3.85	3.84	3.88
	县镇	3.68	3.72	3.78	3.80	3.81	3.80
	农村	3.73	3.82	3.91	3.90	3.90	4.01
体育与健康	城市	4.93	4.91	4.90	4.91	4.89	4.90
	县镇	4.68	4.72	4.71	4.70	4.71	4.67
	农村	4.65	4.78	4.84	4.89	4.78	4.86
综合实践活动	城市	0.17	0.16	0.18	0.17	0.16	0.18
	县镇	0.21	0.19	0.21	0.22	0.22	0.20
	农村	0.18	0.19	0.26	0.23	0.21	0.23

四、教师队伍建设的成就与不足

从 2012—2017 年教师队伍的统计数据来看，普通中小学教师队伍在不同学段、城乡、地区的教师数量及性别结构、年龄结构、职称结构、学历结构、师生比结构、学科结构等方面都取得了重大进步。在数量上，整体保持相对稳定的数量，呈现出稳中上升的趋势。结构逐渐优化、合理，如随着学段的升高，性别比例逐渐均衡；年龄结构和职称结构总体上呈现出较为合理的倒“U”形分布形态；学历整体水平逐年提高，呈上升趋势；体育、艺术、综合实践活动等“小学科”教师比例呈现上升趋势，且城乡之间在学科结构上差别不大等。同时，也存在不同程度的问题，简要分析如下。

（一）教师队伍日益壮大

1. 专任教师数量稳步上升，仍存在一定数量的代课教师

2012—2017 年，全国中小学专任教师学段分布的总体状况是：小学、初中和普通高中的专任教师数量基本稳定，并呈现出增长趋势，2017 年，普通中小学专任教师有 1126.76 万人，比 2012 年增加了 58.27 万人，发展态势良好，但仍然存在一定数量的代课教师，且小学阶段的代课教师数量远多于中学阶段。2011 年 9 月，经国务院同意，教育部、人力资源和社会保障部、财政部、中央机构编制委员会办公室印发了《关于妥善解决中小学代课教师问题的指导意见》，要求采取多种举措妥善解决代课教师问题，但 2017 年全国中小学仍有 23.34 万名代课教师，其中小学阶段代课教师数达到 16.57 万名，占小学教师总数的 3.04%；中学阶段有 6.77 万名代课教师，占中学教师总数的 1.12%，且中小学代课教师数量在 2015 年后均呈现出增加趋势。

2. 乡村教师队伍得到加强，城镇学校生师比较高

2012—2017 年，全国中小学专任教师城乡分布的总体状况是：小学专任教师多数在农村，初中专任教师多数在县镇，而普通高中专任教师多数在城市。农村教师数量虽有所下降，但从生师比状况来看，农村教师队伍逐渐得到加强。生师比是反映教师配置状况的一个基本指标，是指每个专任教师负担的在校学生数。根据 2012—2017 年我国普通中小学生师比分城乡的数据来看，无论是小学阶段还是初中阶段，我国的生师比均呈现逐渐下降的趋势，表明中小学教师数量逐渐增加，师资配置趋于合理。但从分城乡的数据来看，我国城镇的生师比明显高于农村，可以看出，乡村教师的数量还是十分充裕的，但是随着近年来学生不断进入城镇，导致出现乡村学校生源较少、城镇学校班额过大等诸多问题。

3. 东部地区稳定增长，西部地区快速增长，中部地区发展缓慢

2013—2017 年，全国普通中小学专任教师数量地区分布的总体状况为东部>中部>西部，中部、西部地区教师队伍数量总体落后于东部地区，这与我国的东部、中部、西部地区经济发展水平的差异相一致。2016 年 6 月，国务院办公厅印发《国务院办公厅关于加快中西部教育发展的指导意见》，对缩小东部、中部、西部地区的教育质量差距提出了明确的原则目标和政策措施，在经费投入、教师保障和现代化的教育条件的支持下，西部地区教师队伍建设取得了巨大成就，专任教师数

量稳步上升，代课教师数量和生师比逐年下降。中部地区专任教师数量虽然也有所上升，但生师比呈现出上升趋势，并逐步超过东部、西部地区。同时，中部地区中小学代课教师数量明显高于东部、西部地区，且在2015年后中部地区代课数量呈现出增加趋势，中部地区专任教师队伍发展较为缓慢。教师队伍结构的差异严重影响着一个地区的教育质量。如何对实施情况进行跟踪调查并加强指导，以取得更好的政策效果，仍然需要花时间、加大投入去改进和完善。

（二）教师队伍结构逐步优化

1. 初中、普通高中男女教师比例基本均衡，小学阶段失衡严重，男教师比例整体上逐年下降

对教师的性别结构进行分析发现，初中和普通高中阶段男女教师比例基本均衡，但2012—2017年城乡各学段男教师比例都呈现下降趋势，农村学校下降速度较快。同时，小学阶段男女教师比例差距较大。2017年，全国小学男教师比例仅为32.81%，表明小学阶段女教师数量是男教师的2倍之多，初中和普通高中阶段女教师数量也大于男教师。伴随着女教师越来越多，男教师却不断减少，小学教师性别比例失衡成为当前我国教师队伍建设的突出问题。性别比例失调问题不仅会对教师群体的发展产生不利影响，同时也会在一定程度上影响中小学生的身心发展，进而影响我国基础教育的质量。虽然有人认为女性比男性更有做教师的特质①，但多数人认为教师队伍性别比例失衡不利于学生身心健康发展，不利于创新教育和创新人才培养，不利于男女学生平等地接受学校教育，尤其可能会带来“男孩危机”问题。②

2. 年龄结构呈倒“U”形分布，老年教师所占比例逐年上升

我国普通中小学教师年龄结构总体呈现较为合理的倒“U”形分布形态，即35～49岁的中青年教师居多，34岁及以下和50岁及以上的教师略少，中青年教师占主体。但值得注意的问题是，2013—2017年，初中阶段青年教师比例小幅下降，普通高中阶段青年教师比例出现大幅度下降，而50岁及以上老年教师逐年增多。在城乡数据的分析比较中，城市、县镇和农村都表现出34岁及以下青年教师

---

① 张静静. 学前教育男女教师比例失衡的根源及对策分析——基于对身心二元论的批判与反思[J]. 全球教育展望，2015，44（8）：94-103.

② 翟春城. 基础教育男女教师性别失衡原因及对策研究[J]. 教育科学文摘，2014，33（2）：31-32.

比例下降，而 50 岁及以上老年教师比例呈逐年上升的趋势，尤其是城镇老年教师的数量增长迅速，而城市中年教师比例最高，农村中这一比例最低。老龄教师比例升高是我国人口老龄化在教师队伍上的反映，要达到较为合理的年龄结构，必须从宏观上适当控制教师队伍中各年龄段教师的人数和比例，使其达到动态平衡，以符合新陈代谢的自然规律。

3. 学历整体水平逐年上升，高学历教师比例有待提高

我国普通中小学教师学历层次趋向合理，硕士、本科学历教师占比逐年上升，专科教师及普通高中阶段毕业及以下的教师数量在逐渐减少，教师学历合格率不断上升，高学历教师比例也逐年提高。从不同学段数据看，小学阶段，我国小学教师队伍专科学历占比逐年下降，本科学历占主体；初中阶段，本科及以上学历的教师占据绝对优势，呈现出逐年递增趋势；普通高中阶段，研究生学历的教师所占比例逐年上升。2017 年，小学、初中、普通高中专任教师的学历合格率分别达到 99.96%、99.83%、98.15%，其中，有 95.26%的小学教师取得专科及以上学历，84.62%的初中教师取得本科及以上学历，8.94%的普通高中教师具有研究生学历，普通高中阶段高学历教师比例还有待提升。在东部、中部、西部地区的比较中，各学段中部、西部地区的学历合格率和高学历教师比例均低于东部地区，尤其是在初中阶段，东部、中部、西部地区本科以上学历的教师所占比例分别为 89.98%、79.38%、83.31%，中部、西部地区明显低于东部地区，其中，中部地区本科以上学历的教师所占比例最低。

4. 职称结构趋向合理，高级职称教师的比例在区域和学段方面的差异明显

中小学教师职称结构呈正态分布，中小学一级、二级职称教师数量较多，而高级和三级职称教师的数量较少。我国普通高中阶段教师职称水平最高，初中次之，小学阶段高级职称教师所占比例有待提升。高级职称教师所占比例呈现出普通高中>初中>小学、东部>中部>西部的分布状况。从不同学段看，小学阶段，一级和二级职称教师占绝对主导，高级职称教师的比例较低，2017 年，小学高级职称教师的比例仅为 3.69%，而初中和普通高中阶段高级职称教师的比例分别达到 18.99%、27.68%。在东部、中部、西部地区的比较中，中部地区小学高级职称的教师所占比例明显低于东部、西部地区，而西部地区有明显提升，西部地区小学高级职称教师的比例甚至高于东部地区小学。因此，整体上看，我国的教师职称结构较为合理，但小学阶段高级职称的教师比例较低的现象亟待改善，尤其表现

在中部地区小学阶段。

5. 主科教师比例下降，“小学科”教师比例上升，部分学科教师比例亟须得到关注

我国城乡及各学段都呈现出语文、数学等主科教师所占的比例下降，体育、艺术、综合实践活动等“小学科”教师所占的比例上升的趋势，并且城乡之间在教师学科结构上的差别不大，表明我国普通中小学教师学科结构逐步合理，有利于学生的全面发展和综合素质的提升。但部分学科教师比例存在问题，如在普通高中阶段，体育与健康、艺术、综合实践活动等“小学科”教师所占比例较为稳定，但技术（含信息技术和通用技术）学科教师所占比例呈现出下降趋势，需要引起关注。在城乡学科结构比较的过程中，初中和普通高中阶段语文、数学学科教师比例在城市、县镇和农村的分布较为均衡，但农村外语学科的教师所占比例较低。同时，并没有出现农村“小学科”教师所占比例较低的现象，甚至农村“小学科”教师所占比例略高于城市和县镇，表明我国农村教师队伍得到了加强，城镇学校在校学生数量大，对教师的需求大，技术、体育与健康、艺术、综合实践活动“小学科”教师仍需补充加强。

第三章
教师教育研究热点

党的十八大以来，《中小学教师违反职业道德行为处理办法》《教育部关于实施卓越教师培养计划的意见》《国务院办公厅关于印发乡村教师支持计划（2015—2020年）的通知》《中共中央 国务院关于全面深化新时代教师队伍建设改革的意见》等一系列重要文件先后出台，为我国中小学教师发展提供了政策引领。与此同时，学界围绕中小学师德、教师教训能力、中小学教师培训等问题展开了一系列研究，涌现出一批重要学术成果，为后续研究奠定了坚实的理论基础。本章在已有研究的基础上，进一步围绕教师教育领域的"德""能""培""劳""酬""誉"等热点问题展开研究。[①]

① 本章之所以选择教师教育领域的"德""能""培""劳""酬""誉"这六个方面作为综述要点，一是因为这的确是教师教育领域学者关注的问题，在诸多教育政策文本中亦有充分体现；二是因为本书将围绕这六个主题展开各有侧重的专题研究，本章所做的文献梳理工作可以为后续研究提供相应的研究基础。

一、围绕"德"，重点突出师德建设举措

（一）全面认识师德现状

一项关于中小学教师专业伦理规范建构的调查研究结果显示，教师对职业所具有的社会责任和文化责任已经达成较强共识，对教师职业所具有的服务性、自主性已经达成初步共识；教师对处理与学生、职业、同事关系时适用的行为规则均有不同程度的共识。① 另一项研究发现，相当一部分教师从教意志不坚定，追求学生分数与升学率，忽视了育人职责。② 有研究者通过对教师的深入访谈发现，教师的发声权益渠道狭窄，惩罚和体罚的界限不清，现行教师专业伦理管理机制对教师专业伦理的管理不系统，教师专业伦理在评价方式上有强烈的功利性倾向等具体的现实问题。③ 有研究者对中学化学教师专业伦理现状进行了调查，结果显示：在中学化学教师专业伦理的三个部分中，生命伦理部分伦理失范行为较为常发，主要表现在与学生的关系方面。科技伦理及环境伦理部分的伦理失范行为主要表现在化学实验教学中。整体上而言，中学化学教师的伦理水准仍然有待提高。④

朱晓伟等基于公众与教师视角开展了关于中小学教师师德的社会期望与评价研究。经过访谈和分析发现，社会大众对合格教师师德品质的认知可凝练为爱岗敬业、关爱学生、严谨治学和为人师表四大核心要素。问卷调查结果显示：公众对中小学教师师德品质有较高期望，尤其强调严谨治学和关爱学生两个方面；公众对中小学教师师德现状的评价总体较积极，但在关爱学生的品质上对教师的评价相对较低，且现状评价与期望的差距较大；中小学教师自身对师德现状各方面的评价都比公众更积极，且在最关切和不满的师德品质上与公众存在一定差异。⑤

另有研究以教师为调查对象，分析了教师眼中社会主义核心价值观的教育现状，结果显示，中小学教师对社会主义核心价值观的内容比较了解，也认为很有必要，但获知的渠道比较狭窄，学校宣讲和教育教师工作抓得不够……中小学教

---

① 张添翼，程红艳. 中小学教师专业伦理规范建构的调查研究及建议[J]. 教育科学研究，2013（9）：46-51.

② 尹南南. 中小学教师专业道德建设研究[D]. 湖北师范大学，2017.

③ 邬彪. 中小学教师专业伦理指标建构研究[D]. 华中科技大学，2016.

④ 陈庆露. 中学化学教师专业伦理研究[D]. 陕西师范大学，2017.

⑤ 朱晓伟，周宗奎，谢和平，等. 中小学教师师德的社会期望与评价——基于公众与教师视角的实证调查[J]. 北京师范大学学报（社会科学版），2019（1）：53-58.

师认为学校虽重视教师在社会主义核心价值观教育中的作用，但对教师进行评价时存在重教学成绩、师德评价等问题。①

（二）突出师德评价作用

糜海波对师德评价进行了较为系统的研究。他在《师德评价面临的矛盾、问题与出路》一文中指出，师德评价在实践中存在虚与实、主观性与客观性、实然与应然、功利与道义的内在矛盾。当前，师德评价伦理目标有所偏差，师德评价受到多元文化的冲击，师德评价中的教育观念滞后。师德评价应在理念、目标、内容、方法及机制等诸多方面有所改进，以走上科学化、民主化和规范化的轨道。应积极发挥师德评价对教育伦理发展和教育道德进步的推动作用，引领教师的德性状况朝着社会所期待的方向前行。第一，师德评价标准要体现完整性和层次性，既要反映社会普遍的道德要求，又要反映教育自身的特殊道德要求。师德评价标准的层次性是基于教师德性状况的多样性和不一致性，教育伦理规范的设立应体现价值的等级性。第二，应明晰师德评价的范围和教育行为的道德类型。师德评价中的"师德"是对于特定教育主体而言的，包含主体的道德品质和道德行为两个方面。在教育伦理学意义上，教育道德行为可分为善的（道德的）、恶的（不道德的）和亦善亦恶的（既道德又不道德）三种基本类型。第三，师德评价应将"具体考察"与"总体判断"结合起来。第四，师德评价实践活动应辅之以一定的伦理教化和道德激励。② 在其后的系列研究中，他再次强调科学有效地实施师德评价时，必须全面辩证地把握评价主体、方法与依据这几个关键要素。在评价主体上，应注重教师个体的自我评价，也要通过整合多方面的评价力量，构建以学生、家长、同事、领导等共同参与的多元评价主体。在评价方法上，应将定性评价和定量分析结合起来，片面的量化评价会导致师德的形式化和功利化。在评价依据上，要将教育行为的内在动机与外在效果相统一，积极引导教师在道德价值追求上适应教育改革和发展的时代要求。③

师德评价观的合理化是师德评价合理性的前提。有学者对师德评价的合理性进行了理论反思，认为师德评价观中存在功利化、泛道德化、独白化三种不合理的评价取向。功利化的评价观忽视了对教师美德的培养，泛道德化的评价观丧失

---

① 袁尚会. 教师眼中的社会主义核心价值观教育现状[J]. 教育研究与实验，2017（5）：11-15.

② 糜海波. 师德评价面临的矛盾、问题与出路[J]. 高教发展与评估，2017（4）：109-116，124.

③ 糜海波. 新时代师德评价与师德建设的应有维度[J]. 伦理学研究，2018（2）：117-123；糜海波. 辩证把握师德评价中的几个关键要素[J]. 思想理论教育，2018（3）：85-89.

了评价活动应该具有的正面效应，独白化的评价观违背了人的道德发展规律且无法准确把握评价对象的道德面貌。寻求评价观的合理化，应该立足现代社会语境，注重美德塑造和制度约束相统一，适当放大师德评价的正面效应，契合现代社会教师人格发展诉求，以符合评价的目的性、规范性和规律性。①

另外，有学者关注到在中小学教师职业道德评价过程中，存在"情"与"理"的两难抉择问题。所谓"合情评价"是要综合考虑实际的教育情境、教师本人的客观情状等因素，避免刚性而僵化。所谓"合理评价"，简言之，就是强调运用科学规范和标准来考核教师的职业道德。如何合理地拿捏好"情"与"理"的尺度，选择最优的评价方式，值得深入探索和不断总结。②

（三）借鉴师德建设域外经验

师德建设域外经验是师德研究的重要内容之一。根据有关学者的研究，美国的教师职业道德建设有着务实、规范、独特的经验，为世界各国所借鉴。其师德建设大致经历了萌芽阶段、探索阶段以及完善阶段。通过不断完善师德建设的观念、制定并执行系统的师德评价标准、加强教师师德的自我约束与外在监管等形式，美国逐步建设了一套较为完善的具有科学性、规范性、实践性的师德体系。美国师德建设的理论建构及实践运作，对我国师德建设具有积极的借鉴与启示作用。③

中小学师德问责是很多相关研究的重点着墨之处。有研究认为，日本基础教育发展相对成熟，得益于其完善的中小学师德问责制度。目前，日本已经形成了中央文部科学省问责、地方教育委员会问责、校长问责以及学生、家长联合会、媒体问责等密切协作的师德问责主体和中小学教师资格证书制度、教师录用和研修制度、评价制度及惩戒制度等相辅相成的师德问责制度体系。较高的问责法制化水平、多元化和协同性的问责主体、完善且操作性强的问责配套机制是日本中小学师德问责制的显著特点。④

新加坡历来重视对国家公职人员道德情操的培养，教师作为公务员的一个重要组成部分，已形成完整的中小学教师师德问责制度，包括规范化的教师准入和发展机制、多元化的问责主体参与制度、完备的教师师德评价内容、人性化的教

---

① 宋芳明，余玉花. 评价观：师德评价合理性的理论反思[J]. 黑龙江高教研究，2018（4）：41-46.
② 刘春，曾晓娟，宁先达. 中小学教师职业道德评价的"情—理"两难抉择[J]. 基础教育，2014（5）：63-69.
③ 唐爱民，方蕾蕾. 美国师德建设的历史进程、经验与启示[J]. 中小学德育，2014（1）：11-15.
④ 乔花云，吴振其. 日本中小学师德问责制述评及启示[J]. 现代中小学教育，2018（10）：85-91.

师师德评价方式，以及科学的教师师德惩戒制度。整个教师师德问责过程，充分体现了新加坡中小学教师师德问责理念先进、主体多样、制度完善、程序公平以及问责惩戒点低、处罚力度大等特点。[①]

另外，有研究对英国中小学教师师德问责机制进行了研究，发现英国中小学教师管理具有师德问责立法动态发展、问责程序规范完整、师德培训一脉贯穿、师德规范具体可操作、师德与绩效挂钩的特点，形成了比较健全的中小学师德问责制度体系。[②]

对世界主要发达国家师德建设的研究为我们提供的启示在于：我国中小学师德问责制应该重视国民道德教育的重要性，完善中小学教师师德问责的法律和制度建设；强化异体多元问责主体；对师德建设进行合理分层，并进行合理监管；引导教师增强职业道德的自律意识；建立完善的教师准入及评价标准相结合的教师进出机制；确定科学的考评指标；积极推进问责文化建设等，以此保障我国师德水平的整体提升。

（四）构建新时代师德建设本土方案

我国师德建设的困境是多方面的，素质教育与应试教育交锋的教育改革语境、道德体系艰难转型的伦理语境、重心错位的管理语境给师德建设带来的障碍不容忽视。实施素质教育、抵制应试教育的教育改革语境与应试教育氛围二者的交锋，使中小学教师的工作面临着诚信危机；伴随全社会范围内伦理道德体系的转型，教师拥有了走下“神坛”的机会，但无私奉献仍然是师德标兵的首要标识，给师德建设带来特殊的困难；强调量化考核的教师管理与评价制度促使教师重视考试分数、热衷于论文发表，难以踏实工作、潜心探索。[③]有研究指出，我国师德观念的发展存在一种从崇高师德简单地转向底线师德的趋势：底线师德的提出是为了防范当下的师德失范和解除过往的高标师德，而当师德的底线转向发生后，底线师德虽实现了自身之于崇高师德的优先性，却也难以获得崇高师德的支持。[④]有研究表明，中小学骨干教师师德培训的示范性不强、针对性不足、关联性不深和透彻性不够，导致中小学骨干教师师德培训的实效性较差。[⑤]此外，一些地区在

---

① 乔花云，刘畅. 新加坡中小学师德问责制的内容、特点及启示[J]. 中小学教师培训，2018（1）：73-78.

② 乔花云，司林波. 英国中小学师德问责制述评[J]. 上海教育科研，2018（9）：51-54，77.

③ 刘长海. 师德建设的语境障碍及其突破[J]. 教育发展研究，2013（24）：36-40.

④ 吕狂飚. 警惕从崇高师德简单转向底线师德[J]. 中国教育学刊，2018（11）：84-88.

⑤ 吴振利. 中小学骨干教师师德培训的问题、原因及改善对策[J]. 教育科学，2017（4）：49-54.

实践层面未能区分道德与法规的边界，简单地将师德建设作为教师评优评先、表彰奖励，甚至是教师绩效工资考核的重要依据，造成师德本身蕴含的道德诉求与法律规范边界模糊不清，进而导致部分教师降低甚至放弃了对师德基本价值的追求。①

为了有效应对师德建设的语境困境，有研究者提出，首先要正视教育改革语境中素质教育与应试教育的冲突，倡导“科学应试、绿色升学、全面发展”，重塑教师职业的尊严；其次要肯定教师追求幸福生活的合理需求，稳步提高教师待遇，引导教师调适自我、潜心育人；最后要创新教师管理与评价机制，重视学生和家长的意见，减少教师管理对于教师日常工作的干扰。②另有研究者提出了公共性语境下的师德建设方略，即现代社会中的师德建设要以尊重教师职业权利为起点，保持师德评价系统的独立性，以公共准则为师德测评标准，以法律和道德双重机制促进师德建设，加强师德评价的公共参与。③

潘新民在《关于师德养成路径的几点思考》一文中提出，为更好地承担教书育人的职责，教师需要不断提高自身的师德水平，具体路径包括加强自我修养、塑造师德品质、注重自身综合素养的提升、在教师共同体中涵养师德与在实践中体验感悟等方面。④万美容和李芳认为，加强师德建设，是全面落实立德树人根本任务的必然要求，是新时代造就专业化教师队伍的关键所在，是应对当前少数教师师德失范的现实需要。加强新时代师德建设，要以习近平总书记对教师的殷切希望和要求为指导，正确认识和处理“经师”与“人师”、“教育培养”与“自我修养”、“社会氛围”与“个人美德”的关系。师德建设是新时代振兴教师教育的基础工程，要加强师德教化，促进师德养成，健全运行机制，推进师德建设常态化、长效化。⑤

针对我国教师师德培训实效性较差这一问题，有研究提出，要提高中小学骨干教师师德培训的实效，可以尝试采取下述五种方式谋求改善：自觉渗透性点式培训、内容关联性拓植培训、伺机群情共话式培训、榜样解剖比较式培训和问题主导混合式培训。⑥进而言之，有研究者认为，激发与传递教师的师德感染力应是当前师德培训必须遵循的一条核心原则。因为感染力是师德培训的核心动力，

① 刘争先. 师德建设不可简化为束缚教师的考核指标[J]. 中国德育，2014（10）：62-63.
② 刘长海. 师德建设的语境障碍及其突破[J]. 教育发展研究，2013（24）：36-40.
③ 江虹. 公共性语境下的师德建设方略[J]. 教育科学研究，2016（10）：68-73.
④ 潘新民. 关于师德养成路径的几点思考[J]. 教育科学研究，2016（3）：19-22.
⑤ 万美容，李芳. 师德建设：新时代振兴教师教育的基础工程[J]. 思想理论教育，2018（7）：20-25.
⑥ 吴振利. 中小学骨干教师师德培训的问题、原因及改善对策[J]. 教育科学，2017（4）：49-54.

反思是师德感染力被激活的加速器。[①]

有研究者提出，师德建设一以贯之，就是时时以促进教师自主、自觉、自悦、自致地践行师德；师德建设，需要满足教师作为自然人的需求，需要符合教师作为技术人的特性，需要贴合教师作为文化人的个性，需要切合教师作为社会人的属性；师德建设需要有层次性和针对性、示范性和引领性、认同性和期望性、自主性和内生性。[②]与此相似，有研究认为，新时代构建中小学教师师德内化新机制显得尤为必要。一是建立与完善教师内在发展机制：内外联动，激发教师个体的内在动力；协同发展，建立教师协同发展共同体。二是建立与完善教师外在助推机制：进一步完善宣传解读机制——提升教师师德规范的认知度；建立生活式的榜样示范机制——提升教师师德规范的感性认识；建立更具实效性的奖惩激励机制——促进教师对师德规范的遵守；建立与净化社会舆论支持机制——助推教师对师德规范的践行。[③]

（五）探索师德建设政策逻辑

党和国家一直高度重视中小学教师职业规范建设，对我国中小学教师职业规范政策开展研究，有助于从理论上明确我国中小学教师职业规范政策建设的发展历程，准确把握我国现行政策的目标指向、优点以及可能存在的不足。有研究者对我国中小学教师职业规范政策进行研究后发现，近年来，我国的教师职业规范建设呈现出从工具本位转向教师本位，从提倡到提倡与禁止并重，日益注重规范的针对性、科学化、国际化等特征，形成了教育、宣传、考核、激励、监督、惩处、保障七方面的实施机制。因此，注重地方性、校本性教师行为规范细则的制订，加强政策实施效果的评估，强化师德教育中的以能养德，是中小学教师职业规范建设应该关注的方向。[④]

有研究通过对《中小学教师职业道德规范》《教育部关于建立健全中小学师德建设长效机制的意见》等我国教师退出相关政策进行分析发现，判定教师不合格的标准主要包括四个方面：道德品行、教育态度、教育教学能力和触犯刑法。其中，道德品行问题是判定教师不合格最重要的标准。不合格教师退出机制存在退

---

① 戴双翔. 师德培训的核心原则：激发与传递感染力[J]. 教育科学研究，2016（3）：22-24，55.

② 臧雷. 基础教育师德建设内涵、着力点与方法[J]. 中小学教师培训，2018（10）：1-5.

③ 穆惠涛，赵岚. 新时代中小学教师师德内化机制的构建[J]. 中小学教师培训，2018（7）：66-69.

④ 杨睿娟，申敬红，李敏，等. 我国中小学教师职业规范政策研究[J]. 北京师范大学学报（社会科学版），2019（1）：40-46.

出权力主体不明确、退出程序不规范等问题。完善退出机制需要明确退出标准，以地方教育行政管理部门为退出的权力主体，构建包括觉察期、辅导期、审议期和申诉期等一套完整的退出程序，切实保障教师的权益。①

一项关于中小学师德失范治理政策的合法性研究显示，我国中小学师德失范治理政策在治理主体、治理内容与决策程序方面均面临着合法性质疑。② 主体合法性危机的主要表现是：既作为政策参与主体，又是政策对象的中小学教师在政策制定过程中被边缘化，参与不足，甚至“普遍失声”。治理内容合法性危机主要表现在“行动”语句和“后果”语句两个方面，在“行动”语句方面主要存在非师德行为被纳入师德失范治理政策、师德不高尚行为被纳入师德失范治理政策、“行动”语句抽象模糊，缺乏可操作性等问题。“后果”语句方面的问题主要表现为一些政策的“后果”语句规定比较模糊，赋予了政策执行者过大的自由裁量权，这样就为变相侵害教师合法权益提供了机会。同时，也为某些政策执行者出于自身利益或小集团利益随意对一些危害较大的行为从轻处分，甚至纵容师德失范行为提供了机会。决策程序的合法性危机则表现为：收集情报有限，难以保证政策内容的合法性；程序简单，难以保证政策主体的合法性。

二、围绕“能”，全面把握教师教学能力现状

（一）教学能力的本体透视

根据宋明江等的研究，所谓“教师教学能力是指教师为实现教学目的、完成教学任务而具备的知识、技能和情感态度方面的能力”③。对于教学能力，需要从教学活动过程来界定，同时需要考虑到教学活动的目的性以及教学过程的各环节。由此，宋明江等将教师教学能力分为教学设计能力、教学表达能力、教学监控能力、教学反馈能力与教学研究能力。中国管理科学研究院教育科学研究所出版的《教师教育能力建设研究》一书将教师教学能力分为课堂教学监控能力、课堂教学反思能力、课堂教学研究能力三类，并给出了内涵界定。④

① 张彩云. 我国中小学教师退出政策评析[J]. 教育研究，2014（3）：132-137.

② 张旦生. 中小学师德失范治理政策的合法性研究[D]. 西南大学，2016.

③ 宋明江，胡守敏，杨正强. 论教师教学能力发展的特征、支点与趋势[J]. 教育研究与实验，2015（2）：49-52.

④ 黄旺友. 教师教育教学能力的内涵与结构研究 .《教师教育能力建设研究》科研成果汇编（第七卷）[C]. 中国管理科学研究院教育科学研究所，2018：5.

更多的研究则将教师的教学能力作为教师能力的某一方面进而对其进行探讨。例如，王光明等认为，教师教学能力是“教师核心能力”之一，其包括教学设计能力、教学管理能力、教学实施能力、教学评价能力、课程开发能力等维度。[①] 另有研究同样将教师能力纳入“教师专业素养”之中，认为教师能力包括课堂教学能力、教学反思能力、沟通合作能力和教育研究能力4个二级范畴。[②] 基于类似的研究视角，一项关于“卓越教师素质”的研究将教学能力视为卓越教师实力的核心内容，一位卓越教师的教学能力应具有如下特征：“独特的教学理念和教学个性”“宽广的知识视野并能够有效整合”“较强的课程开发能力并推动课程改革”“高超的沟通与交往能力”等。[③] 蔡永红等则把教师的教学能力作为“教师专长”的下位概念使用，进而将教师教学能力界定为：教师为把握课堂的全过程，主动调整教学内容和方法，适应学生学习的需要，并对学生的学习进行调控与反馈，以取得更好的教学效果的能力，包括系统呈现知识，主动了解学情，激发学生的学习兴趣，公正地提问、反馈和评价，以及培养学生思维能力五个方面。[④] 也有研究者将“教师教育力”称为教师“教力”，认为它是观念力、品德力、学问力和行为力共同形成的合力，包括主观和客观两个层面，以及愿教、可教、能教、会教、善教和优教六个层次。[⑤]

有别于以上对教师能力的结构性关注，对教师教学能力某一方面的研究也是研究者的着墨之处，如关于教师的教学诊断力、教学洞察力以及信息化教学能力等的研究。教师的教学诊断能力是指教师运用先进的教育理论，诊断出自己或同事课堂教学中的特色与问题，分析课堂教学特色或问题形成的原因，进一步提出优化课堂教学建议的能力，其包括诊断课堂教学特色与问题的能力、分析课堂教学问题与特色形成原因的能力、进一步提出优化课堂教学建议的能力三个方面。[⑥] 有研究者提出了“教学洞察力”的概念。所谓教学洞察力，是指教师在教学情境中敏锐地感知各种教学信息并对其进行分析、判断与反思后发现教学问题所在的能力，具有预见性、专注性、识别性、动态性等特征。[⑦] 其还在此基础上对教学

---

① 王光明，张永健，吴立宝. 教师核心能力的内涵、构成要素及其培养[J]. 教育科学，2018（4）：47-54.

② 黄友初. 教师专业素养内涵结构和群体认同差异的调查研究[J]. 湖南师范大学教育科学学报，2019（1）：95-101.

③ 施雨丹，卢晓中. 论卓越教师的素质构成——基于广州市中小学教师的访谈分析[J]. 中国教育学刊，2015（9）：92-96.

④ 蔡永红，申晓月，雷军. 中小学教师教学专长的结构及其测量[J]. 教师教育研究，2016（1）：67-74.

⑤ 王仕杰，焦会银. 教师教力：内涵、结构与特点[J]. 课程·教材·教法，2018（7）：98-105.

⑥ 岳欣云，董宏建. 教师教学诊断能力：内涵、价值及提升策略[J]. 教育理论与实践，2015（26）：3-5.

⑦ 肖菊梅，李如密. 教学洞察力：内涵、特征与策略[J]. 课程·教材·教法，2017（11）：26-32.

洞察力与教学想象力、教学预见力、教学创造力等概念及其关系进行了辨析。

信息化时代，要求教师具有与时俱进的信息化教学能力，诸多研究对信息化教学能力的内涵、特征与模型建构进行了探讨。有研究者将已有关于教师“信息化教学能力”的定义归纳为目的说、技术说和组合说三种类型，并在此基础上给出了自己的界定——教师信息化教学能力的实质是教师在真实的教学情境中，运用ICT（information and communication technologies，信息、通信与技术）将学科知识“转化”成学生有效获得的一种知能结构体，其目的在于实现技术促进型学习（technology-enhanced learning）。[①] 教学设计能力、实施能力与评价能力是信息化教学能力的三大核心。赵可云等则关注到了信息化教学能力、信息化教学实施能力、信息化教学执行能力三者间的差异：信息化教学能力强调的是教师运用信息技术解决教学实际问题、完成教学活动和教学任务的能力，是教师自我主体的能力；信息化教学实施能力是教师在教育思想与理念的指导下，完成信息化教学设计与教学资源开发后，即将进入教学关键环节，即通常所理解的实施信息化教学活动的能力；信息化教学执行能力强调的是教师运用信息技术手段，将学校的信息化教学发展愿景落实到实践中，并保证实现该目标的实践力。[②] 在此基础上，研究者构建了教师信息化教学执行力模型，包括学校信息化教学发展的愿景、信息化教学执行力的六个能力要素、教师信息化教学执行力的六个实践行为三个层面。刘清堂等构建的教师数字化能力标准模型则包括教师数字素养模块、数字化教学准备能力模块以及处理组织和社会关系能力模块等七大模块。[③]

另外，关于教师学科教学能力的研究也是研究者关注的内容之一。如有研究基于深度阅读教学视阈认为，语文教师的关键能力是指语文教师在阅读教学过程中为达成为深度知识而教、为深度过程而教、为深度关系而教，从而培养学生高阶思维所必备的素养及其组合，其包括内生能力群和外生能力群两大部分。[④]

（二）教学能力提升对策构建

党的十八大以来，我国学界关于教师教学能力现状的研究已经突破了传统的一般性研究，走向了较为微观的具体化研究。罗生全等通过对小学教师教学效能

---

① 刘喆，尹睿. 教师信息化教学能力的内涵与提升路径[J]. 中国教育学刊，2014（10）：31-36.

② 赵可云，王海燕，杨鑫，等. 教师信息化教学执行力模型研究[J]. 电化教育研究，2018（11）：106-113.

③ 刘清堂，吴莉霞，张思，等. 教师数字化能力标准模型构建研究[J]. 中国电化教育，2015（5）：14-19.

④ 余玲艳，代建军. 深度阅读教学视阈下语文教师的关键能力：内涵与结构[J]. 教育理论与实践，2017（29）：31-33.

的调查分析得到了以下几个方面的结果。第一，中小学教师的教学效能在性别、任教阶段和区位三个维度上存在着极其显著的差异，即女教师的教学效能水平明显高于男教师；小学阶段教师的教学效能水平显著高于初中和普通高中阶段的教师，普通高中阶段的教师在除教学能力和教学策略以外的其他各个维度上的教学效能水平均高于初中教师；城市地区教师的教学效能水平显著高于县城和农村地区教师。第二，中小学教师的教学效能存在非常显著的学历差异，中小学教师的学历越高，其教学效能总体水平越高。第三，中小学教师的教学效能存在着显著的教龄差异，随着教龄的不断增长，其教学效能总体水平也不断提升。[①] 因此，为促进中小学教师教学效能水平的整体有效提升，进而助力学业负担问题的有效化解，《中小学教师教学效能的现状及提升策略》一文构筑了理念先行、动力跟进和环境支撑的三位一体策略体系。

一项关于卓越教师素质构成的实证研究发现，很多教师对科研的理解仍处于非常笼统的状态，对科研缺乏的正确理解，主要有两种代表性倾向：一种是认为科研听起来"高深莫测"，以自己目前的能力无法胜任；另一种则认为科研是大学教师的工作，与基础教育阶段的教师关系不大。该研究指出，《卓越教师专业标准》对教师专业成长的过程性、引领性定位有利于促进教师的专业成长。[②]

张屹等对中小学教师的信息技术应用能力现状进行了研究，结果发现：①评估与诊断能力在应用信息技术优化课堂教学、转变学习方式这两个方面的达标率相同；②技术素养能力在优化课堂教学方面的达标率高于转变学习方式的达标率；③教学技术与准备在优化课堂教学与转变学习方式的能力水平上相差较大；④组织与管理应用于转变学习方式的能力水平高于优化课堂教学。[③] 基于此，上述研究对各地区开展中小学教师信息技术应用能力培训项目提出了建议：①开展教师培训前后的信息技术应用能力自评；②侧重培训课程内容体系的制定，加强对薄弱能力的提升；③设计中小学教师信息技术应用能力培训评价体系。

有研究者关注到学科教师教学能力问题及现状，并提出了相应的对策。潘晓青和朱丽华认为，无论在高校还是在中学，甚至小学，英语教师都有可能或正面临着跨文化外语教学的困惑和压力，对此实行教师跨文化教育或培训是唯一的出路。因此，该研究在对需求进行分析的基础上，以跨文化交际能力和跨文化培训

---

① 罗生全，孟宪云. 中小学教师教学效能的现状及提升策略[J]. 课程·教材·教法，2015（5）：12-20.

② 施雨丹，卢晓中. 论卓越教师的素质构成——基于广州市中小学教师的访谈分析[J]. 中国教育学刊，2015（9）：92-96.

③ 张屹，马静思，周平红，等. 中小学教师信息技术应用能力现状及培训建议[J]. 中国电化教育，2015（1）：104-110.

的理念为基础，对英语教师跨文化教学培训项目进行了探讨。该研究提出了培训目的，设定了培训内容，并对培训方法和测评方式提出了建议。[①]

周九诗和鲍建生以中小学专家型数学教师素养为对象的实证研究发现，专家型数学教师能够挖掘教学内容背后的数学思想，有意识地培养学生的高层次思维，熟练掌握教材结构，具有较强的科研能力，并对教学工作抱有极大热情。[②] 该研究为专家型教师的成长提供了重要的方法论。此外，有研究对教师教研组的内涵与特征进行了分析，总结了其对提高教师教学能力的实践优势，并提出：在新时期，完善具有中国特色的教师专业学习共同体应着力于构建自主、平等、合作型教师文化，突出教师专业学习共同体本土化建设，创建有效的制度和机制。[③]

三、围绕“培”，深度探索教师培训有效路径

（一）深度把握教师培训现状及问题

自“国培计划”实施以来，对全国教师教育产生了广泛而积极的影响，为教师队伍的发展注入了生机与活力，是教师专业成长的强大外部推动力量。但在实施的过程中，仍然存在国家计划与期望（被动专业化）和教师主动专业发展之间、培养“种子”教师的愿望与参训教师的选派之间、培训的短期效果与长期功效之间、参训教师数量庞大与示范学校中“影子教师”不足之间、自上而下的培训计划设计安排与广大教师需求之间的矛盾等问题。[④] 曹慧英的研究揭示了当前小学教师专业化进程中所存在的几个突出问题：其一，体系构建有待完善；其二，培养培训一体化顶层设计欠缺；其三，师范生生源素质急需提高；其四，教师教育的经费投入严重不足。[⑤]

陈向明和王志明同样注意到了我国义务教育阶段教师培训的财政问题。虽然近年来中央采取各类措施不断加强中小学教师培训，教师队伍建设取得了较大进展，但从总体上看，当前由中央政府直接转移支付的教师培训经费投入还不能满足提高教师队伍整体素质的需要。存在的问题主要包括以下两个方面：①目前，中央财政投入的教师培训经费主要用于骨干教师培训，全员教师培训的机会整体

① 潘晓青，朱丽华. 英语教师跨文化教学培训项目初探[J]. 教师教育研究，2017（3）：14-18，68.
② 周九诗，鲍建生. 中小学专家型数学教师素养实证研究[J]. 数学教育学报，2018（5）：83-87.
③ 单志艳. 走向中国特色教师专业学习共同体的教研组变革[J]. 教育研究，2014（10）：86-90.
④ 曹长德. 论“国培计划”的改进与完善[J]. 中国高教研究，2013（10）：60-62，67.
⑤ 曹慧英. 我国小学教师专业化发展战略与路径选择[J]. 教育研究，2014（3）：138-143，158.

不足，农村教师培训的机会仍偏少；②地方经济发展水平和财政能力存在较大差异，中央财政投入不足以解决地方教师培训发展不均衡的问题。[①]

另外，有研究者关注到了中小学教师培训过程中信息技术应用能力的问题。虽然我国中小学教师在学习与发展和技术素养方面取得了显著进步，但是仍然存在评价与诊断薄弱等问题。令人深思的是，教师的学习与发展维度发展水平较高，但是其他各维度发展较弱，这充分表明教师的学习与发展没有取得相应的效果，在教师学习或培训时没能实时有效地促进其他方面的发展，教师的培训内容存在一定的问题。[②] 吴军其等在一篇关于中小学教师信息技术能力培训策略的综述文章中指出，中小学教师信息技术培训方面存在的问题主要来自培训机构、学校和教师自身三方面。培训机构方面存在培训体制不健全、培训目标不明确、培训内容脱离教学实际、培训手段单一、缺乏有效的实效评估机制等问题。来自学校方面的问题表现为：城乡教学设施存在较大差异，农村硬件设备跟不上，没有为教师的后续发展提供支持，学校领导的教育信息化意识淡薄等。而教师本身也存在对新技术的抵触心理，有“技术恐惧症”等问题。[③] 王晓丽等则对当前我国在教师远程培训研究方面存在的问题进行了归纳总结，如在研究对象上，缺少对中小学教师的关注；在研究内容上，还缺少对影响因素的深入分析及其关系模型的建立；在研究方法上，大多是文献分析和调查的方法，缺少实证的分析方法等。[④]

（二）多举措改善教师培训

为有效地提升教师培训的质量，诸多研究与实践为我们提供了有益思考。有研究者针对中小教师培训中形式和内容大同小异、难以满足不同参训者不同发展层次的需求以及学术性和师范性不强等问题提出了“国培计划”教师培训“知识—能力—实践—体验”模式：通过整合教师培训资源，针对教师专业发展需求，以及教学实践存在的主要问题，确定培训主题，围绕主题从知识、能力、实践和体验四个维度设计培训课程，并组织实施培训任务，是一种基于问题、突出学术、注重实践的教师培训新模式，将有效提升参训者的教育理论水平和教学实践能力，

---

① 陈向明，王志明. 我国义务教育阶段教师培训财政保障机制探究[J]. 全球教育展望，2014（7）：7，32-42.

② 张屹，刘美娟，周平红，等. 中小学教师信息技术应用能力的现状评估——基于《中小学教师信息技术应用能力标准（试行）》的分析[J]. 中国电化教育，2014（8）：2-7.

③ 吴军其，罗攀，沈红云. 中小学教师信息技术能力培训策略研究综述[J]. 电化教育研究，2016（1）：123-128.

④ 王晓丽，路宏，贾巍. 农村中小学教师远程学习适应性影响因素研究——以宁夏“国培计划”远程培训为例[J]. 电化教育研究，2015（4）：108-113.

增强“国培计划”中小学教师培训工作的针对性和实效性。[①]有研究者针对湖南省农村中小学教师培训的实践探索指出，当前须从适当强化“以县为主”、着力建设体系化课程资源、积极推进网络校本培训、大力提升培训组织功能、切实突出培训质量效益等方面，积极创新农村中小学教师培训的管理体制、培训内容、培训模式、机构建设和培训评价。[②]与此同时，北京市农村中小学教师培训的“研修工作站”项目也是一种有效的教师培训方式，该项目将北京市远郊区县的教师选送进入城区优质中小学校，以教育教学观摩实践为主要特征，由优秀学科教师对农村教师进行教学实践指导，以促进农村教师的成长。基于社会文化理论对学习的个体层面、人际层面及社会文化制度层面的探讨，该项目实践取向的情境学习探索了教师学习的有效机制。在导师指导下的协作学习过程中，教师学习的内容不仅局限于专业知识与专业能力等技术层面。农村教师在师德修养、道德规范、专业态度与专业认同等方面都有了较大提升。[③]

自2007年我国实施师范生公费教育政策以来，东北师范大学在为农村基础教育服务的办学思想的基础上，创造性地提出并实施了“U-G-S”教师教育模式。该模式在师范生培养、农村中小学教师培训、基础教育研究、教师教育者专业发展和基础教育信息平台建设等方面探索多维协同创新机制，取得了良好的教育效果和社会效益，不仅提高了师范生教育实践质量和农村教师培训水平，转变了教师教育者的专业发展范式，也为深化我国教师教育改革、师范大学办学模式创新、建构新型教师教育文化提供了有益的实践参考。[④]与之相似，有研究对教育部卓越教师培养计划所构建的高等学校、地方政府和中小学（幼儿园）联合”三位一体”协同的教师教育培养新机制的现实基础、运行机制、实践运行进行分析，结果表明卓越教师”三位一体”协同培养模式具有显著效果。[⑤]与此同时，有研究者关注到地方院校对教师教育者队伍建设的重要作用，指出从完善建设机制、单列建设项目、丰富实践渠道、融通文化分歧等方面进一步提高教师教育成效。[⑥]另

---

① 王道福，蔡其勇．“国培计划”教师培训“知识—能力—实践—体验”模式建构[J]．课程·教材·教法，2013（7）：116-121.

② 周德义，于发友，李敏强，等．农村中小学教师培训的实践探索——以湖南省为例[J]．教育研究，2012（7）：92-97.

③ 钟亚妮．北京市农村中小学教师研修工作站：有效教师学习的实践探索[J]．教育研究，2014（8）：118-124.

④ 刘益春，李广，高夯．“U-G-S”教师教育模式实践探索——以“教师教育创新东北实验区”建设为例[J]．教育研究，2014（8）：107-112.

⑤ 高闰青．卓越教师“三位一体”协同培养模式的实践探索[J]．课程·教材·教法，2015（7）：115-120.

⑥ 苏洁梅．地方师范院校教师教育者队伍建设的样态、成效与对策[J]．广西社会科学，2018（1）：203-207.

外，也有研究对“教师混合式培训”进行了相关探索。[①]

教师培训的域外经验为我们改进教师培训提供了丰富的理论资源与实践经验。顾明远在《关于提升我国中小学教师质量的思考——基于世界各国的政策经验》一文中指出，可以通过改进职前教师的选拔和培养（包括选拔适合从事教育事业的优秀人才、增强教师教育管理和教学研究技能的培养、延长教学实习周期、提高解决现实问题的能力）与丰富在职培训类型和内容（包括教师教育观念、师德、能力、终身学习等）提高教师质量。[②]关松林关于美国、英国、日本三国教师培训的研究揭示出，美国、英国、日本中小学教师培训体现出中小学教师培训制度法制化凸显强制性、培训目标多元化追求整体性、培训内容丰富多彩体现综合性、培训课程整体设计强调实用性、培训途径多种多样彰显灵活性等特征。未来我国中小学教师培训的发展将呈现出培训格局多元化、培训目标分层化、培训内容实用化、培训模式灵活化、培训评估机制科学化等特点。[③]张晓光以芬兰教师培训为例进行研究，结果表明：研究取向是芬兰中小学教师职前教育的突出特点。基于此，借鉴芬兰的成功经验，完善我国的教师职前教育，应建立稳定的教育实习基地，发挥教师教育者的榜样作用，强化大学语中小学良好的合作关系，推动教师成为研究的生产者，推动理论与实践的动态融合。[④]艾子和柳海民基于知识图谱的研究进路，对近年来欧美教师教育研究的现状与特征进行了整体分析。[⑤]

此外，诸多研究提出应改进我国义务教育阶段教师培训财政保障机制[⑥]、教师师教育一体化[⑦]、构建中小学教师信息化教学能力培养模式[⑧]等，也为我们提供了有益思考。

---

① 熊久明，刘清堂，张思，等. 教师混合式培训中的同侪互助行为调查研究[J]. 现代远距离教育，2015（6）：51-58；曾海. 区域中小学教师混合式培训模式研究[J]. 中国电化教育，2017（12）：138-143.

② 顾明远. 关于提升我国中小学教师质量的思考——基于世界各国的政策经验[J]. 比较教育研究，2014（1）：1-5.

③ 关松林. 发达国家中小学教师培训的经验与启示——以美国、英国、日本为例[J]. 教育研究，2015（12）：124-128.

④ 张晓光. 研究取向的中小学教师职前教育探析——以芬兰为例[J]. 教育研究，2016（10）：143-149.

⑤ 艾子，柳海民. 近年来欧美教师教育研究的现状与特征——基于 SSCI 期刊的知识图谱分析[J]. 现代教育管理，2018（2）：77-82.

⑥ 陈向明，王志明. 我国义务教育阶段教师培训财政保障机制探究[J]. 全球教育展望，2014（7）：7，32-42.

⑦ 肖瑶，陈时见. 教师教育发展理论探索与实践创新——教师教育一体化的内涵与实现路径[J]. 教育研究，2013（8）：149-152.

⑧ 梁琪，滕涛，刘刚，等. 基于混合式学习理论的中小学教师信息化教学能力培养模式研究[J]. 电化教育研究，2012（12）：115-120.

四、围绕“劳”，积极关注教师工作强度

在中国知网（检索时间为2019年5月4日）以“工作强度+中小学教师”为主题进行检索，无检索记录，以“工作强度+教师”为主题进行检索，共检索到22条记录，其中涉及中小学教师的有10条。因此，项目组分别以“劳动强度”“工作投入”（包含教师）“教师劳动”为主题进行文献检索。以下分别就以“教师工作投入”“教师工作负担”“教师情感劳动”为主题的相关研究进行综述。

（一）多学科视角下教师投入研究新热点

1. 教育学关于教师工作投入现状、影响因素及对策的研究

李新翠通过对1140名中小学教师的调查发现，中小学教师工作投入总体较高，女教师工作投入显著高于男教师，西部地区教师工作投入最高，初中教师工作投入最高，农村地区教师工作投入最高，未评职称教师工作奉献水平最高，20年以上教龄的教师工作投入最高，中小学教师工作投入水平随着年龄的增长先降低后提升。工作投入与工作量呈显著负相关，而与职业认同和工作满意度呈显著正相关。① 一项关于中学教师工作满意度及其影响因素的研究揭示出，教师日工作量等变量对中学教师工作满意度的影响极其显著，且影响程度高于教师的人口学变量，由此可以通过改善农村地区中学教师的生存状况、满足中学教师的专业发展需求等措施提高中学教师的工作满意度。② 另一项关于乡村小学教师工作投入的调查研究表明，小学教师的工作投入在总体上较高，政府有关部门“查得紧”的做法虽会引起了教师的不满，但也起到了监管作用，教师在工作专注程度、奉献及工作活力上都有所加强。③

有研究者以教师工作价值观为调节变量，分析、探讨了教师所知觉到的校长道德领导对其工作投入的影响，结果发现，校长道德领导的“替身领导”与“反思性实践观”能够预测教师工作投入，教师工作价值观中“物质报酬”“利他奉献”“安全稳定”维度对中小学校长道德领导和教师工作投入之间的关系有调节作用。

① 李新翠. 中小学教师工作投入与工作量状况调查[J]. 中国特殊教育，2016（5）：83-90.

② 穆洪华，胡咏梅，刘红云. 中学教师工作满意度及其影响因素研究[J]. 教育学报，2016（2）：71-80.

③ 张国庆. 乡村小学教师工作投入的调查研究——基于对L县的实证分析[J]. 西部素质教育，2018（12）：112-114.

因此，其呼吁校长推行替身领导和反思性实践观的领导方式。[①] 齐亚静等的研究发现，情绪要求、学生不良行为和升学考试压力能够负向预测工作投入，而工作负荷、角色压力和职业道德要求能够正向预测教师工作投入。[②] 有研究者对中小学教师心理资本及其与工作投入的关系进行了考察，结果表明：①教师心理资本与工作投入正相关，可通过补充能量、提高认同、激发动机等方式，促进其工作投入。②心理资本各维度对工作投入各维度既有直接效应，也可通过奉献、活力的中介影响专注。③任务型心理资本对工作投入的影响稍大些，但心理和资本两个维度的作用都不可缺。[③] 陈运平等在一篇综述性文章中指出，当前我国教师工作投入的研究更多侧重于其内涵、测量、影响因素以及工作绩效等方面。未来在教师工作投入的分析领域或单元、教师工作投入的理论内涵、主客观相结合的教师工作投入评价体系、教师工作投入影响因素的作用机理，以及教师工作投入与教师工作绩效之间的互动反馈机制等方面，有待拓展和深入。[④]

2. 心理学关于教师工作投入的影响因素及干预研究

心理学注重通过实验、建模讨论教师工作投入的影响因素，并建构有针对性的干预路径。有研究采用问卷调查法，以 692 名中小学教师为被试，探讨了教师职业人格和主观幸福感的关系及其机制。结果发现，职业人格与主观幸福感呈显著正相关，职业人格可通过影响工作投入程度进而影响主观幸福感，工作投入在二者之间起部分中介作用；熟手大部分通过工作投入影响主观幸福感，而专家完全通过工作投入影响主观幸福感。结果表明，教师职业人格主观幸福感的提升可通过提高工作投入程度来实现。[⑤] 为探索中小学教师工作重塑与工作投入之间的关系，齐亚静等采用中小学教师工作重塑问卷和中文版 Utrecht 工作投入量表，对 322 名教师进行了间隔 6 个月的追踪研究，关于中小学教师工作重塑与工作投入的交叉滞后分析揭示出，工作重塑与工作投入呈显著正相关，且工作重塑能够显著正向预测工作投入。[⑥]

---

① 楚红丽，方晓乐. 中小学校长道德领导对教师工作投入的影响研究：工作价值观的调节作用[J]. 教育学报，2017（6）：60-68.

② 齐亚静，伍新春，胡博. 教师工作要求的分类——基于对职业倦怠和工作投入的影响研究[J]. 教育研究，2016（2）：119-126.

③ 毛晋平，谢颖. 中小学教师心理资本及其与工作投入关系的实证研究[J]. 教师教育研究，2013（5）：23-29.

④ 陈运平，李婷，罗序斌. 教师工作投入研究动态与未来展望[J]. 现代教育管理，2018（4）：61-66.

⑤ 连坤予，谢姗姗，林荣茂. 中小学教师职业人格与主观幸福感的关系：工作投入的中介作用[J]. 心理发展与教育，2017（6）：700-707.

⑥ 齐亚静，伍新春，王晓丽. 中小学教师工作重塑与工作投入的交叉滞后分析[J]. 中国临床心理学杂志，2016（5）：935-938，942.

有研究关注到了新生代中学教师的工作压力、工作价值观与工作投入之间的关系，通过对湖南省400名新生代中学教师进行调查研究发现：①新生代中学教师的工作压力能负向预测工作投入；②工作价值观中的外在价值维度在工作压力与工作投入之间起调节作用；外在价值得分较高时，工作压力对工作投入有显著的负向预测作用。因此，该研究得出以下结论：①新生代中学教师的工作压力越大，工作投入水平就会越低；②当新生代中学教师主要关注薪酬、物质福利等外部工作价值时，其工作投入程度更容易受到工作压力的负面影响。[①] 另一项基于工作家庭平衡双构面视角下社会支持对农村教师工作投入影响的研究也得出了颇具价值的结论：①农村教师社会支持、工作家庭冲突、工作家庭促进与工作投入之间彼此显著相关；②社会支持通过家庭工作冲突和工作家庭促进的多重中介作用影响农村教师的工作投入。这些结果表明，社会支持不仅会直接影响农村教师的工作投入度，也会间接地通过家庭平衡对其产生影响。[②]

（二）以减负为抓手减轻教师工作强度

教师工作负担是反映教师劳动强度的最直观维度，会直接影响教师的工作满意度。[③] 一项基于中国教育追踪调查（2014—2015学年）数据的关于教师工作负担及其影响因素的研究表明：①教师工作时间长且工作量分配结构失衡，非教学工作量过多；②教师主观感知的工作负担较重；③教师任教科目及班级数、职业倦怠感、工作环境满意度和学校管理风格在不同程度上影响了教师工作负担。[④] 有研究者基于TALIS（teaching and learning international survey，教师教学国际调查）数据进一步研究了上海地区教师的工作时间与工作负担的关系，研究结果表明：不同国家和地区教师之间的“周工作时间”和“周实际教学时间”差异较大。上海教师的“周工作时间”略高于国际平均值，但“上课”时间在所有国家和地区中处于最低位。该研究从文化的特点、教师的教学信念、教育系统层面的关注等角度，系统分析了TALIS 2013数据所传递的信息及内涵。借助“工作—资源”模型，有研究者从教师工作时间的量和质两方面来解释中国教师工作负担产生的

---

① 李光程，王怀南，张建人，等. 新生代中学教师工作压力、工作价值观与工作投入的关系[J]. 中国临床心理学杂志，2018（4）：792-795.

② 曾练平，何明远，潘运，等. 工作家庭平衡双构面视角下社会支持对农村教师工作投入的影响：一个多重中介模型[J]. 心理与行为研究，2018（4）：518-524.

③ 李梅. 中小学新教师工作满意度影响因素的实证研究[J]. 教师教育研究，2013（5）：43-48.

④ 李新. 教师的工作负担及其影响因素研究——基于中国教育追踪调查（2014～2015学年）数据的实证分析[J]. 上海教育科研，2019（3）：5-9.

原因，提出了合理分配教师工作时间的建议：①将教师的人文素养、健康生活方式等内容纳入教师在职教育体系；②改进教研和培训的质量，使之真正地成为教师所需要的“突破型”和“补充型”工作时间；③优化教师工作时间的各项活动，如辅导学生、批改作业、与家长沟通等。[①]

有研究者对中小学教师减负做出了理性思考，认为中小学教师减负是中小学学生减负的前提与条件。假如中小学教师的负担不能得到有效地减轻，中小学学生减负就很难达成。中小学教师减负涉及减什么负、减谁的负、减哪些负与怎么减负的问题。中小学教师减负主要指减轻部分专任教师的分外负担与过度负担。这些部分专任教师包括统考科目教师、主科教师、跨科教师与大班额教师等。一言以蔽之，教师需要减的负包括工作时间长、工作量大、工作压力大与需要应付的事情多等。因此，中小学教师减负是一项系统工程，其重要举措包括：明晰中小学教师的工作时间、修订中小学教职工编制标准、改革中小学教师职务评定制度、逐渐减少中小学统一考试等。[②]另一项研究指出，教师减负是推动基础教育高质量发展的关键环节。中小学教师负担的形成具有综合性、复杂性、长期性特点。中小学教师减负是一项任重而道远的系统工程，需建立基于大数据的中小学教师负担监测系统，实现精准减负；加快对《中华人民共和国教师法》等相关法律的修订，并对其实施进行监督，为减负提供法律保障；构建科学合理的中小学教师减负治理机制，形成减负合力。[③]

（三）情感劳动成为劳动研究新领域

刘远杰、孙杰远指出，教师劳动的本质是教学自由，教师劳动遵循从“必然王国”到“自由王国”的历史发展逻辑，教学自由是教师生存发展与学生“真、善、美”培育的实践统一。[④]有研究者将教师劳动的特点归结为利师利生性、人师合一性、劳动双重性与率性修道性。利师利生性具体体现为学诲合一、教学相长、育人先育己和师生共进；人师合一性体现为德业一体、教师自身与教育手段融为一体、角色一体和职业与生命合一；劳动双重性体现为教师劳动任务双重、劳动对象双重、劳动知能双重和劳动成果双重等方面；率性修道性表现在教师劳

---

① 王洁，宁波. 国际视域下上海教师工作时间与工作负担：基于 TALIS 数据的实证研究[J]. 教师教育研究，2018（6）：81-88.

② 王毓珣，王颖. 关于中小学教师减负的理性思索[J]. 湖南师范大学教育科学学报，2013（4）：56-62.

③ 付睿. 论中小学教师减负[J]. 河北师范大学学报（教育科学版），2019（2）：13-16.

④ 刘远杰，孙杰远. 教学自由：“教师-劳动者”生存发展的本质问题[J]. 学术论坛，2015（11）：167-172.

动既有人性又有天性，既有发展性又有被发展性，且具有人性相近、习与性成与明诚尽性等特征。[①]

针对教师教学自由缺失这一我国教师劳动的根本问题，有研究提出通过促进教师劳动分配正义；破除教师劳动被日趋“合理化”与固化的“复合性结构”，划定教师劳动界域，从而走向“纯粹教学化”；强化教师主体对教学自由的自觉性与自为性等化解路径。[②] 也有研究者指出，教师是教育生产力发展中最具有积极性、主动性和创造性的因素，而我国教师劳动正面临着异化，主要表现在：教师和自身劳动成果相异化、教师与自己的劳动异化、教师劳动的类本质异化与教师的“人与人的异化”。为有效破解这一难题，应从教师的实际出发，正确评价教师劳动中的异化现象，制定科学合理的政策，调动教师工作的积极性。[③] 田爱丽将教师专业劳动与师德建设关联起来，在她看来，教师职业道德的问题，部分是教师作为专业工作者，由其劳动特性带来或者强化的。田爱丽的研究指出，教师作为专业人员，其劳动有着独特的性质：与学生之间信息的不对称性；劳动时间、场所、形式的不固定性；劳动成果的不确定性以及评价的不便性；劳动质量对个体的高度依赖性；等等。教师专业劳动的特性对教师职业道德有着重要影响，基于教师专业劳动的特性开展师德建设，需要充分发挥教师作为专业劳动者的主体价值，规范教师的行为，让教师充分体验到教师职业的成就感和幸福感。[④]

近年来，关于教师情感劳动的研究成为学术界的一个热门话题。“情感劳动与体力劳动及脑力劳动有所区别，被称作第三种劳动。教师专业实践中的情感劳动可从教育规定、教育规范和文化–认知三个层面进行界定。”[⑤] 一是教育规定，包括教师感受规则与表达规则两类；二是教育规范，包括“渗透在文化、道德、信仰、习俗中的情感规则制约着教育情感的产生与特征”，“被具体化为道德准则的社会要求与期待影响着教育情感的感受与表达”，“分散在课程实施与教学活动中的教育规范观念影响着教育情感的认知与实践”；三是文化–认知，指教师所内含的思维方式、认知图式或信念。有研究指出，教师工作存在情绪劳动合理化与情绪劳动失调两种状态，情绪劳动失调对学生、教师等都会产生消极影响。造成教师情绪劳动失调的原因有“教师专业素养不足，情绪控制能力薄弱；情绪劳动受

---

① 王毓珣，王颖. 教师劳动特点新解[J]. 教育科学，2015（6）：14-18.
② 刘远杰，孙杰远. 教学自由：“教师—劳动者”生存发展的本质问题[J]. 学术论坛，2015（11）：167-172.
③ 关振国. 从教师的劳动异化谈教育改革[J]. 教育评论，2015（8）：117-119.
④ 田爱丽. 专业劳动视角下师德建设研究[J]. 华东师范大学学报（教育科学版），2013（2）：19-24，48.
⑤ 高晓文，于伟. 教师情感劳动初探[J]. 教育研究，2018（3）：94-102.

关注度不够，情绪资源消耗难以填补；社会支持与角色负荷严重失衡，情绪控制执行过程艰难等”[①]。基于此，有研究者提出了教师情绪劳动的优化策略：其一，进行工作分析，多层面测评情绪劳动能力；其二，内塑外培，提高教师的“情绪智力”；其三，完善制度，制定情绪劳动绩效评估标准。[②]另一项关于乡村小学新教师情感劳动的质性研究发现，组织情境、职业身份、社会支持与个体差异等因素会直接作用于教师的情感劳动。因此，乡村小学可以有针对性地完善制度规范，加强新教师情感赋权，提升职业稳定感；构建和谐融洽的组织关系，明确新教师的职业身份形象，培育乡土归属感；多方联动整合校内外助力，提升新教师的职业认同感；自觉践行情感修养提升，增强新教师的乡土责任感，从而以自信与专业的态度适应并融入乡村教育生活，激发教师的职业成就感与幸福感，积极推进乡村教育振兴。[③]

基于积极心理学视角的特殊教育教师情绪劳动研究发现，特殊教育教师情绪劳动使用最多的是自然表现；处于重度情绪倦怠的特殊教育教师比例达到30.8%；希望、乐观等心理资本能显著降低特殊教育教师的情绪倦怠水平；特殊教育教师情绪劳动表面表现越高，其情绪倦怠水平也越高。开发心理资本、增强情绪劳动能力、合理调整情绪劳动策略，可降低特殊教育教师的情绪倦怠水平。[④]关于中小学教师心理资本、情绪劳动策略、工作倦怠关系的研究进一步表明：①工作倦怠与深层行为、自然行为呈负相关，与表面行为正相关；心理资本与深层行为、自然行为呈正相关，人际型心理资本与表面行为呈负相关。②表面行为能正向预测工作倦怠；深层行为能负向预测情绪衰竭、去个性化；自然行为能负向预测低成就感。人际型心理资本能负向预测工作倦怠；任务型心理资本对去个性化、低成就感的非标准回归系数显著。③任务型心理资本能调节深层行为对情绪衰竭、去个性化的影响，调节自然行为、表面行为对低成就感的影响。人际型心理资本可调节自然行为对低成就感的影响。[⑤]因此，心理资本可以通过对教师情绪劳动产生影响，进而对教师工作倦怠产生干预作用。

① 高晓文，于伟. 教师情感劳动初探[J]. 教育研究，2018（3）：94-102

② 秦旭芳，刘慧娟. 教师情绪劳动失调窘境与理性化调控[J]. 教育发展研究，2016（10）：41-45.

③ 赵鑫，谢小蓉. 乡村小学新教师情感劳动的质性研究[J]. 基础教育，2018（5）：55-62.

④ 周厚余. 积极心理学视角的特殊教育教师情绪劳动策略研究[J]. 教师教育研究，2016（1）：61-66，88.

⑤ 毛晋平，莫拓宇. 中小学教师心理资本、情绪劳动策略、工作倦怠的关系研究[J]. 教师教育研究，2014（5）：22-28，35.

五、围绕“酬”，持续改善教师薪酬待遇

（一）全面了解教师薪酬待遇状况

随着改革开放的深入发展，我国义务教育学校的教师工资制度不断变革，工资总体水平处于一个逐步上升的趋势，教师工资等级的评定制度逐步从以个人德、才、资为主转换到以教师专业发展、教师质量和教学业绩与质量为主，使得工资水平和结构既体现了教师自身的素质与能力，又反映了他们的教学业绩与质量，绩效工资政策强化了工资与教学业绩的相关性。[①] 姜金秋、杜育红基于《中国劳动统计年鉴（1991—2011）》的行业工资数据，选取了物价因素、公务员、工人、国民经济其他行业这四个参照系，分析了1990—2010年我国中小学教师实际工资与相对工资水平的变动。其主要结论是20年间中小学教师名义工资增长了16倍，但经物价调整后，实际工资仅增长了6倍；中小学教师与公务员的工资差距自1990年以来逐年扩大，直至2009年开始缩小；小学教师的实际工资在1995—2007年都低于制造业工人的工资，这种状况直到2007年才开始真正得到扭转；中小学教师工资水平在国民经济行业中排在第9～16位。[②] 另一项关于我国中小学教师发展水平的比较研究显示，2010年全国中小学教师年平均工资为37 786元，与2009年（32 772元）相比，增长幅度为15.30%，教师年平均工资增幅在19大行业中排名第10位，2010年，教师年平均工资在19大行业中排名第10位。[③]

有研究者通过对2000—2011年我国教师年均工资水平进行考察，将教师工资水平与各省（自治区、直辖市）的人均GDP、城镇居民可支配收入进行对比分析，结果发现我国教师年均工资水平增长较快，但区域之间的差距大，出现了中部地区凹陷的现象；教师年均工资水平的省际差距大，最高省份是最低省份的2.6倍，且有进一步拉大的趋势；部分省（自治区、直辖市）教师的年均工资水平与当地人均GDP、城镇居民可支配收入不匹配。[④] 薛海平和唐一鹏基于2014—2016年对全国中小学教师工资抽样调查收集的数据和访谈资料，研究了我国中小学教师的工资水平和结构问题，得出了如下主要结论：多数样本县（市）中小学教师平均工资低于社会平均工资水平；义务教育教师平均工资水平也低于当地同级别公务

---

① 安雪慧. 从资历到能力与业绩：义务教育学校教师工资等级和结构决定因素[J]. 教育研究，2015（12）：25-35.

② 姜金秋，杜育红. 我国中小学教师工资水平分析（1990～2010年）[J]. 上海教育科研，2013（5）：10-13.

③ 杨晓琳，王文宝，燕学敏，等. 各省份中小学教师发展水平比较研究[J]. 教育研究，2013（10）：84-94.

④ 杜晓利. 对我国教师工资水平的实证分析与政策建议[J]. 教育理论与实践，2014（34）：20-24.

员的平均工资水平；省际和省内中小学教师工资水平均存在较大差距；中小学教师工资水平和结构主要受县（市）级政府财政保障能力的影响；义务教育学校绩效工资未能充分发挥激和励导向作用。[①]

杨晓琳等的研究发现，我国教师年平均工资地区差异明显，2010 年中小学教师年平均工资水平排名前 5 位的地区为上海、北京、西藏、天津和浙江，排名后 5 位的地区为贵州、湖北、广西、江西和河南。2009—2010 年，教师年平均工资增长幅度较大的地区有北京、海南、江苏、广东、广西等，增长幅度较小的地区有云南、吉林、宁夏、黑龙江、上海等。[②] 中小学教师工资水平省际差距大，小学尤其明显。分省来看，2012 年，北京小学教师年均工资水平最高，达到 88 280 元，广西最低，仅为 32 089 元，北京是广西的 2.75 倍；2012 年，中学教师工资水平也是北京最高，达到 92 270 元，广西仍然最低，仅为 35 206 元，北京是广西的 2.62 倍。[③]

（二）系统探索薪酬待遇提升路径

姜金秋和杜育红通过对教师工资问题的研究，提出以最低标准、法定标准、市场标准、学历标准提高中小学教师工资的四种方案。“最低标准”，即为抵消物价增长对教师实际工资的影响，国家应建立工资与物价增长相挂钩的工资增长机制，也就是以每年 2%～5%的增长消除通货膨胀的影响。“法定标准”即教师工资以每年 16%～17%的增长以保证不低于公务员工资。“市场标准”即以国民经济其他行业的工资水平为参照，定期将教师工资调整至国民经济行业中等偏上的水平，教师工资保持每年 17%～18%的增长。“学历标准”即要求教师工资以每年 18%～19%的增长，达到学历相当行业的工资水平。[④]

有研究者通过多元 Logit 模型对北京市中小学教师收入的影响因素进行了实证分析，研究结果表明，中小学教师内部存在明显的收入差异；教师教龄、职称、荣誉称号、行政职务、班主任岗位、学校办学质量、学校所处地理位置以及办学层级对教师收入的影响显著。根据研究结果，研究者提出四点建议：要提高中小学班主任津贴补助；优化校内津贴分配制度，缩小学校中层干部与普通教师的工

---

① 薛海平，唐一鹏. 理想与现实：我国中小学教师工资水平和结构研究[J]. 北京大学教育评论，2017（2）：17-38，186-187.

② 杨晓琳，王文宝，燕学敏，等. 各省份中小学教师发展水平比较研究[J]. 教育研究，2013（10）：84-94.

③ 杜晓利. 我国中小学教师工资水平的比较分析与若干建议[J]. 中国教育学刊，2015（4）：27-31，74.

④ 姜金秋，杜育红. 我国中小学教师工资水平分析（1990～2010 年）[J]. 上海教育科研，2013（5）：10-13.

资差距；建立公平的教育资源分配制度，缩小教师收入的城乡差异和校际差异；调整工资结构，进一步强化国家和省（市）政府在教师工资统筹方面的责任。[①]安雪慧对教师工资水平及结构的研究表明，教师的工资水平和结构不仅是影响中小学教师供给的重要因素，而且对吸引、培养和保留高素质教师十分关键，并会由此影响学校整体的教育教学质量和效率。多年来，我国中小学教师工资稳定增长，逐步保障了教师数量供给充裕，但现存的教师工资外部差异影响着对优质教师的吸引、保留以及紧缺学科教师的供给。教师工资的内部差异和结构，则造成了教师资源的单向流动和结构性短缺，影响教师的工作效率和质量。因此，各级政府需要通过多种途径积极努力，提高和落实中小学教师工资待遇，尤其是津补贴标准和项目，消除实际存在的教师工资外部和内部差异，促进义务教育的均衡发展。[②]

由于我国现行的中小学教师工资等级表存在着等级间重叠度高、高低等级间级差较小、涨幅不合理等问题，有研究者根据薪酬设计的理论和方法，并结合中小学教师职业发展特点，设计了一个具有以下特点的工资等级表：一是基于教师专业成长的阶段划分了五个工资等级（即新手级、进步的新手级、胜任级、能手级、专家级）与之相适应，体现教师职业发展的特点；二是根据市场工资线设计了第三个等级的中间值，保证了工资水平的外部竞争力；三是采用等比级差法设计等级间中位值，实现了级差随等级增加而增加；四是遵循新的工资理念，设计了合理的等级间工资重叠区间；五是结合教师的职业生涯周期，建立了教师工资的正常增长机制。[③]

为尽快解决中部地区中小学教师工资凹陷问题，有研究者指出应研制教师工资增长的长效机制，保障教师工资水平不断提高，吸引优秀人才进入中小学教师队伍。具体而言，包括以下几个方面：①应该参照经济社会发展指标制订教师工资增长比例，如参照人均 GDP、城镇居民人均可支配收入、物价水平、城镇居民人均生活支出水平变动的实际情况，设置教师工资变动的比例，保证教师工资水平的同步变化；②应该设置教师工资调查制度，委托第三方机构，定期进行教师工资与公务员工资水平的调查比较，并将比较结果作为调整教师工资水平的依据；③要根据当地政府的财力实际情况，定期调整工资标准。[④]

---

① 赖德信. 中小学教师工资收入及其影响因素的实证研究[J]. 教师教育研究，2014（1）：54-61.

② 安雪慧. 我国中小学教师工资水平变化及差异特征研究[J]. 教育研究，2014（12）：44-53.

③ 姜金秋，杜育红. 我国中小学教师工资等级研究[J]. 教师教育研究，2014（4）：58-63.

④ 杜晓利. 我国中小学教师工资水平的比较分析与若干建议[J]. 中国教育学刊，2015（4）：27-31，74.

（三）深入研究绩效工资实施策略

有研究者指出，自 2009 年开始实施义务教育学校教师绩效工资政策以来，绩效工资在总工资中的比例越来越高，充分体现了教师的教学业绩与质量。作者通过对教师月绩效工资水平（对数）进行回归分析发现：与未评得职称的教师相比，中学高级职称教师的月绩效工资较高；从年龄看，年轻教师所取得的月绩效工资较高，教龄长者的绩效工资稍高；从学历看，中专及以上学历教师与普通高中及以下学历教师的绩效工资并无显著差异；从学科看，外语、物理、信息技术、地理、音乐等学科的教师的绩效工资显著低于语文教师。从小学、初中看，职称高者的绩效工资仍然较高，年轻教师、教龄长的初中教师的工资稍高；各学历教师的绩效工资无差异；小学外语教师，初中信息技术、地理和美术教师的绩效工资显著低于语文教师。进一步完善义务教育学校教师岗位绩效工资制度，该项研究为我们提供的可借鉴之处在于：①依法切实提高义务教育学校教师工资水平标准，从制度源头缩小差距；②完善中央与地方经费分担机制，补足补齐教师津补贴项目；③增加绩效工资的水平和力度，赋予学校更多自主权。[①]

宁本涛关于义务教育阶段教师绩效工资政策实施的激励效应的分析则得出了如下几点结论：①实施绩效工资政策后，教师的工资总量有所提高，但获得较高薪酬的主要是学校管理层；②教师认为的绩效工资发放依据和学校现行的实际依据有一定差距；③多数教师不满意本校绩效工资考核分配方案，认为实施过程不公平；④绩效工资政策实施后，多数教师认为自己的工作付出与工资回报不平衡；⑤实施绩效工资政策后，教师群体的工作积极性并没有得到有效激发，大多数教师认为学校现行的奖励性绩效工资发放方案的激励作用不够，不能很好地激励教师。为此，为了更好地发挥绩效工资的激励效应，应该建议完善绩效工资配套改革，适时提升中小学教师基本工资的“国家标准”，积极修正教师职业人格的“经济人”假设，健全教代会制度，创建公平、民主的学校绩效管理环境。[②]

此外，有研究者对《乡村教师支持计划（2015—2020 年）》实施现状进行了研究，发现在《乡村教师支持计划（2015—2020 年）》实施卓有成效的同时，也

---

① 安雪慧. 从资历到能力与业绩：义务教育学校教师工资等级和结构决定因素[J]. 教育研究，2015（12）：25-35.

② 宁本涛. 义务教育阶段教师绩效工资政策实施的激励效应分析——以上海市 P 区教师调查为例[J]. 教育发展研究，2015（22）：16-20.

存在乡村教师对工资福利不满意的问题。[①] 有研究者关注到"教师吃空饷"现象，认为这种由中小学教师"财政工资"引发的各种谋利动机与行为表面上是利益之争，直接原因是监管不力，最根本的原因还是中小学教师工资水平低，职业吸引力不强，建议完善行政、人事、财务的协同机制，加强基于权力制约的监督与问责，建立跨越"人事编制"的教师退出机制，以提高教师的工资待遇。[②] 朱菲菲和杜屏基于全面薪酬理论视角研究了教师流动意向，结果发现，外在薪酬除通过工作满意度间接影响流动意向外，还会直接对中小学教师流动产生显著负向影响[③]，这在改善教师薪酬以减少教师流动方面，为我们提供了的有益思考。另外，有研究者专门从财政预算的角度提出了改善教师工资的建议：在预算管理改革中完善教师工资预算管理制度；在财政联邦主义框架下设置地区差异的实现机制；努力实现中小学教师工资调整"常规化"。[④]

六、围绕"誉"，多维勾勒教师社会声望

从目前已有研究成果来看，党的十八大以来，我国学术界关于中小学教师社会声望的直接研究相对较少，但诸多研究将教师的社会声望等同于职业声望、社会地位、职业地位，为我们提供了部分文献。为了全面反映"他者"视域下我国中小学教师的生存样态，我们把关于我国中小学教师职业声望、社会地位等相关研究与关于我国中小学教师社会声望的直接研究一并进行综述。

（一）教师社会声望本体意蕴

关于教师社会声望的研究多援引马克斯·韦伯关于职业声望的界定，其财富、权力和声望的三维解释框架成为教师社会声望研究的基本框架。根据宗刚等的研究，教师职业声望可以界定为人们对教师职业的主观价值评价，是社会成员对其职业的主观态度的综合，具有主观性。其包括政治声望、经济声望与社会声望维

① 付卫东，范先佐.《乡村教师支持计划》实施的成效、问题及对策——基于中西部6省12县（区）120余所农村中小学的调查[J]. 华中师范大学学报（人文社会科学版），2018（1）：163-173.

② 杨小敏，庞丽娟."吃空饷"背后的中小学教师工资及其管理问题——基于教育舆情分析的政策应对[J]. 教师教育研究，2014（3）：23-27.

③ 朱菲菲，杜屏. 中小学教师流动意向的实证探析：基于全面薪酬理论视角[J]. 教育学报，2016（2）：89-98.

④ 曾晓东，易文君. 我国中小学教师工资的地区差异问题研究[J]. 华中师范大学学报（人文社会科学版），2015（5）：155-161.

度。[①]另有研究者将教师的职业声望划分为职业道德声望、职业能力声望和职业贡献声望三个维度。[②]根据周洪宇等的看法，所谓“教师社会声望”，就是社会对教师职业状况的评价、看法与态度，它是对教师行业社会地位、社会名声、发展环境的生动表达，是教师行业的社会认可度、关注度、尊重度、美誉度等的综合体现，是国家、社会、行业全面重视教师职业发展的社会效应[③]，具有可体验性、客观性、建构性等明显特征。

（二）教师社会声望提升策略

1. 中小学教师社会声望现状

根据有关学者的研究，由于市场经济体制下社会阶层收入差距增大，教师的社会地位相对下滑，一方面，处于社会阶层中的“教师面对低政治、经济、社会地位家庭的学生感受到更多的教育无能、无奈感，经受着因难以有效承担育人成材的教育责任而带来的教育良心的煎熬”；另一方面，强势社会阶层的家长往往会通过经济、权力、社会关系、舆论等多种方式向学校和教师提出各种教育要求、施加教育压力（如为学生补课、格外关照自己的子弟、为子弟加分、在处理学生冲突问题上偏袒自己的子弟等），甚至有些家长动辄以师德的大棒指责学校和教师，教师在种种不尽合理的要求下不堪重负。[④]

有研究者对我国中小学教师职业声望进行了调查研究，得出了以下四点结论：①各类群体对我国中小学教师职业声望的总体评价比较高，居中等偏上水平；②中小学教师职业道德声望和能力声望水平一般，但声望水平有所上升；③与医生、律师、公务员相比，教师的经济地位和社会地位还处于较低水平，在20种职业排名中，初中和小学教师排位靠后；④社会公众对中小学教师有较高的职业期望，教师职业是许多家长在对孩子进行职业选择时优先考虑的三大职业之一。[⑤]

但另一项关于改革开放以来我国职业声望排序及变迁的研究得出了与上述研究结果多少有些矛盾的结论：在1997年的调查中，在职业声望排序中，小学教师

---

① 宗刚，李盼道，孙晨晨. 改革开放以来我国职业声望排序及变迁研究[J]. 北京工业大学学报（社会科学版），2016（2）：11-17.

② 董新良. 中小学教师职业声望调查研究[J]. 教师教育研究，2011（6）：56-61.

③ 周洪宇，程光旭，宋乃庆，等. 学习贯彻全国教育大会精神，加快推进教育现代化[J]. 陕西师范大学学报（哲学社会科学版），2018（6）：5-28.

④ 李国强. 社会阶层化背景下教师专业伦理的重构[J]. 教师教育研究，2014（1）：12-16.

⑤ 董新良. 中小学教师职业声望调查研究[J]. 教师教育研究，2011（6）：56-61.

排在第29位，高于演员、公安人员、银行职员等职业；之后的职业声望调查结果显示，中小学教师的排序已经出现下滑。2015年其职业声望虽有回升，但分值均低于上述职业，职业声望位居30个职业的第27位，并且社会公众对于中小学教师的政治地位、经济地位、社会地位的评价几乎一致，排名分别在第25位、第27位和第25位。[①]这无疑带出了一个相对严峻的问题：中小学教师一方面承担着繁重的工作压力，另一方面却得不到与之相符的社会地位和经济报酬。

改革开放以来，农村教师社会地位经历了由改革开放之初的“拨乱反正”，到20世纪80年代至90年代初的“升中有降”，再到从90年代中期至今的“从社会边缘渐次走向政策中心”的变迁过程。总体而言，农村教师社会地位有改善，但未有实质性的提升。究其原因有三点：一是农村社会结构性改造导致农村尊师风气变向；二是城乡二元体制对农村教师的制度排斥；三是农村教师学历和出身的先天不足。[②]进入21世纪，我国教育政策逐渐向农村倾斜，但“尽管我国政府部门在农村教育和农村教师方面也高度重视，制定相应的政策措施来提高其社会地位，改善其待遇状况，可是效果并不是很好”，这是因为这些政策措施无法突破对我国农村教师经济地位及社会地位提升产生强力制约的结构性因素。[③]邬志辉基于调研对省重点、省一般、市重点、市一般、县重点、县一般、中心校和乡村校各类学校小学教师的社会声望状况进行了排序，结果显示，依据以上顺序其所得的排序分值为1.0、2.3、2.7、3.9、4.8、5.9、6.8和7.8。学校所在地的行政层级和学校身份越高，则教师的社会地位越高。67.0%的教师认为自己在当地的社会地位处在中下等，县域内村屯教师的主观自我评价地位最高，处在中等及以上的占37.5%。[④]

有研究发现，农村教师留任还是离职决定于其使命出逃感，而社会地位低是影响教师使命出逃感的七大困境之一。[⑤]基于文化资本的研究视角，研究者发现，农村教师这个职业无论是具体形态、客观形态还是体制形态的文化资本都处于劣势地位，而且这种不利地位不仅表现为目前竞争的劣势上，还表现在文化资本再

---

① 宗刚，李盼道，孙晨晨. 改革开放以来我国职业声望排序及变迁研究[J]. 北京工业大学学报（社会科学版），2016（2）：11-17.

② 周兆海. 农村教师社会地位变迁及其深层致因——基于改革开放以来的总结与反思[J]. 河北师范大学学报（教育科学版），2016（2）：89-93.

③ 杨既福. 从身份到职业：农村教师社会地位变迁路径[J]. 继续教育研究，2017（9）：60-62.

④ 邬志辉. 如何提高乡村教师职业吸引力[N]. 光明日报，2014-09-02（11）.

⑤ 蔡文伯，袁雪. 留任还是离职：民族地区农村中小学“特岗教师”的艰难抉择[J]. 教师教育研究，2018（3）：66-72.

生产处于较低层次上，这些文化资本的缺失导致教师社会地位下降。[①] 另一项基于知识现代化的研究表明了农村教师社会边缘化的深层原因：因循知识神秘化消弭、实用主义转向、西方主义转向和城市化取向等层级累进的现代化过程，农村教师所拥有的知识也依次呈现出神圣性弱化、工具性弱化、权威性弱化和稀缺性弱化等特征，以致其在社会分工和社会结构性安排中日益缺乏职业竞争力，从而趋于边缘化。[②]

此外，基于乡村文化的视角，有研究者关注到乡村传统文化衰落、城市文化的冲击，不良文化的蔓延、乡村价值体系的变迁导致了乡村教师社会地位下降。[③]

2. 提振教师社会声望的问题与对策

教师社会声望是社会政治声望、社会经济声望等综合作用的结果。有研究将关于教师薪酬与其地位关系的研究归为三方面：其一，教师的职业声望低、薪酬少、社会地位低；其二，进行行业比较发现，教师的薪酬低、职业吸引力弱；其三，与公务员比较，对教师的权益缺乏保护。[④] 因此，朱永新为提高教师地位待遇所提出的对策为：明确教师的特别重要地位，吸引优秀人才从教；完善中小学教师待遇保障机制，确保教师生活条件；大力提升乡村教师待遇，缔造一支素质优良、甘于奉献、扎根乡村的教师队伍；维护民办学校教师权益，让民办学校教师安心从教；推进高校教师薪酬制度改革，激发高校的办学活力；提升教师的社会地位，在全社会形成尊师重教的氛围。[⑤]

有研究者认为教师社会声望不佳的一个重要原因在于开放的教师教育体系导致教师质量的下降：教师教育体系由封闭走向开放，虽然在一定程度上满足了社会发展对教师数量的需求。但是，“开放的教师教育体系却存在着培养机构庞杂、生源质量偏低、培养质量不高等弊端，使教师教育长期徘徊在低水平发展层次”[⑥]。因此，为进一步提高教师教育质量、提高教师社会地位，需要重构封闭型的精英化教师教育体系。具体措施为：遴选教师培养机构，淘汰不合格的教师教育机构；提高师范生招生标准，以本科为起点进行师范生招生；在大学建立专门培养教师

---

① 金柱伟，段兆兵. 农村教师低职业吸引力的社会学分析[J]. 教育探索，2013（10）：13-15.

② 周兆海，邬志辉. 知识现代化与农村教师社会地位边缘化[J]. 当代教师教育，2018（4）：23-28.

③ 童健. 乡村文化视域下的乡村教师社会地位研究[D]. 华中师范大学，2017.

④ 周国华，吴海江. 中小学教师薪酬研究：问题与方向——基于近 15 年的文献分析[J]. 教师教育研究，2016（6）：96-104.

⑤ 朱永新. 切实提高地位待遇增强教师职业吸引力[J]. 中国教育学刊，2018（4）：1-4.

⑥ 闫建璋，郭赟嘉. 从开放走向新封闭：精英化教师教育体系的构建[J]. 河南师范大学学报（哲学社会科学版），2017（5）：152-156.

的专业学院，提高教师培养的专业化水准；建立健全教师淘汰机制，提升教师的社会地位。

2018 年 9 月 10 日，全国教育大会的召开再次使提高教师的社会声望成为学界关注的焦点之一。有研究者认为，要让教师享有应有的社会声望，真正成为令人羡慕的职业，可以从以下四点入手：一要着力提升教师地位待遇；二要着力营造尊师重教氛围；三要着力拓展教师职业发展空间；四要着力提高教师队伍素质。[①] 2018 年，《中国教师报》刊发评论员文章认为，近年来，《中共中央 国务院关于全面深化新时代教师队伍建设改革的意见》等一系列尊师、强师、惠师文件和举措相继出台，对教师工作的重视程度不断增强，相关政策举措越来越务实和精准，极大地改善了教师的工作条件和生活环境，切实增强了教师的获得感和幸福感，激发了广大教师的从业积极性和职业自豪感，“教师成为最受人羡慕的职业”正逐渐变为现实。“教师的尊严与荣光，不能靠外部的给予或恩赐，而是要通过教师更加高尚的职业操守、更加精湛的专业技艺、更为强大的专业自信、更为贴心的教育服务，去获得这个职业应有的社会声望，进而享有相应的从业待遇和职业地位。”[②]

提高农村教师的地位是学界较为关注的问题，其一般做法为：“调整工资结构，提升乡村教师工资收入水平；实施岗位特殊津贴制度；完善和创新教师编制政策；通过倾斜性职称办法激励乡村教师专业发展；确保乡村教师社会保险和住房政策。”[③] 有研究者认为，若仅以提高工资收入的条件性刺激政策，不仅无法从根本上触动业已形成的时代困局，反而会破坏城乡教师队伍发展秩序，乃至颠倒城乡教育的发展逻辑。因此，提升乡村教师的社会地位，须着力于扭转现有格局：一是要继续加强对乡村教师薪酬待遇的倾斜式供给；二是实施有效、有针对性且贴切的培训，切实提高乡村教师的教学性知识质量；三是开展乡校管理改进，依循尊重的教育理念，改造乡村教师工作微环境；四是推动城乡社会资源共享，助力乡村社会进步，改善乡村社会大环境。[④]

一项基于农村教师脱岗的社会学分析指出，提高农村教师社会地位可以从以下方面入手：一是对于党和国家的各项教师政策，地方各级党政一把手要亲自过问，相关部门要抓好促落实工作；二要严厉打击和依法惩处损害农村教师的各种

---

① 蒋昌忠．让教师享有应有的社会声望[N]．中国教育报，2018-12-01（4）．

② 中国教师报评论员．让广大教师享有应有的社会声望[N]．中国教师报，2018-09-26（1）．

③ 庞丽娟，金志峰，杨小敏．新时期乡村教师队伍建设政策研究[J]．中国行政管理，2017（5）：109-113.

④ 周兆海．乡村教师社会地位提高之道[N]．中国教育报，2017-08-06.

违法犯罪行为，为农村教师的生活和教学环境提供重要保障；三要大力奖励农村优秀教师，加强舆论宣传引导，使农村教师付出的艰辛劳动得到社会的认可。①

有研究认为，提升农村教师的社会声望，可以从完善尊重和认可农村教师的制度入手，建立长效的激励机制。②因此，有研究对声望危机隐忧下的乡村教师荣誉制度建设进行了研究，数据分析表明，受访教师倾向于将荣誉证书的发放建构为社会声望授予。由于体验到较为强烈的声望危机，他们在职业身份认同上处于摇摆状态，谈及“荣誉证书”以及荣誉感时，大多显示出一定的矛盾心理：既认可，又表示其“含金量不够”，无法帮助他们提升社会声望并进一步获得建基于此的荣誉感。研究强调了政策本身的多元建构本质，试图在针对乡村教师的政策研究中纳入教师视角，让他们的声音能够出现在更为主流的政策叙事中，进而提出相关的对策建议：立足教师，以多元视角完善政策框架；回归个体，以专业发展激发专业荣誉；系统推进，以社会风气转变促使教师境遇改善。③

另外有研究者认为，在乡村教师作为乡村知识分子的社会地位重塑过程中，乡村文化建设不可缺位。具体说来，避免农村教育过度城市化倾向，倡导农村教育中乡土性的回归；引导乡村教师更多参与到新农村公共文化建设中去，在社会参与中得到村民的认可与支持，提高在农村社区中的社会声望；通过乡村价值体系重建，回归尊师重教的优良风气。④

（三）提振教师社会声望的国际镜鉴

美国教师职业已经成为重要的工作机会，教师队伍的多样性成为热议的话题。由于教师职业的稳定性和收入的提高，美国教师职业的声望和社会地位得到极大提高，教师工作已经成为许多美国大学毕业生的理想职业。如 2008 年的哈理斯民调（The Harris Poll）结果显示，52%的调查对象认为教师是一种具有“很高社会声望”的职业。57%的调查对象认为消防员具有“高声望”，其声望值排名第一，其后依次为医生（53%）、教师（52%）、警察（46%）、演员（16%）、会计（15%），而房地产经纪人则以 6%的声望值排名最后。研究者认为，美国教师职业声望高的原因之一是在 21 世纪初教师的平均受教育水平已经比 20 世纪有了很大的提升，美国教师专业化运动极大地提高了中小学教师的学历层次；另一个原因是教学工

① 申永华. 农村教师脱岗的社会学分析[J]. 教育评论，2015（12）：130-132.
② 邬志辉. 如何提高乡村教师职业吸引力[N]. 光明日报，2014-09-02（11）.
③ 谢爱磊，刘群群. 声望危机隐忧下的乡村教师荣誉制度建设研究[J]. 中国教育学刊，2019（1）：23-28.
④ 童健. 乡村文化视域下的乡村教师社会地位研究[D]. 华中师范大学，2017.

作越来越具有专业性特征，需要教师具备复杂的专业技能和专业理论知识。[①]

前原健二关于日本教师培养与教师职业的社会地位的研究显示，第二次世界大战后，日本新制学校制度规定具有大学学历者才能获得教师资格，与此同时，教师的工作条件也得到了改善，当时教师的社会地位是比较高的。其后，由于学校教育课题与日俱增，教师培养高度化逐渐被提上日程。“教师培养高度化”意指在大学 4 年本科学习的基础之上再增加 2 年硕士研究生的学习。在目前的计划当中，高度化的对象仅仅占初任教师的 5%左右，并且没有继续推广的安排。从这一点来说，日本教师培养的高度化政策在起步之初就有一个“量”的问题，同时“质”的问题也多受指摘。但是，这些问题未必会导致高度化政策的瓦解：即便多数教师不具有高度化培养的经历，教职研究生院的设置也能取得提高教师职业声望的效果。[②]

① 程晋宽. 劳动力市场中美国教师职业的供求关系与社会地位分析[J]. 比较教育研究，2014（4）：91-96，103.

② 前原健二. 日本教师培养的“高度化”与教师职业的社会地位[J]. 徐程成译. 外国教育研究，2016（5）：17-27.

第四章

教师师德修养调查报告

师德修养问题关涉党的教育方针和国家教育目的的实现，关涉社会主义事业的建设者和接班人的培养。因此，中国教师师德修养研究是实现国家安全的重大问题之一。当今世界正处在大发展、大变革、大调整之中，新一轮科技和工业革命正在孕育，新的增长动能不断积聚。中国特色社会主义进入了新时代，开启了全面建设社会主义现代化国家的新征程，国家的教育安全、文化安全都与教师高度相关。教师是国家教育权得以保障的核心责任人。在市场经济条件和开放环境下，教师师德修养面临许多新情况、新问题和新的挑战，加强和改进师德修养具有更为高位的时代价值和国家意义。教师的师德修养不仅仅是教师个人修养和群体风气的外在体现，也是整个社会关注的重要对象。本书基于“职业理解与认识”“对学生的态度与行为”“教育教学的态度与行为”“个人修养与行为”等方面对教师师德修养现状进行厘清，对其中存在的主要问题进行分析，并在此基础上提出了改进建议。

一、教师师德修养研究概述

（一）价值定位

1. 以师德修养的改进成效重塑教师的社会形象与道德形象

中华民族有尊师重教的传统，但在开放性办学、社会经济发展的变革中，诸多师德师风失范现象影响着教师这个行业的职业道德形象，尤其是一些恶劣失范现象在媒体的广泛传播下，对社会风气和教师的道德形象产生了显著的消极影响，损害了教师队伍的整体形象。本书呈现的师德修养调查报告旨在引导广大人民群众在追求美好生活的过程中对教师品德有合理期待，正确认识教师职业的社会性质，提出教师师德师风的自我要求与群体规训，通过解决师德问题、宣传师德高尚形象、提升教师人格修养与学识修养，重塑教师的社会形象和道德形象。我们将通过发表学术成果，进行媒体宣传，举办学术会议、高峰论坛、大小型座谈会等诸多方式宣传研究成果，力图在师德建设方面弘扬主旋律、增强正能量，重塑教师形象的社会价值，实现学术研究服务社会于发展的重大使命与责任。

2. 以师德修养为立足点促进教师专业发展

国家繁荣、民族振兴与教育发展，需要我们大力培养和造就一支师德高尚、业务精湛、结构合理、充满活力的高素质的专业化教师队伍，进而涌现出一大批好教师。教师的师德修养在教育改革的过程中起着关键性作用。在全球化时代，每个民族都需要对自身的文化和价值积极认同，而教师在认同过程中则扮演着重要的引路人角色。因此，加强并进一步提高我国教师队伍的师德修养，是新时代应对全球化与实现国家认同的重要举措。不仅如此，以提升师德修养为关键点，带领学校进行整体改进，是提高教育质量的重要途径之一。人是社会变革中最为活跃的要素，教师是学校发展的中坚力量。学校作为教育机构，教师是提升学校教育质量的关键因素，也是学校变革的关键性力量。因此，师德修养建设既是促进教师专业成长的重要举措，也是促进学校变革、提高教育质量的重要力量。

3. 以良好师德修养引领社会道德风气

师德修养不仅仅是当代社会正式教育机构内教师需要的修行与提升，也是每个人自我的品德修炼与修养提升。一般来说，教师这个行业践行着学高为师、行为世范的规范原则，人们总是对教师这个行业有着更高的道德要求。因此，教师队伍师德修养建设有可能被当作切入点而成为引领整个社会道德风气的有效机制。利用尊师重道的中国优良传统美德，提升教师的社会形象，发挥教师行业的引领和带头作用，用教师的行业智慧与行业道德引领与提升全社会各行各业从业人员的职业道德发展水平，通过尊师重道的社会氛围建设促进整个社会良好道德风气的形成。

（二）核心概念

不可否认的是，师德是一个内涵不断变化的动态词语，在不同的历史时期，不同的学者对于师德有不同的理解。“师德是一个历史性、发展性的概念，在社会转型的当下社会，师德也处于嬗变之中。”① 对于师德的理解，需要结合时代背景进行相应的界定与分析。关于师德的文献众多，对其概念的界定也各有说辞。多数学者比较认同将教师道德等同于一种职业道德，认为“师德”是教师的职业道德的简称。王晓莉和卢乃桂将不同学者的界定概括为三种：“其一是认为师德不仅包括教师职业道德与一般的道德，还包括世界观、人生观、政治立场和法纪行为；其二是认为师德是教师在工作过程中应该遵循的道德原则和规范的总和，其中包括教师的道德品质、思想信念、对事业的态度和情感，以及有关行为的规范等；其三是认为师德既是教学工作基本的准则和规范，又是教师必备的情操和品质。”② 也有学者分别从内容、方法、制度和要素四个方面对以往的师德概念进行了概括性总结，从内容方面强调了师德的准则性与公民性，例如，遵守学术道德准则，愿意有效地参与共同的管理，承诺保护学术机构不受政治破坏和暴力冲击，应当成为教师具有良好公民道德的基本标准；从方法上强调了师德的外在规范与内在养成的客观统一性，认为师德是教师自律与他律的统一、主观与客观的统一，通过这种限制性、统一性成为现实的、有德性的人；从制度方面强调了师德的规定性，认为师德是教师在调节与他人的相互关系时所反映出来的道德品质，以基本行为准则和道德规范为基础；从要素方面强调了师德的自觉性，认为师德是教师个人的道德品质，是在所从事的教育职业中所自觉形成的道德。无论是从哪个角度进行解释，从整体上看，都显示了师德具有丰富的内涵。

---

① 檀传宝. 走向新师德——师德现状与教师专业道德建设研究[M]. 北京：北京师范大学出版社，2009：24.

② 王晓莉，卢乃桂. 当代师德研究的省思：与国外教学道德维度研究的比较[J]. 外国教育研究，2011（6）：79-84.

从哲学的角度考虑，师德是一种特殊的社会意识形态。不同的阶级、社会，不同的历史时期，赋予师德不同的内容，“师德通俗地讲是指教师在从事教育活动中调整教师与教育事业、学生、同事、自身关系的职业道德准则和行为规范的总和，是一个综合范畴，是由认识、情感、意志、行为、信念等方面构成”①。

对其进行概念界定，可以从广义和狭义两个层次出发，将其置于道德的大概念下：“从广义上讲，师德就是对教师个人道德的全面要求，从狭义上讲，师德就是指教师的职业道德；把二者结合起来，就可以把师德简单地理解为教师从事教书育人的工作时必须遵守的各种道德规范的总和，它既要体现教师的工作特点与性质，又要体现当今社会对教师的要求与期待，是教师最基本的行为规范。”②

从教育工作作为一种劳动的角度思考，根据不同的劳动性质，对师德也有不同的理解。“狭义的师德，从传授专业知识和技能的劳动与工厂产品生产劳动两种劳动的相似性出发，可理解为教师从事传授知识劳动的职业道德；广义的师德基于上述两种劳动的异质性，有着两个层面的内涵：一是教师应身体力行培养学生积累公民的基本道德，即传统的育人；二是注重‘因材施教’，找寻开启学生创新潜力和能力的金钥匙，并自己在科研方面有较大的创新。”③黄蓉生教授将师德简单概括为“教师在从事教育劳动时所应遵循的行为规范和必备的品德总和”④。不同的学者采用多样的语言对师德进行了多种具体化的阐释，“师德是指教师和一切教育工作者在从事教育活动中必须遵守的道德规范和行为准则，以及与之相适应的道德观念、情操和品质”⑤，“是调节教师自己身与心、教师与学生、教师与教师群体以及与社会之间相互关系的行为准则，是一定社会、一定时代或一定阶级对教师职业道德行为的基本要求和概括”⑥，“是教师整体素质的核心，决定着教师对教育实践的情感、态度和价值观，制约着教师教育教学的行为规范，是教师教书育人、为人师表的实践动力与精神支柱⑦，“是社会对高校教师职业行为提出的基本道德要求，是教师思想觉悟、道德品质和精神面貌的集中体现”⑧，“是教师素质的核心部分，主要包括教师职业理想、职业责任、职业态度、职业纪律、

① 宋廷敖. 加强师德教育 促进教师队伍建设[J]. 甘肃社会科学，1999（S1）：238-239.

② 廖凤林，陈宁. 高校师德状况调查表的研究[J]. 心理科学，2008（1）：189-191.

③ 张高明. 社会转型时期高校教师师德散论[J]. 湖南大学学报（社会科学版），2002（2）：52-54.

④ 黄蓉生. 教师职业道德修养[M]. 重庆：西南师范大学出版社，2001：55.

⑤ 吴国燕. 纵谈高校青年教师师德建设[J]. 东南大学学报（哲学社会科学版），2006（S1）：222-224.

⑥ 方晓义，陈浩莺，王永丽，等. 中小学教师师德观的内隐研究[J]. 北京师范大学学报（人文社会科学版），2002（1）：28-33.

⑦ 袁进霞. 高校师德师风存在的问题及对策[J]. 学校党建与思想教育，2017（4）：81-82.

⑧ 金昕，王丹彤. 高校师德制度建设的问题与出路[J]. 思想理论教育导刊，2016（3）：143-146.

职业技能、职业良心、职业作风和职业荣誉等内容”①。

王逢贤教授在对师德进行界定的过程中，将师德的概念广泛化，将师德视为教师职业和道德范围的超越。“师德不仅含有道德，也含有世界观、人生观、价值观、政治立场和态度、法纪观念和行为等，师德不限于教育活动的需要，也是作为社会的公民和先进分子所应具备的素质。”②这种对于师德的广泛性理解在逻辑上并无错误，但也使之更加模糊。另外，有学者在对师德进行划分时倾向于对之进行拆分性解释。康秀云、郗厚军认为，“师德根据不同环境不同立场，可以有两种解释，即‘教师道德’和‘教学道德’，前者是对教师主体的德性修养的基本要求，诸如‘学为人师、行为示范’，其范围也随之扩及教师工作之外的生活世界，后者则是指教师主体在职业活动中的伦理规范，是教学活动中的道德规范”③。也有学者认为，“师德可以分为内在德性和外在德性两个方面，前者主要包括师德意识和价值观等；后者主要包括教书育人和为人师表等”④。

从“修养”的词义上看，“修”是指整治、提高，“养”是指培养、陶冶。“修养是一个含义广泛的概念，可用来表示人们思想意识方面的陶冶，德行举止方面的整饬，理论知识，工艺技能的造诣等。”⑤修养是一个文雅的但在现实生活中经常被提及的正面词语，具有广泛的含义，有时用来指人的综合素质，有时指高尚的品质和正确的为人处世的态度，也有用来指思想、理论、知识、艺术等方面达到的水平。如罗斯金所说的“文明就是要造成有修养的人”，这里的修养就是一种可贵的品质。师德修养之中，修养更倾向于一种有价值的、积极的、正向的品质，对于此概念的理解，重点在于其修饰的“师德”二字。总之，师德修养是为建立在教师个人良好道德品质基础上的职业道德修养，它包括教师在职业活动中必须遵循的职业道德规范和个人的道德修养。教师的师德修养实质上是一种境界，同时又具有过程性，需要教师不断改进、提高、完善并且做到与时俱进、知行合一。

（三）调查维度

本次调查维度的确定主要是依据 2012 年教育部发布的《小学教师专业标

---

① 田贵平. 高校教师师德内化问题及对策研究[J]. 道德与文明，2008（2）：83-86.

② 王逢贤. 师德建设的理论思考[J]. 中国教育学刊，1997（4）：8-12.

③ 康秀云，郗厚军. 国外高校师德建设的实践特质、内在逻辑及经验借鉴[J]. 东北师大学报（哲学社会科学版），2016（6）：195-200.

④ 王自贵. 转型期高校师德发展趋向及应对[J]. 国家教育行政学院学报，2012（9）：34-37.

⑤ 王正平. 人民教师的道德修养[M]. 北京：人民教育出版社，1985：254.

准（试行）》《中学教师专业标准（试行）》中“专业理念与师德”部分的具体指标。

1. 职业理解与认识

教师作为一种职业，有普遍意义上职业道德修养的要求，即对于职业的理解与认识，本次调查将其设置为维度之一。教师公开招聘面试中对于职业理解的衡量主要体现在三个方面：一是对教育事业热爱、有责任心、有正确的教育观；二是对学生有爱心、耐心以及有正确的职业观、师生观；三是能将教育事业作为自己的职业追求。根据进一步的延伸和细化，本次调查将指标分为六个方面：对教育工作意义的理解、对教育事业的热爱、职业理想、教师的专业性和独特性的认同感、对自身专业发展的注重、对为人师表品质的注重以及是否具有团队合作精神。

2. 对学生的态度与行为

作为一种特殊的职业，教师需要时刻与学生交往，帮助学生成长，这一特殊性要求师德修养的维度之一为对学生的态度与行为。本书从三个指标进行测量：首先是对学生基本权利（生命安全权）的保护；其次是对学生的尊重，即是否可以不讽刺、不挖苦、不歧视、不体罚或变相体罚学生；最后是对学生不同需求的了解和满足。

3. 教育教学的态度与行为

教学是教师主要的工作内容，教书育人是教师的职责和使命。师德修养应当包含对教育教学的态度与行为这一维度的调查。教育是有规律和技巧性的活动，本维度主要从三个指标进行调查：对全面发展的重视，对教育规律和学生身心发展规律的尊重，对共青团、少先队组织的教育引导作用的尊重和运用。

4. 个人修养与行为

在个人修养方面，主要从五个指标进行调查，分别是其精神品质方面是否有爱心、责任心、耐心和细心；性格方面是否向上、热情开朗、有亲和力；精神方面是否能自我调节情绪，保持平和心态；学习进取方面是否能勤于学习、不断进取；日常生活中是否能做到衣着整洁得体、语言规范健康、举止文明礼貌。

二、教师师德修养基本现状

调查数据显示，整体而言，大多数教师的师德修养处于理想水平，只是部分教师存在某些方面的失德。教师在思想层面对于师德修养的应有之意理解得较为到位，但在复杂现实的各方面冲突面前，师德修养方面存在部分缺失现象。

在对于职业的理解与认识上，由于我国的职前及在职教育中对于教师有所引导和要求，多数教师对职业的理解较为到位，也知道自己应该怀有积极的态度去对待教师这个神圣的职业。多数教师执着于对自身职业的热爱而不愿意从事其他职业，他们也会从与学生共同成长等职业奉献的高层次理想上去理解教师职业存在的价值和意义。教师进行职业选择的动机各异，大多数是受到教师职业的吸引，这种吸引可能是出于教师客观上待遇、带薪休假等方面的福利，受内部动机的影响较弱。多数教师意识到了为人师表的重要性，会在日常工作中注意自身的言行对学生的影响，也具有团队合作的精神和意识，会在教学过程中与同事进行合作。

在对学生的态度和行为方面，大多数教师较为尊重学生，很少存在讽刺、挖苦、歧视、体罚或变相体罚学生的现象，但不可否认有部分教师对体罚式教育的认识不正确。教师对学生生命安全的保护意识是较强烈的，但在牺牲自己、保护学生安全上，部分教师会存在犹豫，这也是正常的人性表现。

在教育教学的态度与行为上，教师对学生的全面发展和个性发展的尊重程度都是较高的，表现在意识层面，教师深知应当尊重学生发展的规律，但具体在践行过程中可能有太多因素的牵绊和制约。

在个人修养与行为方面，大多数教师对学生有较强的责任感和耐心，在工作中遇到困难也能够积极的应对、乐观的解决。不仅如此，多数教师也能够做到与时俱进地设定目标并努力实现，具有终身学习的意识，并且关注自己的外在衣着表现和行为举止，注重发挥为人师表的积极作用。

具体而言，教师师德修养的现状表现为以下四个方面。

（一）教师有正确的职业理解与认识

教师工作是一种别样的生命体验，要实现其价值，需要教师拥有一种享受教育生活的态度，形成对职业正确的理解与认识。雅斯贝尔斯说过，教育是一项极其伟大的事业，身为教师不可敷衍行事，“而是全身心地投入其中，为人的生成——一个稳定而且持续不断的工作而服务”[①]，教师只有熟谙自己工作的意义与价值，才能更好地引领学生发展和进步。

1. 多数教师热爱教师职业

凯洛夫曾说过，谁要没有强烈的情感，就不会有强烈的志向，也不能够把这种志向体现在事业上。从事教师这一职业，首先要热爱它，这是基本职业要求之一。我们对中小学教师是否热爱教育事业做了调查，通过询问“如果可以重新选择，您是否会放弃教师职业而选择其他职业”，来考察教师对其职业的态度。结果表明，56.75%的教师表示喜欢这一职业，不会放弃；38.73%的教师表示愿意考虑从事其他职业；4.52%的教师认为表示无所谓，认为教师职业只是谋生的工具。从这些数据可以看出，一半以上的中小学教师喜欢自己所从事的职业，但也有相当数量的教师表示从事教师职业不是自己满意的选择，有跳槽的可能，这也在一定程度上反映了中小学教师职业缺乏足够的吸引力，造成了教师队伍不稳定。

对中小学教师如何理解教师职业的意义的调查结果显示，65.44%的教师认为教师职业的意义在于与学生共同成长；15.54%的教师认为教师职业的意义在于实现自己的价值；14.84%的教师认为教师职业的意义在于成就学生；4.18%的教师认为教师职业的意义在于维持家庭的生活支出。此结果表明，大部分教师认可自己职业的意义源于与学生之间互动的过程或者结果，很少一部分教师将教师职业视为谋生的手段。对于教师来说，生存与生计当然是教师的需要，但是最低层次的需要，教师的职业意义还需从职业中感受，在工作中获得快乐，实现自我，充实人生。多数教师对教师职业意义的理解是深刻且到位的。

2. 教师职业选择的自愿性强，动机各异

职业理想是人生理想的重要组成部分之一，是个人对自己职业发展的奋斗目标，拥有职业理想，便有了在工作中奋斗的方向与动力。我们调查了教师从教动机，对于为什么选择教师这一职业，不同的教师有不同的解释，主要可总结为六个方面（图 4-1）。结果表明，大多数的教师对于为什么从事教师行业有清晰的认知，对于这部分人来说，无论是自我对教师职业的认识，还是受家庭、社会的影响，都认为教师职业的吸引力很大。但也有一小部分教师认为从事教师这一职业是一种不得已的选择，并非完全出于自己的意愿。

---

① 雅斯贝尔斯. 什么是教育[M]. 邹进译. 北京：生活·读书·新知三联书店，1991：44.

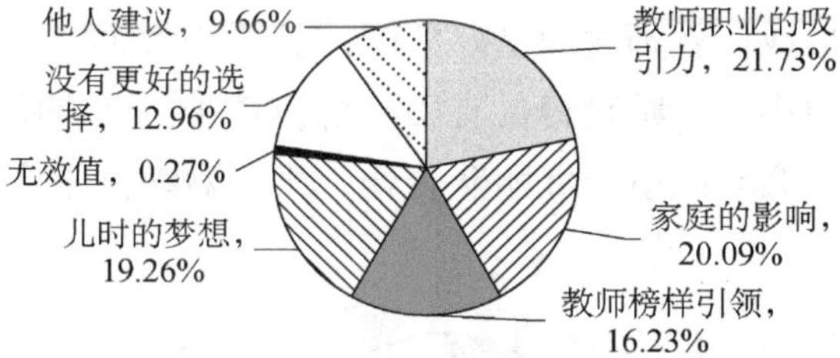

图 4-1　教师从教动机的占比情况

3. 多数教师对专业发展的重要性认同度高

顾明远先生说过，“社会职业有一条铁的规律，即只有专业化才会有社会地位，才能受到社会的尊重。如果一个职业是人人都可以担任的，则在社会上是没有地位的。教师如果没有社会地位，教师的职业不被社会尊重，那么这个社会的教育大厦就会倒塌，这个社会也就不会进步”①。教师职业的独有特点决定了教师职业的专业性，随着时代的发展和进步，这一特点越加显著。对于中小学教师能否认识到自身职业的专业性和独特性，注重自身的发展这一问题，对中小学教师的调查结果表明（图 4-2），现代中小学教师几乎都将教师职业视为高度专业化和具有自身特征的职业，并非人人皆可从事这一职业。对自身职业专业化的认可，对教师队伍建设来说是一种良好的发展态势。

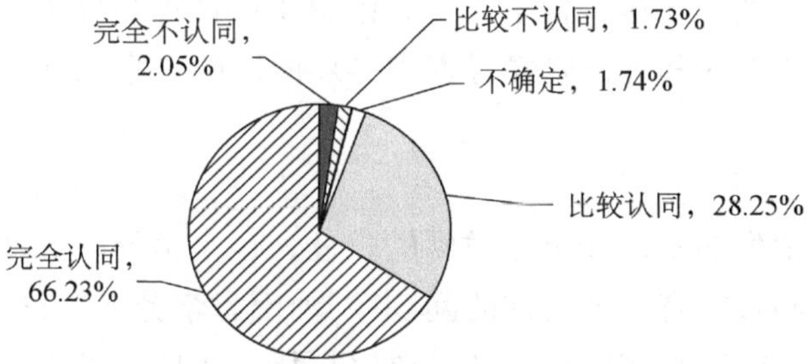

图 4-2　教师职业专业化认同的基本情况

我们通过调查还发现，教师是否认同教师的专业性和独特性、注重自身的发展与教师职称、个人修养之间显著相关，表明存在相关关系；与教师学历、所教学段、所在地区之间的相关性不显著，表明不存在相关关系。

4. 多数教师具备团队合作意识

教风好坏不仅取决于教师个体的表现，也源于教师之间良好关系的建立和教

① 顾明远. 教师的职业特点与教师专业化[J]. 教师教育研究，2004，16（6）：3-6.

师群体良好氛围的形成。教师之间良好的团体关系为教师自身素质的提高提供了发展的环境。在对中小学教师是否具有团队合作精神的调查中，我们发现，大多数教师在教学过程中会与同事开展团队合作，极少数教师不会与同事开展团队合作（图4-3）。

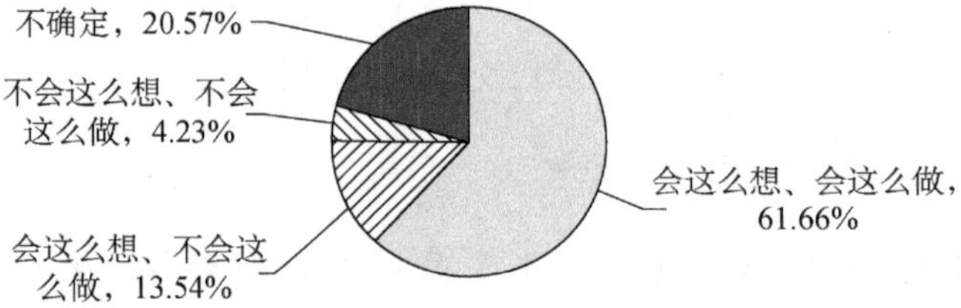

图4-3 教师与同事开展合作的基本情况

通过调查我们还发现，教师是否具有团队合作精神与教师的学历和所教科目之间的相关性不显著。因此，教师是否具备团队合作精神与教师学历和所教科目之间不存在相关关系。

（二）教师有以生为本的学生观

当代社会“以人为本”的教育理念使教育恢复了本真价值，教育的最终目的是促进学生全面发展，在这一背景下，教师要正确认识与处理对学生的态度与行为，这是教师专业生活和师德修养过程中必须面对的一个问题。

1. 关心学生安全

保护每一位学生的生命安全是教师的责任，也是世界多数文明国家对师德达成的共识。本次调查中有一个这样的问题：“河南省李芳老师护送学生离校返家，途中遇到无牌照三轮摩托车闯红灯急速驶来，她奋不顾身冲上前去用自己的身体挡护学生，遭到严重撞击，经多方抢救无效逝世。如果您是她，会做出和她一样的反应吗？”调查结果表明，在学生生命受到威胁的时候，超过半数的教师会像李芳那样选择牺牲自己保护学生；极少数教师对此不予理会（图4-4）。这一结果表明，大多数教师有意识去保护学生生命安全，而出于对多种因素的考虑，不确定自己会不会选择救学生的教师也占有相当大的比例。

2. 尊重学生人格

传统师德强调“仁者爱人”，教师要热爱学生、尊重学生，才能使学生亲其师、

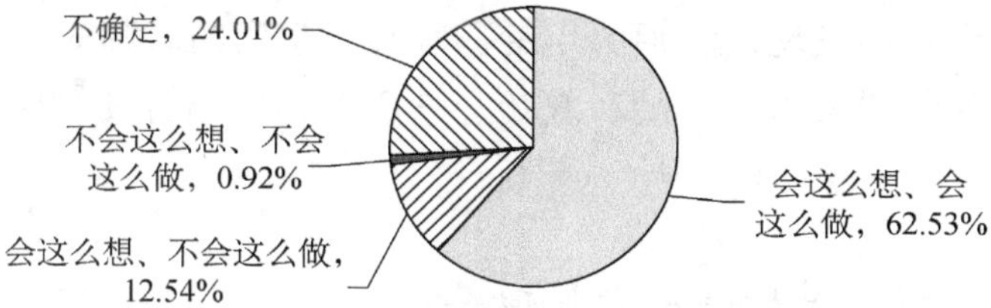

图 4-4 教师在学生生命受到威胁时选择保护学生的倾向

信其道，爱其教。在教师对学生的态度与行为的调查中，我们以教师对体罚学生的态度为指标进行分析发现，对于是否认同体罚学生这一问题，教师的观点并不一致，主要表现为三种（图 4-5）。结果表明，近一半的教师认为对学生进行体罚是一种不可取的教育方式，应该以一种尊重学生人格的方式对其进行教育，但仍有少部分教师还持有“棍棒之下出优秀学生”的观点。

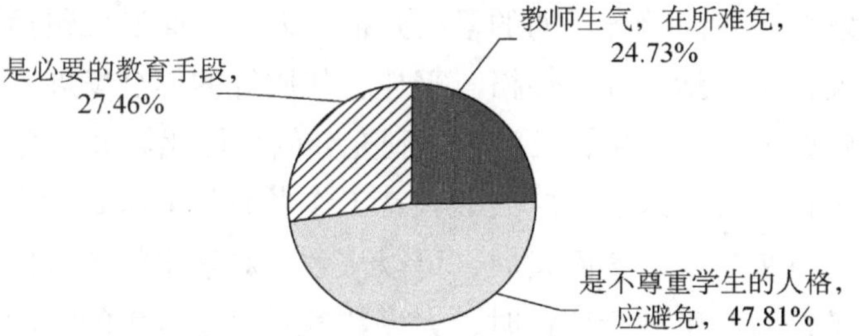

图 4-5 教师对于体罚学生的不同态度的占比情况

相比于教师对体罚学生的态度，教师是否有体罚学生的行为更能体现出教师对学生的态度。在关于“您身边有同事讽刺、挖苦、歧视体罚或变相体罚学生”的调查中，较多的教师表示身边的同事没有体罚学生的现象，极少数教师认为身边的同事会体罚学生（图 4-6）。从中可以发现，选择尊重学生即不会体罚和挖苦学生的教师占有较高的比例，与近一半教师将体罚学生视为不尊重学生人格的态度这一数据具有较高一致性。

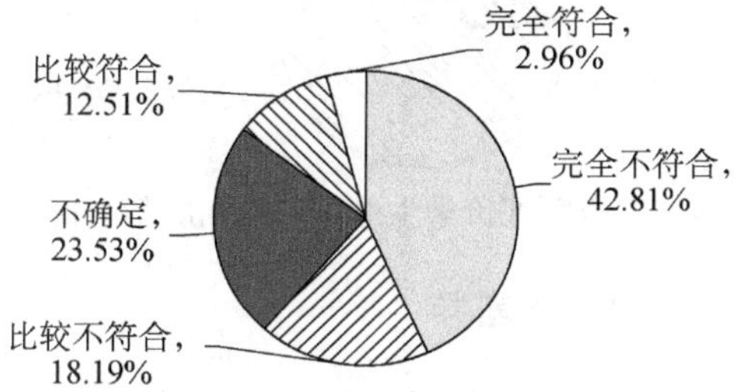

图 4-6 教师身边的同事体罚学生的基本情况

我们通过调查还发现，教师的年龄、教龄、学历与教师对体罚学生的态度显著相关，也就是说教师的年龄、教龄、学历深刻影响着其对体罚学生的态度以及行为。

（三）教师有正确的学生发展理念

师德本质上是教师自我实践的探索，是教师专业实践的内在需求。师德养成的土壤是教育教学中生动、丰富而复杂的实践情境，是教师通过对环境和自我有限性的洞察，在教育教学中不断克服困难与挫折、丰富自我又扬弃自我而达到的一种可能。

1. 多数教师注重学生全面发展

人的全面发展是我国教育目的的最终归宿，人的全面发展包括德智体美劳几方面的均衡发展，也包括心理、性格、兴趣、气质等的健全发展。全面发展既要求人的发展达到充分的社会化，又要求达到充分的个性化。21 世纪的世界需要全面发展的人来进行建设，这需要广大的教育工作者充分意识到学生全面发展的重要性。教师是否重视学生的全面发展，可以从教师对学生的评价依据的体现。本次调查结果显示，对学生进行评价时，大多数教师会以学生的全面发展作为评价的重要依据，少数教师仍以学生某一方面的表现作为评价依据（图 4-7）。从调查结果可以看出，现代教师越来越多地以学生的全面发展作为衡量教学的标准，突破了以学生成绩作为评价的唯一标准观念的藩篱。而在评价的因素之中，学生的品德评价占有较大的比例，也反映出了教师对学生品德发展的重视。

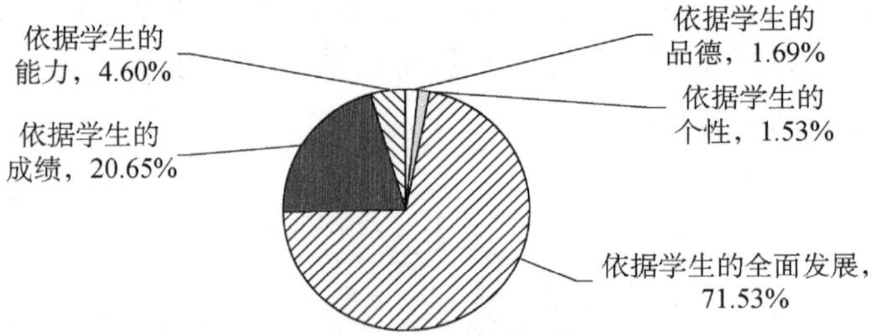

图 4-7　教师评价学生的主要依据的基本情况

2. 多数教师尊重学生的个体差异

教育活动有两个基本逻辑：一是符合社会发展的规律；二是符合人身心发展

的规律。按照规律办事，才会取得事半功倍的效果。对于教师来说，最重要的方面就是遵循学生身心发展的规律，因材施教。在关于教师是否能够充分了解学生身心发展、尊重学生个体差异、施予适当的教育，本次调查发现，有半数教师表示自己的行为完全符合这一要求；有少数教师表示在教学中不太重视对学生的了解（图 4-8）。这一结果表明，绝大多数教师都可以做到了解学生、尊重学生和因材施教，即注重按照教育规律教学。

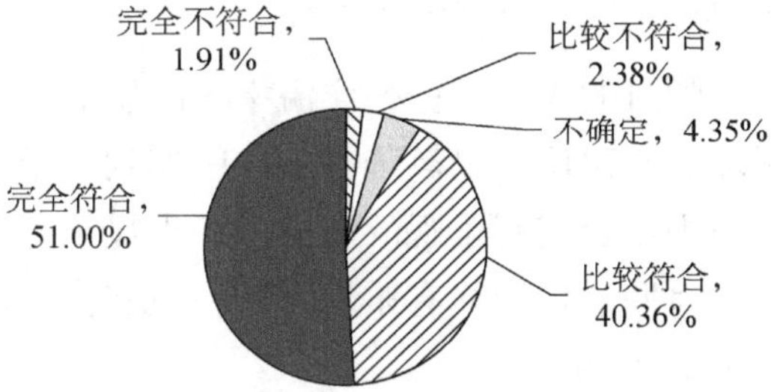

图 4-8　教师会充分了解学生的基本情况

我们通过调查还发现，教师是否尊重教育规律，与教师的学历、职称、教龄、对工作的热爱和重视学生的全面发展显著相关，因此，这些因素深刻地影响着教师是否尊重教育规律。

（四）教师自身修养水平较高

教师从事的是培养人的职业，教师自身的形象对学生起着潜移默化的教育作用，一个良好的教师形象胜过任何一本教科书、任何箴言，而良好的教师形象与教师的个人修养是分不开的，一个拥有良好个人修养的教师必定拥有高尚的师德。

1. 多数教师具有爱心和责任心

本次调查中有这样一个题目："如果学生有一些问题请教教师，教师不会利用自己的休息时间与学生交流。"作答结果表明，大部分教师对学生是高度负责的，愿意牺牲自己的部分利益去帮助学生，但仍有一些教师在工作之余不愿给学生提供帮助（图 4-9）。

我们通过调查还发现，教师是否有责任心和爱心与教师是否担任班主任的相关性显著，而与教师的学历、教龄之间的相关性不显著，表明教师的学历和教龄与教师是否有责任心、爱心之间不存在相关性。

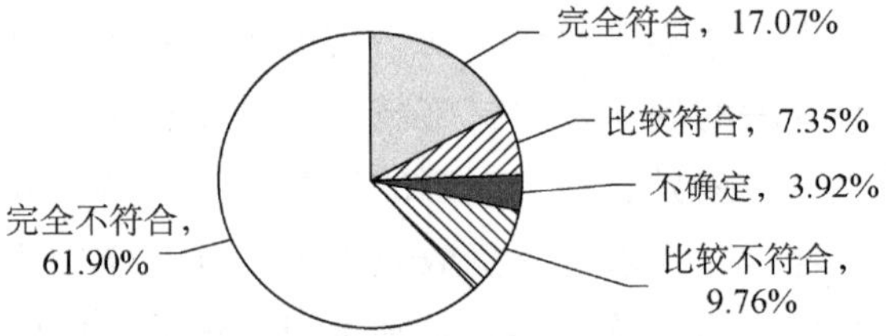

图 4-9　教师不会在休息时间帮助求教的学生的基本情况

2. 多数教师对待工作和生活的态度乐观

在生命意义上，教师过的应该是一种洋溢幸福的生活，拥有积极乐观的人生态度是幸福生活的保障。本次调查以教师在工作中遇到困难时能否乐观面对为参考，调查了教师在工作中是否拥有乐观的态度。结果显示，绝大部分教师能够积极面对工作中的困难，对职业生活抱有乐观态度，只有极少数教师对工作中的困难不能保持乐观心态（图 4-10）。

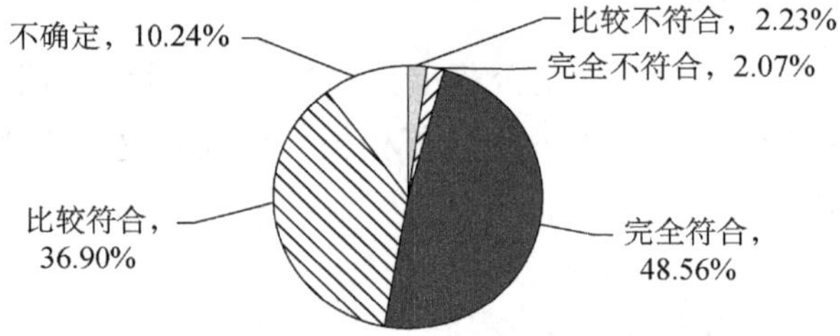

图 4-10　教师乐观面对工作中困难的基本情况

3. 多数教师的自我情绪管理能力较强

一个善于管理自己情绪的人，一定经常拥有愉快的笑声，精神更加健康，生活更加潇洒。中小学教师面对的是一群未成年的个体，在教学过程中难免会与学生产生各种各样的矛盾，良好的个人修养就体现在教师能保持一种平和的心态，管理好自己的情绪。此次调查对"在发生不愉快事情时，教师能否用适合自己的方式调节"进行了调查，结果显示（图 4-11），近半数的教师表示自己完全可以找到适合自己的调节方式；少数教师表示在发生不愉快的事情时，没有适合自己的调节方式。这一数据与教师拥有积极乐观的生活态度具有高度一致性，说明乐观的人更能管理好自己的情绪，在工作中收获一份恬静。

4. 多数教师的自我提升意识较强

没有教师的主动发展，便没有学生的主动发展，没有教师生命质量的提升，

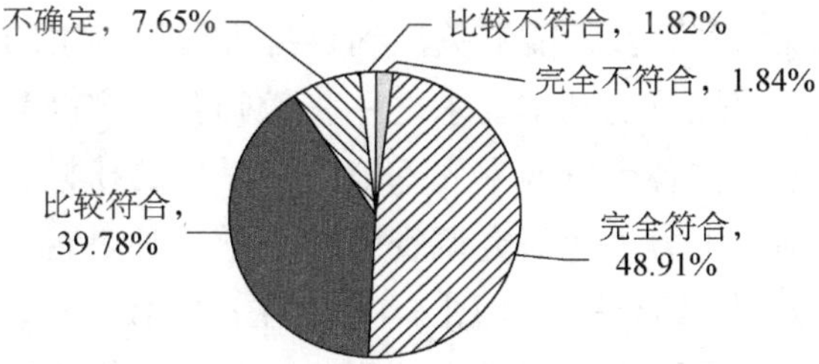

图 4-11 教师在发生不愉快的事情时，能用适合自己的方式调节

就没有教育质量的提高。教师职业的独有特点之一便是要求教师能够与时俱进，不断提高自己，做到终身学习。此次调查发现（图 4-12），对于教师能否与时俱进设定专业发展目标并努力实现，大多数教师表示能够做到与时俱进、终身学习；但仍有少数教师不能达到这一要求。

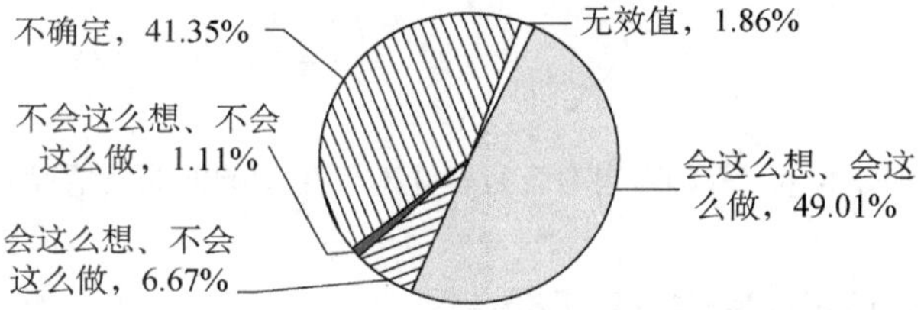

图 4-12 教师能否与时俱进设定专业发展目标并努力实现

我们通过调查还发现，教师是否有进取心与教师的读书量不存在相关关系。可以推论，读书量的多少不会影响教师的专业发展，也许这只是教师的个人兴趣，只有阅读学习与专业相关的书籍，才能更有效地促进专业发展。

教师的外在举止深刻反映了教师的个人修养，通过对中小学教师的衣着、行为举止态度进行调查发现，中小学教师几乎都关注自己的外在形象，能够在教学中保持衣着整齐、行为得体，希望以一种良好得体的形象示人，但也有少数教师不太注重自己在教学中的形象（图 4-13）。

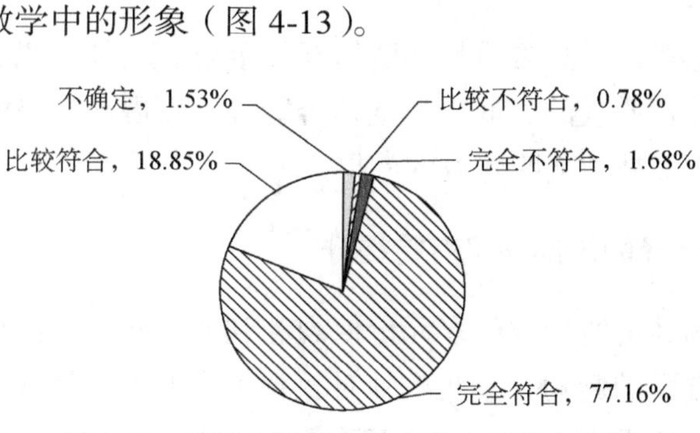

图 4-13 教师在教学中外在举止的基本情况

通过调查还发现，多数教师能够关注到自身言行对学生的影响。“为人师表”是中小学教师职业道德规范的基本要求之一，教师要坚守高尚情操，知荣明耻，严于律己，以身作则，在各个方面率先垂范，做学生的榜样，以自己的人格魅力和学识魅力教育影响学生。本次研究调查了中小学教师是否在教学活动中注意到自己言行对学生的影响，结果表明（图4-14），在日常教学活动中，绝大多数教师能够严于律己，注意自己的言行对学生的影响，但也有极少部分教师违背了师德的这一基本要求。

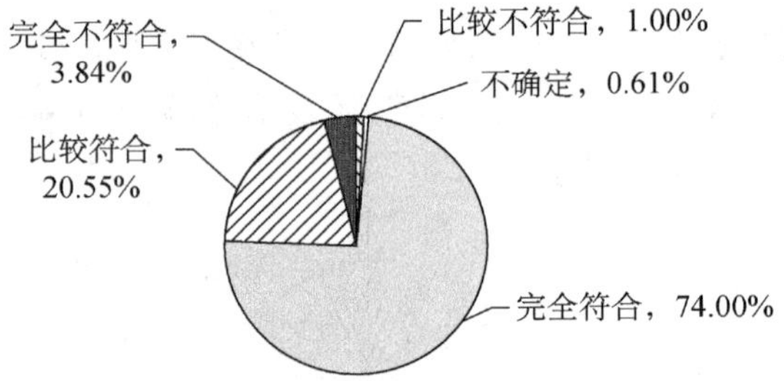

图4-14　教师对自身言行举止对学生影响的关注情况

三、教师师德修养问题分析

现阶段我国教师群体队伍文化素质和道德素质普遍较高，师德状况比较良好。教师爱岗敬业、乐于奉献，具有较强的社会责任感。但不容忽视的是，当前中小学教师的师德修养方面也正在面临着一些值得注意的新情况和新问题，应引起高度重视。

（一）教师应进一步树立职业理想

教师职业理想对建设高素质教师队伍至关重要。教师对职业理解与认识的程度直接关涉学校教育质量的高低，学生是否能健康发展与自身能力素质是否能提高，关系到社会主义精神文明建设的效果。

1. 教师职业选择的内部动机有待提升

由于当前市场经济所形成的多元价值观和利益多样化，网络不良信息对教师观念的冲击等多方面的影响，一些教师对教育工作的理解呈现出名利化思想，世界观、人生观、价值观走入歧途，甚至陷入极端个人主义、享乐主义的漩涡，缺乏敬业精神、吃苦精神、团队合作精神。部分教师上课照本宣科，缺乏对教师内容与教育方法的研究精神，讲课内容相对陈旧；不注重自身专业发展，忽略了职业道德的修养，育人意识不强，过分看重物质上的索取，背离了“为人师表”的价值取向。在对于自身是否热爱教育事业的认识上，调查显示，当问及“如果可以重新选择，您是否会放弃教师职业而选择其他职业”时，在目标上，60.50%的教师认为如果可以重新选择，愿意放弃教师职业而考虑从事其他职业，这也体现了现代社会教师这一职业的吸引力并不大，很多教师对这一职业并不是十分热爱。也有人只是把教师职业当成一个生存的工具（图 4-15），没有很好地将“春蚕到死丝方尽，蜡炬成灰泪始干”的“春蚕精神”与“红烛精神”体现出来。

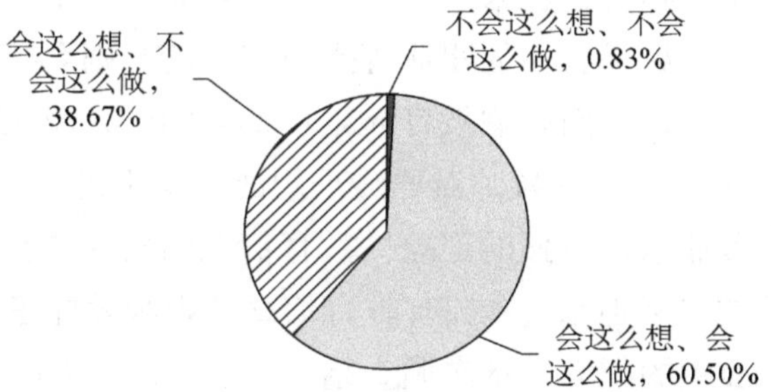

图 4-15 如果可以重新选择，教师放弃教师职业而选择其他职业的倾向

通过调查我们还得知，教师的教龄、职称与身份三者与教师对职业的热爱没有相关关系，也就是说，教师对教育事业的热爱程度没有随着教龄的增长与职称的提升而有所变化，教师也并没有因为“教师”这一身份而感到自豪，这样的情况不容忽视。正常情况下，随着年龄与教龄的增长，教师应该对教育知识、教学内容、教学方法上有更多的思考与创新，更应该理解学生的需求，职业幸福感与职业满足感更强，而情况恰好相反。由此，我们应该反思教师是否出现了职业倦怠、身份认同的迷失或是教师发展转型自觉的艰难。《中共中央 国务院关于全面深化新时代教师队伍建设改革的意见》指出：加强教师队伍建设“是一项重大政治任务和根本性民生工程”①。要贯彻加强教师队伍建设，需要提高教师对教师身份的认同，增强教师在队伍整体建设中的自觉意识和主人翁精神。② 此外，教师的个人修养与教师对教育事业的热爱存在相关性，教师的个人修养越高，对工作中遇到的困难越能乐观面对，对教育事业更加热爱。因此，应该鼓励教师提升文

① 中共中央 国务院关于全面深化新时代教师队伍建设改革的意见[EB/OL]. 教育部网站. http://www.moe.gov.cn/jyb_xxgk/moe_1777/moe_1778/201801/t20180131_326144.html[2019-08-25].

② 王彩霞. 加强教师队伍建设需提高教师身份认同[J]. 中国教育学刊，2018（11）：104.

化素质与个人修养，做到终身学习。

2. 教师的职业理想在一定程度上有弱化倾向

道德是指由一定经济关系决定，依靠社会舆论、传统伦理习惯和人的内心信念来维系，表现为人们共同遵守的社会意识形态和行为规范的总和。[①] 雨果有一个著名的命题："人有了物质才能生存，有了理想才能生活。"[②] 理想是人们对生活的美好追求，理想信念是实践的指路明灯。党的十八大报告指出：加强教师队伍建设，提高师德水平和业务能力，增强教师教书育人的荣誉感和责任感。党的十九大报告中也提到："加强师德师风建设，培养高素质教师队伍，倡导全社会尊师重教。职业理想是教师对自己未来职业的追求与向往，是教师从事教育事业的根本动力和价值取向。如果教师的职业理想模糊不清，则会导致教师奉献精神的弱化、教师理想的缺失，从而影响教育质量、师生相处、团队协作与自身的专业发展等。"本次调查发现，一些教师对职业理想的认识不足、定位模糊，出现了职业信念动摇、爱岗敬业意识不强的现象。教育信念的树立是教师身份认同的最高水平，也是好教师的终极追求。[③] 拥有教育信念的教师才能正确处理教学任务、学生、个人专业发展中的压力。本次调查结果显示（图 4-1），对于为什么选择教师这一职业问题，教师有许多不同的回答，主要受以下六方面因素的影响：教师职业的吸引力、家庭的影响、教师榜样引领、儿时的梦想、没有更好的选择、他人的建议。这样的结果再一次表明，在现代社会教师这一职业对人们来说吸引力不大。

本次调查发现，教师对教育事业的热爱与教师是否尊重教育规律之间的相关性显著，可以认为教师是否尊重教育规律与教师对教育事业的热爱呈正相关关系，教师尊重教育规律必然会提高他们对教育事业的热爱程度，加大对教育事业全身心的投入，影响到他们提升自身职业道德水准的内心信念。只有坚定信念，才能更好地热爱工作、履行职责。

（二）教师应进一步强化保护和尊重学生的意识

师德的重要内容之一就是要"关爱学生"。这个"爱"就是要有仁爱之心，热爱教育事业的具体表现即热爱学生。教育是爱的共鸣，是心与心的呼应。教师只

---

① 申继亮，赵景欣. 中小学教师职业道德的现实思考[J]. 北京师范大学学报（社会科学版），2006（1）：48.

② 转引自：张应杭. 人生美学[M]. 杭州：浙江大学出版社，2004.

③ 王彩霞. 加强教师队伍建设需提高教师身份认同[J]. 中国教育学刊，2018（11）：104.

有热爱学生，才能教育好学生，才能使教育发挥最大的作用。然而，有的教师损害学生的利益，缺乏职业良心，无法做好自己的本职工作，没有把教书育人当作自己的义务，对待工作敷衍了事，不了解学生的需求，从而影响了教学质量。《中小学教师职业道德规范》中规定：教师要关心和爱护全体学生。① 教师对学生要有保护的责任，首先是对生命安全的保护，其次是对学生做人尊严的保护。

1. 部分教师对学生生命安全依旧存有“旁观者”心态

每个人的生命健康安全都应该得到尊重与保护。青少年是国家的未来、民族的希望，学生的生命安全权问题应该被高度重视。学生的大部分时间都会在校园中度过，在学校中学生的生命安全是首要的，保护学生的生命安全是当今时代以人为本的体现。教师的工作对象是未成年人，教师除了完成日常的教学外，还应该对学生的在校安全负责。国际上，对教师需要关注学生的在校安全问题也有提及，联合国的《儿童权利宣言》指出：“儿童因身心尚未成熟，在其出生以前和以后均需要特殊的保护和照料，包括法律上的适当保护。”② 联合国教育、科学及文化组织的《关于教师地位的建议书》规定：“教师应避免学生发生意外事故。”③ 我国关于教师需要关注学生的在校安全问题也有规定，《中华人民共和国未成年人保护法》第四章第四十条规定：“学校、幼儿园、托儿所和公共场所发生突发事件时，应当优先救护未成年人。”④

面对危及学生安全的事件，作为教师除了感到痛心外，也应该深感自己责任的重大。本次调查显示（图 4-4）：对于李芳事件，当学生的生命受到威胁的时候，大多数教师会义无反顾，像李芳那样牺牲自己保护学生；但还有一部分教师缺乏保护学生的意识，只有 62.53%的教师会像李芳那样牺牲自己来保护学生，这样是远远不够的，面对这种情况，我们应该进行反思。一些教师对学生的生命安全依旧存有“旁观者”的心态，应该在思想上引起重视。教师在面对突发事件时，要把学生的生命安全放在第一位，这是教师道德底线的特殊要求。不是说教师自身的生命安全不重要，学生的年龄、经验方面都处于弱势，所以教师在灾难来临的那一刻，要履行自己的职责，保护学生的生命安全，维护学生的利益。

---

① 中小学教师职业道德规范［EB/OL］. 教育部网站. http://www.moe.gov.cn/jyb_xwfb/xw_zllssj/moe_1668/tnull_38585.html［2019-08-25］.

② 转引自：李生兰. 比较学前教育［M］. 上海：华东师范大学出版社，2000：364.

③ 转引自：傅维利. 教师职业道德教育指南［M］. 北京：高等教育出版社，2002：46.

④ 中华人民共和国未成年人保护法［EB/OL］. 教育部网站. http://www.moe.gov.cn/s78/A02/zfs__left/s5911/moe_622/201001/t20100129_3166.html［2019-08-25］.

2. 部分教师对学生缺乏应有的尊重

我国古代就有“尊师重教”的优良传统，如果教师不尊重学生，无法做到言传身教，那么学生又如何能做到尊重教师？教育要呼唤尊重。《中华人民共和国教师法》有关教师的义务中规定：教师应“关心、爱护全体学生，尊重学生人格，促进学生在品德、智力、体质等方面全面发展”，并“制止有害学生的行为或者其他侵犯学生合法权益的行为，批评和抵制有害于学生健康成长的现象”①。然而，现实中教师体罚学生的现象依然存在。本次调查显示（图4-5）：对于是否认同体罚学生，教师的观点并不一致，近一半的教师认为体罚是不尊重学生的人格，应该坚决避免；另一半教师认为可以体罚学生，情有可原。当然，有极少数的教师没有回答这一问题，有些教师是对体罚这个定义不确定。

我们对教师本人身边的同事是否有体罚学生的行为进行了调查，调查结果显示，有一部分教师表示身边的同事会体罚学生，之所以出现这种情况，是由于学生并不理解和接受教师出于爱的行为，教师的这种行为轻一点则看不到努力的效果，重一点则会引起学生的反感甚至逆反的心理，由此使学生对教师心生厌恶。缺乏尊重的基础，学生对教师便会敬而远之，最终会导致学生成绩下滑，对学习失去兴趣，不利于学生的身心健康成长，也不利于教师职业满足感与成就感的提升。

那么，体罚、不尊重学生的现象是由什么原因造成的呢？本次调查显示：教师的年龄与教龄二者与教师对体罚学生的态度都存在显著的相关关系。就目前来看，年龄与教龄较大的教师一般都出生在20世纪六七十年代，他们的思维还停留在“打是亲骂是爱”“打你是对你负责任，为你好”的层面上，认为体罚或是变相体罚才是对学生负责，才是爱学生的表现。然而，在当今时代，教师应注重“以人为本”，尊重学生，以学生为中心，一切从学生的角度出发。这些教师应该追赶上时代的步伐，及时更新思想，保持教学热情。因为只有在尊重学生的基础上互相增进理解与认同，教师才能更好地履行其职责与义务，教师的修养与自身对职业的热爱才会达到更高的境界。

（三）教师应进一步更新教育教学观念

随着教育教学的变化，教师的观念也应该发生变化。由于深受传统教育思想

---

① 中华人民共和国教师法［EB/OL］. 教育部网站. http://www.moe.gov.cn/s78/A02/zfs_left/s5911/moe_619/tnull_1314.html［2019-08-25］.

和应试教育的影响，又缺乏接触与研习新的教育思想理念的机遇和参与教育改革及实验的锻炼，一些教师仍执着于传统的成人观和教育观。

1. 部分教师缺失全面发展的成人观

教育的真正目的，应该是培养人的全面发展，培养人的健全人格，激励人们不断追求真善美，建设和享受健康和美好的生活。教育就是要促进人的全面发展，使受教育者的德智体美劳得到全面和谐发展。全面和谐发展能够有效地促进一个人的身心各方面的完善，能使之成为一个完整完善的人。随着新课程改革的不断深入，中小学课程的许多方面都发生了变化。然而，目前在中小学教学中，还有不少没有真正落实全面和谐发展理念的教育者。

由图 4-7 可知，大部分教师能够与时俱进，以学生的全面发展作为评价学生的重要依据，这也符合社会对人才的需求；但仍然存在 20.65%的教师以成绩作为评价学生的主要依据；一些教师以学生的能力和个性作为评价学生的主要依据。究其原因，具体如下：一是部分教师缺乏正确的学生观和全面发展的成人观，受应试教育唯分数论的影响，无法顾及学生的多方面需求，而是简单、粗暴地直指考试；二是受“应试教育”下单一的教育评价思维的影响。应试教育下，教师进行教育评价时往往只关注教育的结果，以考试成绩来将学生区分为好学生和差学生，以应试分数来衡量学生的发展，一味地追求高分数、高录取率，只知道用死板的应试思维去培养学生，给学生灌输唯分数至上的错误观念，教师成了“教学机器”，学生成了接收知识的“容器”，严重缺乏培养全面和谐发展人才的观念。因此，师德修养必须走出应试教育的困扰，以素质教育理念和创新教育观念转变教师的教育观和人才观，树立“以人为本”的教育理念和“立德树人”的教育信念，把促进人的全面和谐发展作为师德修养的根本价值取向。

2. 部分教师对个性发展教育观的重视度不够

世界上没有两片相同的叶子，每一片树叶都是不同的；世界上也没有两个完全相同的人，每个人都是独一无二的。一名合格的教育者不仅要拥有渊博的知识，还应该懂得基本的教学技巧和方法，了解每个学生都是不同的个体，拥有自己独特的个性特征。这就意味着教师应该按照每个学生的特点因材施教，发挥他们各自的优势，激发他们的潜能。调查显示（图 4-8），对于教师是否能够充分了解学生身心发展、尊重学生的个体差异、施予适当的教育，大多数的教师表示在教学中能够充分做到这一点，但还存在一部分教师不确定和不符合这一要求。就目前来看，部分教师的教育专业素养不足，“育人”的要求不仅在于教授学科知识，还在于有一双明亮的眼睛——一双能充分发现每个学生“闪光点”的眼睛，充分挖掘学生独有的优势和潜能，精心为每一个学生量身打造适合其个性的教育模式。

（1）通过调查可知，教师的学历、职称、教龄与教师是否尊重教育规律存在相关关系。这就说明，学历水平层次高的教师拥有了比较扎实的教育基本理论体系和掌握了比较新颖、多样的教学方法，能够遵循教育教学的规律，循序渐进、由浅入深地进行教学；职称比较高或年长的教师的教学经验丰富，能根据每个学生的特点因材施教，或能力比较突出，善于和学生交流，了解学生的兴趣爱好，并积极学习教育的规律。

（2）教师是否尊重教育规律与教师是否热爱工作存在相关关系。热爱教育事业的教师，必定会把这份工作当作崇高的职业，努力学习教育理论知识，为教育事业贡献力量。

（3）教师是否尊重教育规律与教师是否重视学生全面发展之间存在相关关系。能够重视学生的全面发展，说明教师自身的教育专业能力和素养比较高，关注学生身心各方面的发展，重视学生的个体差异。

（四）教师应进一步加强职业修养

“学高为师，身正为范。”教师是从事教育工作的专业人员，教师的职责就是教书育人。我们也知道，教师的劳动对象是未成熟而具有相对独立意识的学生，他们具有“向师性”的特点，特别是小学生的模仿能力更强，对教师有一种特殊的信任和依赖之情，教师在他们心中有崇高的威信。所以，教师的一言一行、道德风貌、行为习惯、个性特征等都会潜移默化地影响学生。作为一名教师，除了要有较为渊博的学科知识和较为扎实的教学基本功外，还必须要有爱心、责任心和耐心，有理想和激情，要能在教学实践中不断反思，还要拥有健康的身心。

1. 教育教学过程中教师对学生的关爱程度有待加强

爱学生是教师的天职，是教育好学生的重要条件。教师只有热爱学生，才能教育好学生，才能使教育发挥最大的作用。学生“亲其师”，才能“信其道”。“教师对学生的爱是一种巨大的教育力量，也是一种重要的教育手段。它往往能激发起学生对教师爱戴、感激和信任之情，使学生愿意接近教师，接受教师的教育。”[①]教学的过程也不是简单的知识传授过程，而是教师与学生的情感交流，但在现实的生活中，一部分教师缺乏对学生的爱。爱学生，说起来容易，做起来难。

本次调查有这样一个题目：“如果学生有一些问题，教师不会利用自己的休息时间与学生交流”，根据图 4-9 可知，绝大部分教师会利用自己的休息时间与学生交流，也有一小部分教师不会利用自己的休息时间与学生交流。究其原因，“首先应试教育一直困扰着师德修养的教育理性，在‘知识本位’主导下，教师‘教书’与‘育人’的双重使命在实践中不是趋于统一而是分裂”[②]。大多数教师只是履行“教书”的使命，忽略了“育人”的重要使命。更有甚者上课态度不认真，教学形式刻板，应付工作；不尊重学生，对学生未能做到严格要求，得过且过；不与时俱进，课件和教学方式因循守旧；不遵守教学纪律，随意调换课堂等。其次，教师缺乏对教师职业的热爱。教师的社会地位不高，工资待遇低，加之受到社会负面舆论和“应试”压力的影响，导致教师对自身工作的意义和价值产生怀疑。最后，由于家庭和社会方面的经济压力，部分教师在校兼职，对本职工作敷衍了事，对兼职工作却尽心尽力；还有的教师在校外开设补习班，课堂上的知识挪到课外补习班讲，把“第二工作”摆在第一位。对学生的关爱应该是教育者发自内心的，不仅体现在不能体罚学生，更体现在教师关心和关注学生的生活和情感状况上，真正成为学生的校园守护者和关爱的施加者。

2. 教师的自我专业修养有待提升

教师要做到为人师表，必须以身作则、严于律己。凡是要求学生做到的，教师都要首先做到；凡是要求学生不做的，教师首先要自律。一名教师只有以身作则、严于律己，用自己的行为展示高尚的道德，才能树立崇高的威望，受到学生的尊敬。一名合格的教师不仅要有过硬的专业素养，还需要有健康的身心。然而，在现实生活中，部分教师的自我修炼不足，主要表现在以下几个方面。

1）专业教育素养方面

国外的教师心理研究认为，“作为一名教师首先必须具备必要的知识和智力，在达到一定的知识和智力水平以后，知识和智力就不再是影响教学效果的重要因素，教师的专业能力将对教学效果产生重要影响”[③]。关于“教师能否与时俱进设

① 王道俊，郭文安. 教育学[M]. 北京：人民教育出版社，2016.

② 糜海波. 师德评价面临的矛盾、问题及出路[J]. 教育伦理研究，2018（4）：328-337.

③ 王道俊，郭文安. 教育学[M]. 北京：人民教育出版社，2016：457.

定专业发展目标并努力实现”这一问题的调查结果显示（图4-12），绝大部分教师能够与时俱进，随着时代的发展为自己设定一定的专业发展目标并努力实现，但仍有部分教师不能确定自己的专业发展目标。部分教师缺乏一定的专门教育素养，具体表现如下：对教育科学基本理论知识的掌握不够，不能恰当地运用教育学、心理学的基本概念去处理教学中的各种问题；不能根据学生的特点开发课程资源，编写乡土教材；不善于总结工作中的经验教训。

2）心理素质方面

现代社会教师的角色日益多样化，不仅社会角色更加丰富，职业角色也变得多样，频繁的角色转换和多方面的角色期望，使得教师时常发生角色冲突。这时，如果教师不能对自己的心理状态做一些调整，就有可能会出现心理障碍和心理疾病。“教师的心理健康不仅会直接影响教育工作的成败，而且会影响学生的心理健康水平。”[①] 本次调查发现，绝大部分教师在工作中遇到困难时能用乐观向上的态度积极面对，部分教师不确定和不符合“积极面对工作中的困难”这一要求。也就是说，并非所有教师遇到困难时都能乐观坦然地面对。部分教师工作上的困难无法及时解决，由此心生抱怨，丧失了对工作的热情和信心。

我们在调查中也发现，近半数教师表示完全符合“当教师发生意见产生不愉快时，可以用适合自己的方式调节”的情况。多数教师表示符合这一情况，少数教师表示没有合适的调节方式（图4-11）。这就说明，当教师之间产生意见发生不愉快时，部分教师不确定是否能用适合的方式进行自我调节，而当这种不愉快的心情不能得到释放和缓解的时候，就会无形中被带入课堂教学中，把这种情绪传染给学生，有的甚至在课堂中发泄出来。这种消极情绪会让学生感到恐慌和不安，从而产生对教师的畏惧感，也不利于教师的师德修养的提升。

3）个人形象方面

教师的个人形象非常重要，特别是对于中小学教师来说，教师的衣着整洁、举止得体能够给学生做好示范，维护好教师的光辉形象。但在现实中，部分教师的个人形象严重损坏了教师的形象，如穿短裙、色彩过于鲜艳的服饰，穿拖鞋给学生上课；有的言行举止不雅观，如乱扔垃圾、随地吐痰等。本次调查显示：对于教师衣着整洁得体很重要这一问题，大多数教师给予了肯定的回答，认为教师应该衣着整洁、行为得体，但也有少数教师缺乏这方面的意识（图4-13）。衣着形象的规范是对于教师的基本要求，在这一基本要求上，所有教师本该全部都做到，

① 王道俊，郭文安. 教育学[M]. 北京：人民教育出版社，2016：458.

但仍存在部分教师衣着形象不符合规范，这是教师自我专业素养需要提升的一个方面。

四、教师师德修养改进建议

（一）研制教师师德修养评价标准

“学高为师、身正为范”是对教师的基本要求，师德更被视为教师职业的首要素质。教师师德修养评价标准作为衡量教师在教育教学过程中的行为是否合乎道德的准绳和尺度，是教师道德进行评价的主要依据和基本规范。根据教育的实际情况制定符合实际、科学严谨的师德评价指标，是顺利开展教师职业道德评价工作的基础和保证。随着社会的发展进步和教育本身的变革创新，教师师德修养建设也进行了一系列改革，学校教师师德修养建设和人事制度改革相对滞后，使得实质性的改革尚未真正开始，考察制度、评估制度、奖惩制度都未能触及体制的根本，师德修养评价指标本身也存在考核点不够清晰、考核内容不够明确等问题，导致对教师的职业行为缺乏严格有效的约束和监督，对道德规范缺乏有效的维护和强化的手段，从而在一定程度上助长了师德滑坡的趋势，研制教师师德修养评价标准成为新的历史条件下教育自身发展和教师专业发展的需要。

教师师德修养评价标准是衡量、判断教师在教育教学实践中道德行为善恶的准绳和标尺，它主要指的是师德的基本原则和主要规范。从伦理学意义上来讲，评价教师职业道德行为与品质的最一般标准应该是善和恶，但这并不意味着教师师德修养的评价标准是永恒的、抽象的；相反，它是具体的，随着时代和历史的变化而不断变化，在体现其社会性的同时，还有其明显的职业性，即要结合教师职业的特点，把社会性的道德要求具体落实在教师的职业行为中。[①] 因此，教师师德评价的社会行为标准和职业道德标准共同构成了教师师德修养评价的标准体系。

教师师德修养评价的社会行为标准强调其善恶标准的社会性，教师道德只是整个社会道德的一部分，它必须充分反映社会对教师的道德要求，既要以教育道德原则和规范为道德行为标准，又要以从社会利益中引申出来的社会道德原则和规范为道德行为准则。在社会发展过程中，教师总是要对一定的社会和事业负责，为其所属的社会培养人才，这是教育活动的社会目的。这种社会目的要求教师的行为必须符合一定社会的道德要求，有利于教育事业的发展，凡是与一定社会的

① 宁静. 当代教师职业道德评价研究[D]. 沈阳师范大学，2011.

道德原则相符合的教育行为就是善的；反之，与其相悖的教育行为就是恶的。[①]

师德评价标准仅考虑一般的社会标准是不够的，还必须考虑教育活动自身的特点和要求，体现教育活动的特殊性，即符合教师的职业道德规范和原则。教育的最终目的是实现人的全面而富有个性的发展，这也是教师师德修养评价的最高标准。这一标准要求教师的道德行为和品质应有利于促进学生的全面和谐发展，与之相悖的就是恶的、不道德的职业行为，具体表现为教师的行为应符合学生的个性心理特征，并有利于学生的心理健康发展和良好心理品质的形成；应促进学生的德智体美劳等方面全面发展；应有助于教育事业的发展，有利于在全社会形成良好的道德氛围。

教师师德修养评价标准的问题就是"用什么去衡量"的问题，确定评价标准是做好师德评价的前提和基础。怎样的行为是善的？怎样的行为是恶的？"根据新时期未成年人思想道德建设的要求和当前实际，师德建设要坚持以热爱学生，教书育人为核心，以爱岗敬业、为人师表为基本要求，以阶段性职业行为禁行规定为底线要求，加强制度建设，强化科学管理，使师德建设工作的关键环节和主要内容具体化、规范化、制度化。"[②]①需要确定一个科学合理的师德修养评价指标。要基于师德建设的目标，对构成师德评价指标的细致内容及预期目标进行定量和定性的分析，做到清晰、准确和可测。[③]可量化的指标要准确量化，不能或难以量化的指标要清楚明确地表达出其特征，适当地加以举例说明，便于评价者领会。②师德修养评价标准应具有时代特征，满足新时期教育发展的需要，适应素质教育的发展。③评价指标应体现内容的全面性。学校在评价工作中要摒弃过去那种以学生的考试成绩为唯一标准的做法，从学生的综合发展上分析教育成效，因此应将学生综合素质的提高作为主要依据，并对教师的教学能力和教学态度进行综合考察。

（二）加强教师师德课程教学建设

"师德即教师的职业道德，是教师职业素养的核心与灵魂。"[④]一名合格的人民教师要有炽热的师爱之心、敏锐的洞察力、公正的判断力、宽宏的度量和无私

① 宁静. 当代教师职业道德评价研究[D]. 沈阳师范大学，2011.

② 周济. 大力加强师德建设 努力造就让人民满意的教师队伍[J]. 中国民族教育，2004（5）：4-7.

③ 瞿鹤鸣，吴佳. 当代师德评价探究[J]. 广西社会科学，2007（9）：184-187.

④ 罗丽君，刘丹，乔德吉，等. 以习近平新时代中国特色社会主义教育思想引领高校师德建设[J]. 西藏大学学报（社会科学版），2018，33（1）：12-16.

奉献的精神，要起到榜样示范作用。当前师德培养的方式丰富多样，但大多流于形式，没有取得理想的效果，因而需要改进师德培养的方式，加强教师师德课程教学建设。“高等师范院校培养的主要是进入社会领域后从事中等学校教育工作的社会主义劳动者——教师。”①师范教育是国家教育建设的根本，是全部教育工作的中心环节，师范教育作为实现普及教育和培养建设人才的工作母机，其作用是不言而喻的。高等师范院校在加强教师职前修养方面起着基础性、不容忽视的作用，理应在课程教学中加强职前教师的师德修养教育。师德修养是一个持续不断的过程，职前师德修养在教师师德修养的整个过程中起着前提与基础的作用。职前师德修养就是指教师在入职前要认清自己所从事的职业的特点，了解自己的工作对象，不断修养自己的师德品格，从而为走上工作岗位打下坚实的基础。教师职前师德修养和师德建设关系到中小学生的健康成长，因此在入职前加强师德修养是十分必要的，只有这样才能规避师范教育在职业道德方面的失声与断裂。与普通高校相比，高等师范院校对德育的要求相对来说高一些，其德育的着眼点应放在帮助师范生养成从事教育劳动所应具备的职业品格与理想人格上。

1. 以师德为基础来构筑高等师范院校德育的平台

构筑高等师范院校的德育平台要以师德为基础，可以从以下几方面进行：①要从教育劳动的本质出发，培养师范生的职业信念。职业信念是教师树立自我成长目标、自觉提高思想道德素质和职业素养的动力，它的缺失是教师队伍中一系列问题产生的根本原因。强化教师职业信念，尤其需要帮助师范生直面日益开放的社会，在观念的碰撞中提升鉴别能力和选择能力。树立正确的价值观，将教育事业当成自己的历史使命，并竭尽全力完成它。②要从教育劳动者必备的素养出发，培养师范生的职业品行。因此，“要结合教育岗位的特殊要求，对师范生进行思想、政治、法纪、道德方面的教育，培养其优良的品行，将有利于师范院校德育内容、方法、手段以及评价标准的专业化设计，使师范生品行的养成具有清晰的定位，以有效地改善目前德育乏力之现状”①。③必须关注“师范化的环境”的精心创设。教师的光荣感和责任感的培养在很大程度上依赖于师范化的教育环境的感染与熏陶。在当前我国综合大学设置教育专业，师范大学学科综合化的发展趋势下，“师范化的环境”的创设尤其值得关注。校园中富有时代气息的建筑群落、独具匠心的雕塑艺术，以及振奋人心的宣传标语都是宝贵的教育资源和财富。“师范化的环

---

① 钱焕琦. 从师德的基本要求出发 构筑高师德育的平台[J]. 高校理论战线，2003（3）：37-39.

境”不仅指自然环境的创设，还包括校园中传承已久的纯厚校风。“以‘明日教师’为出发点精心创设、着意渲染的自然环境和人文环境，将使任何置身于其中的师范生在自觉参与中，其思想感情受到熏陶，精神生活得到充实，道德境界得到升华。”①

2. 高等师范院校应加强师德建设

“提高教师自身的政治觉悟，这是切实加强师德建设的前提性措施；高校教师要努力学习高等教育理论，树立现代教育观念，如素质教育观念，以人为本观念，教育创新观念，终身教育观念；抓好职业道德教育，增强教师的职业道德意识；加强师德考核，强化政策导向，建立师资管理的激励机制与淘汰机制；营造良好的校园环境。”②高等师范院校通过师德建设，使师范生受到潜移默化的熏陶，让他们自觉地将师德要求内化于心，外化于行，从而为将来在工作岗位上发挥优良师德品质打下坚实的基础。

3. 要加强职前师德培训

许多师范生对教师这个职业的性质、意义、地位、作用以及社会对教师职业的道德要求的认识是表面的、肤浅的，他们的认识往往带有偏向性和对职业选择的非自愿性。通过职前教育和培养，学生能够比较自觉地接受教师职业的价值体系，逐步树立起教师职业道德的意识，具备教师职业道德的人格，并不断进行教师职业道德的自我评价。

在学校学习期间，是师范生接受教师职业化的训练过程。这种职业化的训练，除了专业理论知识、教师职业的基本技能外，培养教师的职业道德，进行师德实践训练，提高师德水平，同样是师范生职业训练的重要内容。高等师范院校应加强职前教师师德修养课程教学方面的建设，使学生能够正确地认识教育职业活动中的各种利益关系，认识到自觉遵守师德规范与要求的必要性和重要性，努力把师德规范和要求与培养自身的良好道德习惯并有机地结合起来，用师德规范自己的言行，从而使自己具备良好的师德素养。加强教师师德修养的课程教学建设，具体可从以下五个方面切入。

（1）认识师德。对职前教师的师德修养教育，首先应从提高师德认识入手，明白教师职业道德观念和规范；明白教育教学活动中应遵循的师德要求；明白师

① 钱焕琦. 从师德的基本要求出发 构筑高师德育的平台[J]. 高校理论战线，2003（3）：37-39.

② 杨兆，孙海勇. 对当前加强高校师德建设的思考[J]. 科学管理研究，2004（12）：110-112.

德在完成培养人才工作中的重要意义。具体地讲，包括掌握师德规范的基本概念和基本原理，坚定师德信念，比如通过讲座、开设专门的师德课程等多种形式向师范生传递师德要求，强调师德的重要性。

（2）陶冶情感。在提高师德认识的基础上，职前教师教育应注意师范生师德情感的建立。因为没有师德情感，也就没有实践师德原则和规范的自觉行为。积极健康的师德情感在教育和培养人才的职业活动中具有更大的意义和作用，学校可以请全国优秀的师德模范教师来学校举办讲座，使其与师范生进行交流，为师范生树立师德榜样，使师范生向榜样看齐。

（3）锻炼意志。师德意志就是指教师在进行教师职业活动过程中所表现出来的能够自觉克服困难和排除障碍，并做出正确的行为抉择的主观能动性。这一点对教师从业者来说更为重要，可以在具体的教学实践中教育师范生践行师德标准，以锻炼其师德意志。

（4）养成行为习惯。提高师德认识、陶冶师德情感、锻炼师德意志最终都要归于师范生良好师德习惯的养成。学校通过师德修养的相关课程与教学使师范生把师德意志自觉转化为育人的师德行为，这是形成师德品质的关键。

（5）改革师范教育，培养创造性人格。师范教育是培养中小学教师的“工作母机”，其主要使命之一是培养出更多优秀中小学教师，将来更好地为社会培养更多具有创造性人格的有用之才。因此，创造性是教师人格中最具意义和影响力的人格，对它的培养无疑具有重要的作用。因此，教师教育课程应强化对实际教学及教学管理活动案例的解剖和反思，在此基础上设计出有个性的教学及管理方案。同时，师范院校应重视对学生的创造能力的考核，鼓励学生不断追问、不断改变和创新。

综上所述，“教师在培养‘明日教师’的文化专业素质的同时，应将师德的培养纳入教育目标、体制、课程、环境、生活、生源、分配、评价和管理等所有教育环节，并真正落到实处”①。

（三）严格教师准入中的师德要求

师德是教师的从教之基、素质之魂。师德的好坏与教学业务水平的高低并非直接对应的关系，但会对学生的价值取向甚至教育事业健康发展产生必然影响。有鉴于此，严格教师准入中的师德要求，在教师招聘环节加大师德修养的考核力

---

① 钱焕琦. 从师德的基本要求出发 构筑高师德育的平台[J]. 高校理论战线，2003（3）：37-39.

度，对失德者实行“一票否决”，不仅是教育科学事业发展的需要，也是教师队伍健康成长的内在要求。轰动全国的“红黄蓝幼儿园虐童事件”曾引发了社会对教师准入门槛的激烈讨论，教师整体队伍良莠不齐是埋下祸根的源头。因此，加强师德师风建设，要求各级教育部门在招聘环节加大对教师师德修养的考核力度，是保障教育教学质量的重要措施，也是保障学生身心健康发展的一道基础防线。2016 年 12 月 7 日，教育部召开发布会，介绍《国家中长期教育改革和发展规划纲要（2010—2020 年）》实施五年来教师队伍建设的情况。专家表示，未来我国将在“重师德”等方面进一步下大力气，将师德教育贯穿教师培养、岗前和职后培训、管理的全过程，将师德表现作为岗位聘用、职称评审、评优奖励等的重要指标，实行一票否决制。严格师德惩处，对于违反师德行为的，发现一起、查处一起，从根本上遏制违反师德行为的发生，进一步明确了师德评价在教师职业生涯中的重要地位。

《中华人民共和国教师法》第十条规定：“中国公民凡遵守宪法和法律，热爱教育事业，具有良好的思想品德，具备本法规定的学历或者经国家教师资格考试合格，有教育教学能力，经认定合格的，可以取得教师资格。”① 由此可见，我国教师资格的基本准入机制主要是学历要求和资格考试，这是硬性指标。虽然教师资格考试的试题中有关职业道德的内容占了不小的比例，但毕竟是书面形式的，不能客观地反映教师本人真正的师德修养水平，更不能对其教书育人的行为形成实质性的约束。为保障真正适合当教师的人才进入教师队伍，需要不断完善中小学教师准入和招聘制度，全面推行中小学新任教师公开招聘制度。教师公开招聘的方法要符合教育教学规律和教师职业的特点，强化对申请入职人员的品德和思想政治素质的考察，在考试内容的设置上突出对岗位特点和师德修养的考察，应该增加签署“教师职业道德承诺书”这一重要环节，甚至有必要进行就职宣誓。同时，教育管理部门还应该编制教师“职业道德手册”，详细规定教师在师德方面的思想高度和行为标准，保证其具有可操作性，奖惩结合，形成对教师职业道德的约束机制。在此基础上，学校在平时的教学实践活动过程中，应充分加强对教师师德修养的培育和提升工作，形成良好的师风与互信互教的文化氛围，使得教师头脑里“为人师表”这根弦始终不放松。②

建立健全教师资格准入制度是教师师德修养建设的重要保障，教育管理部门

① 中华人民共和国教师法[EB/OL]. 教育部网站. http://www.moe.gov.cn/s78/A02/zfs_left/s5911/moe_619/tnull_1314.html[2019-08-25].

② 李丽. 关于建立教师职业道德准入和退出机制的思考[J]. 中国人才，2010（22）：131-132.

应把师德建设纳入教师队伍建设整体规划的章程，严格教师资格准入制度，加大对教师师德修养的考核力度，挑选有真才实学、职业道德良好的人进入教师队伍和岗位，始终保持教师队伍的纯洁性。政府应重视教师准入制度建设，严把入口关，在聘用教师时加强对其师德修养水平的测评与评估，建立科学的评价体系，防止不符合任职资质的人员、师德修养不合格人员进入教师行业任教，建设一支师德高尚、热爱学生、业务精良、结构合理的教师队伍。学校本身要强化德育教育的责任感和使命感，认真对教师的道德资质进行考核，打造和持续培育教师队伍的道德优势，让教师队伍真正成为优秀的群体，让德才兼备的教师成为学校的中坚力量，只有这样才能真正创设"教书育人"的良好教学氛围，培养全面发展的人才。

（四）优化教师师德修养提升策略

1. 落实《新时代中小学教师职业行为十项准则》

教育部于2018年11月印发并实施了《新时代中小学教师职业行为十项准则》。教师职业行为准则是指教师职业行为的基本规范，是教师必须遵从而不能违背的职业行为底线。"制定教师职业行为准则，明确新时代教师职业规范，针对主要问题、突出问题划定基本底线，加强师德师风建设，是建设政治素质过硬、业务能力精湛、育人水平高超的高素质教师队伍的重要举措。"[①] 十项准则内容包括：坚定政治方向、自觉爱国守法、传播优秀文化、潜心教书育人、关心爱护学生、加强安全防范、坚持言行雅正、秉持公平诚信、坚守廉洁自律、规范从教行为。

任何职业都离不开基本的职业规范，规范教师职业行为，保障和完善中小学教师师德修养，必须落实《新时代中小学教师职业行为十项准则》。①该准则是教育部根据党、国家、全国教育大会的精神，在回应基层情况、凝聚基层智慧的基础上反复调查、征求各方意见、修改完善而形成的制度性文件。②任何职业都需要遵从一定的职业行为规范，特别是教师。"教师是决胜全面建成小康社会、建设社会主义现代化强国的重要力量，是落实立德树人根本任务、培养德智体美劳全面发展的社会主义建设者和接班人的关键。"[①] ③结合新时代、新问题、新要求而制定的符合时代发展现实情况与需要的准则比以往的准则更完善，更符合时代发

---

① 弘扬高尚师德 明确底线行为 造就党和人民满意的高素质专业化创新型教师队伍——教育部教师工作司负责人就印发实施新时代高校、中小学、幼儿园教师职业行为十项准则等答记者问[J]. 重庆与世界，2018（24）：4-5.

展的需要，有利于提高中小学教师职业行为，使之更符合时代的要求。④教育部指出："准则既有正面倡导、高线追求，也有负面禁止、底线要求。"[①]这既是对教师职业行为中存在的问题的纠正性规范，也是对提高教师职业行为的期望。该准则有利于改进本调查报告中呈现的中小学教师师德修养存在的主要问题，例如，该准则中提出的坚守廉洁自律、规范从教行为的要求，有利于改进教师对教育工作的理解所呈现出的严重名利思想倾向；加强安全防范的规范条例，有利于改进教师对学生生命安全依旧存持"旁观者"心态的问题；言行雅正、秉持公平诚信、关心爱护学生，有利于改进教师对学生缺乏应有的尊重的状况；传播优秀文化、潜心教书育人，有利于提高教师的教育教学的态度与行为，提高教育教学质量。同时，该准则也有利于提高教师的个人修养，可以说规定了师德修养的基本底线。

《新时代中小学教师职业行为十项准则》是教师职业行为最基本的规范，我们必须要采取多方面的有效措施落实该准则的基本内容。更重要的是要落实教育部在答记者问有关如何确保准则落到实处的回应中所倡导的措施，具体要求如下：①形成制度体系。准则的实施必须以科学、系统、可运行等为前提，配合该准则出台相应的配套文件，以保证该准则的完整、系统，且需要制定准则的运行机制、实施办法等具体内容。②加强对准则的宣传、学习、培训。各地学校要高度重该视准则的落实，全面宣传，采取多种形式引导广大教师理解和把握该准则，深刻认识自己应遵守的职业行为规范，以及使自己的职业行为符合准则的要求。各学校要加强准则的学习、培训，通过开展师德行为基本准则相关主题演讲、会议、讲座、主题培训课等方式，使教师全面、深刻地理解与掌握准则，做到知准则、行准则，使自身的职业行为符合最基本的职业行为规范，以保障师德底线。③把准则要求落实到教师管理的具体工作中，主要是通过教师聘用、考核过程实现。在教师聘用过程中，通过准则相关职业行为规范的测试、面试、宣讲等方式，聘用符合教师职业规范条件的应聘者，并进行入职职业行为规范知识培训。除此之外，学校要强化考核，在教师年度考核、职称评聘、推优评先、表彰奖励等工作中必须进行师德考核，实行师德失范"一票否决"制，改进师德考核方式方法，避免形式化、随意化。另外，要完善师德考核指标体系，提高其科学性、实效性。[①]④强化监督检查。学校要加强对教师职业行为、师德师风的监督和检查，在日常的具体教学中加强监督和检查，比如，通过课堂突击检查巡视、学生反映等各种

① 弘扬高尚师德 明确底线行为 造就党和人民满意的高素质专业化创新型教师队伍——教育部教师工作司负责人就印发实施新时代高校、中小学、幼儿园教师职业行为十项准则等答记者问[J]. 重庆与世界，2018（24）：4-5.

有效形式进行监督和检查，规范教师的职业行为。⑤将准则要求作为对教师进行考核和评价的依据之一。对于表彰奖励、职位升迁、推优评先等，首先要参考教师职业行为是否符合《新时代中小学教师职业行为十项准则》的基本内容，如果有违背之处，即使该教师在其他方面有过人之处，也实行“一票否决”制。

2. 创新和完善中小学教师师德修养的长效机制

1）创新和完善培训机制，以实现师德修养的“知行统一”

随着时代的快速发展，我们进入了知识经济的时代，人们在对教师知识储备方面的要求提高的同时，也对教师师德修养提出了要求。为了不断提升自己的能力，顺应社会要求，教师要不断学习，提高、完善自己。然而，仅仅依靠过去的培训机制已经不再能满足提高教师道德修养的需要，因此创新和完善教师培训机制至关重要。

（1）优化培训内容，提高教师的道德判断能力。一方面，学校应当有目的、有计划地组织在职教师系统地学习《中华人民共和国教师法》《中华人民共和国职业教育法》等，增强教师的职业道德意识，使教师明确自身的使命、权利和义务；另一方面，首先鼓励教师参与研究活动，通过研究活动提高教师的批判性思维。在一线工作的中小学教师可以与大学或研究机构的人员联合共同组成科研小组，结合当前中小学教育教学实际状况进行深入的调查和思索。“在研究过程中，既可以培养教师的合作意识，又可以使教师掌握一整套科学的技术规范以及职业规范，同时通过学术研究活动还能够使教师形成独立思考的习惯以及实事求是的精神。然后通过训练教师有意识地对教育过程中的道德情境进行批判地分析，提高教师的道德判断力，并鼓励教师在教育和社会实践活动中身体力行，把道德认识转化为教育情境中的自觉的道德行为，真正做到‘知行统一’。”[①]

（2）改进培训方式，灵活对待教师师德培训。“在互联网高度发达的今天，网络培训不失为一种很好的培训方式，其具有较强的适应性，在培训时间和地点的选择上可以尽量扩大范围，这样可以为教师学习提供更多的便利。同时在培训项目的选择上，应给予教师更大的自主选择空间，改变过去‘一切遵从行政部门的规划指示’的培训方式。”[②] 给教师提供多种途径和项目的培训内容，鼓励教师自主选择、积极参加，只有这样教师才能够真正通过培训满足提高自身师德修养的

① 齐梅，李铁君. 按照素质教育的要求加强师德建设[J]. 教育研究，2001（12）：22-33.

② 韩兴慧：浅谈高校教师培训制度建设的现状及改善途径[EB/OL]. 综合研讨：279-280. http://www.docin.com/p-1568417702.html [2020-04-20].

需求。

（3）重构师德修养的培训制度及相关保障。教师培训作为一种现代培训模式，其运行必然依赖于相关制度，只有建立合理的培训制度，才能确保教师培训规范且有效地进行。为此，需要做到以下两点：一方面，需要加强立法工作，同时完善相关的政策与制度，例如，可以在《中华人民共和国教育法》《中华人民共和国教师法》等法律法规中增加有关教师师德修养培训的内容，以规范并保障师德培训工作顺利进行；另一方面，在培训经费上给予充分保证，政府应优化政策环境，加大对教师培训的投入，给予教育培训机构更加充分的资金保障，以便降低教师培训工作的资金压力，同时提高教师参加培训的经费报销效率，让教师安心学习，从而提高培训的实效性和针对性。

2）创新和完善评价机制，以促进教师自觉加强师德修养

评价是一次工作的结束，也是下一次工作的开端，正确、积极的评价能激发教师的工作热情。因此，可以说一个良好完善的评价机制对于中小学教师师德修养的提高具有不可忽视的积极意义。

（1）注重教师自我评价，提高教师反思意识，加强自我教育。有学者认为，反思是思考者立足于自我之外批判地考察自己的观念、行动及情境的能力，提高教师反思意识有助于教师克服技术理性主义的教育观和教师观的弊端。当教师要追求教育教学的合理性并为其观念和行动进行辩护时，就应当对这些观念和行动进行深刻的反思。学校可以要求教师每天或每周写一次自我反思记录，并将其作为期末考评的重要参考。这种反思的内容包括：对自己的行动和行动的结果的分析；对自己的教育教学与学校目标关系的分析；对教育情境的审视，以及理解教育教学的广泛的社会和道德基础，这也是师德建设不容忽视的途径。①

（2）坚持评价主体多元性的原则，广泛收集来自学校同事、领导小组和学生、家长的评价意见。学校可以成立专门考核教师道德修养的评价小组，由他们负责教师道德修养的评价考核任务。同时，学校同事、学生和家长作为与教师经常接触的群体，他们是体现教师道德修养的语言行为的直接承受对象，能够对教师的道德素质有较深刻的了解。最后将评价小组和群众的评价进行综合、辅以教师自我反思记录，才能得到对一个教师道德修养的最全面和完善的评价。值得注意的一点是，学校要为教师营造一个宽松和谐的舆论氛围，避免因为主观因素而对教师进行恶意评价，从而影响评价结果的现象。

① 齐梅，李铁君. 按照素质教育的要求加强师德建设[J]. 教育研究，2001（12）：22-33.

（3）完善评价制度，改变评价的形式主义，使得对教师师德修养的评价落到实处。建立既能反映学校的要求、学生的评价又能符合大多数教师实际的学校、教师、学生三位一体的师德考评制度，把师德表现作为年度考核、职务聘任、优秀教师评选、派出进修和评优奖励等的重要内容和依据，与教师的切身利益相挂钩，实施师德“一票否决”制。

3）创新和完善监督机制，以形成广泛参与的监督网络

监督工作是其他工作得以顺利完成的重要保障。以德树人、积极完善自身形象，做一个德才兼备的优秀人民教师，要靠对师德师风的监督来确保实现。创新和完善师德修养的监督机制，主要是要将自律与他律相结合、行政监督与社会监督相结合。“通过设立师德督导巡视组、进行不定期的问卷调查、建立师德监督网站，对教师师德加以示范和警戒，营造师德建设的良好氛围，不断鼓励教师自我加压，严格自律，以达到慎独的崇高境界。”① 具体可通过以下几方面进行。

（1）学校内部组织要加大监督力度。学校要安排专人负责师德师风监督工作，对师德师风建设各项活动和各个阶段的工作进行验收检查，发现问题及时纠正。同时，学校要制定并完善师德建设督导评估细则，把师德师风考核结果作为评定教职工考核成绩的重要指标，还可以让教师写“师德师风承诺书”，并贴在自己的办公桌上，以此来督促自己时刻注重行为语言，不做违背师德师风的事。

（2）广泛收集来自学生、家长关于师德师风建设的意见和建议。学校可以在校园网上开辟师德师风信息宣传栏，每学年至少组织两次师德师风调查或“我心目中的好教师”评选活动，调动学生如实参与评价，加强师德师风学习教育的针对性。学校还可以采取“走出去”和“请进来”的办法，建立家长委员会，聘请义务监督员，发放家长联系卡，发挥家校合力的巨大作用。

（3）设立师德师风举报箱，公开举报电话，安排具体人员接待群众的来信、来访，处理好群众意见。需要注意的是，学校要加强对师德问题举报人的保护，依法保护师德举报人的权益，凡出现泄露举报人信息，报复、打击举报人的，要依据有关规定追究其责任。

3. 明确中小学教师师德自我修养的基本方法

1）学习与实践

教师职业具有示范性的特点，教师的一言一行都会潜移默化地影响学生，所

① 李冬. 关于加强新时期高校师德建设的思考[J]. 中国高教研究，2001：53-54.

以教师应该注意自己的言行举止，用优秀的道德品质影响学生。同时，教师应该具有良好的师德修养，教师良好的师德修养并不是与生俱来的，是经过长期的学习与实践，不断完善形成的。

（1）加强学习。学习是知识经验的获得以及行为变化的过程，学习不仅包括学习知识，还包括学习技能、经验，也包括教师修养本身。因为教师修养作为社会道德在教师职业中的体现存在于整个社会生活中，只有不断从社会生活中吸取精神营养，才能不断地丰富和提高修养水平，所以学习是提高教师师德水平的前提，教师必须具备勤奋学习的精神。一是要学习马克思列宁主义、毛泽东思想、邓小平理论、“三个代表”重要思想、科学发展观和习近平新时代中国特色社会主义思想，树立正确的人生观、世界观、价值观，提高自身的政治觉悟，坚持科学发展的原则，树立终身学习理念；二是要学习师德修养理论，人类在长期的社会实践中积累了丰富的师德修养理论，我们要批判地继承和发展；三是要学习教师职业道德规范，深刻理解教师职业道德的精髓，自觉履行教师职业道德规范，提高遵守师德规范的自觉性；四是要学习专业知识、教育理论，尽可能多地学一些有利于提高师德修养的知识，因为知识可以塑造人格，全面提高教师的师德水平。

（2）躬身实践。实践是认识的基础，也是道德修养的基础，提升教师的职业道德修养，关键在于实践。因此，教师要提升道德修养水平，必须投身于社会实践。一是要积极投身于社会主义物质文明和精神文明的建设中去。只有在两个文明的建设之中，教师的道德修养才不会偏离方向。二是要投身于教育实践。教书育人是教师的基本实践，教师道德修养中的各种矛盾都存在于教书育人的实践中。要把教师道德要求化为自身内在的道德品质，每个教师都需要付出艰苦的努力或牺牲一定的个人利益。对于教师能否战胜自我，自觉自愿地依据社会主义教师职业道德的要求，适应社会主义教育事业的发展需要，只有在教育教学实践中才能做出回答。

2）尝试与自省

提高教师的师德修养还在于勇于尝试。虽然人类已经积累了丰富的教师道德修养理论，但是这些道德修养理论不是一成不变的，而是要随着时代的变化和社会的要求不断创新和发展。教师只有在不断创新的工作需要中才能产生自我完善的动力，所以教师要在实践中不断尝试，把别人的经验或理论引进来，结合自己的实际，创造性地进行实践。在每一次尝试中要善于发现和总结，形成新的经验和理论，并吸取经验和教训，了解自己的优点和不足，不断地进行自省。自省作为自我检查、自我提高的重要方法，对于提高教师的职业道德修养、提升师德境界具有重要的作用。自省是教师职业道德修养实现从他律到自律的一种重要方法。教师要自觉地进行思想约束，在内心时时反省自己的言行。如《论语·里仁》所说，“见贤思齐焉，见不贤而内自省也”。教师要以师德规范为准则，以品德高尚的人为榜样，时时反省自己，包括对自己的教育教学效果进行反省，发现不足并改正；反省自己的行为与职业道德规范要求的差距，反省自己与周围其他教师和先进楷模人物之间的差距，完善自己；善于听取来自各方的反馈信息，在他人对自己进行评价的过程中，更好地认识自己、完善自己，从而提高自身的师德修养水平。

3）借鉴与交流

要提高教师的师德修养，不仅需要教师发挥自己的主观能动性，不断学习和反思，还需要内外结合，进行互动交流。与他人进行交流是很重要的，因为人们在交流中相互对话，就某一个问题，谈自己的感受。这会在无形中扩大自身在教育教学中多样化的考虑和选择，所以交流这种方式在教师职业道德自我修养中不可忽视。就需要引导和鼓励教师之间相互学习、探讨、交流和借鉴。在同一所学校，教师之间要相互学习、互相借鉴，增强团队合作意识，“择其善者而从之，其不善者而改之”；在不同学校，要求教师通过互联网进行校际协作互动、资源共享，这对于教师更好地开展工作和更快地提高师德修养是大有裨益的，可以使教师好的工作经验和做法以及良好的道德修养得到肯定和推广，促进教师向科研型、理论性的高层次迈进，逐步形成一种相互配合、相互支持的良好环境。但不可否认的是，在现实生活中，教师之间、教师与领导之间、教师与教辅人员之间还是存在着一些矛盾，对此我们应当遵照《中小学教师职业道德规范》，做到谦虚谨慎、相互尊重、相互学习、相互帮助、维护其他教师在学生中的威信，关心集体，维护学校荣誉，共创文明校风，形成教育合力，只有这样才能更好地提高教师的师德修养。

4）交流与慎独

“慎独”一词源于《礼记·中庸》：“君子戒慎乎其所不睹，恐惧乎其所不闻，莫见乎隐，莫显乎微，故君子慎其独也。”教师职业道德修养的最高层次就是慎独。慎独是指个人在独处无人监督时，仍能谨慎遵守道德原则。作为教师职业道德的修养方法，“慎独”可以通过教师的自我约束与自我监督进行培养，更好地培养和坚定教师的职业道德情感、意志与信念，养成良好的职业道德行为习惯，这能使教师在任何时候、任何情况下都按照教师道德规范去做。“慎独”还是一种高度自觉性的表现。一般来说，在集体生活中，有组织和同事的监督，教师注意自己的言行比较容易做到，而在无人之处，能否严格按照道德标准去行动，就要看其是否有较高的道德修养水平了。做到“慎独”是很重要的，但也是不容易的，这要经历一个由不十分自觉到自觉的过程，是一个不断进行思想斗争和锻炼的过程。“慎独”是教师道德的崇高境界，教师应当逐步达到这样的境界。要做到“慎独”，首先要从隐处着眼，在自己的思想深处寻找最隐蔽的不良思想动机，与之斗争；其次要从微处着手，防微杜渐，不放过一个错点，切忌“因恶小而为之，因善小而不为”；最后要持之以恒，做到生命不息，提升修养的努力不止。

第五章
教师教学能力调查报告

教师教学能力是教师专业发展的核心，也是建设一支高素质的专业化教师队伍的根本保证。党的十八大以来，党和国家高度重视教师专业发展，始终把教师教学能力作为重点关注的领域。2018 年，《中共中央 国务院关于全面深化新时代教师队伍建设改革的意见》中指出，要“强化‘钢笔字、毛笔字、粉笔字和普通话’等教学基本功和教学技能训练”[①]，“紧密结合教育教学一线实际，组织高质量培训，使教师静心钻研教学，切实提升教学水平”[①]。由此可见，提高教师教学能力仍是当前亟待解决的问题之一。基于此，本章从教学设计能力、教学实施能力、教学调控能力、课程资源开发能力和教学研究能力 5 个维度对教师教学能力的现状展开调查，根据调查数据和访谈资料分析制约教师教学能力提升的根本原因，并给出相关的对策建议。

① 中共中央 国务院关于全面深化新时代教师队伍建设改革的意见[EB/OL]. 教育部网站. http://www.moe.gov.cn/jyb_xwfb/moe_1946/fj_2018/201801/t20180131_326148.html[2019-05-20].

一、教师教学能力研究概述

（一）概念界定

长期以来，教师教学能力一直是社会各界和学者关注的热点问题。宋明江等认为，“教师教学能力是指教师为实现教学目的、完成教学任务而具备的知识、技能和情感态度方面的能力”[①]。姚运标认为，教师教学能力是“指教师在教学活动中完成教学任务应具备的本领，是以一般能力（智力）为依托，通过特殊能力表现出的一般能力与特殊能力的结合”[②]。王光明等认为，教师教学能力是“教师核心能力”之一，其包括教学设计能力、教学管理能力、教学实施能力、教学评价能力、课程开发能力等维度[③]。结合各位学者的研究成果，本章对教师教学能力加以界定。教师教学能力是指教师为促进教学目标的高效达成、实现高效教学，依据教学知识和教学技能，培养学生全面发展所具备的规划与设计、组织与管理、评价与反馈、调节与控制、教研与科研等综合能力，主要包括教学设计能力、教学实施能力、教学调控能力、课程资源开发能力和教学研究能力 5 个部分。其中，教学设计能力是指以对教学活动和教学内容的理解为基础来对教学活动各要素进行总体设计的能力；教学实施能力是指教师根据教学目标和学生发展的需要，落实教学设计、组织教学活动的能力；教学调控能力是指教师为了保证教学达到预期目的而在教学全过程中将教学活动本身作为意识对象，不断对其进行积极主动的计划、检查、评价、反馈、控制和调节的能力；课程资源开发能力是指教师按照课程建设和教育教学的需要，开发、运用与整合各种课程资源的能力；教学研究能力是指教师运用科学的理论和方法，有目的、有计划、有组织地对教学领域中所存在的问题及现象进行研究的能力。

（二）研究意义

教师教学能力是衡量一名教师能否胜任教学任务和保证教学质量的一个基本标准。对于教师自身而言，教学能力既是教师必备的基础能力，也是决定教师能

---

① 宋明江，胡守敏，杨正强. 论教师教学能力发展的特征、支点与趋势[J]. 教育研究与实验，2015（2）：49-52.

② 姚运标. 优秀教师的专业基本功[M]. 芜湖：安徽师范大学出版社，2013：75.

③ 王光明，张永健，吴立宝. 教师核心能力的内涵、构成要素及其培养[J]. 教育科学，2018，34（4）：47-54.

否进行高效教学的关键能力。苏联教育家加里宁指出，“具有知识的人不一定就能胜任教学，这只是掌握的材料，材料多固然好，但还要求有极大的技巧来合理运用这些材料，以便把知识传授给别人”[①]。这表明，教学能力对于教师而言至关重要。学者普遍认为教师教学能力十分重要，田立君指出，“教师的教学能力是教师进行有效教学的核心能力”[②]；曾拓和李黎认为，“教师的教学能力是影响教学质量和效果的关键性因素，也是体现教师地位和作用的核心因素”[③]。由此来看，教师教学能力对于教师自身发展以及教学质量提升都具有十分重要的意义。因此，本章对教师教学能力进行了调查，通过了解当前中小学教师的教学能力现状，分析教师在教学能力方面存在的主要问题，提出提升教师教学能力的相关建议，以促进基础教育教学质量的提升。

（三）调查维度

本章将教师教学能力详细划分为教学设计能力、教学实施能力、教学调控能力、课程资源开发能力和教学研究能力 5 个维度，由 17 个背景信息问题和 27 个主要问题组成，其中主要问题包括 5 道多选题、2 道单选题和 20 个程度问题。

1.“教学设计能力”维度

这一维度旨在了解教师设计整体的教学进程、教学方法和教学组织形式的能力。这一维度又可以详细地划分为教师把握学段教材的能力、教师分析学情的能力和教师设计教学环境的能力 3 个指标，共设有 4 个问题。

2.“教学实施能力”维度

这一维度旨在了解教师在一般教学情况下实施所设计的教学计划以及根据实际情况控制教学情境的能力。这一维度又可以详细地划分为教师的课堂组织管理能力、教师的板书设计能力、教师的选择和运用教学方法的能力 3 个指标，共设有 4 个问题。

3.“教学调控能力”维度

这一维度旨在了解教师在教学的全过程中对教学活动进行计划、检查、评价、

① 文剑辉．优秀教师成长之路[M]．广州：暨南大学出版社，2016：87.
② 田立君．以案说理：有效教学需要什么[M]．长春：东北师范大学出版社，2014：156.
③ 曾拓，李黎．教师教学能力研究综述[J]．绍兴文理学院学报（哲学社会科学版），2003（1）：102-105.

反馈、控制和调节的能力。这一维度又可以详细地划分为教师预测教学效果和可能出现的问题的能力（教师对自我效能感的认识）、教师的教学应变能力、教师对学生的评价能力、教师对自己的评价能力、教师的教学反思和调整能力5个指标，共设有9个问题。

4. “课程资源开发能力”维度

这一维度旨在了解教师对信息的收集与处理、筛选与鉴别、组织与协调以及对课程资源的规划与设计的能力。这一维度又可以详细地划分为教师捕捉课程资源的能力、教师对校内课程资源开发的能力、教师对校外课程资源开发的能力和教师对信息化课程资源开发的能力4个指标，共设有4个问题。

5. “教学研究能力”维度

这一维度旨在了解教师在教学过程中发现、分析和解决问题的能力以及在分析、解决问题过程中的创造能力。这一维度又可以详细地划分为教师的独立选题能力、教师收集与分析资料的能力、教师的创新能力、教师选择和运用研究方法的能力以及教师撰写研究论文的能力5个指标，共设有6个问题。

此外，为了解中小学教师教学能力的总体状况以及在教学设计能力、教学实施能力、教学调控能力、课程资源开发能力和教学研究能力5个维度上的具体状况，我们对利克特量表中的5个选项赋值，“完全不符合”赋值为1，“比较不符合”赋值为2，“不确定”赋值为3，“比较符合”赋值为4，“完全符合”赋值为5，分别计算上述5个维度和每个维度下具体指标的均值，并比较均值的大小。均值越高，表明教师在该维度和该指标下对自己的能力的认可度越高。

二、教师教学能力基本现状

（一）总体状况分析

1. 中教高级[①]（或小教特级）教师的教学能力较强，未定级教师的教学能力较弱

单因素方差分析结果表明，不同职称的教师的教学能力存在显著差异

① 中教高级即中学高级教师，为叙述方便，以下教师职称名称均用简称。

（F=55.040，p=0.000<0.05）。职称为中教正高级、中教高级（或小教特级）、中教一级（或小教高级）、中教二级（或小教一级）、中教三级（或小教二级）和未定级的教师的教学能力均值如图 5-1 所示。由此可见，职称为中教高级（或小教特级）的教师的教学能力较强，其次是职称为中教一级（或小教高级）的教师，未定级教师的教学能力较弱。

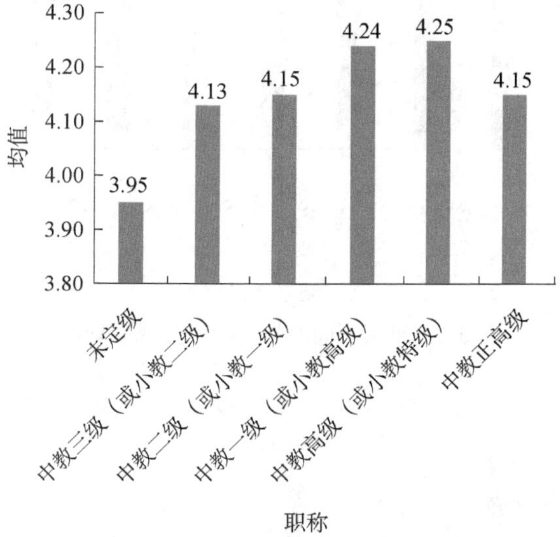

图 5-1 不同职称的教师的教学能力均值

2. 所教班级为小班额的教师的教学能力较强，大班额的教师的教学能力较弱

单因素方差分析结果表明，所教班级班额不同的教师的教学能力存在显著性差异（F=4.767，p=0.000<0.05）。所教班级班额为 10 人以下、10～19 人、20～29 人、30～39 人、40～49 人、50～59 人、60～69 人、70～79 人、80～89 人和 90 人及以上的教师的教学能力的均值如图 5-2 所示。由此可见，所教班级班额为 20～29 人的教师的教学能力较强，其次是所教班级班额为 30～39 人和 40～49 人的教师，所教班级班额为 70～79 人的教师的教学能力较弱。

3. 在编教师的教学能力较强，国家“特岗计划”教师的教学能力较弱

单因素方差分析结果表明，不同身份的教师的教学能力存在显著差异（F=24.956，p=0.000<0.05）。身份为在编、长期合同、代课教师、交流（轮岗）、临聘、国家“特岗计划”、地方“特岗计划”和退休返聘的教师的教学能力均值如图 5-3 所示。由此可见，在编教师的教学能力较强，其次是长期合同教师，国家

“特岗计划”教师的教学能力较弱。

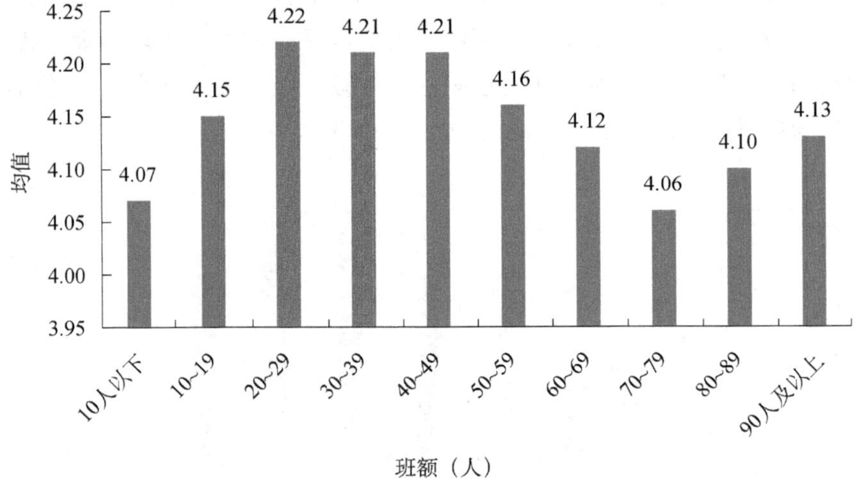

图 5-2　班额不同的教师的教学能力均值

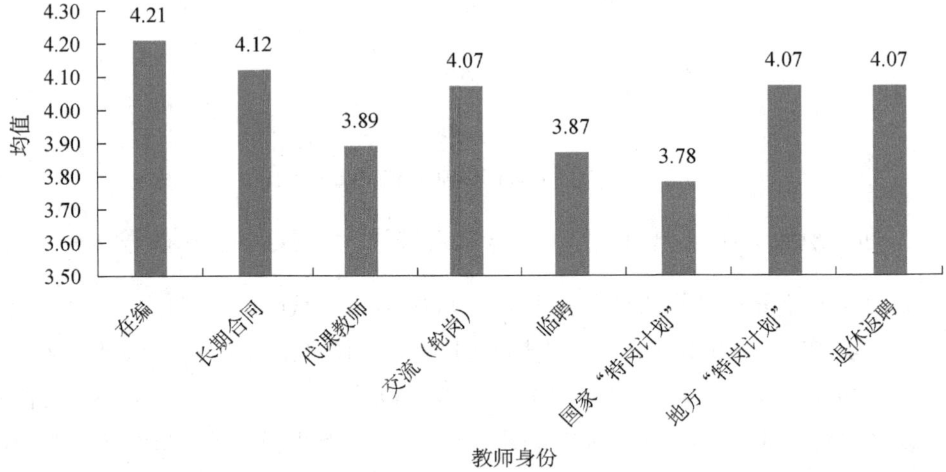

图 5-3　不同教师身份的教师教学能力均值

4. 所获最高荣誉级别为国家级的教师的教学能力较强，尚未获得荣誉的教师的教学能力较弱

单因素方差分析结果表明，所获最高荣誉级别不同的教师的教学能力存在显著性差异（F=99.834，p=0.000<0.05）。所获最高荣誉级别为国家级、省级、市级、区（县）级、校级和尚未获得荣誉的教师的教学能力均值如图 5-4 所示。由此可见，所获最高荣誉级别为国家级的教师的教学能力较强，其次是所获最高荣誉级

别为省级的教师，尚未获得荣誉的教师的教学能力较弱。可以说，随着教师所获最高荣誉级别的上升，教师的教学能力逐渐提高。

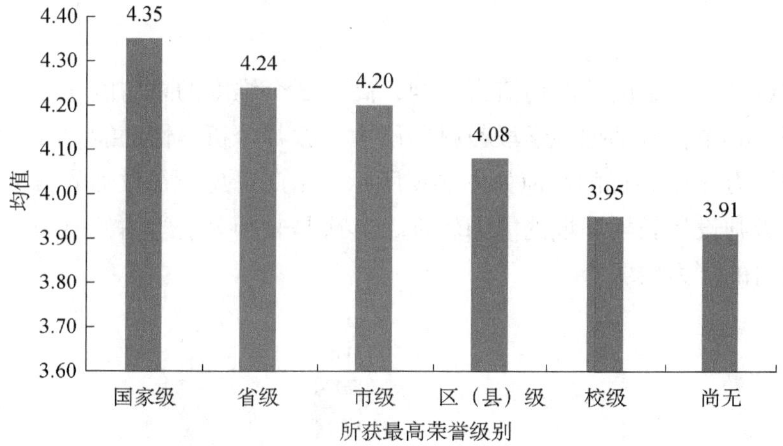

图 5-4　所获最高荣誉级别不同的教师的教学能力均值

5. 教学设计能力总体表现突出，教学研究能力相对较弱

经分析发现，教师教学能力的总均值为 4.19，总体来看，教师教学能力表现较好。其中，教学设计能力、教学实施能力、教学调控能力、课程资源开发能力和教学研究能力各维度的均值如图 5-5 所示。由此可见，在教师教学能力的 5 个维度中，教师的教学设计能力表现最为突出，其次是教师的课程资源开发能力，而教师的教学研究能力处于末位，相对较弱，亟待提高。

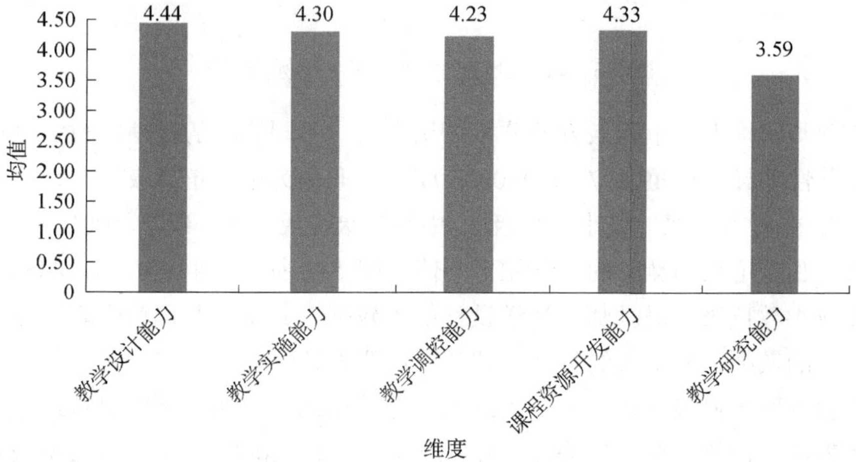

图 5-5　教师教学能力 5 个维度的均值

（二）具体状况分析

1. 在教学设计能力方面，教师设计教学环境的能力较强，把握学段教材的能力较弱

教学设计能力维度的总均值为4.44，高于5个维度的总均值4.19，总体表现情况较好。其中，教师把握学段教材的能力、教师分析学情的能力和教师设计教学环境的能力3个指标的均值如图5-6所示。由此可见，在教师的教学设计能力维度中，教师设计教学环境的能力较强，其次是教师分析学情的能力，而教师把握学段教材的能力较弱。

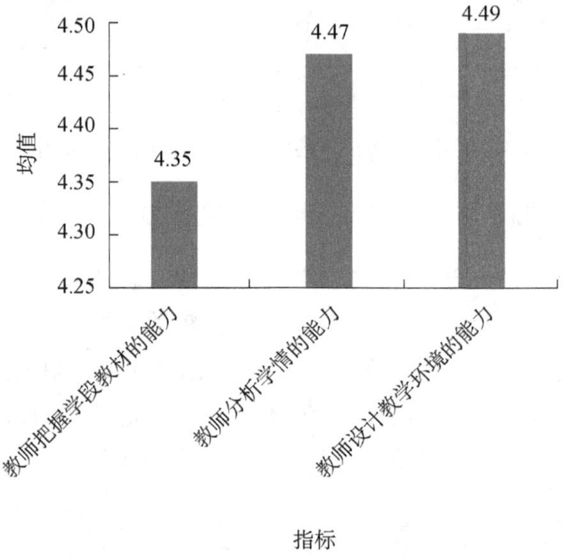

图5-6 教学设计能力维度下各指标的均值

在教师职称上，单因素方差分析结果表明，不同职称的教师的教学设计能力存在显著性差异（F=49.897，p=0.000<0.05）。职称为中教正高级、中教高级（或小教特级）、中教一级（或小教高级）、中教二级（或小教一级）、中教三级（或小教二级）和未定级的教师的教学能力均值如图5-7所示。由此可见，职称为中教高级（或小教特级）的教师的教学设计能力较强，其次是职称为中教一级（或小教高级）的教师，未定级的教师的教学设计能力较弱。

在教师所教班级的班额上，单因素方差分析结果表明，所教班级班额不同的教师的教学设计能力存在显著性差异（F=4.059，p=0.000<0.05）。所教班级班额为

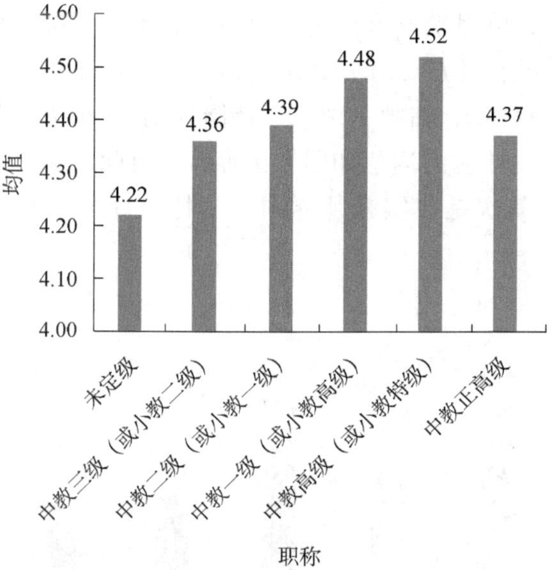

图 5-7 不同职称的教师的教学设计能力均值

10 人以下、10～19 人、20～29 人、30～39 人、40～49 人、50～59 人、60～69 人、70～79 人、80～89 人和 90 人及以上的教师的教学设计能力均值如图 5-8 所示。由此可见，所教班级班额为 30～39 人的教师的教学设计能力较强，其次是所教班级班额为 20～29 人和 40～49 人的教师，所教班级班额为 70～79 人的教师的教学设计能力较弱。

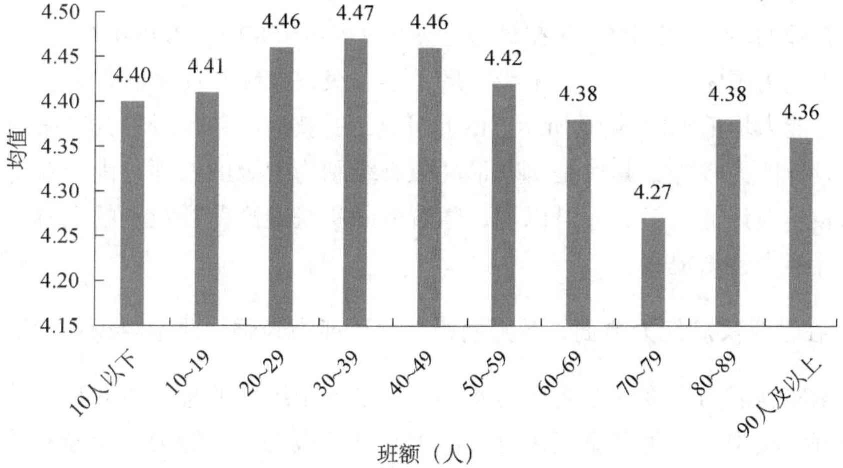

图 5-8 所教班级班额不同的教师教学设计能力均值

在教师身份上，单因素方差分析结果表明，不同教师身份的教师的教学设计能力存在显著性差异（F=21.877，p=0.000<0.05）。身份为在编、长期合同、代课教师、交流（轮岗）、临聘、国家“特岗计划”、地方“特岗计划”和退休返聘的教师的教学设计能力均值如图 5-9 所示。由此可见，退休返聘教师的教学设计能力较强，其次是在编教师，国家“特岗计划”教师的教学设计能力较弱。

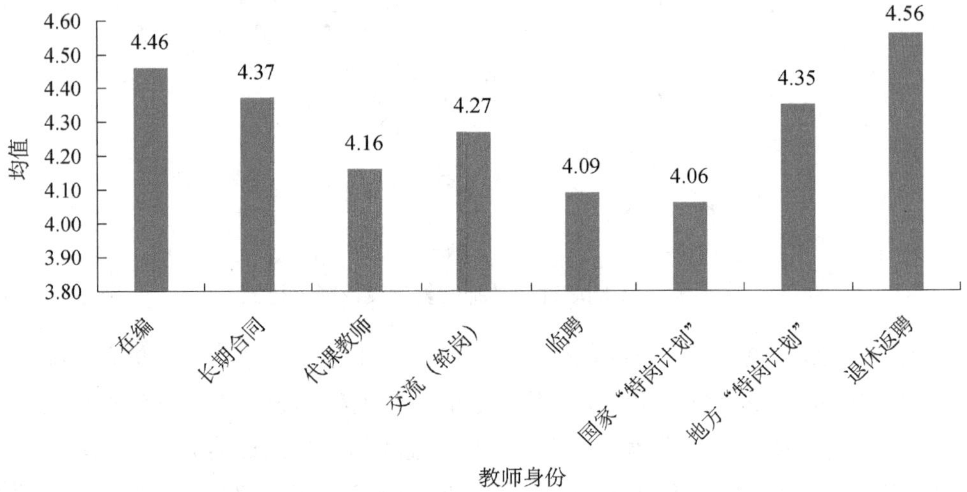

图 5-9　不同教师身份的教师的教学设计能力均值

在教师所获最高荣誉级别上，单因素方差分析结果表明，所获最高荣誉级别不同的教师的教学设计能力存在显著性差异（F=51.580，p=0.000<0.05）。所获最高荣誉级别为国家级、省级、市级、区（县）级、校级和尚未获得荣誉的教师的教学设计能力均值如图 5-10 所示。由此可见，所获最高荣誉级别为国家级的教师的教学设计能力较强，其次是所获最高荣誉级别为省级的教师，尚未获得荣誉的教师的教学设计能力较弱。可以说，随着教师所获最高荣誉级别的上升，教师的教学设计能力逐渐提高。

2. 在教学实施能力方面，教师的板书设计能力较强，课堂组织管理能力较弱

教学实施能力维度的总均值为 4.30，高于 5 个维度的总均值 4.19，总体表现情况较好。其中，教师课堂组织管理能力和教师板书设计能力两个指标的均值如图 5-11 所示。由此可见，在教师的教学实施能力维度中，教师的板书设计能力较强，教师的课堂组织管理能力较弱。

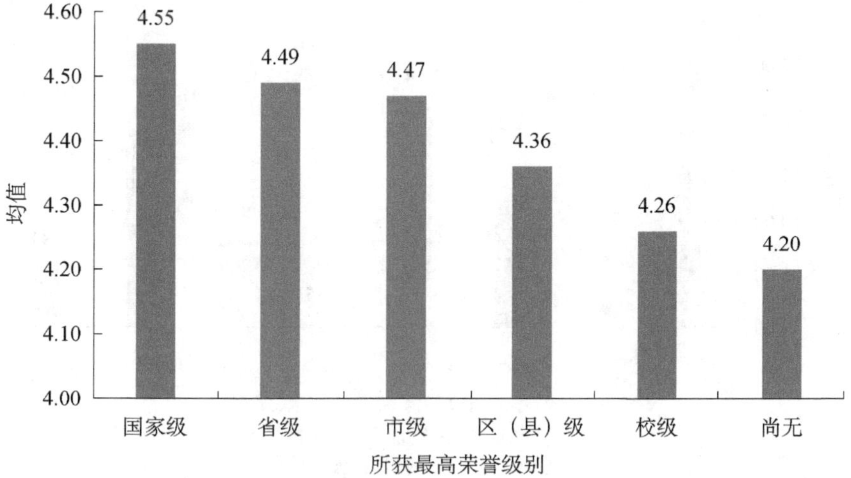

图 5-10 所获最高荣誉级别不同的教师的教学设计能力均值

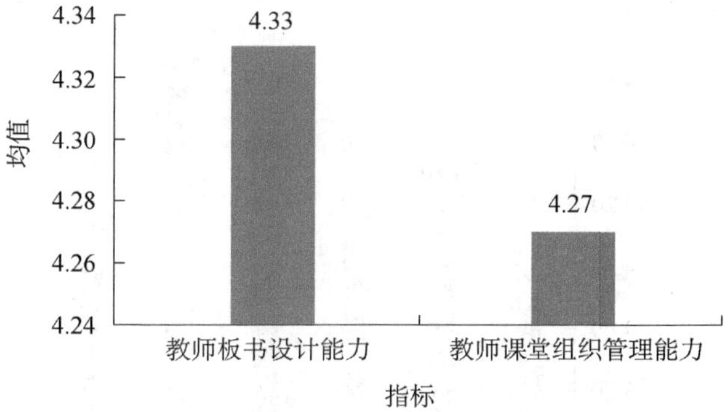

图 5-11 教学实施能力维度下各指标的均值

此外，教师在选择和运用教学方法的能力上，选择讲授法的教师较多，占样本总量的 26.24%；其次是选择小组合作法的教师，占样本总量的 21.41%；选择参观法的教师较少，仅占样本总量的 0.55%，如图 5-12 所示。

在教师职称上，单因素方差分析结果表明，不同职称的教师的教学实施能力存在显著性差异（F=60.908，p=0.000<0.05）。职称为中教正高级、中教高级（或小教特级）、中教一级（或小教高级）、中教二级（或小教一级）、中教三级（或小教二级）和未定级的教师的教学实施能力均值如图 5-13 所示。由此可见，职称为中教高级（或小教特级）的教师的教学实施能力较强，其次是职称为中教一级（或小教高级）的教师，未定级的教师的教学实施能力较弱。

在教师所教班级的班额上，单因素方差分析结果表明，所教班级班额不同的教师的教学实施能力存在显著性差异（F=6.967，p=0.000<0.05）。所教班级班额为 10

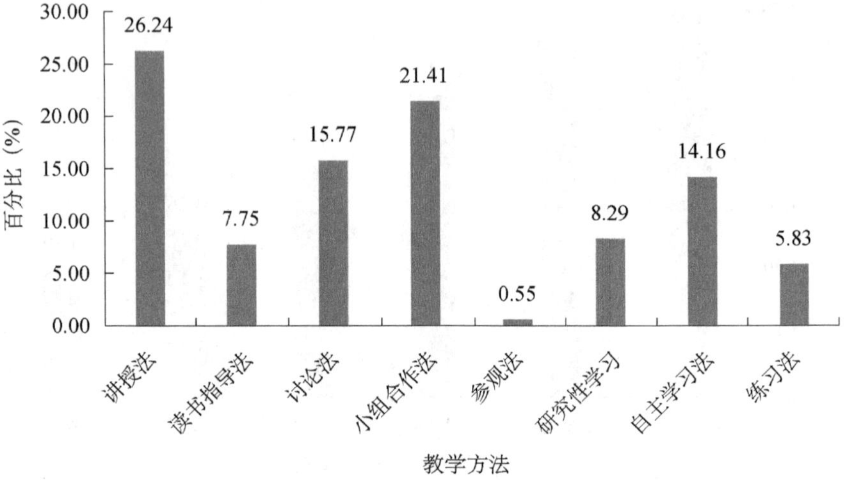

图 5-12　教师对教学方法的选择情况

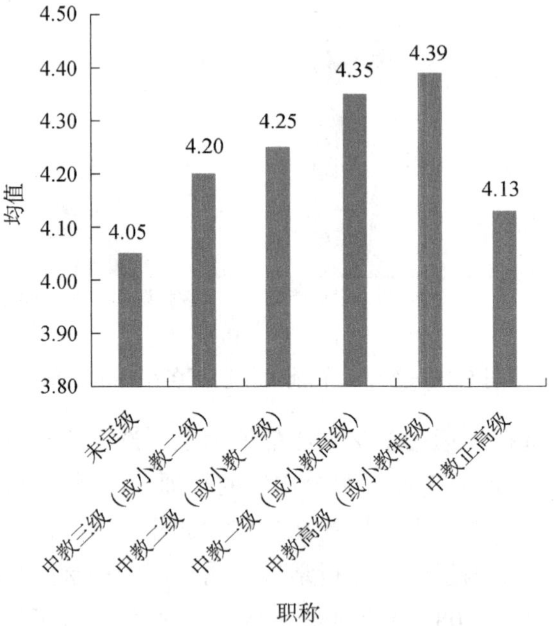

图 5-13　不同职称的教师的教学实施能力均值

人以下、10～19 人、20～29 人、30～39 人、40～49 人、50～59 人、60～69 人、70～79 人、80～89 人和 90 人及以上的教师的教学实施能力均值如图 5-14 所示。由此可见，所教班级班额为 20～29 人的教师的教学实施能力较强，其次是所教班级班额为 30～39 人的教师，所教班级班额为 70～79 人的教师的教学实施能力较弱。

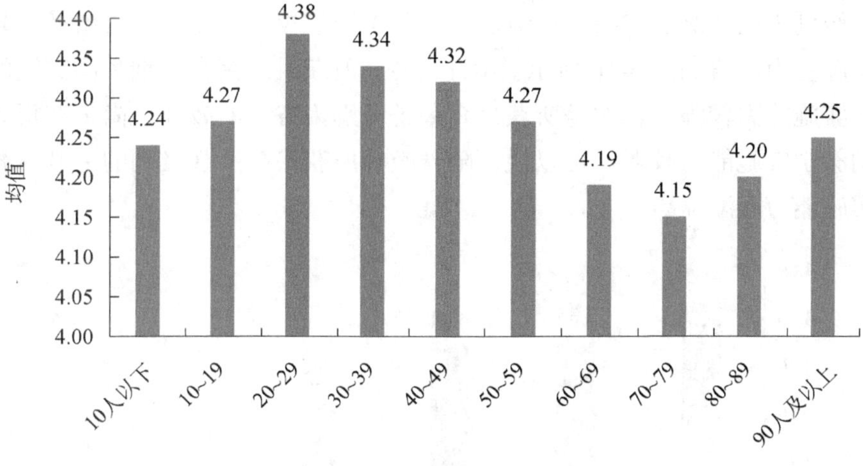

图 5-14　所教班级班额不同的教师的教学实施能力均值

在教师身份上，单因素方差分析结果表明，不同教师身份的教师的教学实施能力存在显著性差异（F=21.726，p=0.000<0.05）。教师身份为在编、长期合同、代课教师、交流（轮岗）、临聘、国家“特岗计划”、地方“特岗计划”和退休返聘的教师的教学实施能力均值如图 5-15 所示。由此可见，在编教师的教学实施能力较强，其次是长期合同的教师，国家“特岗计划”教师的教学实施能力较弱。

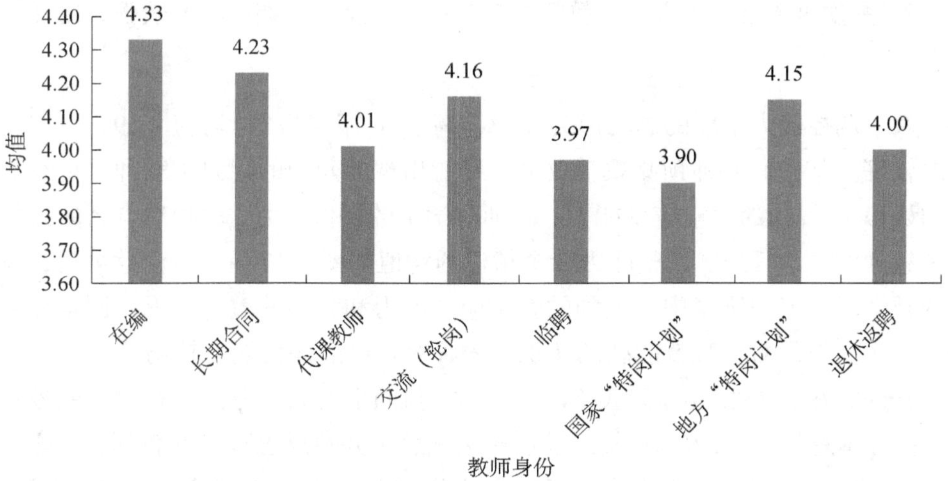

图 5-15　不同教师身份的教师的教学实施能力均值

在教师所获最高荣誉级别上，单因素方差分析结果表明，所获最高荣誉级别不同的教师的教学实施能力存在显著性差异（F=68.993，p=0.000<0.05）。所获最

高荣誉级别为国家级、省级、市级、区（县）级、校级和尚未获得荣誉的教师的教学实施能力均值如图 5-16 所示。由此可见，所获最高荣誉级别为国家级的教师的教学实施能力较强，其次是所获最高荣誉级别为省级的教师，尚未获得荣誉的教师的教学实施能力较弱。可以说，随着教师所获最高荣誉级别的上升，教师的教学实施能力逐渐提高。

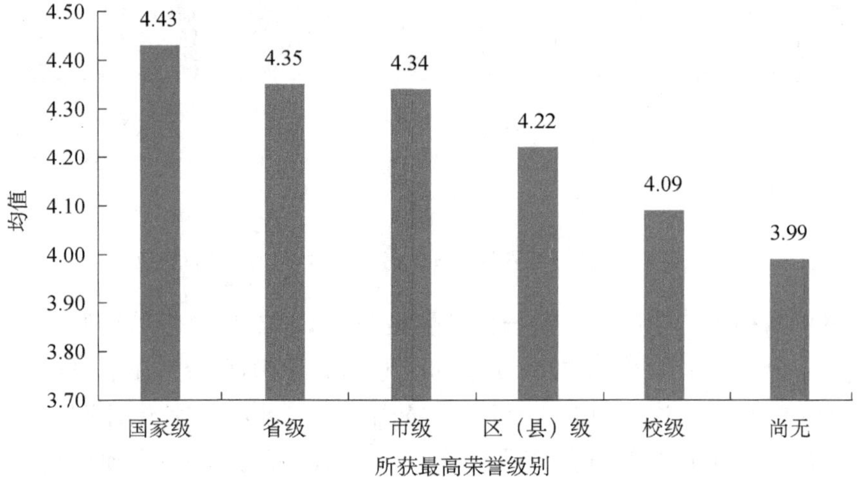

图 5-16　所获最高荣誉级别不同的教师的教学实施能力均值

3. 在教学调控能力方面，教师的教学应变、反思、调整能力较强，自评能力较弱

教学调控能力维度的总均值为 4.23，高于 5 个维度的总均值 4.19，总体表现情况较好。其中，教师预测教学效果和可能出现的问题的能力（教师对自我效能感的认识）、教师的教学应变能力、教师对学生的评价能力、教师对自己的评价能力和教师的教学反应、调整能力 5 个指标的均值如图 5-17 所示。由此可见，在教师的教学调控能力维度中，教师的教学应变能力和教师的教学反思、调整能力较强，其次是教师对自我效能感的认识，教师对自己的评价能力较弱。

此外，在经常采用的反思形式上，选择与同事就某一方面进行讨论的教师较多，占样本总量的 42.26%；其次是选择系统思考并写反思日记的教师，占样本总量的 25.73%；没有反思的教师较少，仅占样本总量的 0.46%，如图 5-18 所示。

在教师职称上，单因素方差分析结果表明，不同职称的教师的教学调控能力存在显著性差异（F=38.841，p=0.000<0.05）。职称为中教正高级、中教高级（或小教特级）、中教一级（或小教高级）、中教二级（或小教一级）、中教三级（或小

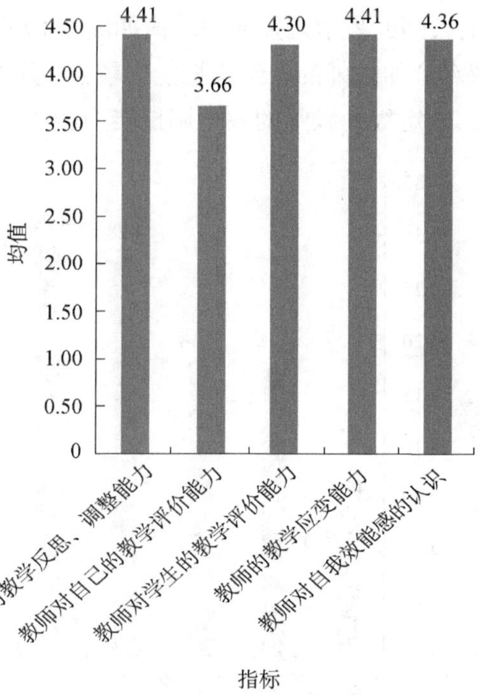

图 5-17　教学调控能力维度下各指标的均值

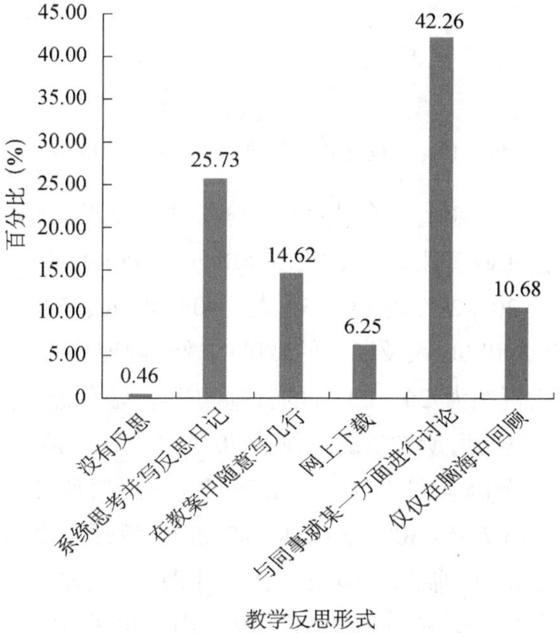

图 5-18　教师对教学反思形式的选择情况

教二级）和未定级的教师的教学调控能力均值如图 5-19 所示。由此可见，职称为中教高级（或小教特级）的教师的教学调控能力较强，其次是职称为中教一级（或小教高级）的教师，未定级的教师的教学调控能力较弱。

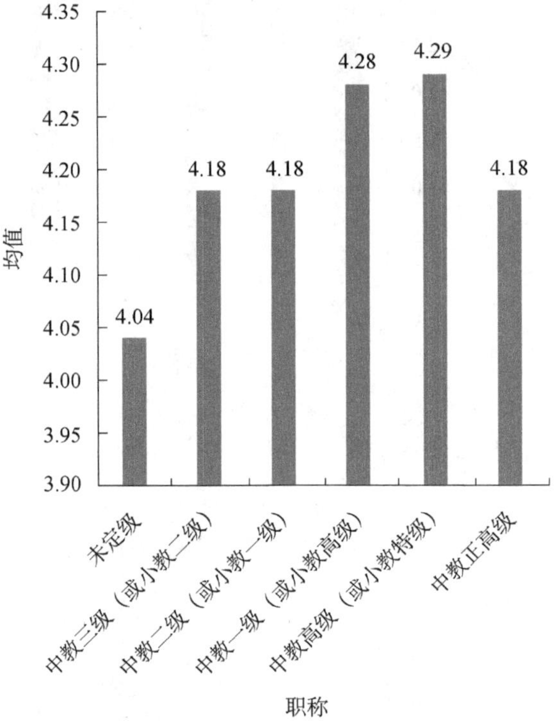

图 5-19　不同职称的教师教学调控能力均值

在教师所教班级的班额上，单因素方差分析结果表明，所教班级班额不同的教师的教学调控能力存在显著性差异（F=7.400，p=0.000<0.05）。所教班级班额为 10 人以下、10～19 人、20～29 人、30～39 人、40～49 人、50～59 人、60～69 人、70～79 人、80～89 人和 90 人及以上的教师的教学调控能力均值如图 5-20 所示。由此可见，所教班级班额为 20～29 人的教师的教学调控能力较强，其次是所教班级班额为 30～39 人的教师，所教班级班额为 70～79 人的教师的教学调控能力较弱。

在教师身份上，单因素方差分析结果表明，不同教师身份的教师的教学调控能力存在显著性差异（F=17.308，p=0.000<0.05）。教师身份为在编、长期合同、代课教师、交流（轮岗）、临聘、国家“特岗计划”、地方“特岗计划”和退休返聘的教师的教学调控能力均值如图 5-21 所示。由此可见，在编教师的教学调控能力较强，其次是长期合同的教师，国家“特岗计划”教师的教学调控能力较弱。

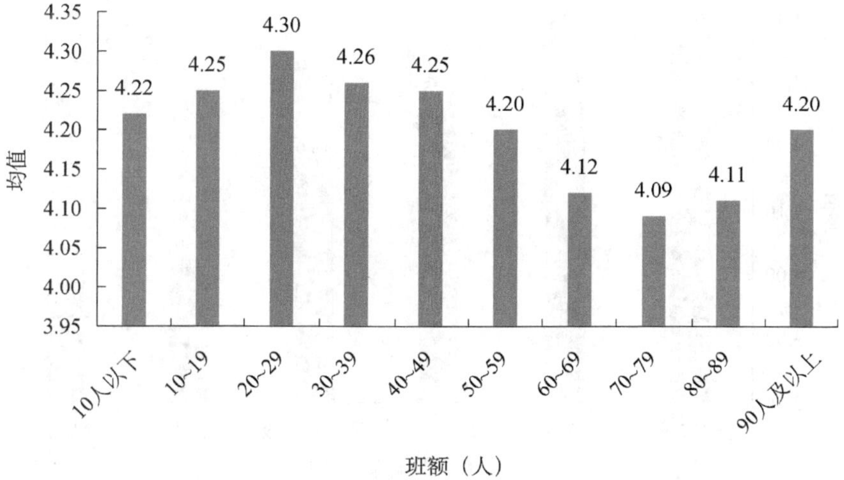

图 5-20 所教班级班额不同的教师教学调控能力均值

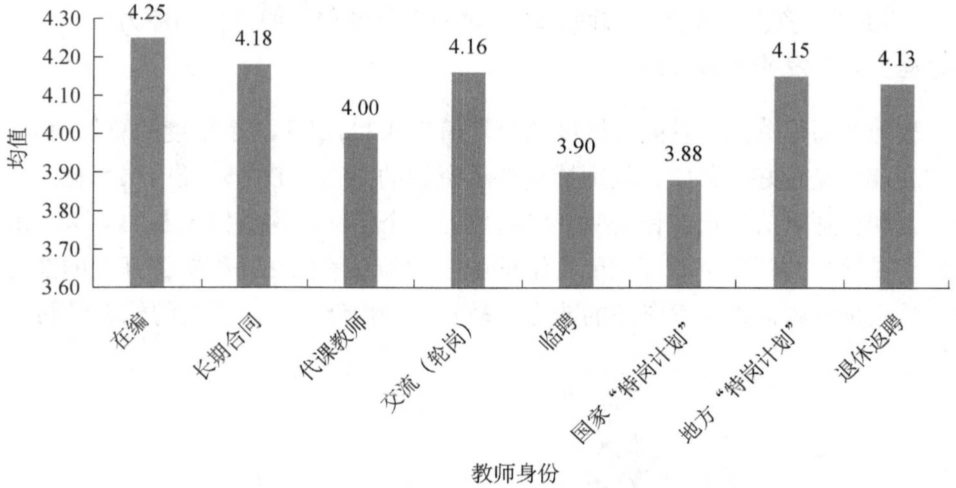

图 5-21 不同教师身份的教师教学调控能力均值

在教师所获最高荣誉级别上，单因素方差分析结果表明，所获最高荣誉级别不同的教师的教学调控能力存在显著性差异（F=62.425，p=0.000<0.05）。所获最高荣誉级别为国家级、省级、市级、区（县）级、校级和尚未获得荣誉的教师的均值如图 5-22 所示。由此可见，所获最高荣誉级别为国家级的教师的教学调控能力较强，其次是所获最高荣誉级别为省级的教师，尚未获得荣誉的教师教学调控能力较弱。可以说，随着教师所获最高荣誉级别的上升，教师的教学调控能力逐渐提高。

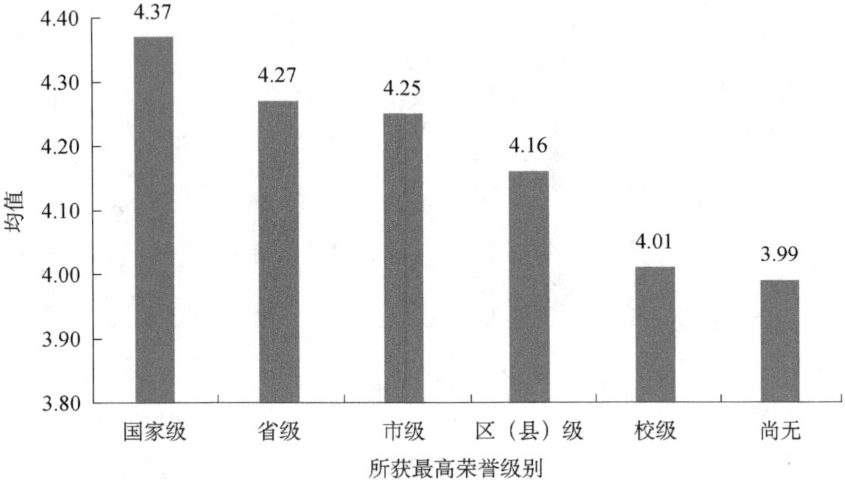

图 5-22　所获最高荣誉级别不同的教师教学调控能力均值

4. 在课程资源开发能力方面，教师对信息化课程资源开发的能力较强，对校内课程资源开发的能力较弱

教师的课程资源开发能力维度的总均值为 4.33，高于 5 个维度的总均值 4.19，总体表现情况较好。其中，教师捕捉课程资源的能力、教师对校内课程资源开发的能力和教师对信息化课程资源开发的能力 3 个指标的均值如图 5-23 所示。由此可见，在教师的课程资源开发能力维度中，教师对信息化课程资源开发的能力较强，其次是教师捕捉课程资源的能力，教师对校内课程资源开发的能力较弱。

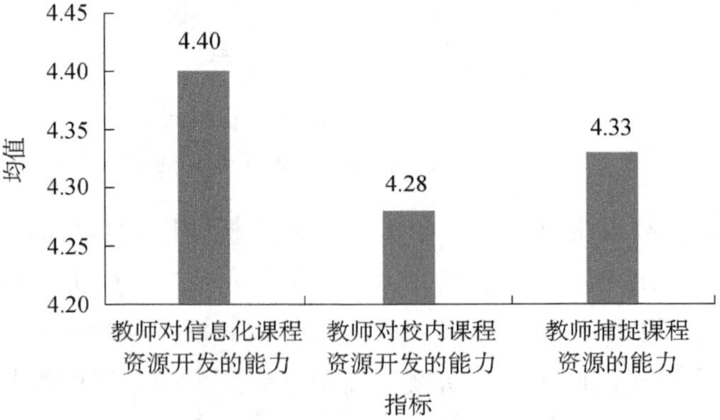

图 5-23　课程资源开发能力维度下各指标的均值

此外，在教师经常利用的校外课程资源上，选择自然资源的教师较多，占样本总量的 30.61%；其次是选择家庭资源的教师，占样本总量的 19.48%；没用过

校外课程资源的教师较少，仅占样本总量的 4.22%，如图 5-24 所示。

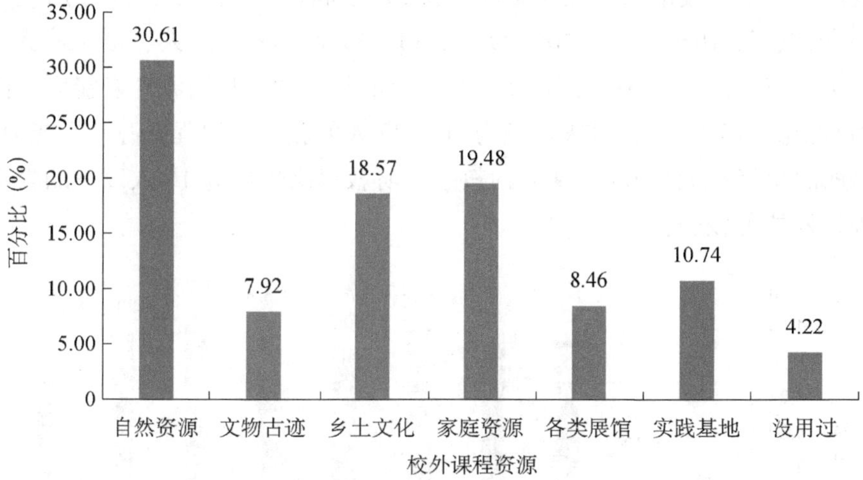

图 5-24　教师对校外课程资源的利用情况

在教师职称上，单因素方差分析结果显示，不同职称的教师的课程资源开发能力存在显著性差异（F=4.222，p=0.001<0.05）。职称为中教正高级、中教高级（或小教特级）、中教一级（或小教高级）、中教二级（或小教一级）、中教三级（或小教二级）和未定级的教师的均值如图 5-25 所示。由此可见，职称为中教三级（或小教二级）的教师课程资源开发能力较强，其次是职称为中教一级（或小教高级）和中教二级（或小教一级）的教师，中教正高级的教师的课程资源开发能力较弱。

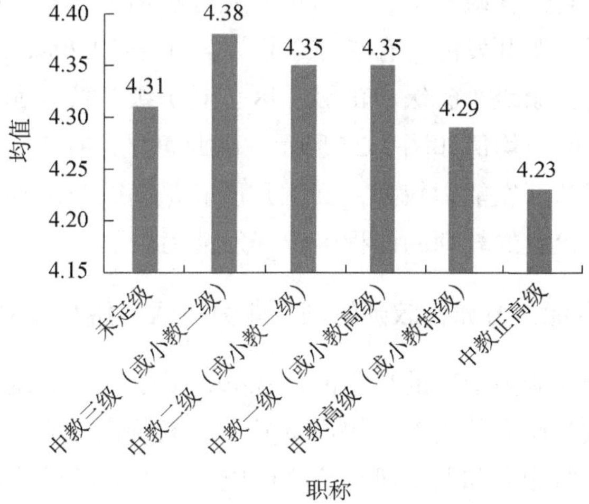

图 5-25　不同职称的教师的课程资源开发能力均值

在教师所教班级的班额上，单因素方差分析结果表明，所教班级班额不同的教师的课程资源开发能力存在显著性差异（F=3.441，p=0.000<0.05）。所教班级班额为10人以下、10～19人、20～29人、30～39人、40～49人、50～59人、60～69人、70～79人、80～89人和90人及以上的教师的课程资源开发能力均值如图5-26所示。由此可见，所教班级班额为70～79人的教师的课程资源开发能力较强，其次是所教班级班额为60～69人的教师，所教班级班额为10人以下的教师的课程资源开发能力较弱。

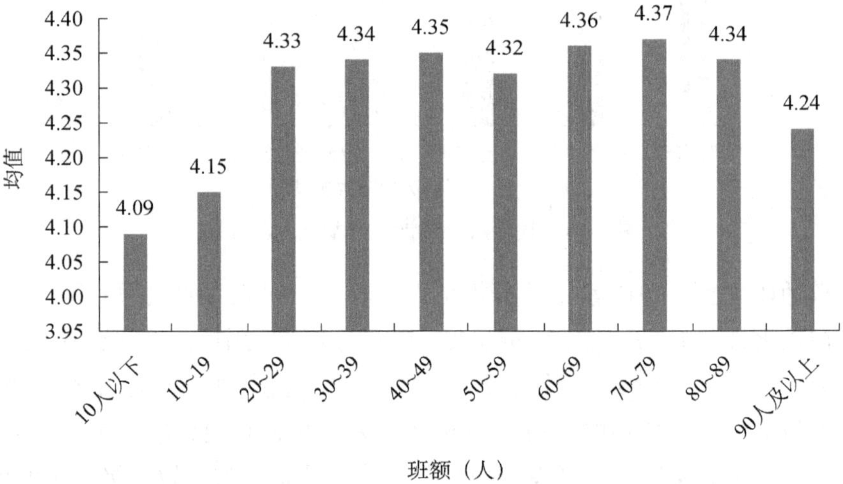

图5-26　所教班级班额不同的教师的课程资源开发能力均值

在教师所获最高荣誉级别上，单因素方差分析结果表明，所获最高荣誉级别不同的教师的课程资源开发能力存在显著性差异（F=22.208，p=0.000<0.05）。所获最高荣誉级别为国家级、省级、市级、区（县）级、校级和尚未获得荣誉的教师的课程资源开发能力均值如图5-27所示。由此可见，所获最高荣誉级别为国家级的教师的课程资源开发能力较强，其次是所获最高荣誉级别为省级的教师，所获最高荣誉级别为校级的教师的课程资源开发能力较弱。

5. 在教学研究能力方面，教师的创新能力较强，撰写研究论文的能力较弱

教师的教学研究能力维度的总均值为3.59，低于5个维度的总均值4.19，由此可见，教师的教学研究能力有待提高。其中，教师的独立选题能力、收集和分析资料的能力、创新能力和撰写研究论文的能力4个指标的均值如图5-28所示。由此可见，在教师的教学研究能力维度中，教师的创新能力较强，其次是独立选

题能力，撰写研究论文的能力较弱。

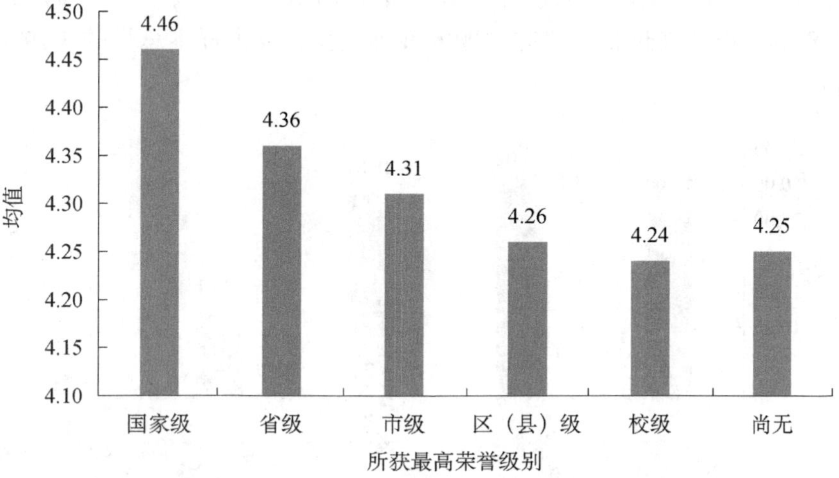

图 5-27 所获最高荣誉级别不同的教师的课程资源开发能力均值

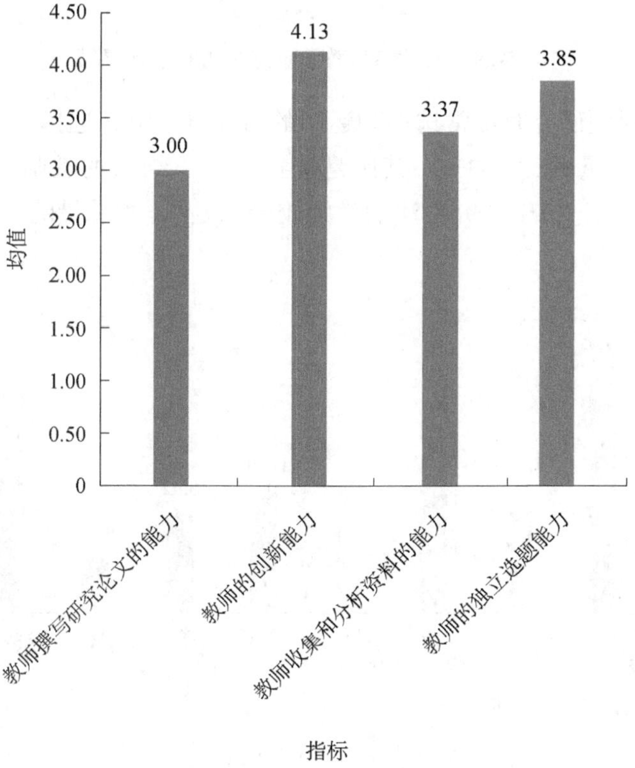

图 5-28 教学研究能力维度下各指标的均值

此外，在教师参与的教学研究课题的选题上，选择由学科组或年级组确定的教师较多，占样本总量的 30.02%；其次是选择由学校统一确定的教师，占样本总量的 28.81%；没开展过教学研究课题的教师较少，仅占样本总量的 3.19%，如图 5-29 所示。

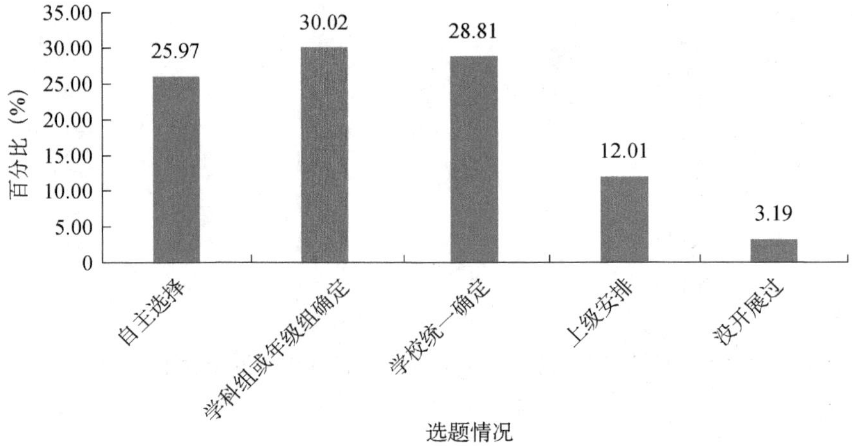

图 5-29 教师参与教学研究课题的选题情况

在教师做课题研究时经常选择和运用的研究方法上，选择问卷调查法的教师较多，占样本总量的 23.83%；其次是选择经验总结法的教师，占样本总量的 16.30%；选择没用过以上研究方法的教师较少，仅占样本总量的 1.82%，如图 5-30 所示。

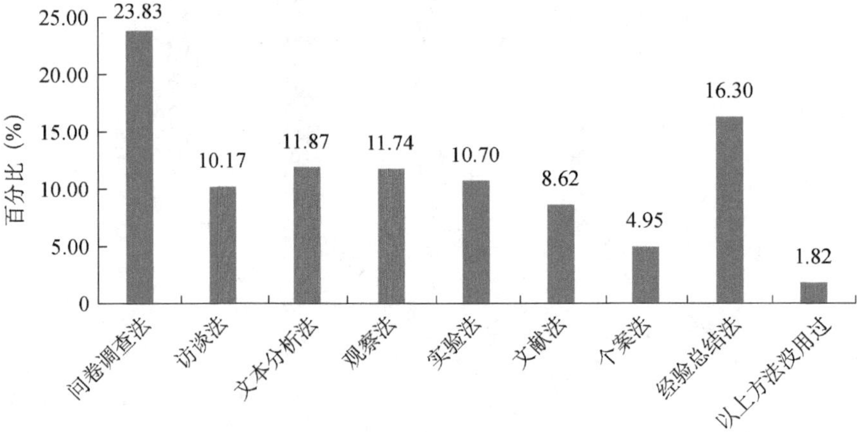

图 5-30 教师选择和运用研究方法的情况

在教师职称上，单因素方差分析结果表明，不同职称的教师的教学研究能力存在显著性差异（F=109.517，p=0.000<0.05）。职称为中教正高级、中教高级（或小教特级）、中教一级（或小教高级）、中教二级（或小教一级）、中教三级（或小教二级）和未定级的教师的教学研究能力均值如图 5-31 所示。由此可见，职称为中教正高级的教师的教学研究能力较强，其次是职称为中教高级（或小教特级）的教师，未定级的教师的教学研究能力较弱。

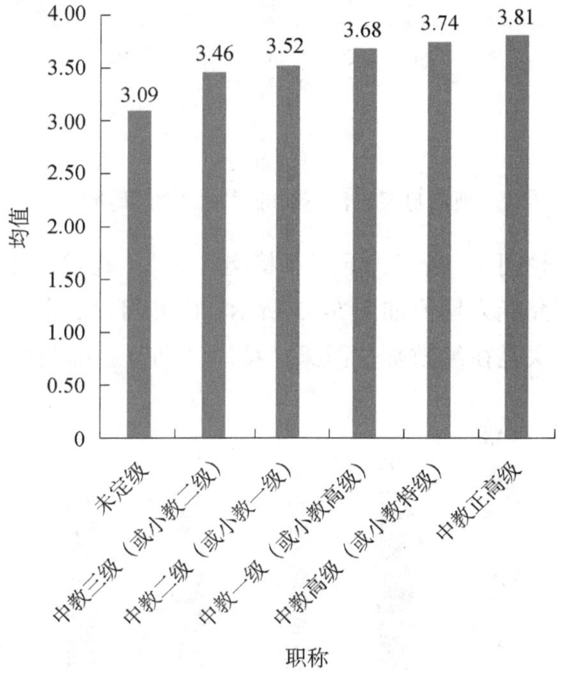

图 5-31　不同职称的教师的教学研究能力均值

在教师所教班级的班额上，单因素方差分析结果表明，所教班级班额不同的教师的教学研究能力存在显著性差异（F=5.118，p=0.000<0.05）。所教班级班额为 10 人以下、10～19 人、20～29 人、30～39 人、40～49 人、50～59 人、60～69 人、70～79 人、80～89 人和 90 人及以上的教师的教学研究能力均值如图 5-32 所示。由此可见，所教班级班额为 20～29 人、30～39 人和 40～49 人的教师的教学研究能力较强，其次是所教班级班额为 10～19 人的教师，所教班级班额为 70～79 人的教师的教学研究能力较弱。

在教师身份上，单因素方差分析结果表明，不同教师身份的教师的教学研究能力存在显著性差异（F=46.284，p=0.000<0.05）。教师身份为在编、长期合同、

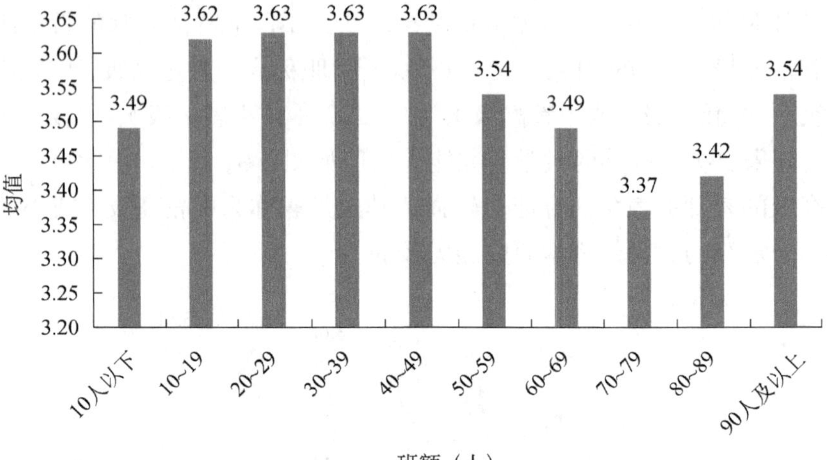

图 5-32 所教班级班额不同的教师的教学研究能力均值

代课教师、交流（轮岗）、临聘、国家“特岗计划”、地方“特岗计划”和退休返聘的教师的教学研究能力均值如图 5-33 所示。由此可见，退休返聘的教师的教学研究能力较强，其次是在编教师，国家“特岗计划”教师的教学研究能力较弱。

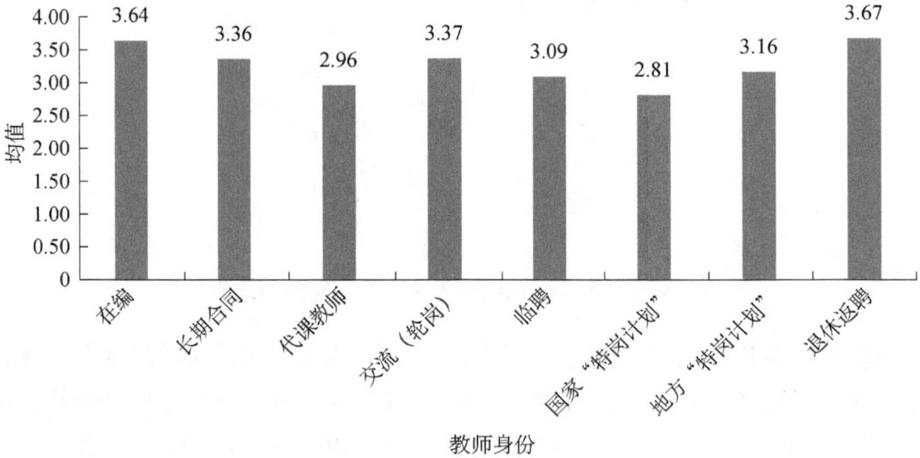

图 5-33 不同教师身份的教师的教学研究能力均值

在教师所获最高荣誉级别上，单因素方差分析结果表明，所获最高荣誉级别不同的教师的教学研究能力存在显著性差异（F=191.619，p=0.000<0.05）。所获最高荣誉级别为国家级、省级、市级、区（县）级、校级和尚未获得荣誉的教师的教学研究能力均值如图 5-34 所示。由此可见，所获最高荣誉级别为国家级的教师的教学研究能力较强，其次是所获最高荣誉级别为省级的教师，尚未获得荣誉的

教师的教学研究能力较弱。可以说，随着教师所获最高荣誉级别的上升，教师的教学研究能力逐渐提高。

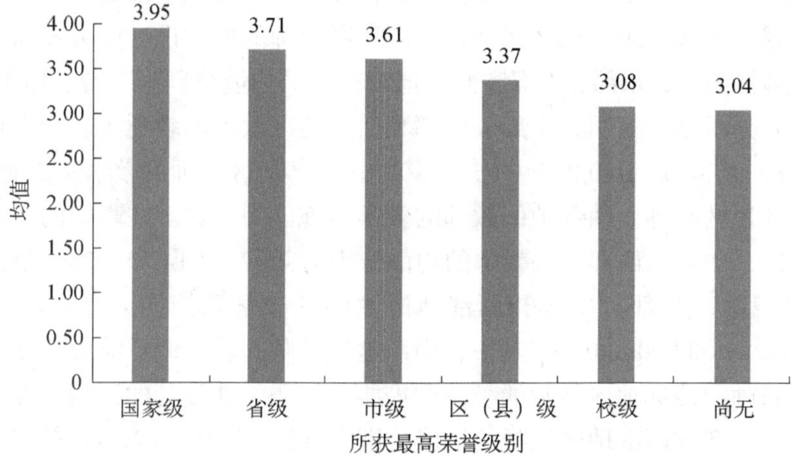

图 5-34 所获最高荣誉级别不同的教师的教学研究能力均值

（三）差异分析

1. 在区域上，中部地区教师的教学能力较强，西部地区教师的教学能力较弱

东部、中部和西部地区教师的教学能力均值如图 5-35 所示。单因素方差分析结果表明，东部、中部和西部地区教师的教学能力存在显著性差异（F=330.839，p=0.000<0.05）。其中，中部地区教师的教学能力较强，其次是东部地区教师，西部地区教师的教学能力较弱。

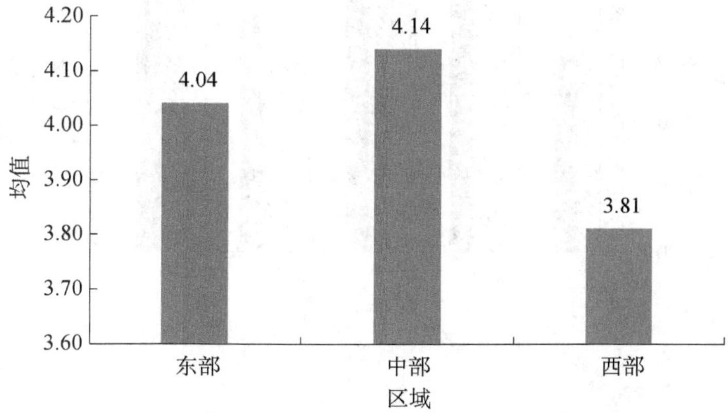

图 5-35 东部、中部和西部地区教师的教学能力均值

在教师的教学设计能力上，东部、中部和西部地区教师的均值分别为 4.48、4.51 和 4.22，单因素方差分析结果表明，东部、中部和西部地区教师的教学设计能力存在显著性差异（F=209.178，p=0.000<0.05）。其中，中部地区教师的教学设计能力较强，其次是东部地区教师，西部地区教师的教学设计能力较弱。在教师的教学实施能力上，东部、中部和西部地区教师的均值分别为 3.72、3.84 和 3.66，单因素方差分析结果表明，东部、中部和西部地区教师的教学实施能力存在显著性差异（F=119.455，p=0.000<0.05）。其中，中部地区教师的教学实施能力较强，其次是东部地区教师，西部地区教师的教学实施能力较弱。在教师的教学调控能力上，东部、中部和西部地区教师的均值分别为 4.07、4.14 和 3.83，单因素方差分析结果表明，东部、中部和西部地区教师的教学调控能力存在显著性差异（F=304.784，p=0.000<0.05）。其中，中部地区教师的教学调控能力较强，其次是东部地区教师，西部地区教师的教学调控能力较弱。在教师的课程资源开发能力上，东部、中部和西部地区教师的均值分别为 4.30、4.40 和 4.24，单因素方差分析结果表明，东部、中部和西部地区教师的课程资源开发能力存在显著性差异（F=50.720，p=0.000<0.05）。其中，中部地区教师的课程资源开发能力较强，其次是东部地区教师，西部地区教师的课程资源开发能力较弱。在教师的教学研究能力上，东部、中部和西部地区教师的均值分别为 3.63、3.79 和 3.08，单因素方差分析结果表明，东部、中部和西部地区教师的教学研究能力存在显著性差异（F=618.281，p=0.000<0.05）。其中，中部地区教师的教学研究能力较强，其次是东部地区教师，西部地区教师的教学研究能力较弱，如图 5-36 所示。

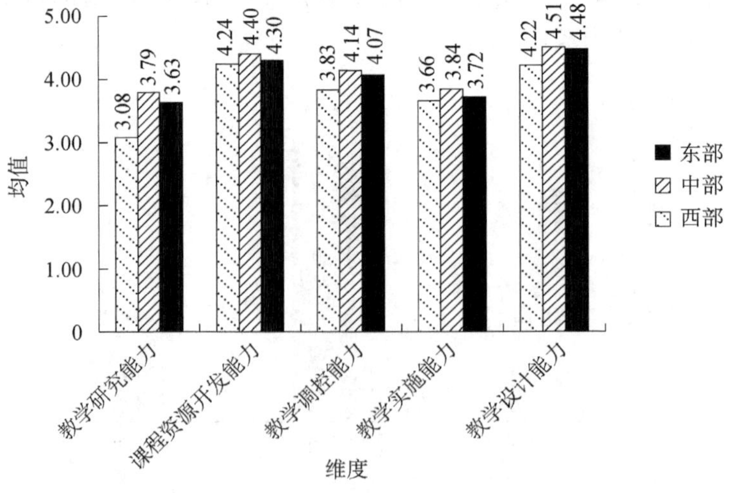

图 5-36 东部、中部和西部地区教师在教学能力 5 个维度上的均值

由上述分析可知，不同职称的教师的教学能力存在显著性差异，且职称为中教高级（或小教特级）的教师教学能力较强，其次是职称为中教一级（或小教高级）的教师，未定级教师的教学能力较弱。故对东部、中部、西部地区受访教师中各职称教师人数占该地区受访教师人数的比例加以统计，并进行对比分析。由此可以发现，在东部地区教师职称上，职称为中教正高级、中教高级（或小教特级）、中教一级（或小教高级）、中教二级（或小教一级）、中教三级（或小教二级）和未定级的教师的数量分别占东部地区教师样本总量的 1.0%、41.7%、40.6%、11.6%、1.5%和 3.6%；在中部地区教师职称上，职称为中教正高级、中教高级（或小教特级）、中教一级（或小教高级）、中教二级（或小教一级）、中教三级（或小教二级）和未定级的教师的数量分别占中部地区教师样本总量的 0.6%、16.0%、40.9%、25.6%、7.2%和 9.6%；在西部地区教师职称上，职称为中教正高级、中教高级（或小教特级）、中教一级（或小教高级）、中教二级（或小教一级）、中教三级（或小教二级）和未定级的教师的数量分别占西部地区教师样本总量的 0.3%、12.5%、39.3%、22.7%、7.9%和 17.1%，如图 5-37 所示。由此可见，与东部、中部地区相比，西部地区职称为中教高级（或小教特级）和中教一级（或小教高级）的教师较少，而未定级的教师却较多。

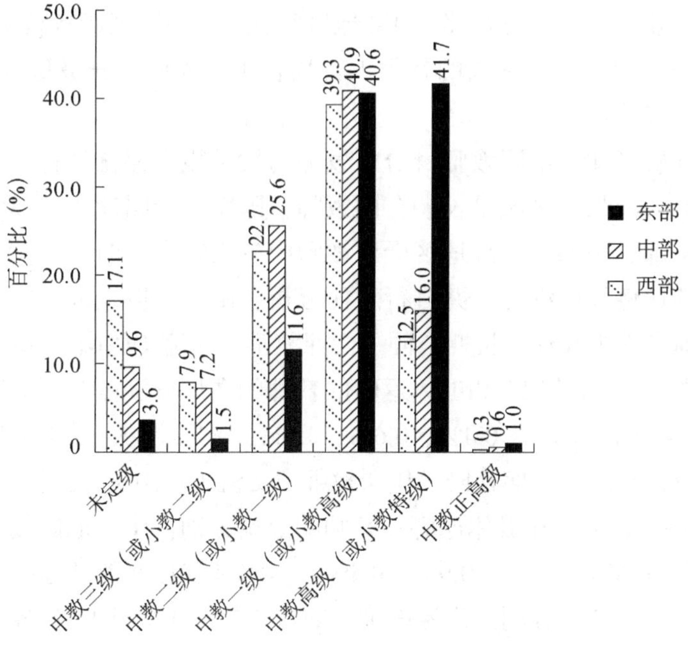

图 5-37　东部、中部和西部地区教师职称分布情况

由上述分析可知，所教班级班额不同的教师的教学能力存在显著性差异，且所教班级班额为20～29人的教师的教学能力较强，其次是所教班级班额为30～39人和40～49人的教师，所教班级班额为70～79人的教师的教学能力较弱。故对东部、中部、西部地区受访教师中各所教班级班额的教师人数占该地区受访教师人数的比例加以统计，并进行对比分析。由此可以发现，在东部地区教师所教班级的班额上，所教班级班额为10人以下、10～19人、20～29人、30～39人、40～49人、50～59人、60～69人、70～79人、80～89人和90人及以上的教师的数量分别占东部地区教师样本总量的0.2%、0.5%、4.8%、20.6%、43.9%、22.5%、4.2%、0.9%、0.5%和1.8%；在中部地区教师所教班级的班额上，所教班级班额为10人以下、10～19人、20～29人、30～39人、40～49人、50～59人、60～69人、70～79人、80～89人和90人及以上的教师的数量分别占中部地区教师样本总量的0.7%、2.3%、6.5%、19.4%、41.3%、21.8%、5.0%、0.8%、0.4%和1.9%；在西部地区教师所教班级的班额上，所教班级班额为10人以下、10～19人、20～29人、30～39人、40～49人、50～59人、60～69人、70～79人、80～89人和90人及以上的教师的数量分别占西部地区教师样本总量的0.4%、1.6%、4.2%、12.1%、29.8%、32.0%、11.8%、2.9%、1.1%和4.1%，如图5-38所示。由此可见，与东部、中部地区相比，西部地区所教班级班额为20～29人、30～39人和40～49人的教师占比均较少，而所教班级班额为70～79人的教师却占比较多。

由上述分析可知，不同教师身份的教师的教学能力存在显著性差异，且在编教师的教学能力较强，其次是长期合同教师，国家"特岗计划"教师的教学能力较弱。故对东部、中部、西部地区受访教师中各教师身份的教师人数占该地区受访教师人数的比例加以统计，并进行对比分析。由此可以发现，在东部地区教师身份上，教师身份为在编、长期合同、代课教师、交流（轮岗）、临聘、国家"特岗计划"、地方"特岗计划"和退休返聘的教师的数量分别占东部地区教师样本总量的93.3%、4.4%、0.4%、0.4%、0.6%、0.3%、0.3%和0；在中部地区教师身份上，教师身份为在编、长期合同、代课教师、交流（轮岗）、临聘、国家"特岗计划"、地方"特岗计划"和退休返聘的教师的数量分别占中部地区教师样本总量的88.6%、7.3%、0.6%、0.4%、0.9%、0.8%、0.8%和0；在西部地区教师身份上，教师身份为在编、长期合同、代课教师、交流（轮岗）、临聘、国家"特岗计划"、地方"特岗计划"和退休返聘的教师的数量分别占西部地区教师样本总量的

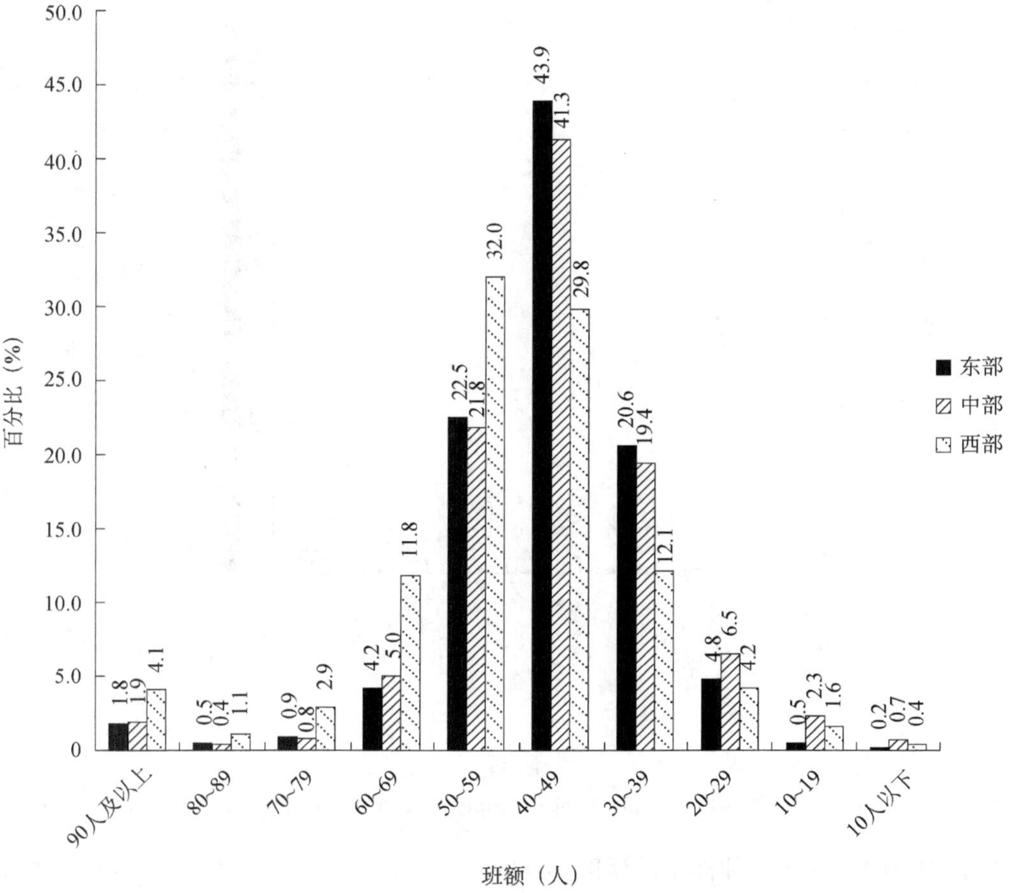

图 5-38 东部、中部和西部地区教师所教班级班额分布情况

77.2%、10.0%、2.3%、1.2%、3.0%、4.1%、1.3%和 0，如图 5-39 所示。由此可见，与东部、中部地区相比，西部地区在编教师较少，国家“特岗计划”和临聘教师较多。

由上述分析可知，所获最高荣誉级别不同的教师的教学能力存在显著性差异，且随着教师所获最高荣誉级别的上升，教师的教学能力逐渐提高。故对东部、中部、西部地区受访教师中各类所获最高荣誉级别的教师人数占该地区受访教师人数的比例加以统计，并进行对比分析。由此可以发现，在东部地区教师所获最高的荣誉级别上，所获最高荣誉级别为国家级、省级、市级、区（县）级、校级和尚未获得荣誉的教师的数量分别占东部地区教师样本总量的 23.4%、18.7%、38.6%、13.3%、2.4%和 3.2%；在中部地区教师所获最高的荣誉级别上，所获最高荣誉级别为国家级、省级、市级、区（县）级、校级和尚未获得荣誉的教师的数

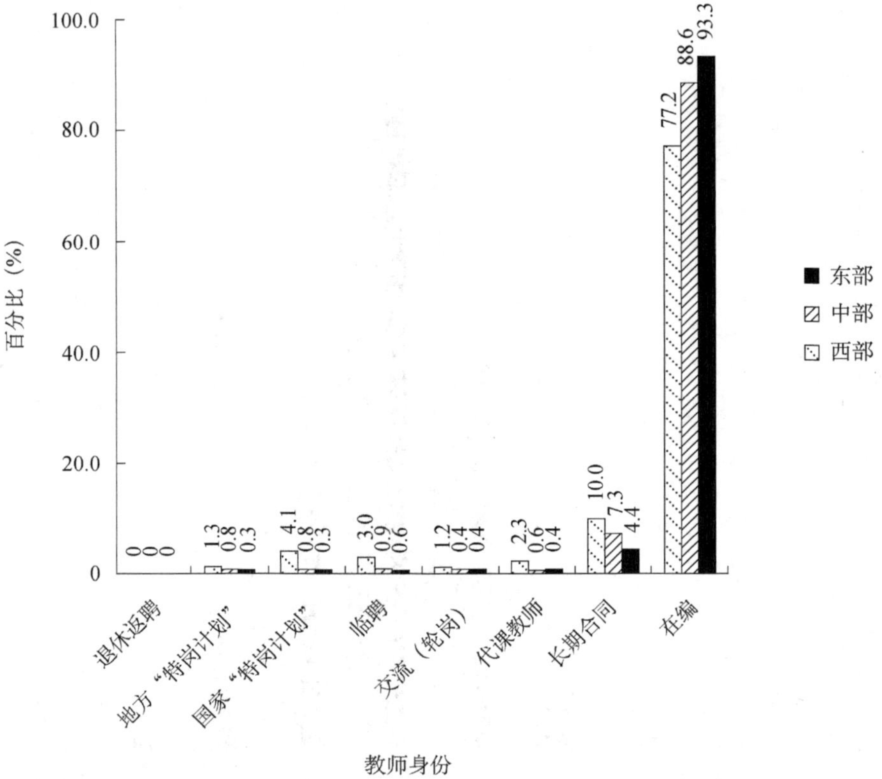

图 5-39 东部、中部和西部地区教师身份分布情况

量分别占中部地区教师样本总量的 24.6%、16.1%、31.3%、16.3%、4.4%和 5.8%；在西部地区教师所获最高的荣誉级别上，所获最高荣誉级别为国家级、省级、市级、区（县）级、校级和尚未获得荣誉的教师的数量分别占西部地区教师样本总量的 9.6%、12.7%、28.2%、27.7%、9.2%和 11.2%，如图 5-40 所示。由此可见，与东部、中部地区相比，西部地区所获最高荣誉级别为国家级和省级的教师较少，尚未获得荣誉的教师较多。

2. 在城乡上，城市教师的教学能力较强，乡村教师的教学能力较弱

城市和乡村教师的教学能力均值如图 5-41 所示。单因素方差分析结果表明，城市和乡村教师的教学能力存在显著性差异（F=48.638，p=0.000<0.05）。其中，城市教师的教学能力较强，乡村教师的教学能力较弱。

在教师的教学设计能力上，城市和乡村教师的均值分别为 4.46 和 4.40，单因素方差分析结果表明，城市和乡村教师的教学设计能力存在显著性差异（F=20.319，

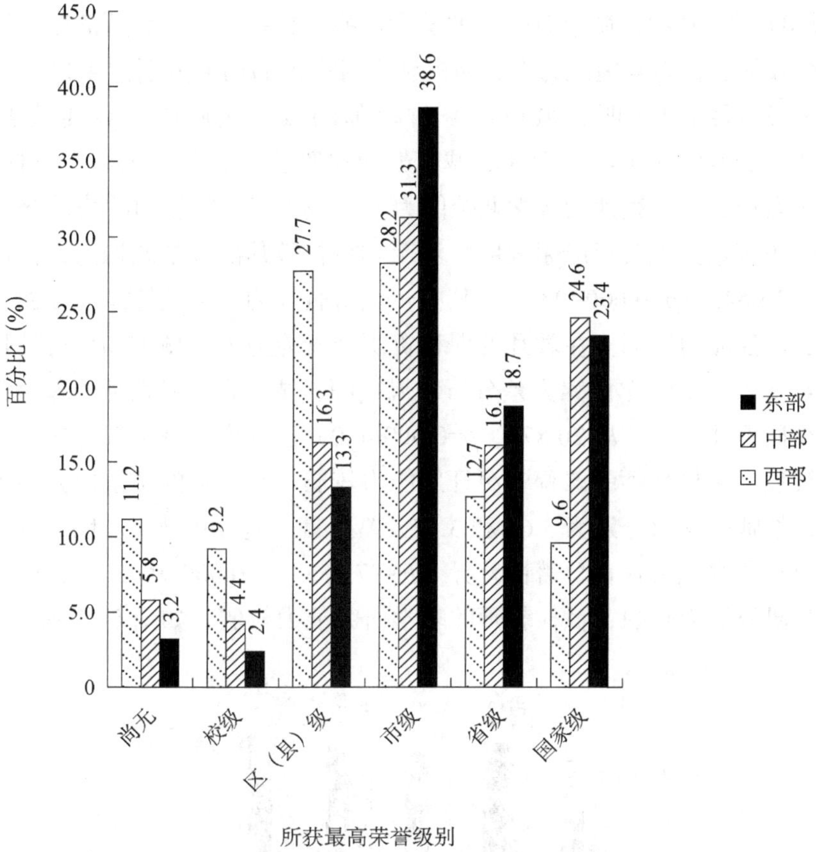

图 5-40　东部、中部和西部地区教师所获最高荣誉级别分布情况

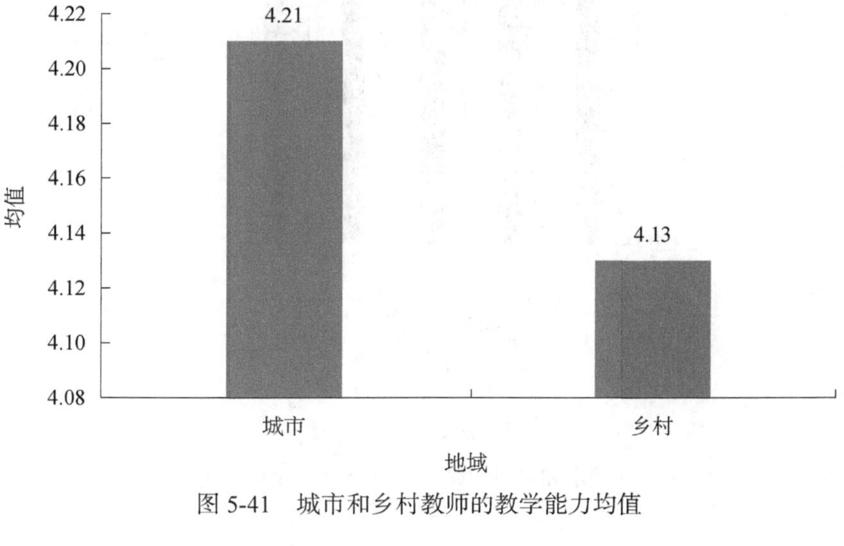

图 5-41　城市和乡村教师的教学能力均值

p=0.000<0.05）。其中，城市教师的教学设计能力较强，乡村教师的教学设计能力较弱。在教师的教学实施能力上，城市和乡村教师的均值分别为 4.32 和 4.26，单因素方差分析结果表明，城市和乡村教师的教学实施能力存在显著性差异（F=25.311，p=0.000<0.05）。其中，城市教师的教学实施能力较强，乡村教师的教学实施能力较弱。在教师的教学调控能力上，城市和乡村教师的均值分别为 4.25 和 4.20，单因素方差分析结果表明，城市和乡村教师的教学调控能力存在显著性差异（F=15.542，p=0.000<0.05）。其中，城市教师的教学调控能力较强，乡村教师的教学调控能力较弱。在教师的课程资源开发能力上，城市和乡村教师的均值分别为 4.35 和 4.29，单因素方差分析结果表明，城市和乡村教师的课程资源开发能力存在显著性差异（F=20.875，p=0.000<0.05）。其中，城市教师的课程资源开发能力较强，乡村教师的课程资源开发能力较弱。在教师的教学研究能力上，城市和乡村教师的均值分别为 3.64 和 3.47，单因素方差分析结果表明，城市和乡村教师的教学研究能力存在显著性差异（F=97.855，p=0.000<0.05）。其中，城市教师的教学研究能力较强，乡村教师的教学研究能力较弱，如图 5-42 所示。

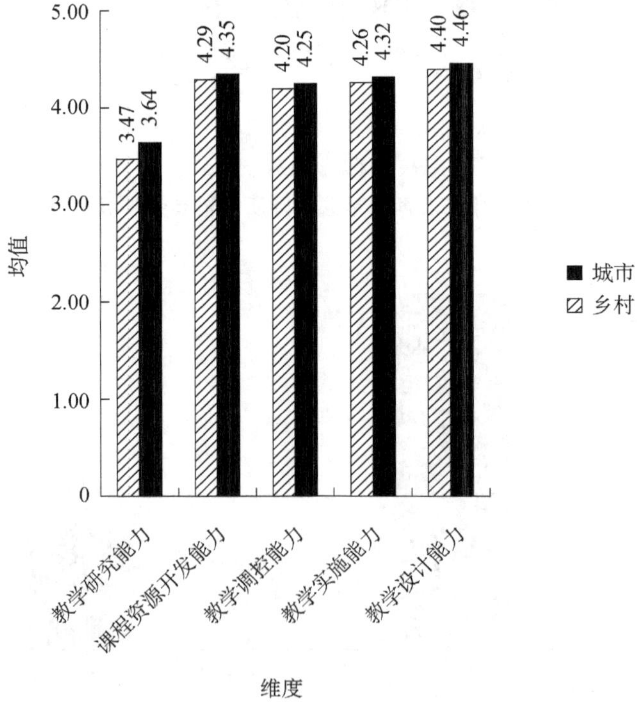

图 5-42　城市和乡村教师在教学能力 5 个维度上的均值

由上述分析可知，不同职称的教师的教学能力存在显著性差异，且职称为中教高级（或小教特级）的教师的教学能力较强，其次是职称为中教一级（或小教高级）的教师，未定级教师的教学能力较弱。故对城乡受访教师中各职称教师人数占该地区受访教师人数的比例加以统计，并进行对比分析。由此可以发现，在城市教师职称上，职称为中教正高级、中教高级（或小教特级）、中教一级（或小教高级）、中教二级（或小教一级）、中教三级（或小教二级）和未定级的教师的数量分别占城市教师样本总量的 0.8%、24.8%、40.0%、19.8%、5.2%和 9.4%；在乡村教师职称上，职称为中教正高级、中教高级（或小教特级）、中教一级（或小教高级）、中教二级（或小教一级）、中教三级（或小教二级）和未定级的教师的数量分别占乡村教师样本总量的 0.4%、18.8%、41.4%、23.1%、6.9%和 9.4%，如图 5-43 所示。由此可见，与城市相比，乡村职称为中教正高级和中教高级（或小教特级）的教师较少。

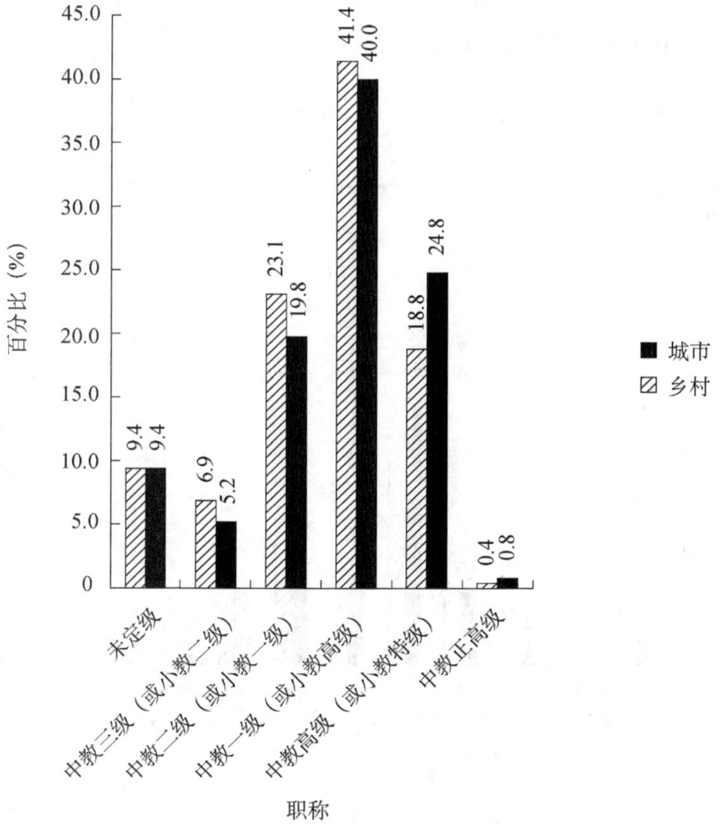

图 5-43 城乡教师职称分布情况

由上述分析可知，所教班级班额不同的教师的教学能力存在显著性差异，且所教班级班额为20～29人的教师的教学能力较强，其次是所教班级班额为30～39人和40～49人的教师，所教班级班额为70～79人的教师的教学能力较弱。故对城乡受访教师中各类所教班级班额的教师人数占该地区受访教师人数的比例加以统计，并进行对比分析。由此可以发现，在城市教师所教班级的班额上，所教班级班额为10人以下、10～19人、20～29人、30～39人、40～49人、50～59人、60～69人、70～79人、80～89人和90人及以上的教师的数量分别占城市教师样本总量的0.2%、0.9%、3.3%、15.7%、42.7%、26.5%、6.5%、1.3%、0.5%和2.4%；在乡村教师所教班级的班额上，所教班级班额为10人以下、10～19人、20～29人、30～39人、40～49人、50～59人、60～69人、70～79人、80～89人和90人及以上的教师的数量分别占乡村教师样本总量的1.2%、3.1%、10.4%、24.0%、32.4%、18.9%、5.7%、1.2%、0.8%和2.2%，如图5-44所示。由此可见，与城市相比，乡村所教班级班额为20～29人和30～39人的教师均占比较多，所教班级班额为70～79人的教师占比较少。

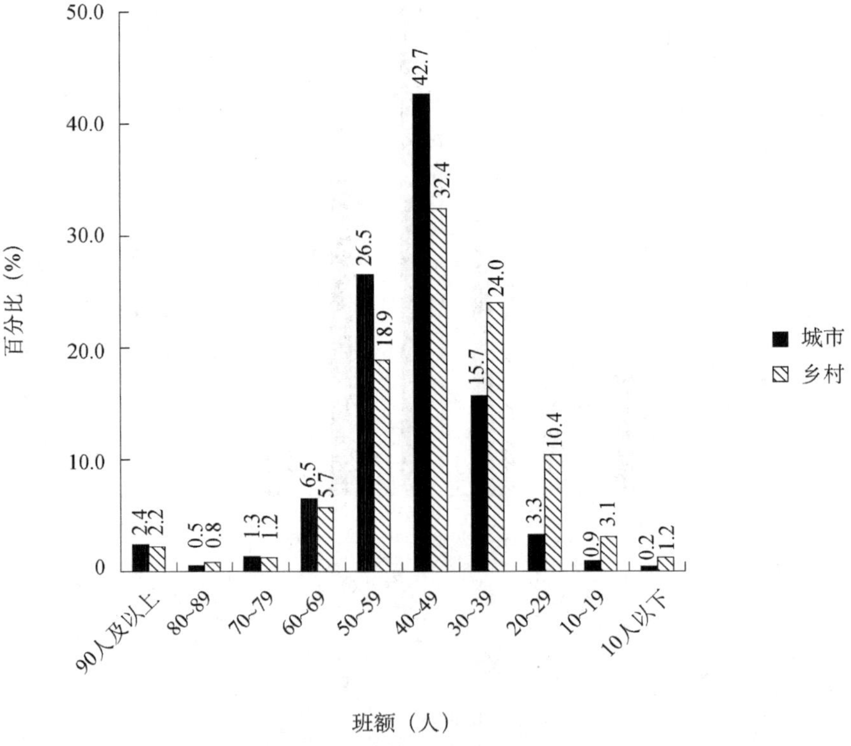

图5-44 城乡教师所教班级班额分布情况

由上述分析可知，不同教师身份的教师的教学能力存在显著性差异，且在编教师的教学能力较强，其次是长期合同教师，国家“特岗计划”教师的教学能力较弱。故对城乡受访教师中各教师身份的教师人数占该地区受访教师人数的比例加以统计，并进行对比分析。由此可以发现，在城市教师身份上，教师身份为在编、长期合同、代课教师、交流（轮岗）、临聘、国家“特岗计划”、地方“特岗计划”和退休返聘的教师的数量分别占城市教师样本总量的 87.7%、8.0%、0.8%、0.5%、1.4%、0.5%、0.3%和 0；在乡村教师身份上，教师身份为在编、长期合同、代课教师、交流（轮岗）、临聘、国家“特岗计划”、地方“特岗计划”和退休返聘的教师的数量分别占乡村教师样本总量的 87.0%、4.6%、1.0%、0.7%、1.0%、3.3%、1.8%和 0，如图 5-45 所示。由此可见，与城市相比，乡村在编教师占比少 0.7%，国家“特岗计划”和地方“特岗计划”教师较多。

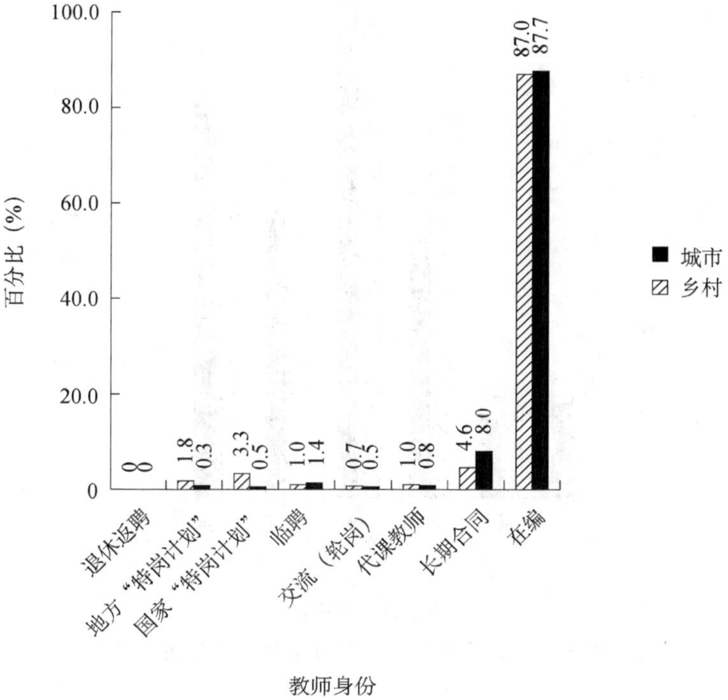

图 5-45 城乡教师身份分布情况

由上述分析可知，所获最高荣誉级别不同的教师的教学能力存在显著性差异，且随着教师所获最高荣誉级别的上升，教师的教学能力逐渐提高。故对城乡受访教师中各类所获最高荣誉级别的教师人数占该地区受访教师人数的比例加以统计计，并进行对比分析。由此可以发现，在城市教师所获最高的荣誉级别上，所获最高荣誉级别为国家级、省级、市级、区（县）级、校级和尚未获得荣誉的教师的数量分别占城市教师样本总量的 23.6%、17.2%、32.0%、15.7%、4.7%和 5.7%；在乡村教师所获最高的荣誉级别上，所获最高荣誉级别为国家级、省级、市级、区(县)级、校级和尚未获得荣誉的教师的数量分别占乡村教师样本总量的 14.7%、13.8%、34.8%、22.9%、5.2%和 7.3%，如图 5-46 所示。由此可见，与城市相比，乡村所获最高荣誉级别为国家级和省级的教师较少，尚未获得荣誉的教师较多。

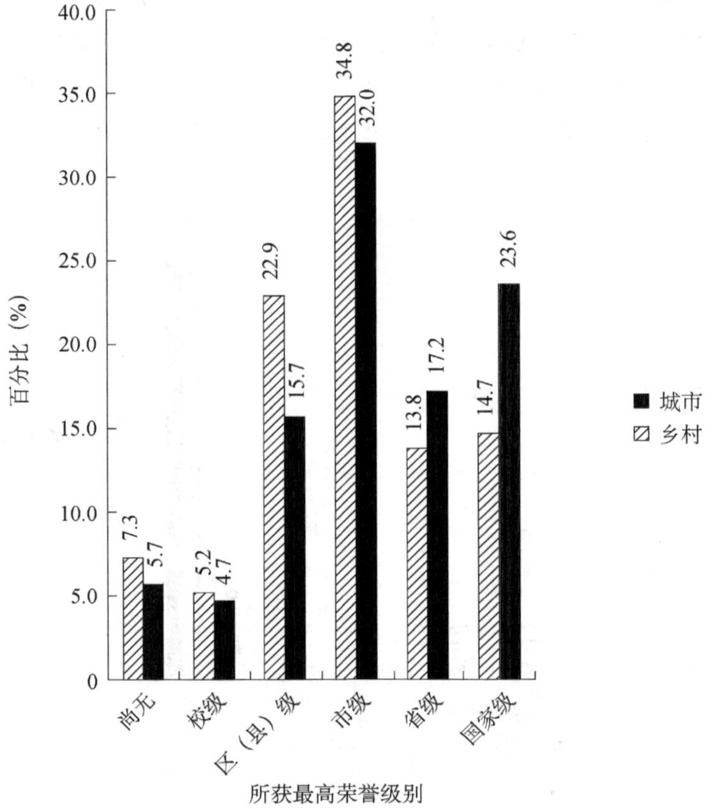

图 5-46　城乡教师所获最高荣誉级别分布情况

三、制约教师教学能力提升的主要因素

（一）区域教师教学能力发展不均衡

与东部、中部地区相比，受经济发展水平和速度的制约，西部地区教师的教

学能力相对较弱。根据国家发展和改革委员会的解释，按照经济发展水平和经济发展速度将我国 34 个省级行政区域划分为东部、中部和西部三大经济地带。其中，东部地区是最早实行沿海开放政策并且经济发展水平较高的地区；中部地区是经济次发达地区，西部地区是经济欠发达地区。虽然西部地区有丰富的能源，但其交通不便、信息不畅等，使得西部地区与东部、中部相比仍存在较大差距，这种差距也体现在教育发展和教师专业能力的发展上。调查发现，与东部、中部地区相比，西部地区教师的教学能力相对较弱，主要包括以下几个方面。

1. 西部地区教师的职称相对偏低

在西部地区，教师职称为中教正高级、中教高级（或小教特级）、中教一级（或小教高级）和中教二级（或小教一级）的教师较少，甚至在职称为中教高级（或小教特级）的教师数量上，东部地区是西部地区的 3 倍以上。而西部地区职称为中教三级（或小教二级）和未定级的教师却较多。由此可见，与东部、中部地区相比，西部地区教师的职称还是相对偏低。

2. 西部地区的教师编制短缺，代课教师较多

调查发现，东部、中部地区在编教师人数均超过总人数的 85%，西部地区在编教师人数却仅约占教师人数的 77%，而在代课教师人数上，东部、中部地区的代课教师人数不超过总人数的 1%，西部地区的代课教师人数却远超东部、中部地区。由此可见，与东部、中部地区相比，西部地区的教师编制还是较为短缺的，代课教师也相对较多。

3. 西部地区教师所教班级的班额较大

调查发现，所教班级班额为 20～30 人的教师的教学能力较强，所教班级班额为 70～79 人的教师的教学能力较弱，而西部地区教师所教班级的班额却普遍较大，多数在 50～59 人，班额为 70～79 人的教师人数占比也超过了东部、中部地区。由此可以看出，与东部、中部地区相比，西部地区教师所教班级的班额较大。

4. 教师培训机制不健全

西部地区交通较为不便，无论是“请进来”其他地区的教师，还是本地区的教师“走出去”，都要在路程上耽搁许多时间，费时、费力。因此，许多教师参与最多的就是校本教研和校际交流，相对缺少走出去与名师直接交流和同行相互学

习的机会。[①] 由此可见，西部地区的教师培训机制还不够完善，亟待创新。

正是由于上述问题的存在，造成了西部地区与东部、中部地区相比教师教学能力相对较弱。然而，西部地区教师的教学能力较弱则会在一定程度上影响西部地区教师自身的专业发展和学生的受教育水平，甚至会导致我国教育的区域均衡发展受阻，制约我国整体教育水平的提升。因此，为推进区域均衡发展、促进教育公平，提升西部地区教师的教学能力至关重要。

（二）与城市教师相比，乡村教师的教学能力相对较弱

与城市教师相比，乡村教师的教学能力相对较弱，还有待提升。乡村教师是指在乡村学校工作的教师，他们是乡村教学社区建设的核心力量[②]，也是乡村学生观看外部世界的"第一面镜子"。可以说，乡村教师的教学能力直接决定了乡村教育的质量和水平。2015年，国务院办公厅印发了《乡村教师支持计划（2015—2020年）》，在该计划的有序实施下，乡村教师的教学能力有了显著提升。但调查发现，乡村的教师教学能力虽然有了一定的提升，但仍与城市教师存在一定的差距，主要表现在以下三个方面。

1. 乡村教师缺乏提升教学能力的动力

通过对部分乡村学校的走访和对若干乡村教师的访谈，我们发现部分教师对职称评聘、薪酬待遇以及家长态度等都不够满意，由此影响了他们提升教学能力的积极性。

> L老师：我从事教师职业30多年，但始终没有评上职称。职称评聘应合理，不能伤了老教师的心，也不能挫伤教师工作的积极性。
>
> H老师：教师的工作强度和工资待遇不匹配，教师的工资相对较低，生活条件一般，而且有时候还有工资拖欠的情况，比如，去年的取暖费还没有给我。
>
> W老师：家长不理解也不配合老师，比如，在期中考试后，我给12名家长留言，只有一个人回复我，我本来有很高的职业期待感，现在却觉得无能为力。

---

① 焦岩岩. 西部地区小学教师培训需求分析——以宁夏为例[J]. 中小学教师培训，2017（7）：10-13.

② 唐松林. 重新发现乡村教师[M]. 长沙：中南大学出版社，2013：182.

正是以上种种原因导致部分乡村教师对教师这一职业产生了质疑，也就逐渐丧失了提升教学能力的主观意愿。

2. 乡村教学资源的有效应用程度较低

调查发现，部分教师反映乡村教学资源没有得到充分利用。

H 老师：上课我没有什么压力，就是现在的教学手段，我有点不太会用。其实我也学了，但还是很难掌握。学校的计算机也不太好用，有时候乱弹窗口，有时还放不出课件，很让人头疼，所以干脆就不用了。

M 老师：教学向实践发展倒是挺对的，但我觉得咱们现在的硬件设施还有点达不到。我看过一本美国的地理教材，它先摆出了实验，让学生猜测结论，再让学生通过实验进行验证，最后写出实验报告。我觉得高考改革也在向这个方向发展，就是侧重实践能力的培养，但现在的条件还不够，软硬件水平都得提高，不然这事就办不成。

调查发现，大部分乡村学校配备了基础教学设施，但有效的应用程度较低，多数教师对优秀教学资源的需求还是较为迫切的。

3. 国家“特岗计划”教师的教学能力较弱

国家“特岗计划”教师是指根据“特岗计划”，从高校毕业生中公开招聘的从事乡村义务教育工作的教师，在三年服务期满后可选择继续留任或自主择业。国家“特岗计划”教师是乡村教师队伍中的重要成员，也是乡村教师的主力军。调查发现，国家“特岗计划”教师的教学能力较弱。一方面，虽然国家“特岗计划”教师对理论知识掌握得较好，但缺乏教学的实践经验，他们多数是刚毕业的大学生，教学能力还有待提升。另一方面，部分国家“特岗计划”教师的责任感不强。由于国家“特岗计划”教师的工作具有短期性，在服务期满后可以离开当前的工作岗位，因此部分国家“特岗计划”教师不太重视自己肩负的责任。但他们的教学能力较弱，会在一定时间段内影响部分班级的教学质量，且阶段教育的不理想还会影响学生的全过程教育，甚至会对学生的长期发展和可持续发展产生不良影响。因此，提升国家“特岗计划”教师的教学能力，也是一个不可忽视的问题。

（三）教师的教学研究能力较为薄弱

在教学能力中，教师的教学研究能力比较薄弱，是亟待解决的问题。教师的教学研究能力是指教师运用科学的理论和方法，研究和解决教学领域中存在的问题的能力。教师的教学研究能力是教师提升教学质量、促进自身专业发展以及培养学生的创新意识和提升科研能力的关键。可以说，教学研究能力对于教师而言至关重要。然而，调查发现，在教师的教学设计能力、教学实施能力、教学调控能力、课程资源开发能力和教学研究能力中，教师的教学研究能力最为欠缺，教师在独立选题、收集和分析资料、创新思维以及撰写研究论文上都存在较大的问题。我们在对教师的访谈中发现，教师在教学研究上主要存在以下几个问题。

1. 教学研究课题不是由教师自主选择

调查发现，部分教师无法自主选择教学研究课题。调查数据显示，仅有约26%的教师可以自主选择教学研究课题，而大部分教师在选题时是由学科组或年级组统一确定。

> W老师：教学研究是会开展的，但我也没考虑过要研究什么，一般都是学科组或学校统一确定，然后我再参与就可以了。

由此可以看出，许多教学研究课题不是由教师自主选择的。

2. 部分教师对教学研究的流程和方法不够明确

调查发现，部分教师对教学研究的流程和方法不够明确。

> H老师：我也不太清楚有哪些专业的数据库，一般我们查资料就在百度上找找。
>
> M老师：具体的研究流程我也说不清楚，就是把问题解决了，研究就成功了。

同时，调查数据显示，在研究方法上，大部分教师会使用问卷调查法和经验总结法，对个案法、文献法等的使用较少。由此可见，部分教师对教学研究的流程不够明确，且目前所使用的教学研究方法也具有一定的局限性。

3. 部分教师对教学研究缺乏正确的认识

部分教师仅将教学研究视为任务，没有正确认识到教学研究对自身专业发展的价值。

H 老师：教学研究必须得做，跟职称有关。

一位教龄 37 年的老教师：我们学校有课题研究，但我们老教师这几年没什么课题，快退休了，晋级无望，工作也有惰性，我们就都不做了。

由此可见，部分教师仅将教学研究视为晋升职称的必需品，而非提升教学能力的奠基石。

4. 部分教师工作压力较大，无暇投入教学研究

调查发现，部分教师是由于工作压力大而没有时间和精力投入教学研究。

C 老师：我们正常授课还行，不是很累，但额外的工作比较多，例如，各种检查、交材料等，就是很杂，与教学无关的事情很多，所以在学校经常没时间写教案，工作还要带到家里去，哪还有时间做研究。

G 老师：教学压力倒还好，主要是精神压力大。社会都把教师“神化”了，不能严厉批评学生，还得把学生教好。

然而，在教学能力的 5 个维度中，教学研究能力的不足会制约教师的教学能力的提升，从而影响中小学教学质量。因此，为提升教学质量，促进教师专业发展，要切实提升教师的教学研究能力，补齐教学能力短板。

四、提升教师的教学能力的对策建议

（一）出台西部教师队伍建设振兴专项计划

为切实提升西部地区教师教学能力，加强西部教师队伍建设，建议出台西部教师队伍建设振兴专项计划。这一计划主要围绕西部地区中小学教师，重点指向教师队伍的专业能力发展，旨在打造一支本领高强、求实创新、团结协作的高效能队伍，全面提高西部地区教师教学能力。

1. 落实和完善首席教师岗位计划

2019 年 3 月，《教育部办公厅关于开展中西部乡村中小学首席教师岗位计划试点工作的通知》发布。该通知指出，“要在中西部乡村学校设立一批中小学首席

教师岗位，遴选政治素质过硬、业务素质精湛、育人水平高超、组织协调能力强的优秀教师”[①]，充分发挥他们的示范引领作用，带动当地乡村教师提升教育教学水平，进而提高中西部乡村的教育质量。首席教师就相当于一支小队伍的舵手，其掌握着这支队伍未来的发展方向，也决定了这支队伍能否高效合理地运作。因此，要加强西部地区教师队伍建设，就要发挥首席教师的带头作用，由点及面，通过首席教师的引领，带动部分学校教师教学能力的提升，逐步发展为西部地区整体教师教学能力的提升。

2. 适当增加西部地区高级职称和在编教师人数

与东部、中部地区相比，西部地区高级职称的教师人数较少，应适当增加西部地区高级职称教师的人数，可适度调整职称评聘要求，如降低对西部地区教师发表论文的硬性要求，重点关注其师德素养和教学能力等，以此实现东部、中部、西部三大区域教师岗位结构比例的总体平衡。此外，还要适当扩增西部地区教师编制。西部地区学校班额普遍较大，应按照生师比和班师比相结合的方式核定编制，适当增加西部地区的教师编制。同时，在有合格教师来源的情况下，应“补编进新”，不可长期使用代课教师或临聘教师。

3. 完善远程培训机制

西部地区的交通较为不便，面对面培训还是较为困难的。访谈中一位教师针对培训提出了建议：

> 我觉得培训还是比较不错的，参加县里或者市里组织的培训还是比较好的。如果不能到现场，也可以远程培训，这样不用亲自去，不需要长途奔波坐车，还是很方便的。

由此，在这个信息时代，信息技术十分发达，可在进行面对面培训的同时，建立线上教师培训中心，利用信息技术实现远距离培训，提高西部地区教师的培训效率。

（二）有效落实乡村教师队伍建设支持计划

《乡村教师支持计划（2015—2020年）》的颁布使得乡村教师的教学能力提升

---

① 教育部办公厅关于开展中西部乡村中小学首席教师岗位计划试点工作的通知[EB/OL]. 教育部网站. http://www.moe.gov.cn/srcsite/A10/s7034/201904/t20190408_377043.html[2019-06-20].

取得了很大的成效，有效地缩小了城乡师资水平的差距，但对于《乡村教师支持计划（2015—2020年）》还有待进一步推进和落实。

1. 切实提高乡村教师的生活待遇

在访谈过程中，多数乡村教师认为自己目前的薪资较低，没有达到当地公务员的水平，工作强度与工资待遇不成正比，部分还存在工资拖欠不发的情况。教师生活待遇水平上不去，就无法将心思放到教学上。因此，教师的生活保障工作要做好，切实提高乡村教师的生活待遇，让教师体面地生活。

2. 拓宽乡村教师补充渠道

拓展乡村教师补充渠道应凝聚多方力量。一方面，要充分发挥优秀退休教师的引领和示范作用。2018年，教育部、财政部印发了《银龄讲学计划实施方案》，提出“面向社会公开招募一批优秀退休校长、教研员、特级教师、高级教师等到农村义务教育学校讲学”①。《银龄讲学计划实施方案》可以有效地推动优秀教师向乡村学校流动，许多退休教师有精力也有意愿为乡村教育贡献一份力量，这对乡村教师队伍建设而言也是一种较大的助力。另一方面，组织优秀的在校大学生到乡村支教，这既可以为乡村教师队伍注入新鲜活力，又可以为大学生提供教学实践机会，如此即可实现多方共赢。高校教师的工作较为繁忙，而大学生的时间却相对宽裕，且缺乏实践经验，让优秀的大学生到邻近乡村支教，可以缓解乡村教师短缺的压力；可以让大学生将新的教学理念和教学方法传递给乡村教师；对于在校大学生来说，也是学习和锻炼的好机会，同时也可以培养大学生的社会责任感和社会公益心。

3. 加强对国家“特岗计划”教师的培养

国家“特岗计划”教师是乡村教师队伍的新鲜血液，由于他们刚出校门，教学能力难免较弱，因此要给予其特殊的帮助和关照，促进其教学能力的快速提升。一方面，可以让教学能力强的教师与他们建立师徒关系，以强带弱，提升国家“特岗计划”教师的教学能力，以新促老，也可以使老教师掌握更多的关于教育改革前沿思想和观念以及教育策略方面的知识，从而在合作中实现双赢。另一方面，还要加强国家“特岗计划”教师的职前、职后培训。①要重视职前培训。由于国

① 教育部 财政部关于印发《银龄讲学计划实施方案》的通知[EB/OL]. 教育部网站. http://www.moe.gov.cn/srcsite/A10/s7151/201807/t20180719_343448.html[2019-06-20].

家“特岗计划”教师多数是刚毕业的大学生，实战经验十分匮乏，因此在培训中可以将重点放在教学经验和教学方法的应用上，同时也要让他们对教学产生较强的责任感，只有对教学负责，才能主动提升自己的教学能力。②完善职后培训过程中的调控也十分重要。不能因为国家“特岗计划”教师可以承担教学任务，就忽视对他们的培训，反而要更重视。因为他们在真实的教学过程中会遇到更多的问题，也会对培训的内容产生更深的理解。因此，职后培训也是必不可少的，这更有助于国家“特岗计划”教师教学能力的快速提升。

（三）优化教师的教学能力提升策略

教学能力是教师必备的基础能力，是教学活动得以顺利完成的基本保障，也是教师提高教学质量的核心因素。[①] 虽然当前教师的教学能力的整体情况较好，但教学研究能力、教学调控能力等还有待加强。因此，为了提升教师的教学能力，提出以下几点策略建议。

1. 以“培”促教，完善教师培训的长效机制

培训是提升教师教学能力最常用，也是较为有效的方式。调研发现，多数教师非常愿意参加培训，并认为培训对提升的自身教学能力的帮助很大。但部分教师反映，培训机会较少、培训时间较短，有时也因为工作原因无法参加培训，这就会导致培训的作用范围有限、效果不够持久。因此，要让更多的教师参加培训，并且培训要具有连贯性和长效性。例如，在进行面对面培训的同时，要建立线上教师培训中心，开展远程阶段性培训，培训的内容要有衔接和梯度，并定期检验培训成果等。

2. 以“学”促教，激发教师自主学习的原动力

教师是具有独立思想和主动性的个体，他可以根据自身需要主动学习，从而更高效地提升自身教学能力。为此，可建立有效的竞争机制，以竞争激发教师自主学习的原动力。例如，实行职称竞聘制，目前职称是终身制，一旦获得，终身拥有，但这不利于激励教师自主学习。若实行职称竞聘制度，可以使教学能力强的教师越级晋升，不思进取的教师转岗或低聘，这样可以提高教师自主学习的积

---

① 徐玉苏，陈明瑶. “后方法”时代大学英语教师专业发展的叙事探究[M]. 杭州：浙江工商大学出版社，2017：208.

极性，激发教师自主学习的原动力。

3. 以“研”促教，加大对研究型教师队伍建设的力度

教学研究能力是教师教学能力中的短板，要想提升教师的教学能力，首先要解决这个短板问题。然而，部分教师一听到要进行教学研究，是非常恐惧和迷茫的，也不是他们不想进行，只是他们对教学研究的过程和方法不太明晰，以至于教师不知如何开展研究或他们在研究过程中遇到了无法解决的问题，从而影响了教师开展教学研究的积极性。因此，要解决这一问题，就要发挥合力的作用，组建专业的教师研究团队，共同攻克教学研究难，具体包括以下三个方面：①教师研究队伍要具有全纳性，应包括高校专家、教研员、中小学领导、一线教师和学生，这样可以获得更多的视角和观点，有利于研究的顺利开展。②定期安排教师参加教育教学能力的培训，了解最前沿的研究问题和研究方法，开阔眼界，同时也可以为研究团队吸纳更多的优秀成员，优化研究团队的人员配置。③学校要对教师的教学研究给予支持和帮助，如扩大教师对教学研究课题的自主选择权，减轻教师的教学负担，为教师提供资金支持等。

4. 以“评”促教，提高教师的教学评价能力

教学评价是对教师教学能力的直观评价，可让教师真正认识到自身教学能力的情况，从而加以提高。因此，应充分发挥评价的导向、诊断、激励等作用，提升教师的教学能力，具体包括以下三个方面：①提高教师的自我评价能力。教师的自我评价是指教师通过自我认识，进行自我分析，从而达到自我提高的过程。[①]提高教师的自我评价能力，就要让教师树立正确的自我评价观，让教师在日常教学中积极主动地审视自己的教学水平和能力，分析不足并寻找自我提升的途径。②创新教师对学生的评价能力。教师对学生的评价不能只依据学业成绩这一指标，也要“因材施评”。教师要善于发现学生的长处，鼓励学生发扬长处，也要找到学生的不足，帮助学生弥补不足。例如，教师对学生的评价可以包括学生的学习状态、学习习惯、学习兴趣等，多角度地评价学生，以促进学生学习能力的提升。③加强他人对教师教学的评价。评价者可以包括高校专家、教研员、学校领导、同行教师、家长和学生，使教师从多角度获得评价信息，接受更全面的评价反馈，从而完善自身的教学内容和教学方法，促进其教学能力的不断提升。

---

① 许世坚. 思想政治（品德）课学论[M]. 成都：西南交通大学出版社，2016：116.

第六章

教师工作强度调查报告

《荀子·大略》有言“国将兴，必贵师而重傅。”提高教师地位，稳定教师队伍，让教师成为让人羡慕的职业，不仅要提高教师待遇，还要关注教师负担。当前我国教师工作繁重已成为一个普遍问题，本次调研用数据呈现了教师当前的工作强度，以把握真实的教师工作样貌，进而提出有针对性的建议，为教师减负出谋划策。

一、教师工作强度的内涵与价值

（一）教师工作强度的内涵

1. 相关概念辨析

教师工作强度是本报告的专有词汇，现有的关于教师工作的相关研究主要使用教师负担、教师工作量、教师工作负荷、教师工作压力等词，但是我们通过梳理与分析发现，这些词汇都不能全面、清楚地表达本报告的意图，因此，本报告使用“教师工作强度”一词，下面对相关概念进行解析。

1）教师负担

当前我国学术界对于教师负担的定义相对较少，且没有统一的规定。柳士斌和胡振京认为，“教师负担即教师应担当的责任、履行的任务和承受的压力”①，并从广义上将教师负担分为生活负担、工作负担与心理负担。王毓珣和王颖根据对“负担”一词的分析，提出了柳士斌等的定义不合理之处是在“应”字的使用上，容易将教师负担看成其分内之责，并据此提出广义和狭义的教师负担：“所谓广义的中小学教师负担，是指中小学教师在社会生活中承受与担当的责任、工作与压力以及由此而付出的代价等。”②其将教师负担看作一个整体概念，不应仅仅局限于工作负担，既包括家庭负担、学校负担与社会负担，又包括职业负担与非职业负担。所谓狭义的中小学教师负担是指“中小学教师在学校教育工作中承受与担当的教育责任、教育工作与职业压力以及由此而付出的代价等。这主要指学校负担、职业负担”②。张雅静在分析教师负担的基础上，将教师工作负担的概念定义为“教师在教育教学过程中承担的与教育教学工作无关的、超出合理的工作时间、范围、程度的，并给教师身心带来消极影响的教育责任、工作、职业压力及代价等”③。李新认为，“教师工作负担是教师为了完成教育教学活动而需要承担的客观工作量（工作时间总量及其分配结构）和主观感知到的工作负担”④，其将教师工作负担具体分为教师工作总时间、工作时间分配结构（课堂教学、教学

---

① 柳士斌，胡振京. 论“减负”背景下教师负担的减轻及其素质的提高[J]. 继续教育研究，2002：64.

② 王毓珣，王颖. 关于中小学教师减负的理性思索[J]. 湖南师范大学教育科学学报，2013，12（4）：56-62.

③ 张雅静. 中小学教师工作负担的来源与排解[J]. 教育科学论坛，2019（4）：59-64.

④ 李新. 教师的工作负担及其影响因素研究——基于中国教育追踪调查（2014～2015 学年）数据的实证分析[J]. 上海教育科研，2019（3）：5-9，78.

支持、行政和辅助工作）和工作压力。国外学者对教师工作负担开展了较多的实证研究。2013 年，OECD 在开展的教师教学国际调查中指出，"教师的工作负担指教师在各项教育教学活动上的实际工作时间，包括教学时间和非教学任务工作时间（备课、改作业、家访、学校管理、课外活动、课堂问题处理）"①。英国教师工作负担调查（Teachers' Work-load Survey）将教师工作负担量化分为四个评价指标：教师工作总时长（teachers'overall working hours）、教学时间（hours spent teaching）、非正式工作时间（out of normal working hours）以及感知到的工作负担（perception of workload）。①

2）教师工作量

国内外对于教师工作量的研究主要集中于对于教师工作量的制度研究、系统设计、计算方法以及评价研究等。虽然学界对于教师工作量的研究视角逐步深化，研究方法逐步拓展，但是对于教师工作量的界定并没有统一的规定，通常研究教师工作量的构成及教师考核。有学者认为，"工作时间是教师工作量最直接的体现，中小学教师工作量是指教师履行职业角色时践行的具体工作任务及其所需要的时间，由工作时间总量和具体工作任务的时间分配两方面承载"②。有学者根据劳动量将教师工作量定义为："在一定的物质技术基础上，在一定的教学组织中，在一定的时限内每一位教师应按质按量完成规定的工作。"③有的学者借鉴国际经验，将教师工作量分为显性工作量和隐性工作量，指出："教师显性工作量指国家、政府或学校所规定的教师必须完成的教学工作量，具体指教师的课时，教师隐性工作量指除了规定课时以外的工作量，如备课、教研和开会等。"④其实质也是通过交代教师工作量的构成来对其进行界定。有学者指出："教师工作量是教育者直接或间接从事与教育相关的工作的数量与质量的总构成，包括教师教学工作量、教师非教学工作量以及教师对工作量的感受。"⑤很多学者在研究中都对教师工作量的构成进行了阐述，有学者认为教师工作量主要包括教师每周的备课、上课、批改作业、政治学习、业务学习、学生课外辅导、家访等项目。⑥周兆海等指出，"学校一周教师工作总量就是在开足开齐国家规定课程情况下一个教学周所要完成的

① 转引自：李新. 教师的工作负担及其影响因素研究——基于中国教育追踪调查（2014～2015 学年）数据的实证分析[J]. 上海教育科研，2019（3）：5-9，78.

② 李新翠. 中小学教师工作量的超负荷与有效调适[J]. 中国教育学刊，2016（2）：56-60.

③ 肖鸿曦. 关于教师工作量问题的刍议[J]. 师范教育，1987（8）：9-10.

④ 黄明亮，孙河川，陈娉婷. OECD 国家中小学教师隐性工作量的分类及启示[J]. 上海教育科研，2017（12）：15-18.

⑤ 张海燕. 小学教师工作量和教学效能感相关性研究[D]. 首都师范大学，2013.

⑥ 杨和稳，周本圣. 安徽省 S 县小学教师工作量的调查研究[J]. 教育测量与评价（理论版），2010（3）：32-35.

教师工作总量，即该校所有教师一周内上课、备课、批改作业和辅导学生的工作量之和”[①]。还有学者认为，“目前教师的工作量主要由课前准备、上课、处理作业、教师培训与教研活动、填写材料、撰写论文、班级管理、教师自我提高的学习、进修活动等几部分构成”[②]。

3）教师工作负荷

工作负荷一词主要用于组织管理领域，目前尚未给出一致性定义。我国有研究者认为工作负荷包括工作时间、工作数量与质量、工作努力程度以及速度要求等内容。[③] 当前，将工作负荷一词用于教育领域的研究相对教师负担来说较少。有学者在对高等教育进行研究时认为，“高等学校教师工作负荷是指高等学校教师所承担的教学、科研、管理和服务工作的总和”[④]。有学者认为，“所谓工作负荷（workload），是指单位时间内人体承受的工作量，包括体力工作负荷和心理工作负荷两个方面。体力工作负荷是指人体单位时间内承受的体力工作量的大小”[⑤]。此外，有学者在对外国教师工作负荷进行研究时认为，“美国高校教师工作负荷是一个多维范畴，指教师完成的所有与大学职责相关的活动，包括教学、科研、专业发展、管理、服务等”[⑥]。

4）教师工作压力

国内外关于教师工作压力的研究非常广泛，对教师工作压力的界定都来源于“工作压力”的阐释。对教师工作压力的说法虽然不尽相同，但是都指向教师工作中的负面心理。1978年，吉里亚柯和萨克里夫在《教育评论》上发表了有关教师工作压力的文章，认为压力是由于教师意识到工作状况对自尊和健康构成威胁而产生的消极情感体验，并因此而导致的心理紧张。[⑦] 国内学者周立勋认为，“教师工作压力是指教师在教学工作时，对潜在的工作情境因素或要求评估为威胁或有碍工作表现，而产生负面情感的反应”[⑧]。申继亮将教师的职业压力定义为“教师

---

① 周兆海．工作量视角下义务教育教师编制标准研究——以农村小规模学校为例//“新城镇化背景下义务教育改革与发展机制研究”：2014年学术研讨会论文集[C]．东北师范大学农村教育研究所，2014：9.

② 李桂清．关于实行教师工作量制度的思考[J]．黑龙江高教研究，1997（1）：69-71.

③ 杨红明，廖建桥．员工敬业度研究现状探析与未来展望［J］．外国经济与管理．2009，31（5）：45-51.

④ 陈彬．论高等学校教师工作负荷管理的战略转型［J］．教育研究与实验，2013（6）：34 -37.

⑤ 席梅红．关于中小学教师工作负荷的实证调查研究[J]．现代教育论丛，2017（2）：46-51.

⑥ 蔡丽娟，陈彬．美国高校教师工作负荷研究的百年回眸及镜鉴[J]．华中师范大学研究生学报，2018，25（2）：119-124.

⑦ 袁殷红．工作压力对小学教师职业幸福感的影响[J]．教育观察（下半月），2016，5（11）：6-7.

⑧ 周立勋．“国小”教师工作压力、控制信念与职业倦怠关系之研究[M]．高雄：高雄师范大学教育研究所，1987.

师因为职业所赋予的要求、期待和职责而感受到的压力”[①]。

2. 教师工作强度

通过对相关概念进行文献梳理不难发现，“教师负担”一词包含的方面较多，既有教师工作方面的，也有生活、家庭、社会等方面的。另外，更有学者指出“负担”应该指超出教师标准工作量之外，并能使教师主观感受到消极的部分。再看“教师工作量”一词，“教师工作量”主要包括教师工作时间和工作内容两方面，包括教学工作量和非教学工作量，但都属于客观层面，不包括教师的工作感受与体验等主观层面。此外，“教师工作负荷”一词来自组织管理领域，包括体力负荷和心理负荷两方面，但目前在教育研究领域使用得比较少，而且偏向于对高校教师进行研究，尚未在更普遍的领域获得学者的认可。最后，“教师工作压力”一词普遍指向教师工作中的负面心理，一般在教师职业倦怠研究领域用教师压力状况、剖析原因等来描述教师的消极情绪体验。

以上词汇均不能代表本次研究的意图，为了避免与现有研究概念混淆，本书需要界定一个清晰的概念。目前，“工作强度”一词很少被用在教师研究方面，仅有的少量文献基本上泛指所有的职业领域。有学者认为，“工作强度主要包括体力或者脑力劳动强度、工作本身的紧张程度、工作量的大小以及工作是否均衡等四个因素”[②]。结合本书内容，我们将“教师工作强度”界定为：教师在直接或间接从事本职工作时承担的工作职责、付出的工作量及承载的压力强度的总和，包括教师工作时间、工作数量、工作结构、工作感受等。教师工作强度是一个相对中性的词汇，研究范围聚焦于教师职业本身，不涉及影响教师工作的因素，如家庭、社会、生活等方面；研究内容包括客观和主观两方面，客观方面即教师实际的工作时间、工作数量、工作结构等，主观方面即教师的工作感受、情感体验和满意度，包括积极体验和消极体验。

（二）教师工作强度的研究价值

1. 减负是实现教师专业发展的前提

在社会主义新时代，人民更加迫切地向往更加公平而有质量的教育，我国的教育发展已经由规模增长阶段转向高质量发展阶段。为教师减负、提高教师教育

① 申继亮. 教师的职业压力与应对[J]. 中国教师，2003（3）：16-17.

② 刘昌用. 劳动强度理论探索[D]. 新疆大学，2002.

教学质量是符合当前我国的时代追求的，是实现教育高质量发展的题中之意。教育部部长陈宝生在2019年全国教育工作会议上指出："今年要把为教师减负作为一件大事来抓，教育部将专门出台中小学教师减负政策。要全面清理和规范进学校的各类检查、考核、评比活动，实行目录清单制度，未列入清单或未经批准的不准开展，要把教师从'表叔''表哥'中解脱出来，更不能随意给学校和教师搞摊派。要把时间和精力还给教师，让他们静下心来研究教学、备课充电、提高专业化水平。"① 反观现实，现在教师的负担很重，包括各种填表、考评、比赛、评估，各种与教育教学和科研无关的社会性事务，严重挫伤了教师的成就感和获得感，减弱了教师职业的吸引力。当前教师所面对的实际困境是教师教书育人的身份所在与教师实际承担的任务之间存在矛盾，教师对于专业发展的追求与教师的时间与精力的有限性之间存在矛盾，如何破解当前教师面临的困境，真正实现为教师减负的目标，推进教育事业高质量发展，是我们当前亟待破解的难题。将教师从无关琐碎的社会性事务中解脱出来，让广大教师静心从教、安心从教、热心从教，是教育回归本源正道的必经之路。

2. 合理的工作强度能为教师专业发展赋能

《中共中央 国务院关于全面深化新时代教师队伍建设改革的意见》中指出，"时代越是向前，知识和人才的重要性就愈发突出，教育和教师的地位和作用就愈发凸显"。在教育高质量发展的新时代，教师被放到教育发展、教育改革的重要位置，百年大计，教育为本，教育大计，教师为本。当前的发展阶段对教师提出了更高的要求，教师不再是课程的忠实执行者，而是要成为课程的开发者和研究者，这就要求教师要跟随教育发展的脚步不断提升自己，实现终身学习。2012 年 12 月，OECD 发表了题为《终身学习时代的教学生涯和教师教育》的文件，明确指出："对于教学生涯来说，最初的专业培训无论如何都是不够的。为了有效地指导所遇到的大批年轻人，教师需要与知识和教学法的发展保持同步。为了帮助和促进学生成为终身学习者，教师需要以自身的行为和态度示范终身学习的特点。为了实现潜在的既定的教育改革，教师应当注重教学专业的不断发展。"② 然而，教师的专业发展是需要教师从繁杂的事务当中抽出身来的，当前的教师工作状态很

---

① 陈宝生. 落实 落实 再落实——在2019年全国教育工作会议上的讲话. 教育部网站. http://www.moe.gov.cn/jyb_xwfb/moe_176/201901/t20190129_368518.html[2019-1-30].

② 转引自：杨晓. 教师专业发展[M]. 北京：北京师范大学出版社，2013.

显然分散了教师太多的精力，繁琐的任务使得教师自顾不暇。因此，针对我国当前教育的实际情况，提高教育质量就应该多关注教育中“人的要素”、关注教师，提高教师职业的吸引力。吸引更多优秀教师充实到教师队伍中来，让在教师队伍中的教师愿意留下来热心从教，对于教育发展来说是至关重要的。从现实出发切身关注教师所在的环境，摸清让教师力不从心的压力源，为教师职业发展扫除障碍、提供新的动能，是当前教育亟待解决的问题。

（三）教师工作强度的研究方法

本次调查的对象是全国中小学教师。按照地域分布，将其分为东部、中部、西部三个区域，每一个区域内按照经济发展水平分为三个层次，在每一层次内采取整群随机抽样，并根据方便原则进行样本的选择。主要调查手段为问卷调查和访谈调查。

问卷分为中小学教师发展现状调查问卷和教师工作强度专项调研问卷。中小学教师发展现状调查问卷考察的内容较为全面，在包括教师工作强度在内的 7 个维度上对教师的整体工作样态进行调查；教师工作强度专项调研问卷的重点在于教师工作强度方面，对教师工作的时间分配、任务结构等方面进行了更为深入的调查。中小学教师发展现状调查问卷总计发放 12 348 份，回收 12 293 份，有效问卷为 12 280 份，问卷回收率和有效率分别为 99.55%和 99.89%；教师工作强度专项调研问卷发放 365 份，回收 360 份，有效问卷为 337 份，问卷回收率和有效率分别为 98.63%和 93.61%。教师工作强度专项调研问卷包括教师工作时间、工作任务与结构、工作量认知、工作量满意度和教师工作主观感受等维度。

此外，我们还做了访谈调查，采用有目的抽样，对学校的校长，相关领导，老年、中年、青年教师及不同教学科目的教师进行座谈或访谈，主要关注教师的心理动态、情感体验、意见建议，以便补充问卷无法涉及的方面和特殊情况。

二、教师工作强度的现实样态

本次调查结果显示，全国各地区教师工作时间普遍长于法定工作时间；在教师的日常工作中非教学工作量占用了教师约一半的时间和精力；教师普遍需要占用属于个人的时间来完成工作任务；教师对工作量的认知水平不高。

（一）教师的工作时间与工作结构状况

1. 工作时间

1）日常工作时间

教师的日常工作时间是指从周一到周五的工作时间，包括在校工作时长和下班后继续工作的时长。调查显示，中小学教师的日常平均工作时长为 10.9 小时。教师日常在校工作时长平均为 9.1 小时，超过了法定工作时间（8 小时）1.1 小时。有 49.95%的教师每天在校工作时长在 8 小时以内，每天工作时长在 8～10 小时的教师比例为 38.17%，有 11.88%的教师每天在校工作时长在 10 小时以上（图 6-1）。调查发现，仅有 49.95%的教师每天在校工作时长在法定范围内，有超过半数教师每天工作时长超过国家法定在校时长，且有相当比例的教师在校工作时间在 10 小时以上。

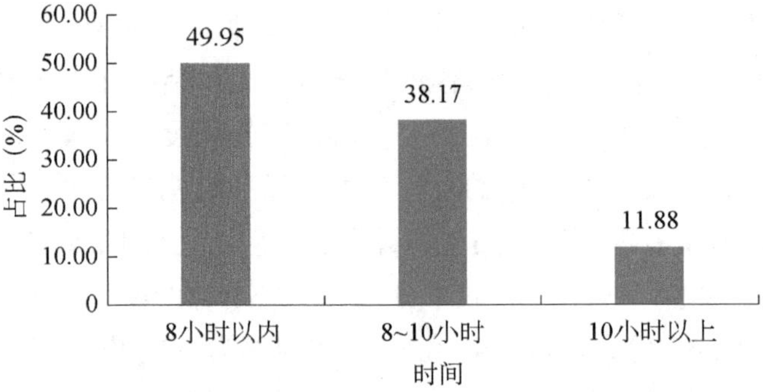

图 6-1 教师每天在校工作时长情况（工作日）

教师正常工作日下班后并未完全脱离工作环境，调查结果显示，教师下班后工作时长平均约为 1.80 小时。44.88%的教师在工作日下班后加班时长为 1 小时以内，比例最高；38.01%的教师在工作日下班后加班时长为 1～2 小时（不含 2 小时）；10.28%的教师在工作日下班后加班时长为 2～3 小时（不含 3 小时）；4.15%的教师在工作日下班后加班时长为 3～4 小时（不含 4 小时）；2.68%的教师在工作日下班后加班时长在 4 小时以上（图 6-2）。从图 6-2 我们可以看出，82.89%的教师在下班后需要花费 2 个小时以内的时间继续工作，约 17.11%的教师需要在下班后花费 2 小时以上的时间来完成工作任务。

2）假期工作时间

假期工作时间包括周六周日和寒暑假放假时间。调查显示，教师一个月内周

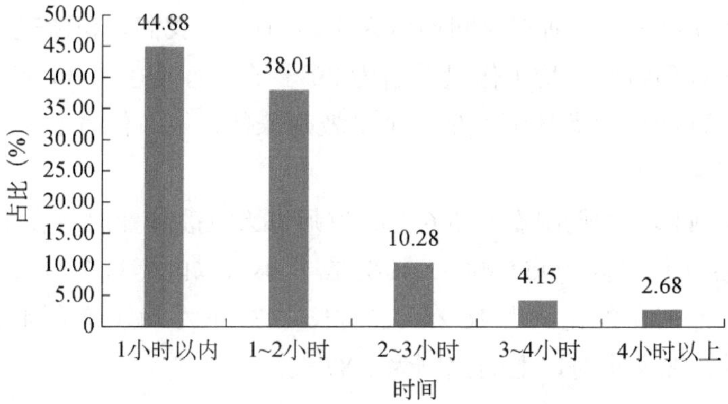

图 6-2 下班后教师工作时长情况（工作日）

六周日加班天数均值为 1.56 天。此外，通过教师工作强度专项调研问卷进行调查发现，除了需要在工作日加班外，教师在平常的周六周日也需要开展相关工作。调查显示中小学教师在周六周日平均花费 6.32 小时用来工作，花费时间占前四位的工作任务分别是备课、备检迎检、教师培训和家校沟通。

寒假加班情况中，没有加班或培训的比例为 18.25%，加班 1～5 天的比例为 51.94%，加班 6～10 天的比例为 22.76%，加班 11～15 天的比例为 3.75%，加班超过 15 天的比例为 3.30%。暑假加班（含培训）天数统计中，暑假没有加班情况的比例为 16.15%，加班 1～5 天的比例最高（48.90%），加班天数在 6～10 天的比例为 24.88%，加班天数在 11～15 天的比例为 4.90%，加班天数超过 15 天的比例为 5.17%（表 6-1）。在寒暑假不加班的教师不足总体的 1/5，大多数教师在寒暑假都需要继续完成工作相关事宜。

表 6-1 教师暑假加班（含培训）天数统计

加班（含培训）时间统计（天）	寒假有效百分比（%）	暑假有效百分比（%）
0	18.25	16.15
1～5	51.94	48.90
6～10	22.76	24.88
11～15	3.75	4.90
15 天以上	3.30	5.17
合计	100.00	100

2. 工作结构

1）日常工作任务的情况

调查显示，教师每周上课（包括辅导课）平均为 14.98 节，教师每日批改作业份数均值为 73.86 份，所需时间均值为 1.97 小时。我们在访谈过程中了解到，我国乡村小学教师每周平均工作量普遍为 20 多节，有时达到 30 节。此外，由于学校艺术、体育和科学类教师不足，小学教师兼任艺术、体育和科学类课程教学的情况较为普遍。

从教师批改作业的情况看（图 6-3），教师每天批改作业时长在 1～2 小时（不含 2 小时）的比例最高（45.99%），其次是 1 小时以内（31.74%），时长在 2～3 小时（不含 3 小时）的比例为 16.25%，时长在 3～4 小时（不含 4 小时）的比例为 4.15%，时长在 4 小时以上的比例为 1.87%。

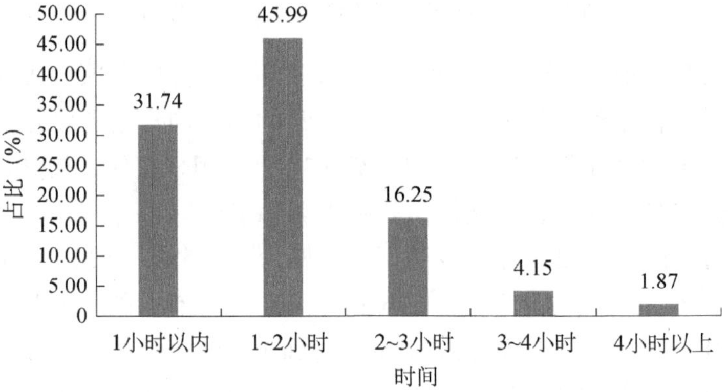

图 6-3　教师每天批改作业时长情况统计

关于教师的每周工作量情况，本次调查通过教师工作强度专项调研问卷以表格的方式对这部分进行了重点、细致的调研。中小学教师的日常平均工作时长为 10.90 小时，每周累计工作时长为 54.50 小时。经调查，在日常工作中，其中教学相关任务包括备课、上课、班级管理、辅导学生、批改作业、教研科研；非教学相关任务包括家校沟通、比赛交流、教师培训、写心得笔记、备检迎检、信息平台维护、扶贫和其他工作。在所有选择中，教师每周在教学相关任务上花的时间约为 41 小时，比较突出的为上课、备课和批改作业，分别需要 10.78 小时、8.57 小时和 7.31 小时。非教学任务所需时间约为 15 小时，位列前三的为备检迎检、家校沟通和其他工作，分别所需时间约为 3.34 小时、2.41 小时和 2.22 小时，非教学相关任务约占教学相关任务的 1/3，如图 6-4 所示。

2）假期工作任务情况

为进一步明确教师寒暑假承担工作的具体情况，我们对教师寒暑假主要参与的活动进行了调研，让教师就“教师寒暑假主要参与的活动”这一题项进行作答，

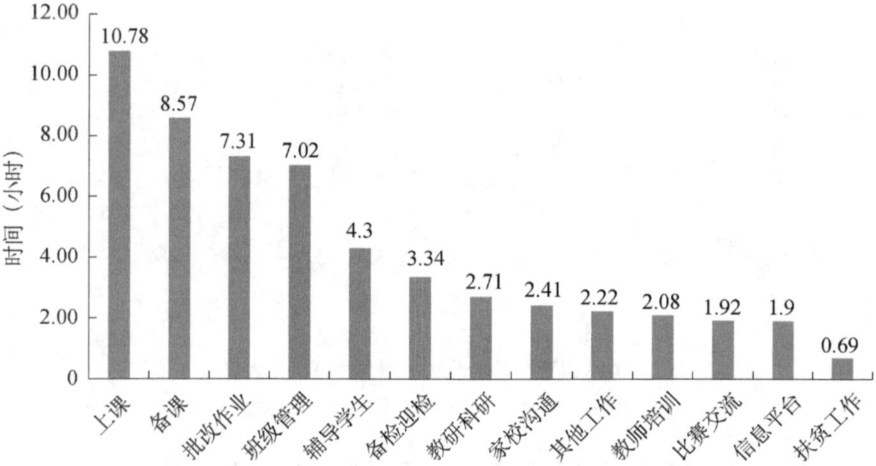

图 6-4 教师每周工作时长情况

结果如图 6-5 所示。在寒暑假中，占前五位的主要活动是：准备下学期课程（有 64.5%的教师选择）；教师培训（有 62.2%的教师选择）；自主学习（有 49.2%的教师选择）；教研科研（有 18.7%的教师选择）；扶贫工作（有 14.9%的教师选择）。

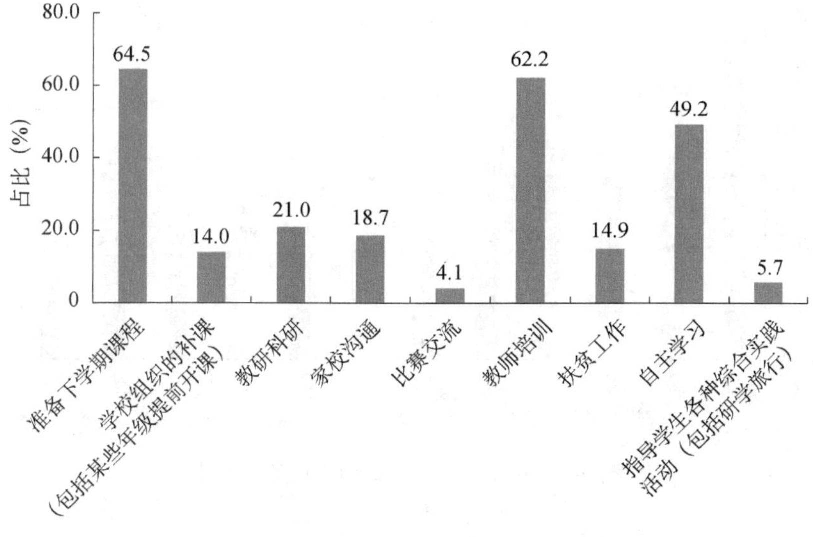

图 6-5 教师寒暑假主要参与的活动类别及占比

根据中小学教师发展现状调查问卷调研结果（图 6-6）可知，教师在寒暑假中，占前五位的主要任务分别是自主学习、准备下学期课程、教师培训、家校沟通和学校的事务性工作。

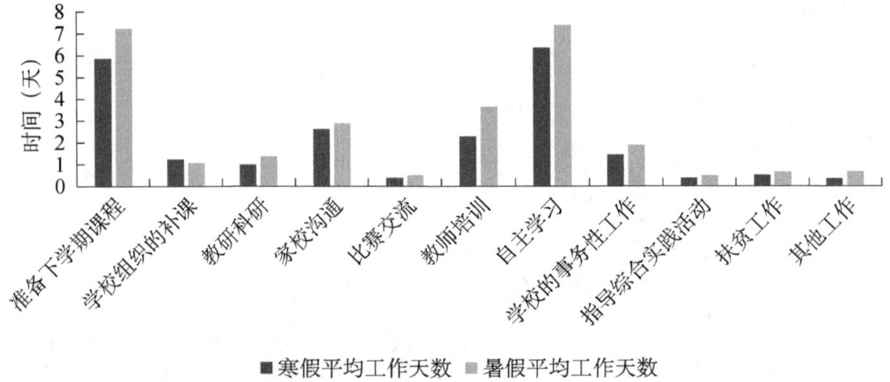

图 6-6　教师寒暑假工作任务及天数

采用教师工作强度专项调研问卷，我们对教师在周六、周日加班的具体任务情况做了细致的调研，结果如图 6-7 所示。在对“周六、周日加班是否需要完成下列项目”进行选择时，有 55.7%的教师选择“备课”，有 45.3%的教师选择“家校沟通”，有 33.8%的教师选择“教师培训”，有 33.1%的教师选择“批改作业”，有 30.6%的教师选择“备检迎检”。

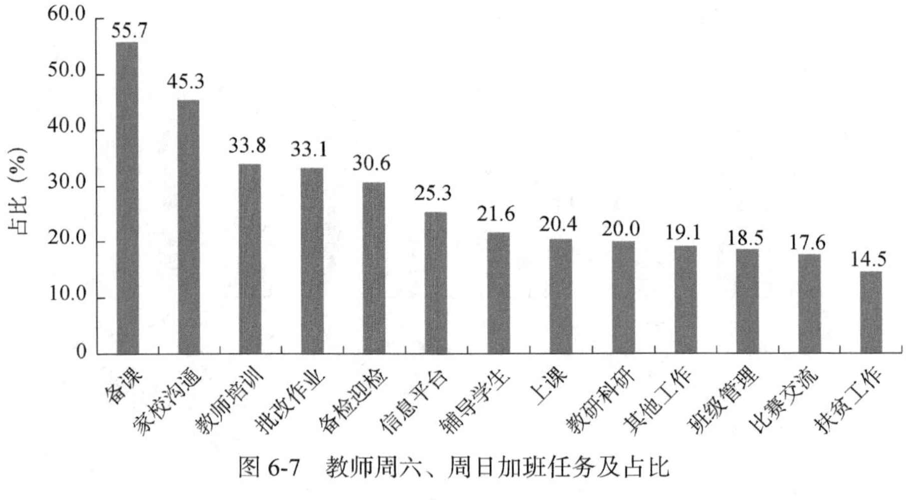

图 6-7　教师周六、周日加班任务及占比

（二）教师工作负担的来源分析

在教师对日常负担的来源的所有选择中（图 6-8），只有 0.3%的教师认为没有工作负担。在对工作负担来源的选择中，位列前五的分别是“备课上课”，“批改作业”，“备检迎检”，“班级管理”和“辅导学生”，占比分别为 16.8%、15.5%、

14.1%、12.9%和 9.5%，“备检迎检”在非教学相关任务给教师带来负担的来源中占比较高。

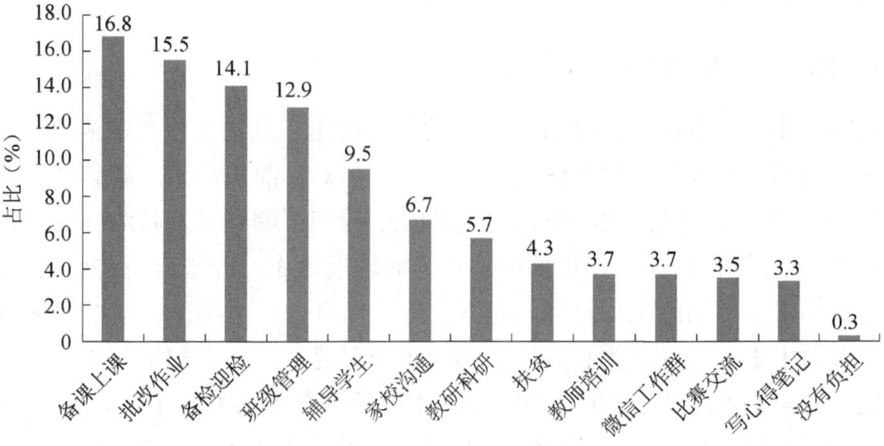

图 6-8 教师工作负担来源情况

为了进一步了解教学相关任务和非教学相关任务给教师带来的负担的情况，我们对教师的教学相关任务和非教学相关任务进行对比发现：教学相关任务的占比为 60.43%，非教学相关任务的占比为 39.57%，非教学相关任务占到教师总工作量的 2/5 左右，占比较为突出，繁杂琐碎的非教学工作占用了教师大量的教育教学和发展提升能力的时间。

为了进一步明确承担非教学相关任务的主体情况，通过教师工作强度专项调研问卷进行调研发现，在“备检迎检”和“扶贫”两个选项上，校级领导层和学校中层教师与其他职务的教师存在显著性差异。我们对“您的日常工作负担主要来自以下哪些方面”一题的数据进行差异分析发现，在“备检迎检”选项上，校级领导层的均值为 0.89，其他教师的均值为 0.48，两者存在显著性差异（p=0.02<0.05）；在“扶贫”选项上，校级领导层的均值为 0.22，其他教师的均值为 0.04，两者存在显著性差异（p=0.01<0.05）；在“备检迎检”选项上，中级领导层的均值为 0.67，其他教师的均值为 0.48，两者存在显著性差异（p=0.01<0.05）；在“扶贫”选项上，中级领导层的均值为 0.15，其他教师的均值为 0.04，两者存在显著性差异（p=0.01<0.05）。校级领导层和学校中层教师在这两项上的均值明显高于其他职务的教师，表明备检迎检和扶贫带来的负担主要是由校级领导层和学校中层教师来承担，访谈中校级领导层和学校中层的教师也集中认为反复的备检迎检和扶贫工作给他们带来了负担，影响到了他们正常的学校工作的开展，造成没有

时间听评课、指导新教师、考虑学校的发展路向等问题。

（三）教师工作量的自我认知状况

1. 教师对工作量的满意度不高

教师工作量的现状及教师对工作量的认知决定了其对工作量的满意度。[①] 调查显示，教师对当前工作量的满意度不高，教师对目前工作量的满意度水平均值为3.0，介于不太满意与一般之间。通过调研，我们了解到了教师对当前工作量的认知情况。教师评价目前工作量的轻重水平的均值为3.9，介于合理与比较重之间。我们对教师希望增加的工作量和希望减少的工作量进行了统计，结果如图6-9所示，大多数中小学教师认为自身所承担的工作量足够。在希望增加工作量的教师中，选择希望增加教研活动的教师最多，约占总调查样本的21.2%。我们对教师"希望减少的工作量"进行了统计，占比排前三的分别为各种检查、各种会议、各种心得笔记，占比分别为61.6%、36.9%、31.4%，均为非教学相关任务。

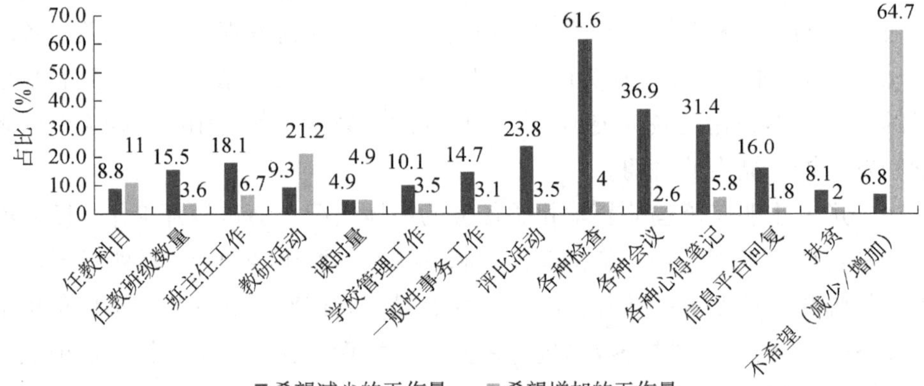

图6-9 教师希望增加的工作量和希望减少的工作量情况

调查结果表明，教师迫切希望减少的是非教学相关任务。各种检查、各种会议、各种心得笔记以及信息平台回复占用了教师的大量时间，如果要给教师减负，需要从以上几方面着手。琐碎的非教学相关任务影响到了教师的时间安排，造成教师时间碎片化，从而也影响到了教师专业发展的心态，教师普遍希望能够通过减少这些非教学任务，从而抽身参与到教研活动等中，以实现自身的专业成长。

---

① 李新翠. 中小学教师工作量的超负荷与有效调适[J]. 中国教育学刊，2016（2）：56-60.

2. 教师对工作能力的自我认知较为乐观

教师在工作能力的自我认知上呈现出比较乐观的态度，结果如表 6-2 所示。这一调查题目采用利克特量表进行设计，从 1 到 5 分别表示"从不""偶尔""有一些""经常""非常频繁"，分值越高，表示教师对工作能力的自我认知越乐观。结果表明，他们普遍认为自己能有效地处理工作中的各种问题；认为自己在师生关系上经常能营造一种轻松的氛围；认为自己的工作对学生成长有积极的影响。

表 6-2 教师工作能力的自我认知水平

问题	均值
我能有效处理工作中的各种问题	3.86
在师生关系上，我能营造一种轻松的氛围	4.07
我认为自己的工作对学生成长有积极影响	4.15

教师对工作能力的自我认知水平的均值普遍介于经常与非常频繁之间，数据表明，教师对于工作能力的自我认知状况良好。

3. 教师的身心健康状况堪忧

本次调研也对教师对自身身体状况的主观感受进行了调查，调查题目采用利克特五点计分，从 1 到 5 分别表示"从不""偶尔""有一些""经常""非常频繁"，分值越高，表示教师当前的身心健康的主观感受水平越低。调查显示，教师在起床后感到疲惫的出现频率的均值为 3.49，结果介于"有一些"与"经常"之间；教师在自身身体出现不适感，健康出现问题一题的频率的均值为 3.16，介于"有一些"与"经常"之间。结果表明，教师在日常工作中的身体状况并不乐观。

此外，对于教师健康状况，还要特别注意教师的心理健康方面。在本次调查中，对工作越来越缺乏热情的出现频率的均值为 2.67，介于"偶尔"与"有一些"之间；不想当老师想法的出现频率的均值为 2.35，介于"偶尔"与"有一些"之间；工作没有获得感和成就感的出现频率的均值为 2.29，介于"偶尔"与"有一些"之间。教师普遍出现对工作缺乏热情、感到倦怠的情况，教师对自身职业的心理认知并不乐观。

三、教师工作强度的问题透视

教师工作强度既包括教师实际的工作时间、工作数量、工作结构等客观方面，还内含教师的工作感受、情感体验和满意度等主观方面。对教师主客观方面的问题进行全面把握，可以使我们深刻地认知教师当前的工作状况，为教师工作合理化提供现实性的策略。

（一）教师工作繁琐，非教学工作量偏高

当前，我国教师在工作量和工作结构上都存在一些问题。从工作量上看，教师工作时间较长，工作时间碎片化问题较为严重；从工作结构上看，教师工作结构不合理，非教学工作比例偏高。这些问题对教师的专业成长和日常生活都产生了很多不良影响，需要我们对其进行研究和分析。

1. 教师工作强度高，工作内容比较繁琐

当前，我国教师在工作强度方面存在教师的工作繁琐、教师工作时间较长且工作时间碎片化的问题。教师工作时间长不仅体现为在校工作时间长，普遍存在加班的情况，通常他们所承担的工作仍需要利用下班后的时间去完成，下班以后教师需要完成批改作业、家校沟通以及学校布置的其他非教学工作，这无疑会给教师个人生活带来影响，甚至给其生活带来了很大的负担。寒暑假中，所调查的教师中，不加班的教师不足 1/5，大多数教师在寒暑假都需要继续完成工作相关事宜。另外，教师需要时间去完成自主学习、准备下学期课程、教师培训和家校沟通、教研科研、扶贫等工作。工作时长过长最直观的影响是会使教师身体疲乏，这个问题在前文关于“教师身体状况的调查”数据中就明确反映出来，教师在日常工作中出现明显的疲惫感，且察觉到自身身体出现了不适感。调查结果明显反映了工作时长过长所带来的一些问题，繁重的教学工作对中小学教师身心健康产生了严重影响。此外，在访谈过程中，很多教师反映因为下班后仍需工作，造成了无暇顾及家人的情况，虽然孩子的成长需要父母的陪伴与辅导，但是因为教师工作的特殊性，教师在业余时间仍需要花费时间和精力在学生和工作上，面对孩子的需求，教师显得力不从心。

此外，教师普遍反映当前的工作十分繁琐，这种繁琐体现在工作中的方方面面。表 6-3 是某小学教师的一日安排（以上午为例）。

表 6-3 教师日常（上午）具体工作安排情况

时间	任务安排
7：30	值班教师到校门口值班

续表

时间	任务安排
7：40	班主任到校
7：50	其他教师到校
7：55	班主任教师进教室维持秩序
8：00	辅导教师进教室指导本学科早读，其他教师在办公室做课前准备
8：20	班主任进教室指导学生进行课前预备
8：25	第一节课
9：15	第二节课，任课教师提前 2 分钟到教室门口，课间十分钟班主任组织好课间活动
9：55	班主任进教室带领学生有秩序、安全地下楼做操，副班主任到班级配合班主任，其他教师也到操场进行辅助锻炼，体育教师做好音响准备，值班教师巡视各班做操情况
10：15	班主任把学生安全带回教室
10：20	第三节课
11：10	第四节课，任课教师提前 2 分钟到教室，一年级提前 10 钟放学，二年级提前 5 分钟放学
11：50	各班按规定放学，学生背诵国学出校门，到集合点后，教师通过斑马线护送学生过马路，低年级教师待到有家长接学生后，方可返回，副班主任带领学生洗手后午餐，值班教师各司其职
12：30	午餐后，各班带队教师把学生领回教室，辅导学生做家庭作业、看书、看电影或休息，值班教师巡视

我们可以看到，表中只是教师最常规的工作，教师的时间安排细化到 5 分钟、10 分钟，教师需要不断地抽身投入到学生工作中去。但是教师的工作内容远不止如此，教师日常需要参与配合学校各项工作的开展，为学生发展组织的各种节日活动，需要教师负责组织排练；学校开展的研学活动，需要教师负责安排实践；学校自身的发展改进工作，需要教师积极承担；琐碎繁杂的工作使得教师的时间不断被细化。教师需要不断在各类琐事中切换角色，不仅身心劳累，更占用了教师提升自我获得专业发展的时间，使得教师不能安心从教，更没有时间安心对自己的教学工作进行思考。

2. 教师工作结构不合理，非教学工作量偏高

当前，教师工作任务方面存在的问题不仅体现为工作量繁琐，还体现为工作任务结构不合理，与教学无关的工作占用了教师大量的时间和精力。在现实教学环境中，教师不仅仅要承担所任教学科的教学相关任务，还要应对各类检查、考

核、评比活动。非教学任务的繁杂会增加教师的职业倦怠感，降低教师工作的价值感；耗费大量的时间和精力，影响教师的正常教学秩序；额外的任务给教师增添了工作量，使教师的工作压力增大，不能把重心放在教学上，这些工作与个体成长无关，于学校发展无益，可以说解决教师工作任务结构不合理的问题已迫在眉睫。教师对调整工作任务结构的愿望已十分强烈，希望能够降低非教学任务的占比，从而适当增加有利于提高自我专业素养的教学相关活动，这样才能更有利于教学水平的提高及教师人才队伍的发展。

（二）教师工作的成就感、价值感与获得感不强

教师的职业认同度是教师个体基于对自身的职业角色、职业性质、自身教育效果的认识、评价而产生的自我效能感，以及由此而产生的职业满意感、归属感、倦怠感与职业危机感等。[①] 2018 年，《中共中央 国务院关于全面深化新时代教师队伍建设改革的意见》明确提出，要真正让教师成为令人羡慕的职业。要想让教师职业成为人人称羡的职业，首先要提升教师的成就感与意义感，让教师愿意进、留下来。反观当下的现实，关于部分地区教师招考遇冷的新闻层出不穷，这种现象的出现让我们不得不去反思教师这个曾经的“铁饭碗”遇冷的现实原因。

目前的实际情况并不乐观，本次访谈中很多教师反映这几年当教师体会不到自豪的感觉，关于教师工作的成就感和意义感的调查结果也证实了这一点。教师对自身工作的热情并不高，部分教师有职业倦怠倾向，甚至一些教师出现转行的想法。调查数据显示，当前教师的成就感和意义感较低，如果这一问题不能得到妥善处理，将严重影响教师行业人才的发展。本次调查结果显示，出现这一问题的原因很可能与教师工作量不合理紧密相关。通过相关数据分析可得，教师每周的课时量与“我对工作越来越缺乏热情”存在显著的正相关（$p=0.00<0.01$），与“我有不想当老师的想法”存在显著的正相关（$p=0.01<0.05$）。暑假加班培训天数与“我对工作越来越缺乏热情”存在显著的正相关（$p=0.00<0.05$），与“我有不想当老师的想法”存在显著的正相关（$p=0.00<0.01$），与“工作不能让我有获得感和成就感”存在显著的正相关（$p=0.01<0.05$）。经过分析可得，工作量过大与教师工作的成就感和意义感较低之间有密切的关系。众所周知，职业中的成就感和意义感正如学生在学习中的兴趣一样，如若不能在所从事的职业中有强烈的成就感和意义感，就不能有良好的驱动力去做好本职工作，从而对职业失去热情，

① 吴卫东. 论教师的职业自我[J]. 全球教育展望，2006（1）：52-56.

最终甚至会产生放弃的念头，所以我们需要从教师工作量入手去解决问题，从而吸引更优秀的人才进入教师行业。

（三）教师特别是班主任工作压力问题比较突出

本次调查显示，教师中班主任工作压力过大的问题比较突出，与非班主任教师相比，突出反映在班主任教师的工作时间更长、工作任务更重、工作压力更大，而现有的对于班主任的物质和精神奖励不足。

1. 班主任工作时间长、工作任务重

调查数据显示（表 6-4），班主任与非班主任的正常工作日工作时间存在显著性差异（p=0.00<0.05），且班主任日常在校的工作时间明显长于非班主任。班主任教师正常工作日每天在校工作的时间约为 9.22 小时，而非班主任教师正常工作日每天在校工作的时间约为 8.78 小时。此外，经过调查分析可知，班主任与非班主任在每周上课节数上也存在显著性差异（p=0.00<0.05）。班主任每周上课（包括辅导课）数量的均值为 17.79 节，明显多于非班主任每周上课（包括辅导课）数量（13.31 节）。

表 6-4 班主任与非班主任每天在校工作时间及每周上课（包括辅导课）节数

项目	在学校担任的职务	均值
正常工作日，您每天在校工作的时间约为几小时？（小时）	班主任	9.22
	非班主任	8.78
您每周上（包括辅导课）多少节课？（节）	班主任	17.79
	非班主任	13.31

班主任工作量较大是本次调研过程中班主任教师甚至是非班主任教师都在反映的问题。无论是从工作时长、工作量还是工作压力来讲，班主任的工作量都普遍较高。有班主任教师通过讲述自己的工作时间来说明这一问题：

> 早自习普通老师是 8：00 上班，早自习班主任老师是 7：10 左右到，还有更早的情况。下午 4：50 下班，班主任教师需要一直陪伴学生到晚课结束才能回去，一节晚课下来，大约是 4 个小时，这 4 个小时中需要负责两个班级的管理工作，付出远远大于回报。

此外，通过数据分析结果可知（图 6-10），班主任教师与非班主任教师在班级

管理、批改作业、家校沟通的周工作时间上存在显著性差异（$p=0.00<0.01$），且班主任教师在此三项上所用时间明显要多于非班主任教师。我们也可以发现，班主任教师需要在班级管理以及家校沟通方面付出更多的时间和精力。在对班主任教师对目前工作量认知水平的调查中，班主任教师与非班主任教师关于工作量的多少的感受存在显著性差异（$p=0.01<0.05$），班主任教师对目前工作量的轻重认知水平均值为 4.23，介于“比较重”与“非常重”之间，非班主任教师对目前工作量的轻重认知水平均值为 3.74，介于“合理”与“比较重”之间，班主任教师对工作量的感受均值明显大于非班主任教师。

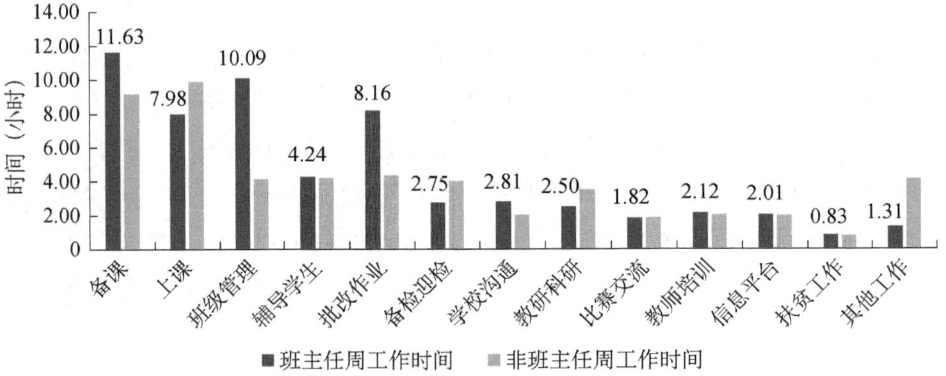

图 6-10　班主任与非班主任每周工作任务时间分配情况

2. 津贴鼓励性不足降低了班主任的满意度

我们在本次问卷调查和访谈的过程中也发现，各地区班主任教师的津贴有不同程度的差别，例如，在东北地区某市，小学班主任教师的津贴为每月 600 元（假期除外），东北地区某县小学班主任教师的津贴为每月 260 元，山东省某市中学班主任教师的津贴每月在 800 元左右，浙江省某市小学班主任教师的津贴为每月 2000 元左右。总体来看，各地区班主任津贴存在较大差别，但是我们在访谈中发现，教师对于班主任身份带来的压力都存在相同的感受，很多班主任教师尤其是小学和高中班主任教师对工作任务与津贴之间的不对等关系表示不满，津贴的鼓励性不足以动员教师承担这份责任。经过差异分析，班主任与非班主任教师关于工作量的满意度存在显著性差异（$p=0.00<0.01$）。与非班主任教师相比，班主任教师对工作量的满意度更低。班主任教师对当前工作量的满意度不高，介于“不太满意”与“一般”之间。调查和访谈中，部分教师的言语表明了自己不满的原因所在。部分教师提到，如果相应的制度保障和津贴福利能够与班主任教师的付

出相匹配，班主任教师的问题也会相应地得到解决，但目前班主任教师津贴和奖励、学校对班主任工作的保障和支持与班主任教师承担的责任和付出的精力不匹配。班主任津贴体现了对班主任的称谓的尊重，班主任津贴的提出是为弥补班主任教师为此付出的时间和精力，鼓舞更多的教师承担这份责任。但是，现在的津贴数额显然并不能同班主任教师的付出对等，班主任津贴并不能发挥它应有的作用。此外，除了对于班主任的物质关怀不足以弥补这份责任带来的负担之外，班主任教师承担的心理负担也没有得到很好地照顾与理解。学生由于心智发展不够成熟，在面对班主任的管教时很容易与班主任教师发生冲突，从而对班主任产生负面情绪，很多年后，学生也许会理解班主任的良苦用心和他的职责所在，但是，在当时的情况下，班主任确实需要承担来自学生的误解与埋怨。此外，如今家长及社会人士对于班主任的要求不断提高，希望其能用智慧的手段解决一切问题，在校保护好学生不发生一丝问题，对于班主任的这种高要求、高标准也对作为普通人的班主任造成了很大的压力。在访谈中就有教师表示："当班主任要特别小心，现在没有谁敢碰孩子一下。包括我没收学生手机，家长说让摔，谁敢出来摔？摔完之后学生拿发票来了，那你老师就自己报销。隔壁班的班主任没收完学生的手机，学生报警了，警察来的时候我们也没有办法，例行公事。现在老师这个职业很难做的，初中和高中的这些孩子是最难管理的。"可见，班级管理工作给班主任教师带来的压力还是很大的。

3. 班主任的身心亚健康水平明显高于非班主任

较高的工作量和较大的心理压力容易给教师的身体和心理带来负面影响，造成班主任教师的职业倦怠。调查显示（表 6-5），班主任与非班主任教师在身体健康状况认知水平的两个问题上都存在显著性差异（$p=0.00<0.01$），结果显示，班主任教师在起床后感到疲惫的出现频率均值为 3.89，结果介于"有一些"与"经常"之间；班主任教师身体出现不适感，认为健康出现问题的频率均值为 3.37，介于"有一些"与"经常"之间，班主任在身体健康状况认知上的均值明显高于非班主任。此外，班主任与非班主任教师在心理健康状况上也存在显著性差异（$p=0.00<0.01$），班主任和非班主任教师普遍认为班主任压力很大，班主任认为做班主任的压力很大，其均值介于"经常"和"非常频繁"之间。班主任普遍认为自己有时对工作越来越缺乏热情，自己偶尔会认为没有获得感和成就感。班主任教师在上述问题上的均值明显高于非班主任教师。

表 6-5 班主任与非班主任教师对身心健康状况的认知水平

问题	在学校担任的职务	均值
早上起床时，我感到疲劳和疲惫	班主任	3.89
	非班主任	3.51
我身体明显有不适感，健康出了问题	班主任	3.37
	非班主任	3.09
我认为做班主任压力很大	班主任	4.03
	非班主任	3.90
我有不想当老师的想法	班主任	2.68
	非班主任	2.43
工作不能让我有获得感和成就感	班主任	2.37
	非班主任	2.27

四、为教师合理减负的政策建议

（一）国家应出台教师工作量标准

调查结果显示，教师的工作内容琐碎、繁多，尤其是班主任教师的工作任务越来越多、负担越来越重。我国缺乏明确的教师工作量标准规定，现实中往往都是各学校自立法规，给教师制定一些“指标”，一些额外工作的指派也具有很大的随意性，教师之间的工作强度也有很大差异。没有标准，学校就不能依法拒绝上级摊派的任务；不能依规要求“晋级后懈怠”的教师完成必要的工作量；不能有根据地判断教师是否真的“超限工作”；对教师超额劳动的补贴也无法合法地发放，等等。因此，制定教师工作量标准势在必行。

教师工作有其特殊性，教师工作包括主体教育教学工作和大量的隐性工作。一些教育口号也很形象地表达了教师工作的独特性：“教育无处不在”说明教师工作的空间遍布学校的所有场域；“育人随时发生”说明教师工作的时间延伸到教师生命的时时刻刻，教育内容囊括了师生互动的方方面面。面对如此复杂的教育场景，要全面规定教师劳动的所有方面，制定教师工作的细微标准，基本是不可能的。但是，从教师工作的核心要素和主要任务模块来考虑制定教师工作量标准却是必要的，也是可行的。

在教师的主体工作方面，主要的任务模块就是依据教师日常工作的显性任务群来划分的，如周上课时数、班级数、学生数、作业量、开展教育活动的规模与次数、班主任工作的内容和结构等，再加上教师工作时间的规定，可以合理地给出科学、客观的标准。

在教师的隐性工作方面，比较难以量化处理，我们可以参考 OECD 的标准，再根据中国的现实国情来制定。OECD 的大部分国家对教师的隐性工作做了细致的划分和明确的法律规定，将教师需要完成的隐性工作以可见的文件的方式加以规定，并且以《教育概览：OECD 指标》的形式在全世界公开发行，这种公开透明、清晰明了的做法对于解决我国当前教师工作强度的问题，具有一定的参考价值。“在 OECD 国家中小学教师隐性工作根据与课堂教学的相关程度分为‘教师任务’和‘教师其他责任’两类，‘教师任务’是与课堂教学直接相关的隐性工作，这部分隐性工作是政府或学校强制规定的；而‘教师其他责任’是与课堂教学间接相关的隐性工作，这部分主要是教师自愿完成的隐性工作。”[①] 教学任务相关的隐性工作又被进一步分为六类，教师其他责任相关任务被分为七类，具体内容如表 6-6 所示。

表 6-6 OECD 国家中小学教师隐性工作划分内容

教学任务相关的隐性工作	教师其他责任相关任务
写教学计划和备课	参与除了教学以外的学校管理或者教师管理工作
布置和批改学生作业	超出全日制教师所要求的教授班级数或课时数
参与一般的管理工作（如交流、文书和其他类似工作）	为学生提供咨询（学习指导、就业指导、预防犯罪指导）
与家长的交流与合作	参加课程大纲以外的活动（如运动、戏剧和家庭俱乐部等）
课间对学生的监管	特殊任务（如培养学生成为小老师，指导学生进行咨询活动等）
参与教研工作和新老教师交流	当班主任和年级主任
	参与和指导学生的课题项目

但目前我国对教师隐性工作量并没有具体文件进行相关规定，教师日常中所面对的非教学任务种类及复杂程度远超过这些，耗费了教师大量的时间和精力，而且类似于《教育概览：OECD 指标》中教师可以选择自愿完成的“教师其他责任相关任务”，我国教师在工作中是被动地承担此类的工作的，教师的自我选择权利被忽视了。

① 黄明亮，孙河川，陈娉婷. OECD 国家中小学教师隐性工作量的分类及启示[J]. 上海教育科研，2017(12)：15-18.

（二）核编改制，合理配置，为教师减负减压

编制问题是引发教师工作强度过大，带来工作压力的一个重要原因。在产生这一问题的原因上，农村和县城各有不同。我们应该通过透视教师编制问题的实质来考虑教师核编的方式，进行教师编制改革。

1. 城乡教师编制问题解析

2001 年，《关于制定中小学教职工编制标准的意见》中的“教职工编制标准”，对城市、县镇、农村小学生师比进行了规定，“城市、县镇、农村小学的生师比分别为 19、21、23。2001 年，城市、县镇、农村的生师比分别是 19.21、19.99、22.68；用教师职工数来统计，城市、县镇、农村的生师比分别是 16.53、17.67、21.07。农村生师比高于城市、县镇，这是农村学校班级规模小所致。2014 年，城市、县镇、农村的生师比分别是 18.88、17.65、14.41；如用教师职工数来统计，城市、县镇、农村的生师比分别是 16.95、16.86、16.06。”[①] 我们在调查中发现，当前仅从生师比这个单一标准来核定教师编制数量是不合理的。县城学校和乡中心校依然存在大班额，教师工作量激增带来了“运行性缺编”；村小学和教学点因为学生数减少，但学科和学段不变，存在着“超编性缺编”；除了“特岗教师计划”教师，有的农村地区十年来（2009—2019 年）没有新进过一名教师，存在着“制度性缺编”。

农村教师缺编使教师工作量加大，其原因主要有以下几个方面：①教师岗位的吸引力不足，教师缺编造成农村教师上课节数偏多，教师普遍一周需要上课 20 节，多者甚至达到 30 节。此外，农村学校虽然开齐了国家规定的各类学科，但是艺术、体育、信息技术、英语等方面却普遍缺乏专任教师，在这种情况下，很多学校只能采取教师兼任的办法来解决。有的地区班主任教师要兼任语文、数学、音乐、美术四个科目的教学任务，教师兼任学科带来的任务量也使得教师的上课节数增多，且备课难度增加，跨学科教学带来的任务量成倍增加。②在农村地区，因为学校与家的距离较远或父母外出打工等原因，很多学生需要寄宿在学校，寄宿学校需要为学生提供日常的看护，而当前大多数学校因为学生寄宿多出来的任务量并没有聘请校外人员或设置专任编制人员来承担，额外的工作主要由任课教师来承担，这一部分的劳动量也给教师增添了额外的负担。③农村小规模学校的

① 秦玉友，宗晓华. 2016—2030 年中国城乡义务教育师资需求预测[J]. 东北师大学报，2017（1）：8-21.

各项工作都需要开展，但是编制配备不足。小规模学校虽然学生较少，但“麻雀虽小五脏俱全”，各项任务仍需开展，需要由专职教师来承担，但是现实中小规模学校的编制配备不足，只能是一师多职，通过给教师分配更多的工作来解决这一问题。

另外，县城和城市也存在教师缺编带来的教师工作量大的问题。原因主要表现在：在城镇化背景下，人口从农村向城镇流动，城镇的教育规模迅速扩大，新建学校增多，扩张速度增快，而教师编制在“控制总量”的导向下没有得到相应的补充，导致现有教师承担的任务量迅速增加。

2. 改革教师核编标准，为中小学教师合理减负

国家已经认识到中小学教师的编制必须要改革，2018 年，《中共中央 国务院关于全面深化新时代教师队伍建设改革的意见》中明确提出，要“创新和规范中小学教师编制配备……根据教育发展需要，在现有编制总量内，统筹考虑、合理核定教职工编制，盘活事业编制存量，优化编制结构，向教师队伍倾斜，采取多种形式增加教师总量，优先保障教育发展需要”。本报告依据国家文件的指示精神，结合调研中发现的现实问题，抓住“合理核定编制”“盘活存量”“增加教师总量”三个核心问题来进行分析。

首先，关于如何合理核定教职工编制，我们可以从以下几方面进行考虑。第一，当前教师编制配备方式较为单一，考虑到教育中的现实问题，应当在编制配备上考虑多方面的因素，其中教师的工作总量是需要考量的一个重点。教师在学校不仅仅承担着教学任务，还承担着学校发展的其他工作。此外，不同学校的环境不同，正如我们所分析的农村学校和城镇学校，因为其特殊情况所带来的教师承担额外工作任务的现状应当被考虑在内。第二，不能仅仅根据生师比来配备教师编制，应当将班师比、年级情况和学科情况也纳入考虑。第三，教师在社会和家庭中也扮演着角色，他们需要抽身开展教学研究、进行培训，会有休产假、病假的特殊情况，但是现在这些现实情况并不在教师编制考虑范围内，大多数学校遇到这种状况，一般采取让校内其他教师代课的办法解决，但是这无疑增加了教师的负担。

其次，应当盘活事业编制存量。盘活事业编制存量可以从以下几点入手：第一，推行教师资源共享制度。可以在区域内推行走教的方式，实现资源共享，还可以在地域比较接近的乡镇之间建立学校共享联盟。第二，下放学校用人自主权。

第三，可以寻求技术突破，通过建立数据库的方式精准对位，实现区域内教师编制的调配。

最后，可以采取多种形式增加教师总量。对于教师总量的增加，可以从以下几点入手：第一，合理调整用工制度；第二，建立教师机动编制；第三，增加财政投入，设立专项拨款，通过省、区统筹的方式，实现各部门统一协调管理教师编制。

（三）合理约束行政权力，赋予学校发展自主权

我们在调研中发现，校长和教师呼吁最强烈的问题之一，就是与教育教学无关的事务性工作侵占了教师大量的时间和精力，学校在多位“婆婆”面前缺少话语权，只能被动地应付各种检查、评估、活动、比赛、材料准备等。为教师减负，还给学校教育和教师一个安静的空间，已成为亟待解决的问题。针对此种情况，教育部部长陈宝生在2019年全国教育工作会议上提出：“要全面清理和规范进学校的各类检查、考核、评比活动，实行目录清单制度，未列入清单或未经批准的不准开展，要把教师从‘表叔’‘表哥’中解脱出来，更不能随意给学校和教师搞摊派。要把时间和精力还给教师，让他们静下心来研究教学、备课充电、提高专业化水平。”①

如何将教师从繁重的“摊派”工作中解脱出来？教育部列出的清单制度是一项有力的政策（尚未发布清单），但仅靠这一点是不够的，还要合理约束行政权力，划出监管边界。教育系统处于社会大生态背景下，教育的发展受经济、政治、人口等要素的制约，国家对教育的监管是题中应有之义。同时，教育的相对独立性、教育事业的特殊性、教育的规律性，是教育发展必须要充分尊重的。行政权力对教育领域的过多干预会干扰学校教育的正常运转，不仅不能促进教育的发展，反而会成为障碍。我们在调研中发现，不仅是教育行政部门对学校教育有诸多检查，地方其他行政部门也对学校有诸多要求，例如，某市创建卫生文明城市，要求学校一天一汇报，报进度、报做法、报改变，类似的此种检查种类之繁多，令人咂舌。而且每项工作都有一整套繁琐的检查评价标准，还有各种等级指标，学校针对每一项检查都要相应地准备一套材料，如通知、方案、过程、总结、文档、照

---

① 陈宝生. 落实 落实 再落实——在2019年全国教育工作会议上的讲话. 教育部网站. http://www.moe.gov.cn/jyb_xwfb/moe_176/201901/t20190129_368518.html[2019-1-30].

片和视频等，有的地方甚至要求材料字号、格式、行间距、序号等都不能有一点错，否则就打回重新准备。

由此可见，应该转变政府行政管理部门的理念与职能，真正落实从“管理”到“服务”的职能，要约束行政部门利用评价给学校层层施压的权力，同时也要赋予学校合理拒绝的权力。早在多年前，教育学者王逢贤先生就提出不能在“教育为××服务”的句式中变成唯唯诺诺的“婢女”，教育优先发展战略要强调“××为教育服务”。学校作为教育的主阵地，教育者作为懂教育的专业人士、有教育情怀的德高之人，应当相信他们有做出最有利于教育和学生发展的专业判断的能力，因此，赋予学校应有的发展自主权，让教师做好当为之事。

（四）教师工作量“减负”与“增量”的同步转换

教师专业发展是当前我国教师教育领域的重要目标，国家提出要为教师减负，并不意味着教师从此可以悠闲度日，而是明确提出要减轻教师除教学工作之外的不必要和无意义的工作量，把更多的时间和精力用来做专业提升方面的事情。因此，提倡教师减负，应该同步考虑教师专业学习如何增量的问题。

教师作为一种专门职业，要把提高教学水平、拓展知识和提升技能作为自己的发展方向，教师的责任在于教书育人，正所谓“靡不有初，鲜克有终”，教师个人以及社会都不应该忘却教师的初心和职责的本位。教师专业发展是一个过程，需要时间的历练和沉淀。教师专业发展不只是职前的事情，也不只是职后的工作，它贯穿于从职前教师到在职教师的整个生涯过程，因此需要站在教师一体化的角度全程规划教师的专业发展。① 然而，当前的教师更多地被沉重的、琐碎的非教学工作所累，也就无法实现自身的专业发展。对于教师个人来说，获得专业成长是他们自我价值提升的途径，教师有获得专业成长的需求和权利。教师的专业发展，首先强调教师作为专业人员要经历一个由不成熟到相对成熟的发展历程。对于教师个人来说，其有促进自身专业成长的需求和渴望。本次调查结果显示，我国教师对于发展自身的愿望还是非常强烈的，而且有 53.6%的教师希望能参与高层次的培训。有效的培训不但可以促进教师的专业成长，还可以帮助教师顺利地经历专业成长的各阶段，早日成长为专家型、学者型教师。

除了参与培训之外，国家还应该为教师专业成长提供全方位的制度保障，尤

---

① 胡惠闵，王建军. 教师专业发展[M]. 上海：华东师范大学出版社，2014.

其是教育经费“从物到人”的投入更是当下急需做出的改革。另外，还需要给学校必要的自主权。目前，学校在教师招聘、交流与退出等方面都缺乏话语权，在建立奖惩制度、调动教师的积极性、为教师提供专业学习支持等方面缺乏经费支配权。为教师专业发展助力，国家层面和学校层面都应该充分考虑到以上因素，制定配套的制度、经费等改革措施，只有这样才能使教师真正实现稳定、持续的专业发展。

第七章

教师薪酬待遇调查报告

薪酬待遇决定了职业的吸引力、职业声望和从业者的职业责任感。改革开放以来，我国经济发展取得了举世瞩目的成就，居民收入和生活水平得到全面提高。教师作为教育的主体，其薪酬待遇受到国家和社会的重点关注。为了提高教师的薪酬待遇，国家出台了一系列政策措施，教师工资收入整体水平得到大幅度提高。但是，我们发现，除个别地区外，我国大多数地方的中小学教师收入未达到所在区域就业人员的平均水平。而且，工资政策的落实和执行还存在一些问题。2018 年 1 月，《中共中央 国务院关于全面深化新时代教师队伍建设改革的意见》明确提出要不断提高教师的地位待遇，真正让教师成为令人羡慕的职业。在此时代背景下，本章从中小学教师工资待遇、薪酬满意度以及工资政策的执行三个维度进行实证调查，力争基于真实数据，对我国中小学教师薪酬待遇的基本情况和所存在的问题进行客观的呈现，并针对主要问题给出相关政策建议。

一、教师薪酬待遇研究概述

（一）研究缘起

近年来，党中央非常重视教师的专业发展，明确提出要保障教师的权利，提升教师的待遇和地位。2014 年教师节，习近平总书记在北京师范大学发表重要讲话，强调“各级党委和政府要从战略高度来认识教师工作的极端重要性，把加强教师队伍建设作为基础工作来抓，满腔热情关心教师，改善教师待遇，关心教师健康，维护教师权益，充分信任、紧紧依靠广大教师，支持优秀人才长期从教、终身从教，使教师成为最受社会尊重的职业”[①]。习近平总书记在 2018 年全国教育大会上也指出，“随着办学条件不断改善，教育投入要更多向教师倾斜，不断提高教师待遇，让广大教师安心从教、热心从教”[②]。教师的工资报酬是促进教师发展的重要部分，且教师的地位和待遇受到越来越多的关注，教师的工资制度也在不断完善并且受到法律的保护，了解教师工资的发展以及现状，有助于推动教师不断发展。

中华人民共和国成立以来，我国教师的工资制度不断调整和变化，得到了完善。1956 年教师工资改革后，实行货币工资制，按职务、学历、教龄、工作量、工作成绩评定，分教师级、行政级；把教学人员和行政人员的工资分开，分别发布工资标准表[③]，但存在比较严重的平均主义和一些不合理的因素。因此，1985 年，进行工资制度改革时，《关于国家机关和事业单位工作人员工资制度改革方案的通知》中明确指出，这次工资制度的改革，要使工作人员的工资普遍有所增加，中、小学教师和职级不符的中年骨干的工资要适当多增加一些；把工作人员的工资同本人的工作职务、责任和劳绩联系起来；贯彻按劳分配原则，适当体现奖勤罚懒、奖优罚劣；事业单位行政人员和专业技术人员的工资制度，允许根据各行各业特点因行业制宜，可以实行以职务工资为主要内容的工资制度，也可以实行以职务工资为主要内容的其他工资制度。[④] 之后，国务院工资制度改革小组同劳

---

① 习近平：做党和人民满意的好老师——同北京师范大学师生代表座谈时的讲话［EB/OL］. 中国政府网. http://www.gov.cn/xinwen/2014-09/10/content_2747765.htm［2014-09-10］.

② 习近平在全国教育大会上强调坚持中国特色社会主义教育发展道路 培养德智体美劳全面发展的社会主义建设者和接班人［EB/OL］. 人民网. http://edu. people.com.cn/n1/2018/0911/c1053-30286253.htm［2018-09-11］.

③ 《江宁街道志》编纂委员会编. 江宁街道志［M］. 北京：方志出版社. 2011.

④ 中共中央、国务院. 关于国家机关和事业单位工作人员工资制度改革方案的通知［EB/OL］. https://www.doc88.com/p-7952437001511.html［2015-04-10］.

动人事部发布了《国务院工资制度改革小组、劳动人事部关于高等学校、中等专业学校、中小学教职工工资制度改革问题的通知》，明确指出教职员实行以职务工资为主要内容的结构工资制[①]，由此我国中小学开始实施结构工资制，主要包括基础工资、职务工资、工龄津贴和奖励工资四个部分。此外，1985 年，国务院工资制度改革小组、劳动人事部发布《关于教师教龄津贴的若干规定》，对教龄津贴做出规定。

1986 年，《中华人民共和国义务教育法》颁布，指出“全社会应当尊重教师。国家保障教师的合法权益，采取措施提高教师的社会地位，改善教师的物质待遇，对优秀的教育工作者给予奖励”[②]。

1993 年，我国再一次对事业单位工资制度进行改革，将中小学教师工资分为职务工资和津贴两个部分，并且考虑工作年限、工作业绩和学历。中共中央国务院实施《事业单位工作人员工资制度改革实施办法》指出，全额拨款单位，没有稳定的经常性收入或收入较少，各项支出全部或主要靠国家预算拨款，其工资构成中固定部分应占 70%，活的部分占 30%；中小学教师、护士在这次工资制度改革时，按统一的工资标准进行套改，不含原工资标准提高 10%的部分；中、小学校，主要设立课时津贴[③]。同年，我国颁布了《中华人民共和国教师法》，对教师工资、津贴进行规定：“教师的平均工资水平应当不低于或者高于国家公务员的平均工资水平，并逐步提高。建立正常晋级增薪制度，具体办法由国务院规定……中小学教师和职业学校教师享受教龄津贴和其他津贴，具体办法由国务院教育行政部门会同有关部门制定。”[④]

2006 年，重新修订《中华人民共和国义务教育法》，再一次对教师工资、福利待遇等做出规定：“各级人民政府保障教师工资福利和社会保险待遇，改善教师工作和生活条件；完善农村教师工资经费保障机制。”同时，对教师工资做出了规定：“教师的平均工资水平应当不低于当地公务员的平均工资水平。”另外，其还规定：“特殊教育教师享有特殊岗位补助津贴。在民族地区和边远贫困地区工作的

---

① 国务院工资制度改革小组，劳动人事部. 国务院工资制度改革小组、劳动人事部关于高等学校、中等专业学校、中小学教职工工资制度改革问题的通知[EB/OL]. http://www.lscps.gov.cn/html/19818[1985-08-30].

② 中华人民共和国义务教育法（1986 年）[EB/OL]. http://www.edu.cn/edu/zheng_ce_gs_gui/jiao_yu_fa_lv/200603/t20060303_165119.shtml[1986-04-12].

③ 国务院. 事业单位工作人员工资制度改革实施办法[EB/OL]. http://www.110.com/fagui/law_2716.html[1993-12-04].

④ 中华人民共和国教师法[EB/OL]. 教育部网站. http://www.moe.gov.cn/s78/A02/zfs__left/s5911/moe_619/tnull_1314.html[1993-10-31].

教师享有艰苦贫困地区补助津贴。”①

根据《关于义务教育学校实施绩效工资的指导意见》的规定，自 2009 年 1 月 1 日起，在全国义务教育学校实施绩效工资，确保义务教育教师平均工资水平不低于当地公务员平均工资水平，同时对义务教育学校离退休人员发放适当的生活补贴。绩效工资分为基础性和奖励性两部分，基础性部分考虑当地的经济发展水平、物价水平、岗位职责等，占总体的 70%，奖励性部分则体现工作量和实际贡献等。在绩效工资中设立班主任津贴、岗位津贴、农村学校教师补贴、超课时津贴、教育教学成果奖励等项目。

2012 年，我国对教师工资进行改革，取消中小学教师职称工资，教师收入由基本工资（小学教师 2000 元，初中教师 2300 元，普通高中教师 2500 元，大专教师 2800 元，大学教师 3000 元）、教龄工资（每年 30 元，随着教龄增长）、课时工资、绩效工资（占工资的 10%左右）、特优津贴等构成。至此，我国中小学教师工资制度不断完善，趋于稳定。

《中华人民共和国教师法》明确规定，按时获取工资报酬，享受国家规定的福利待遇以及寒暑假的带薪休假是教师的权利之一。《中华人民共和国义务教育法》（2018 年）第三十一条明确规定：“各级人民政府保障教师工资福利和社会保险待遇，改善教师工作和生活条件；完善农村教师工资经费保障机制。”获取工资报酬作为教师的基本权利，对于提升教师生活水平，提高教师的地位、社会声望，增强教师幸福感，起到了直接或间接的作用。报酬是否合理，工资制度是否严格执行，以及工资收入满意与否等，都是影响教师发展的关键。

教师的工资是影响教师队伍建设的重要因素，工资报酬是教师收入的来源，工资报酬的高低直接决定了教师的生活水平，进而会影响到教师从业的幸福感和满足感。教师队伍的建设与发展离不开优秀的人才，工资报酬是吸引人才的重要手段，较高的工资能够吸引人才选择教师岗位，提升教师队伍的素质，而教师队伍作为教育事业发展的重要部分，教师队伍素质的高低也会影响到整个教育事业的发展。基于此，本次调查以月工资、班主任津贴和年工资来代表教师的工资水平，针对教师工资（津贴）的基本情况、教师对工资的满意度以及各地区政策执行与教师对政策的了解程度进行调查。

---

① 中华人民共和国义务教育法[EB/OL]. 教育部网站. http://www.moe.gov.cn/s78/A02/zfs__left/s5911/moe_619/201001/t20100129_15687.html[2006-06-29].

（二）核心概念

1. 工资

《教育大辞典》中对工资做出了如下解释：工资是社会主义市场经济条件下劳动力商品价值的货币表现，也是公有制经济中实现按劳分配的基本形式[①]，有计时工资和计件工资两种基本形式。学校中教职员工的工资是教育事业中人员经费的主要部分，其比重是研究、分析教育经费结构合理程度的重要内容。①在中国，教师工资构成包括基础工资、职务工资、工龄津贴、奖励工资和国家规定的地区生活补贴。2012 年，我国规定教师工资包括基本工资、教龄工资、课时工资、绩效工资以及相应的津贴等。②本次研究主要以月工资、班主任津贴和年工资来衡量教师的工资水平。

2. 班主任津贴

班主任津贴是我国对能够履行《班主任工作的要求》和完成规定的教学工作量的班主任所发的津贴。1979 年，《教育部 财政部 国家劳动总局关于在全国普通中学和小学公办教师中试行班主任津贴的通知》中对班主任津贴做出了规定，根据班额的不同，中学为每月 5～7 元，小学为每月 4～6 元。1988 年，《国务院关于提高部分专业技术人员工资的通知》中指出，“应提高中小学班主任津贴标准……班主任津贴标准提高的幅度和教师超课时酬金的具体数额”，由各地结合实际情况自行确定。2006 年，《教育部关于进一步加强中小学班主任工作的意见》中指出，“要将班主任工作计入工作量，并提高班主任工作量的权重。各地要根据实际，努力改善班主任的待遇，完善津贴发放办法”。2009 年，《中小学班主任工作规定》第十五条规定：“班主任津贴纳入绩效工资管理。在绩效工资分配中要向班主任倾斜。对于班主任承担超课时工作量的，以超课时补贴发放班主任津贴。”2018 年，《中共中央 国务院关于全面深化新时代教师队伍建设改革的意见》中指出，绩效工资分配向班主任和特殊教育教师倾斜。我国班主任津贴没有全国统一的标准，各地根据自身的情况对班主任津贴有不同的规定。

---

① 教育大辞典编纂委员会. 教育大辞典[M]. 上海：上海教育出版社，1990.

② 2012 年中小学教师工资改革方案[EB/OL]. https://wenda.so.com/q/1362076351060792?src=180&q=2012%E5%B9%B4%E6%95%99%E5%B8%88%E5%B7%A5%E8%B5%84%E6%94%B9%E9%9D%A9%E2%80%98%E2%80%99[2013-02-28].

3. 教师工资政策执行

公共政策经过法定程序得到合法化后，便进入执行阶段。政策的执行属于政策过程的实践阶段，是“执行权威性公共政策指令的过程”[①]，也是将公共政策目标转化为政策现实的唯一途径。政策执行强调行动，政策执行主体采取各种措施和手段实现政策目标。中央所制定的宏观性政策最终需要落实到地方，从这个角度看，政策执行是对中央的政策进行一次次细化和再规划的过程，进而在地方形成“形态各异”的公共政策。在政策执行过程中，有诸多行动者进行政策方案的实施，其中，政府官员和公务人员是正式的政策执行者，享有法定的政策执行权力。同时，有与之对应的政策的接受者，被称为“目标群体”；还有一类实施者被称为“中间人”，这些人接受正式的政策执行者授权和受责，辅助政策执行。[①]在教师工资政策执行过程中，各级教育部门的工作人员和学校校长、学校管理人员等是主要的政策执行主体，教师为目标群体。

教师工资政策执行是指在实施教师工资政策的过程中，政策执行主体为实现政策目标，按照政策指令的要求，采取各种措施和手段，充分利用各类资源将政策方案细化、再规划以实现政策目标动态过程。课题组通过对教师工资调整政策的了解状况和工资政策的落实情况两方面来反映教师工资政策的执行情况。

1）教师对工资政策的了解状况

本次研究中，教师对工资政策的了解状况是指教师通过获取教师工资调整的政策信息，达到的对教师工资政策的了解程度，主要通过调查教师群体内能对教师工资调整政策及时了解的教师的占比来反映。

2）工资政策的落实情况

本次研究中，工资政策的落实情况是指实践过程中教师实际工资按照教师工资政策落实的程度，主要通过调查被调查教师所在地区的教师工资是否存在没有兑现的现象和其所在地区是否够严格按照国家规定的工资标准或政策发放工资，来反映教师工资政策的落实情况。

4. 教师薪酬满意度

本次研究从三个方面考察教师对薪酬的满意度：与自身能力和水平相比，教师对薪酬的满意度；薪酬与劳动量的相称度；与当地公务员相比，教师对薪酬的

---

① 弗朗西斯·C. 福勒. 教育政策学导论（第二版）[M]. 许庆豫译. 南京：江苏教育出版社，2007：248

满意度。关于教师的能力和水平，主要通过教师的职称、学历、获得的奖励等外在表征来衡量；而教师的劳动量则以每日工作时长、任教学科数等来表示。

（三）分析维度

本部分主要调查和分析教师的薪酬待遇情况。本次研究将从教师工资待遇、教师工资政策执行和教师薪酬满意度三个维度来考量教师的薪酬待遇情况。教师工资待遇维度通过教师月工资和年收入情况、班主任教师津贴两方面来反映；教师工资政策执行维度通过教师对工资调整政策的了解程度、工资政策的落实程度两方面来反映；教师薪酬满意度维度通过教师对能力与工资匹配的满意度、劳动量与工资匹配的满意度、教师工资与公务员薪酬比较三方面来反映。

首先，本次研究分析了教师工资待遇、教师工资政策执行和教师工资薪酬满意度的整体情况，并分别分析了这三个维度在不同特质教师间的差异。其次，本次研究针对调查结果提出了教师薪酬待遇方面存在教师薪酬待遇有待提高、教师工资政策执行有待加强、教师薪酬待遇区域差异显著三方面的问题。最后，本次研究对上述问题的原因进行了分析，提出了相应的对策建议。

二、教师薪酬待遇现状分析

（一）教师工资状况

党中央高度重视教师发展，对教师工资待遇更是高度重视，习近平总书记强调："各级党委和政府要把加强教师队伍建设作为教育事业发展最重要的基础工作来抓，提升教师素质，改善教师待遇，关心教师健康，维护教师权益，充分信任、紧紧依靠广大教师，支持优秀人才长期从教、终身从教。"[①]要让教师成为让人羡慕的职业，就要按照习近平总书记的要求，切实加强待遇保障，让教师在自己的岗位上有幸福感。良好的工资待遇是促进教师良好发展、提高教师地位的重要措施之一。教师的工资待遇对教师自身的生活水平、教师的社会声望、职业认同有着重要影响，是教师发展的重要内容之一。

① 习近平向全国广大教师致慰问信[EB/OL]. 新华网. http://www.xinhuanet.com/politics/2013-09/09/c_117294186.htm[2013-09-09].

1. 月工资和年收入

1）月工资的整体状况

调查结果显示，教师月平均工资为 4324.61 元，其中月工资超过 5000 元的教师占总体的 32.39%；月工资不高于 4000 元（含 4000 元）的教师占总体的 53.32%；月工资不高于 2000 元（含 2000 元）的教师约占总体的 2.80%（表 7-1）。

表 7-1　教师月工资统计表

月工资水平	占比（%）
高于 5000 元	32.39
不高于 4000 元（含 4000 元）	53.32
不高于 2000 元（含 2000 元）	2.80

2）月工资的差异分析

教师的月工资在不同地区（东部、中部、西部）、城乡、学段和职称方面存在显著差异，具体结果如下。

（1）东部地区教师的月平均工资为 5133.17 元，显著高于中部、西部地区教师的月平均工资。中部地区教师的月平均工资为 4095.32 元，最低的为西部地区，教师的月平均工资为 3665.08 元。

（2）城市教师的月平均工资为 4352.64 元，显著高于农村教师的月平均工资 4197.21 元。

（3）不同学段教师的月平均工资差异显著，表现为普通高中教师的月平均工资显著高于初中教师的月平均工资，初中教师的月平均工资显著高于小学教师的月平均工资（图 7-1）。其中，普通高中教师的月平均工资比初中教师的月平均工资高 116.02 元，初中教师的月平均工资比小学教师的月平均工资高 215.31 元。

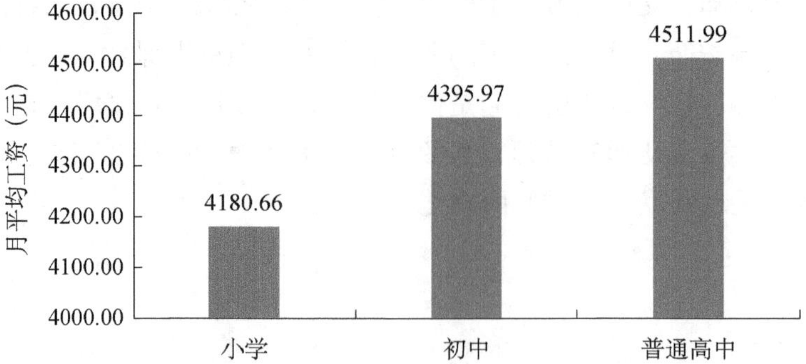

图 7-1　小学、初中、普通高中教师的月平均工资

（4）不同职称教师的月平均工资的差异显著。从中教高级教师至中教一级、中教二级、中教三级、未定级教师，月平均工资逐渐减少（图 7-2）。整体而言，相邻两类职称教师之间的月平均工资差额从高到低逐渐缩小。与此同时，中教高级教师与中教一级教师间月平均工资相差超过 1100 元；中教一级教师与中教二级教师月平均工资相差约 800 元；中教二级教师与中教三级教师的月平均工资差额缩小至不足 300 元；未定级教师月平均工资最低，其与中教三级教师相比，月平均工资减少近 400 元。

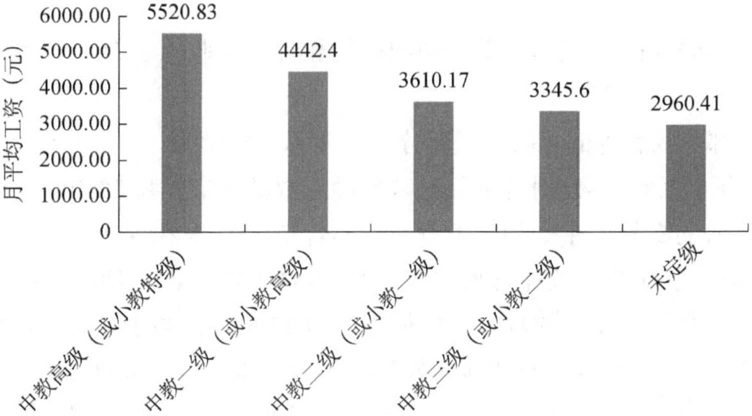

图 7-2 不同职称教师的月平均工资

此外，数据分析结果还表明，教师的月平均工资与教师的年龄、教龄存在显著的正相关关系。随着年龄和教龄的增加，教师的月工资也在不断增加，具体结果这里不再详细汇报。

3）年收入的整体状况

教师年收入的统计结果如表 7-2 所示。整体来看，教师年收入主要分布在 4 万～6 万元（不含 4 万元），该区间的教师人数占调查样本总量的 42.49%，占比接近一半。此外，教师年收入的整体差异很大，从 2 万元及以下到 10 万元以上不等。其中，年收入在 2 万元及以下的教师占样本总量的 8.40%；年收入在 2 万～4 万元（不含 2 万元）的教师占样本总量的 26.99%；年收入在 4 万～6 万元（不含 4 万元）的教师占样本总量的 42.49%；年收入在 6 万～8 万元（不含 6 万元）的教师占样本总量的 15.85%；年收入在 8 万～10 万元（不含 8 万元）的教师占样本总量的 5.09%，该区间的教师占比最低，可见目前中小学教师仍是收入不高的职业群体之一。

表 7-2　教师年收入统计表

年收入（元）	数量（人）	占比（%）
2 万元及以下	1022	8.40
2 万～4 万（不含 2 万）	3286	26.99
4 万～6 万（不含 4 万）	5172	42.49
6 万～8 万（不含 6 万）	1929	15.85
8 万～10 万（不含 8 万）	620	5.09
10 万元以上	144	1.18

此外，不同地区、城乡、学段和职称的教师的年收入也存在显著差异，具体结果如下。

（1）东部地区教师的年收入主要分布在 4 万～6 万元（不含 4 万元）与 6 万～8 万元（不含 6 万元），分别占东部地区教师总数的 37.2%和 28.40%；中部地区教师的年收入则主要分布在 2 万～4 万元（不含 2 万元）和 4 万～6 万元（不含 4 万元），分别占中部地区教师总数的 32.60%和 48.80%；西部地区教师的年收入最低，分布在 2 万元及以下的教师占比最高，为 15.60%，高于东部地区的 5.00%和中部地区的 7.30%，此外，西部地区教师的年收入也主要分布在 2 万～4 万元（不含 2 万元）和 4 万～6 万元（不含 4 万元），分别占西部地区教师总数的 35.70%和 35.7%。综合比较后可知，东部地区教师的年收入要显著高于中部和西部地区教师的年收入。

（2）如图 7-3 所示，普通高中、初中、小学教师的年收入均主要分布在 2 万～4 万元（不含 2 万元）和 4 万～6 万元（不含 4 万元），但从占比来看，年收入为 4 万～6 万元（不含 4 万元）的普通高中教师占比高于初中教师和小学教师；而年收入在 2 万～4 万元（不含 2 万元）的普通高中教师占比低小于其他两个学段的教师。此外，年收入较高的区间（4 万元以上）都是普通高中教师占比高于初中教师，初中教师占比高于小学教师；但在年收入较低的区间（4 万元以下）呈现出相反的趋势。也就是说，普通高中教师的年收入高于初中教师，初中教师的年收入高于小学教师。

（3）如图 7-4 所示，收入越高的区间，职称较高教师的占比越高，反之，职称较低的教师占比越高。这说明职称越高的教师年收入也越高，具体结果这里不再赘述。

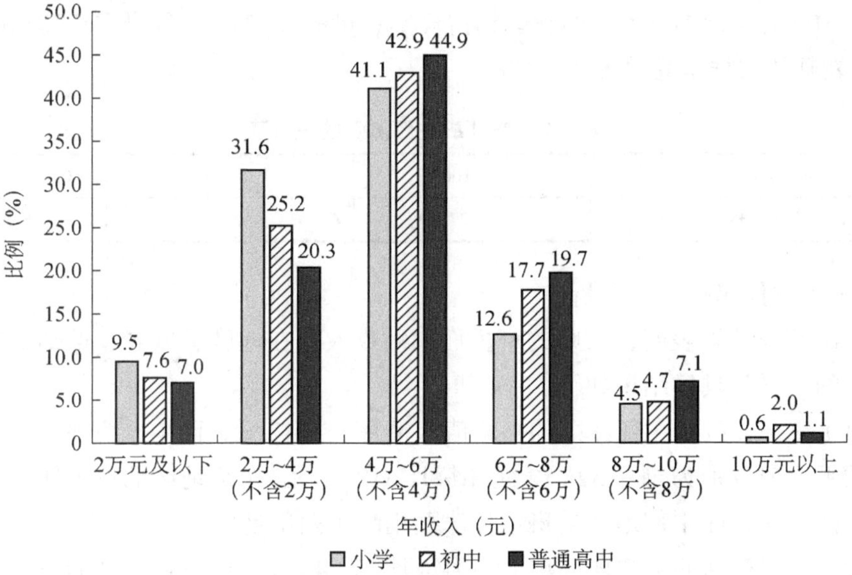

图 7-3 小学、初中、普通高中教师年收入的分布情况

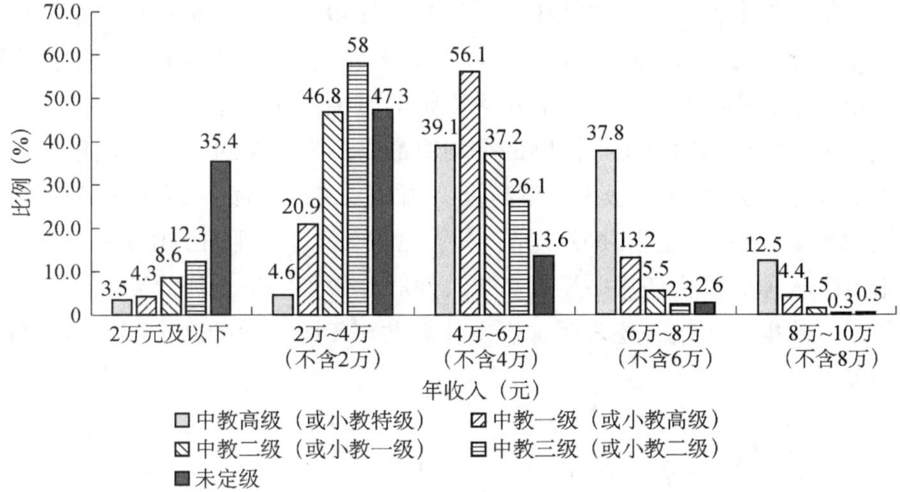

图 7-4 不同职称教师年收入的分布情况

2. 班主任津贴

1）班主任津贴整体情况

班主任津贴统计结果如表 7-3 所示。可以发现，班主任津贴的整体差异较大，从 0 元到几千元不等。班主任津贴不低于 600 元（含 600 元）的教师约占调查样本总量的 20.32%，其中不低于 1000 元的（含 1000 元）教师占样本总量的 5.58%；

不高于 100 元（含 100 元）的教师约占样本总量的 24.27%，且班主任津贴收入为 0 元的教师约占样本总量的 11.76%。

表 7-3 教师班主任津贴的统计表

班主任津贴（元）	0～100	101～599	600 元及以上
占比（%）	24.27	55.41	20.32

2）班主任津贴差异分析

本次调查结果表明，教师的班主任津贴收入存在地区、城乡、性别、学段、职称上的差异，具体结果如下。

（1）东部地区班主任津贴的平均值为每月 389.47 元，而中、西部地区班主任津贴的平均值分别为每月 325.12 元和每月 312.51 元。东部地区的班主任津贴显著高于中部地区，而中部地区的班主任津贴稍高于西部地区。

（2）城市教师的班主任津贴平均为每月 374.42 元，而农村教师的班主任津贴平均仅为每月 269.78 元，城市教师的班主任津贴显著高于农村教师。

（3）普通高中教师的班主任津贴平均为每月 485.79 元，而初中、小学教师的班主任津贴分别为每月 304.56 元和每月 307.48 元，普通高中教师的班主任津贴要显著高于初中、小学教师，初中和小学教师的班主任津贴差异不大。

（4）未定级教师的班主任津贴的平均值最高，为 397.24 元，后面依次为中教高级（小教特级）、中教一级（小教高级）、中教二级（小教一级）、中教三级（小教二级）教师，分别为每月 367.36 元、每月 337.32 元、每月 312.01 元、每月 306.60 元。未定级教师的班主任津贴显著高于其他职称教师的班主任津贴。

此外，数据分析结果还表明，班主任津贴与年龄、教龄两个变量不存在显著的相关关系。

（二）教师薪酬满意度状况

1. 薪酬满意度整体情况

薪酬是员工因向所在的组织提供劳务而获得的各种形式的酬劳。狭义的薪酬指货币和可以转化为货币的报酬。调查发现，构成教师薪酬最主要的部分是教师的工资收入，因此本书以工资收入满意度来反映教师的薪酬满意度。调查发现，教师的薪酬满意度总体偏低。本次调查中共有三道题目涉及中小学教师对薪酬的满意度，它们分别为：第 100 题“以您的能力和水平，您对您的工资收入满意吗？”，第 101 题“您的劳动付出与工资收入是相称的吗？”，以及第 104 题“与当地公务员相比，教师的平均收入怎样？”其中，在对第 100 题的回答上，有 83.28%的教师的满意度处于一般及以下，即大多数教师对自己的工资收入与能力的匹配度是不满意的；在第 101 题的回答上，85.12%的教师认为工资收入与自己的劳动付出相称度在一般及以下，有 60.39%的教师认为不太相称或很不相称；在第 104 题的回答上，大部分教师认为教师的工资略低于或远低于当地公务员的工资，占比为 87.45%，并且有超过一半的教师认为教师平均工资水平要远低于公务员工资。

此外，在本次调查中，有超过一半（50.80%）的教师报告“教师的工资水平远低于当地公务员”，超过 1/3（36.50%）的教师报告“教师的工资水平略低于当地公务员”，即将近 9 成的教师认为自身的工资水平低于当地公务员工资水平。

2. 薪酬满意度差异状况

1）城市教师的薪酬满意度低于农村教师，城市教师对工资收入与能力匹配程度的满意度低于农村教师

城市教师报告“以自身的能力和水平，对工资收入很不满意”的人数比例比农村教师高 8.1%，而报告“很满意”的人数比例比农村教师低 2.4%。城市教师认为自身工资收入与劳动量的相称程度要显著低于农村教师。城市教师报告“自身的劳动付出与工资收入很不相称”的人数比例比农村教师高 9.1%，而报告“很相称”的人数比例比农村教师低 2.4%。与公务员相比，城市教师对自身工资收入的满意度要显著低于农村教师。城市教师报告“教师的平均收入远低于当地公务员”的人数比例比农村教师高 7.2%，报告“远高于”的人数比例相同，具体结果如图 7-5 所示。

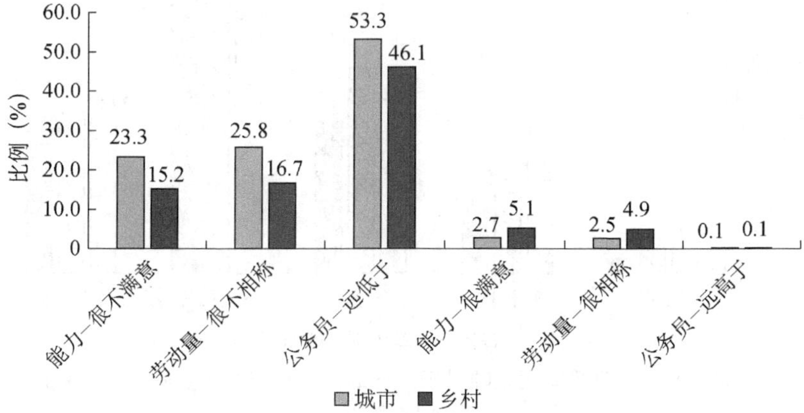

图 7-5 城市和农村教师薪酬满意度的分布情况

2）西部地区教师的薪酬满意度较低

如图7-5～图7-8所示，与中部、东部地区教师相比，西部地区教师报告与能力、劳动量和当地公务员工资相比，对自身薪酬不满意的人数比例均有所上升，且上升幅度较大；同时，对自身薪酬很满意的人数比例有所下降，除与当地公务员工资相比外，其他两项的下降幅度相对较大。由此可见，教师薪酬满意度在东部、中部、西部地区之间存在差异，主要表现在西部地区教师的薪酬满意度低于中部、东部地区教师。

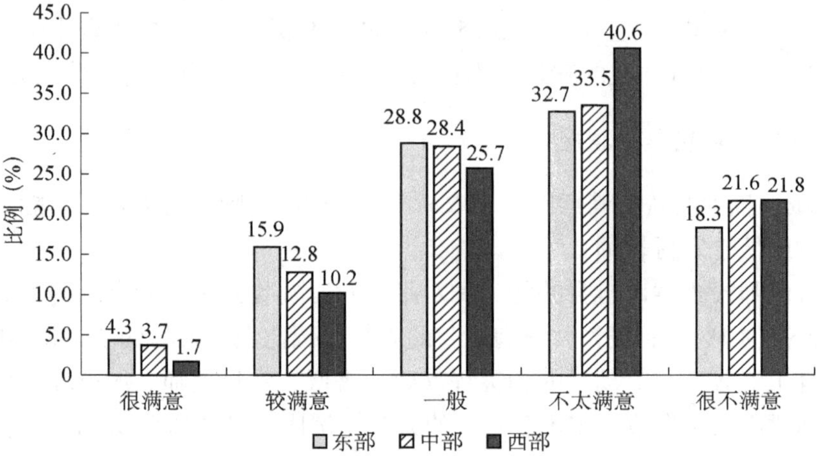

图7-6 东部、中部、西部地区教师对于“以您的能力和水平，您对您的工资收入满意吗？”的回答情况

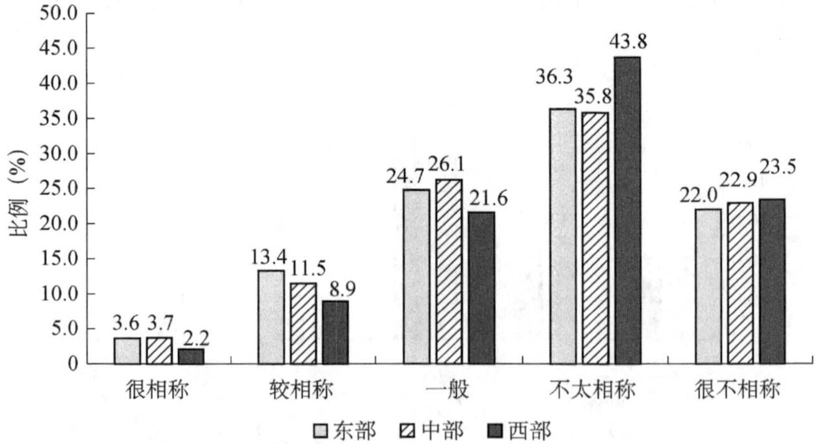

图7-7 东部、中部、西部地区教师对于“您的劳动付出与工资收入是相称的吗？”的回答情况

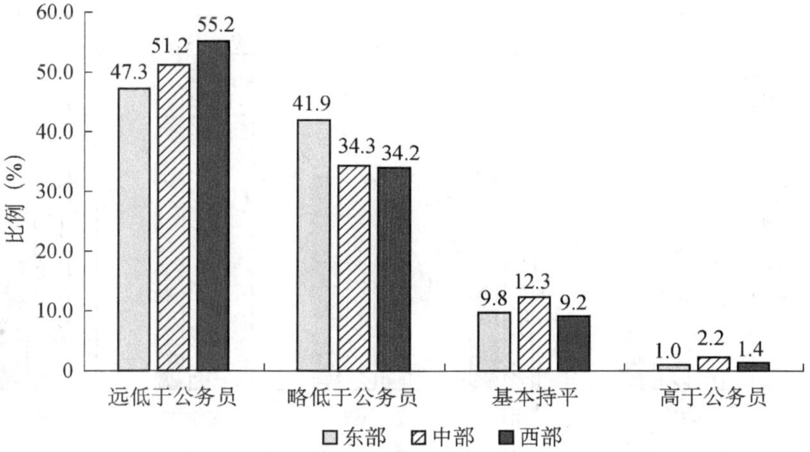

图 7-8　东部、中部、西部地区教师在对于“与当地公务员相比，教师的平均收入怎样？”的回答情况

3）普通高中阶段教师的薪酬满意度低于小学和初中阶段的教师

如图 7-9～图 7-11 所示，与义务教育阶段的教师相比，普通高中阶段的教师报告与能力、劳动量和当地公务员工资相比，对自身工资收入不满意的人数比例均有所上升，对自身工资收入很满意的人数比例有所下降，总体上而言，在三个学段的教师中对工资收入的满意度最低。不过应注意到，从普通高中到小学阶段，与能力、劳动量和当地公务员工资相比，教师对自身工资收入很不满意的人数比例呈先下降后上升的趋势，即对工资收入很不满意的教师比例，普通高中教师高于小学教师，小学教师高于初中教师。产生这种现象的原因可能是小学教师的工资收入远低于初中教师和普通高中教师，此外普通高中阶段教师的工作压力又要远大于其他两个学段的教师，所以出现了这种“两头高、中间低”的现象。

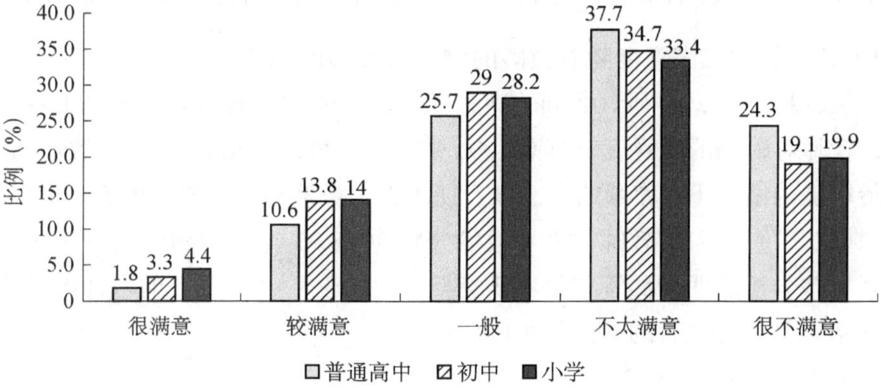

图 7-9　不同学段教师对于“以您的能力和水平，您对您的工资收入满意吗？”的回答情况

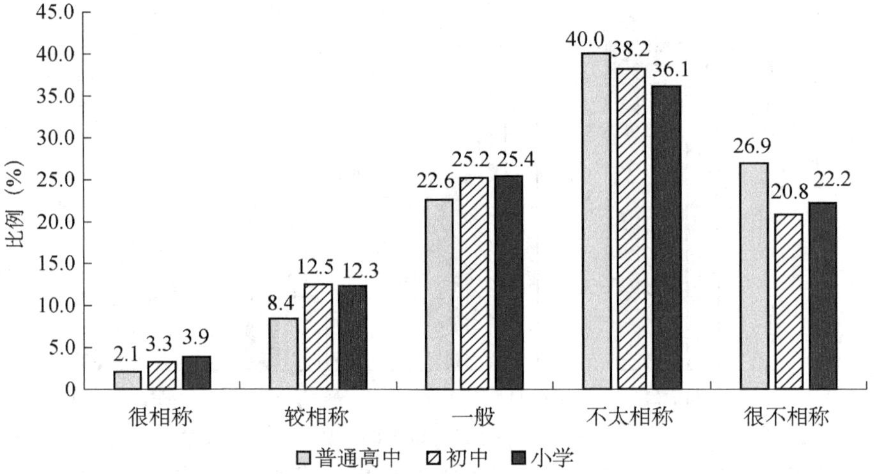

图 7-10　不同学段教师对于“您的劳动付出与工资收入是相称的吗？”的回答情况

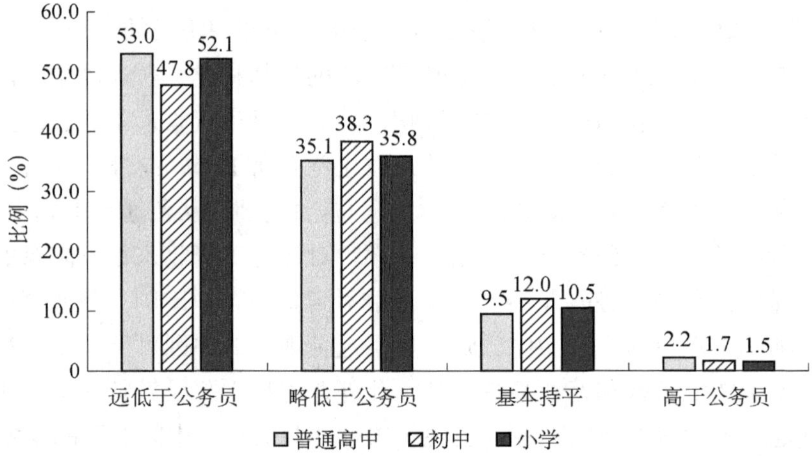

图 7-11　不同学段教师对于“与当地公务员相比，教师的平均收入怎样？”的回答情况

4）教师的薪酬满意度随着教龄的增加有提高的趋势

相关分析发现，教师对薪酬的满意度与教师的教龄有显著的相关关系，教龄越长，教师对薪酬的满意度就越高。从图 7-12 也可以看出，从整体情况看，在平均教龄增加的情况下，教师的满意度有所上升。虽然对工资收入回答“很不满意”“不太满意”“一般”的教师的平均教龄分别为 18.93 年、17.90 年、17.54 年，但单因素方差分析表明，回答“很不满意”“不太满意”“一般”的教师的平均教龄在统计结果上没有显著的差异。

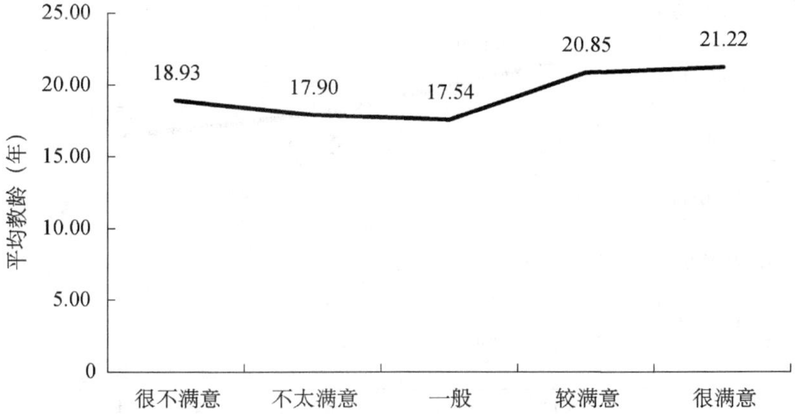

图 7-12　工资收入满意度与平均教龄的关系折线图

3. 薪酬满意度的影响因素

本次调查结果表明，影响教师工资满意度的因素主要包括教师的实际工资水平、教师工资的内部比较和教师工资的外部比较。这三个因素对教师薪酬满意度的影响主要表现在以下几个方面。

1）教师的薪酬满意度与教师的低工资收入水平有很大的关系

我们在探寻影响教师的薪酬满意度的因素的过程中发现，教师的低薪酬满意度与教师的低工资水平有关。以“以您的能力和水平，您对您的工资收入满意吗？”的报告情况为例，教师的薪酬满意度与月工资呈显著正相关关系，即教师的月工资越低，满意度越低。从图 7-13 可以看出，满意度在“一般”以下（“不太满意”和“很不满意”）的教师月平均工资为 4017.54 元，比满意度相对较高（“较满意”和“很满意”）的教师低约 1176.25 元，比满意度为“一般”的教师低 402.90 元，同时比总体教师月平均工资低约 308.64 元。

2）教师自身能力和劳动量作为教师工资内部比较的主要因素，其与教师薪酬的匹配程度是影响教师薪酬满意度的主要因素之一

（1）高学历教师（包括大学本科和研究生）的薪酬水平与自身能力的匹配度低，是导致这部分教师薪酬满意度低的主要原因之一。如图 7-14 所示，以“以您的能力和水平，您对您的工资收入满意吗？”的报告情况为例，分析不同学历教师的薪酬满意度情况。从总体上看，无论是哪一学历层次的教师，其对薪酬的平均满意度都在“一般”以下。随着学历的升高，教师的平均薪酬满意度逐渐下降，学历为研究生的教师对薪酬的满意度最低。在我们的调查中，学历为研究生的教师的月平均工资为 4257.25 元，学历为大学本科的教师的月平均工资为 4064.83

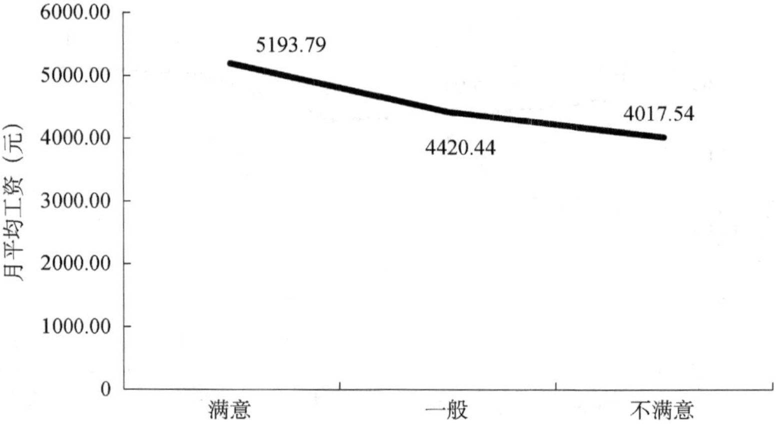

图 7-13　不同薪酬满意度下教师月平均工资的折线图

元，分别比总体教师月平均工资低 68.93 元和 261.35 元。中智咨询调研中心发布的“第十五届中智人力资本调研成果”显示，2017 年，全国应届毕业生中，大学本科、硕士研究生、博士研究生的平均起薪分别为 4854 元/月、6791 元/月和 9982 元/月；在一线城市，三者分别为 5218 元/月、7612 元/月和 10 077 元/月[①]。可以明显地看出，教师行业中高学历人才的薪酬待遇处于一个相对较低的水平，与教师自身的能力匹配度低。

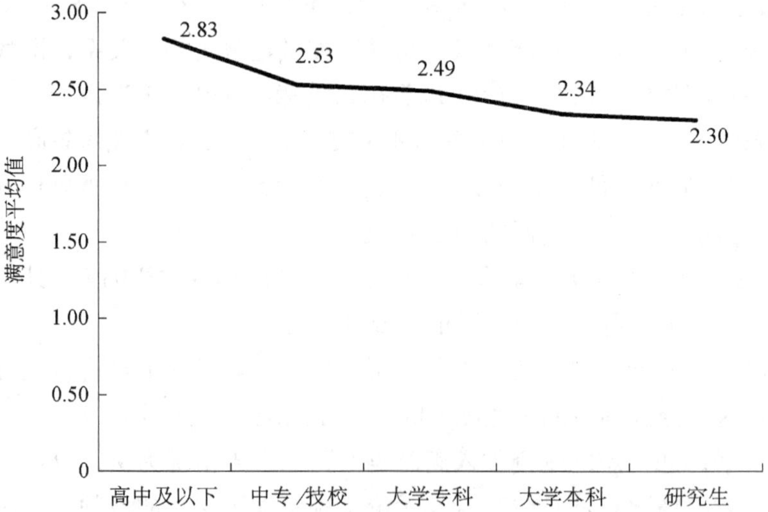

图 7-14　不同学历的教师薪酬满意度均值折线图

① 激励未来 打造内驱动力/中智独家发布 2800 家企业人力资本调研成果. 搜狐网. https://www.sohu.com/a/191726441_175735［2017-09-13］.

（2）教师劳动量大、薪酬水平低也是导致教师薪酬满意度低的原因。以“正常工作日，教师每日的总工作时长”为衡量教师劳动量的主要标准[①]时发现，教师在正常工作日中平均每日工作时长约为 10.86 个小时，远远超过了国家统计局最新公布的全国企业就业人员平均每日工作时长 9.20 个小时。[②] 在将教师任教年级数和兼任学科数作为反映教师劳动量的补充因素时发现，教师的平均任教年级数为 1.33 个，即平均每位教师都不止担任了一个年级的任课教师；教师的平均兼任学科数也为 1.33 个，即平均每位教师都会兼任 1 个学科以上。同时，国家统计局对 16 个行业门类的约 98.30 万家规模以上企业法人单位的调查结果显示，2017 年全部规模以上企业就业人员年平均工资为 61 578 元，换算为月平均工资为 5131.50 元，高出教师月平均工资 805.32 元[③]。也就是说，教师的劳动量基本大于全国平均水平，但薪酬却没有很好地与其劳动量相匹配。

（3）教师将自身工资与公务员工资、所处地区生活成本等进行外部比较后，是否会产生不公平感是影响教师薪酬满意度高低的主要因素之一。在我们的调查中，有将近 9 成的教师在主观上认为自身的工资水平低于当地公务员平均工资水平，这种主观上的感受会转化为不公平感，进而降低教师对薪酬的满意度。同时，教师工资的外部比较还需要基于教师所处地区的经济发展水平和生活成本等。城市教师的月平均工资为 4352.64 元，农村教师的月平均工资为 4197.21 元。虽然城市教师的月平均工资比农村教师高 155.43 元，但根据国家发展和改革委员会公布的数据可知，2016 年城乡居民消费支出差距已有 2.40 倍[④]。城市教师基于生活成本对工资进行的外部比较也是造成城市教师薪酬满意度低的原因之一。

（三）工资政策的执行情况

教师工资政策的执行是贯彻落实教师工资政策的关键步骤，其对于依法保障教师的权益，落实教师工资待遇，提高教师职业地位，促进教育事业的发展，具

---

① 衡量教师劳动量的主要标准“正常工作日，教师每日的总工作时长”是由“正常工作日，您每天在校工作时间约为多少小时？”（第 68 题）和“正常工作日，您每天下班之后需要工作多少小时？”（第 69 题）两个变量加和产生的（此处仅计算第 68 题和第 69 题两题均无缺失的个体）。

② 国家统计局：中国人均每天工作时长 9.2 小时［EB/OL］. 搜狐网. https://www.sohu.com/a/311490821_120099890［2019-05-02］

③ 国家统计局：2017 年规模以上企业就业人员分岗位年平均工资情况［EB/OL］. http://www.stats.gov.cn/tjsj/zxfb/201805/t20180516_1599565.html［2018-05-16］

④ 城乡居民消费支出差距 2.4 倍［EB/OL］. 凤凰网. http://news.panjk.com/201611/20161130449901.shtml［2016-11-30］

有重要的意义。因此，教师工资政策的执行状况是反映教师生存发展状况的重要组成部分。调查中，我们根据课题的研究需要，在调查中主要了解了教师对工资调整政策的了解状况和工资政策的落实情况。

1. 对工资调整政策的了解

1）整体情况

教师对工资调整政策的及时了解度不高。问卷调查结果显示，能及时了解工资调整政策的教师约占总体的 29.2%，不能及时了解工资调整政策的教师约占总体的 37.5%，对工资调整政策了解程度不确定的教师约占总体的 33.3%。

工资是影响教师工作积极性和教师生存发展状况的重要因素。教师对工资调整政策的了解程度直接影响着工资政策执行的状况，进而会进一步影响教师工作的积极性。教师只有及时正确地了解工资调整政策，才能进一步明确工资对应的工作任务重点，并及时地对工资政策的执行情况做出回应。但根据调查结果来看，只有不到 1/4 的教师认为自己能及时了解工资调整政策。可见，教师对工资调整政策的了解程度还需进一步大力提高。

2）差异分析

（1）教师对工资调整政策的了解状况在地区间（东部、中部、西部）存在差异。本次调查发现，东部地区教师对工资调整政策的了解程度要显著高于中部地区，而中部地区教师对工资调整政策的了解程度又显著高于西部地区。能及时了解工资调整政策的西部地区教师占所有被调查的西部教师总数的 25.4%，另外分别有 37.3%和 37.3%的西部地区教师认为自己不能及时了解工资调整政策和不清楚工资调整政策。能及时了解工资调整政策的中部地区教师占所有被调查的中部地区教师总数的 28.2%，另外分别有 39.7%和 32.1%的中部地区教师认为自己不能及时了解工资调整政策和不清楚工资调整政策。能及时了解工资调整政策的东部地区教师占所有被调查的东部地区教师总数的 33.5%，另外分别有 34.1%和 32.4%的东部地区教师认为自己不能及时了解工资调整政策和不清楚工资调整政策。

（2）不同学段的教师对工资调整政策的了解状况存在差异。调查结果显示，小学教师对工资调整政策的了解程度高于初中教师，初中教师对工资调整政策的了解程度高于普通高中教师。能及时了解工资调整政策的小学教师占所有被调查的小学教师总数的 31.9%，另外分别有 35.1%和 33.0%的小学教师认为自己不能及时了解工资调整政策和不清楚工资调整政策。能及时了解工资调整政策的初中教师占所有被调查的初中教师总数的 28.1%，另外分别有 39.7%和 32.2%的初中教师认为自己对工资调整政策不能及时了解和对工资调整政策不清楚。能及时了解工资调整政策的普通高中教师占所有被调查的普通高中教师总数的 25.40%，另外分别有 37.3%和 37.3%的普通高中教师认为自己不能及时了解工资调整政策和不清楚工资调整政策。

2. 工资政策的落实

1）整体情况

在工资政策落实情况方面，教师感到仍很大程度上存在工资未按政策标准严格发放和中小学教师的工资（或部分工资）存在没有兑现的现象。本次调查在问卷中设置了“您所在的地区能够严格按照国家规定的工资标准或政策发放工资吗？”“中小学教师的工资（或部分工资）是否存在没有兑现的现象”两道题来调查教师工资政策的落实情况。两道题分别从正、反两个方面调查了工资政策的落实程度。调查结果显示，在对“您所在的地区能够严格按照国家规定的工资标准或政策发放工资吗？”这个问题的回答中，选择能按照标准或政策发放工资的教师占总体的 38.04%，选择不能按照标准或政策发放工资的教师占总体的 22.28 %，选择不确定的教师占总体的 39.68%。在“中小学教师的工资（或部分工资）是否存在没有兑现的现象”这个问题的回答中，选择存在没有兑现情况的教师占总体的 35.04%，选择不存在的教师占总体的 32.75%，选择不清楚的教师占总体的 32.21%。

本次调查结果显示，仅有不到 4 成的教师认为自己所在的地区能严格按标准或政策发放教师工资，3 成左右的教师认为自己所在地区的中小学教师的工资（或部分工资）不存在没有兑现的现象。教师是工资政策的直接受众，教师对工资政策落实程度的看法直接体现了工资政策落实的程度，并且在很大程度上影响着教师工作的积极性。因此，教师工资政策的落实还有待进一步加强。

2）差异分析

（1）工资政策落实情况的城乡间差异显著。主要体现在：教师对中小学教师的工资（或部分工资）是否存在没有兑现的情况的回答存在城乡间差异。调查结果显示，农村中小学教师的工资（或部分工资）没有兑现的情况要比城市教师更严重。在对中小学教师的工资（或部分工资）是否存在没有兑现的情况这一问题上，城市教师回答存在、不存在和不清楚的人数分别占所有被调查城市教师总数的 35.1%、31.0%、33.9%，农村教师回答存在、不存在和不清楚的人数分别占所有被调查农村教师总数的 45.7%、36.2%、18.1%。

（2）工资政策落实情况在东部、中部、西部地区间差异显著。调查结果显示，东部地区按照标准或政策发放工资的落实情况要显著好于西部和中部地区，中部和西部地区在按标准或政策发放工资的落实情况上没有差异。西部地区和东部地区在兑现工资方面要显著好于中部地区。对于是否按标准或政策发放工资这一问题，西部地区教师回答能按照标准或政策发放、不能按照标准或政策发放、不确定的人数分别占所有被调查的西部地区教师总数的35.0%、19.7%、45.3%，中部地区教师回答能按照标准或政策发放、不能按照标准或政策发放、不确定的人数分别占所有被调查的中部地区教师总数的33.4%、26.6%、40.0%，东部地区教师回答能按照标准或政策发放、不能按照标准或政策发放、不确定的人数分别占所有被调查的东部地区教师总数的47.3%、17.3%、35.4%。对于中小学教师的工资（或部分工资）是否存在没有兑现的情况这一问题，西部地区教师回答存在、不存在和不清楚的人数分别占所有被调查西部地区教师总数的24.6%、37.4%、38.0%，中部地区教师回答存在、不存在和不清楚的人数分别占所有被调查中部地区教师总数的40.5%、27.2%、32.3%，东部地区教师回答存在、不存在和不清楚的人数分别占所有被调查东部地区教师总数的33.6%、37.7%、28.7%。

（3）工资政策落实情况在不同性质的学校的教师间存在差异显著。主要表现在：不同性质的学校的教师对该问题的回答差异显著。调查结果显示，民办学校和名校办民校的教师工资政策的落实度好于公办学校的教师工资落实度，而民办学校和名校办民校的教师工资政策落实度没有显著差异。在对中小学教师的工资（或部分工资）是否存在没有兑现的情况这一问题的回答上，回答存在的公办学校、民办学校和名校办民校的教师分别占其所在性质学校教师总数的35.4%、13.2%、17.8%。

三、教师薪酬待遇问题分析

（一）工资收入总体偏低，地区间差异大

教师的薪酬待遇高低是能否吸引优秀人才从事教师职业的重要因素之一，进而会影响教师队伍的建设与发展。但我们在本次调查中发现，教师的工资水平总体偏低，地区间差异较大。

1. 工资收入总体偏低

教师工资是教师生活的收入来源，教师工资的高低是影响教师工作积极性、

工作幸福感的因素之一。但本次调查发现，从总体来看，教师的工资收入水平不高，教师月平均工资收入为 4324.61 元，收入的中值为 4000 元；在对教师 2018 年总收入的调查中，教师年收入主要分布在 4.1 万～6 万元，约占总体的 43%，大部分教师收入还处于比较低的水平，约有 78%的教师年收入不高于 6 万元，教师的工资收入有待提高。

2. 地区间差异较大

教育公平一直以来备受人们的关注，政府也在通过宏观调控的方式调整区域间教育的不均衡现象，以此来实现教育的公平。教师工资作为教育经费的重要组成部分，教师工资的公平与否是教育是否公平的表现之一。本次调查显示，教师工资在区域间还存在较大差异，主要体现在以下几个方面。

1）东部、中部、西部地区间差异较大

东部、中部、西部地区之间差异较为明显，其中东部地区教师的月平均工资最高，其次为中部地区，西部地区教师的月平均工资最低。东部地区和中部地区教师的月平均工资相差 1000 元左右，东部地区和西部地区教师的月平均工资相差近 1500 元。不同地区间教师的工资是会存在差异的，这与当地的经济发展水平有关，但以本次调查来看，东部地区教师的平均工资约是中部地区教师的 1.25 倍，是西部地区教师的 1.40 倍，工资收入地区间差异比较显著。

2）各省（自治区、直辖市）之间差异较大

各省（自治区、直辖市）之间差异较大，差异主要体现在教师工资上。在本次调查中，教师月平均工资最高的省（自治区、直辖市）和最低的省（自治区、直辖市）之间相差约 3000 元，收入最高的省（自治区、直辖市）约为收入最低省（自治区、直辖市）的 2 倍。此外，在同一个地区，不同省（自治区、直辖市）之间也存在较大差异，同属西部地区的两个省（自治区、直辖市），在教师月平均工资上可能会相差近 1500 元。

造成地区之间教师月平均工资差异显著的原因主要有三个：第一，地区之间经济发展水平不同。经济发达，教育经费投入较多，是东部地区教师月平均工资高于中、西部地区教师月平均工资的主要原因。中、西部地区预算内教育经费所占财政支出的比例低于东部地区，导致中西部地区教师的月平均工资水平低于东部地区。第二，中部、西部地区少年儿童所占比例较高，受教育人口众多，中、西部地区教育经费本身就不如东部地区充足，还需要承担较多儿童的教育，从而导致教师月平均工资水平低于东部地区。第三，政府宏观调控不到位。根据地区不同，教师的工资会存在一定的差异，从教育公平的角度看，政府应通过宏观调控减小这种差异，但调查表明，当前地区间还存在较大差异，东部地区教师的月平均工资为西部地区教师的 1.40 倍，政府的宏观调控还不到位。

（二）班主任津贴总体偏低，缺乏增长机制

班主任津贴体现的也不仅是多给教师开工资的问题，它体现了对班主任工作的肯定，是教师从事班主任工作应得的合理报酬。《中小学班主任工作规定》中就明确指出，要提高班主任津贴，绩效工资的分配要向班主任倾斜。但我们在调查中发现，约有 1/4 的教师的班主任津贴每月不超过 100 元，超过 1/10 的教师没有班主任津贴。班主任教师的投入与报酬的产出不相符，会严重打击班主任教师的工作积极性。从整体来看，班主任津贴总体还处于比较低的水平，津贴收入的中值为每月 260 元，这同班主任每天的工作量、工作时长不匹配。

班主任津贴总体偏低的原因主要有以下两个方面：第一，政策执行力度不够。班主任的工作量很大，工作时长也长，班主任的工作在中小学发挥了巨大的作用，因此我国在国家层面提出要使工资向班主任倾斜，要提高班主任的津贴，但具体到各地方执行时，执行不到位，或者地方政府的财政能力有限，使得班主任的津贴还处于一个比较低的水平。第二，缺乏增长机制。在国家提出工资分配要向班主任倾斜时，各地方也确实执行了，在班主任津贴上有所提升，但提升的比例不高，导致班主任津贴总体偏低，缺乏一个明确的增长机制，对于班主任津贴何时增、怎么增，都未能给出一个明确的标准。

（三）满意度不高，工资制度缺乏激励作用

从总体上看，教师薪酬满意度不高。在我们的调查中，与自身能力、劳动量和当地公务员工资相比，对教师薪酬较为满意或很满意的人数比例均不到 20%。同时，还存在“学历越高，满意度越低”，“劳动量大，满意度低”等现象，这些现象的产生反映出了我国教师工资制度缺乏激励作用，难以激发在职教师的教学积极性，也难以吸引更多优秀的人才进入教师队伍，具体表现在以下几个方面。

1. 西部地区的教师工资制度对中小学教师缺乏激励作用

振兴西部地区教育，首先要加强西部地区教师队伍的建设。我们的调查显示，西部地区教师的薪酬满意度要显著低于中部、东部地区教师，西部地区教师的月

平均工资为 3668.32 元，分别比中、东部地区教师低 427.10 元和 1466.29 元。教师工资制度对西部地区教师的激励作用小，难以使西部地区吸引更多优秀的教师。

2. 现有教师工资制度对高学历人才缺乏激励作用

教师行业中高学历人才的薪酬待遇处于一个相对较低的水平，学历为研究生和大学本科的教师的月平均工资要远低于全国应届毕业生的平均工资水平。高学历人才会掌握其他组织中同水平学历员工的薪酬信息，并进行比较，比较后的不公平感在很大程度上导致了高学历教师对自身薪酬的不满。并且，本次调查中的高学历教师的平均年龄在 30～35 岁，正处于家庭、事业的建设阶段，对薪酬的满意度低可能会直接导致高学历人才的流失。近年来，部分高学历人才开始进入中小学教育行业，提升了中小学教师队伍的整体素质，有力地促进了中小学教育事业的发展。但是，现有的教师工资制度对高学历教师无法起到激励作用，高学历教师的薪酬满意度低，定然会阻碍人才的流入，导致人才的流失。

（四）存在教师工资政策执行不到位的情况

教师工资政策的执行状况直接反映了国家和社会在教师发展方面的投入，其对于教师的生存和发展具有战略性的关键意义。本次调查发现，教师的工资政策的执行度不高，主要表现在三个方面：第一，教师对工资调整政策的及时了解度不高。仅有不到 1/4 的教师认为自己能及时了解工资调整政策。教师对政策的及时了解度不高会直接影响到工资政策的落实度和落实效果。第二，教师感到工资政策的落实度不高。工资政策落实度不高反映在教师感到工资未严格按标准或政策发放和中小学教师的工资（或部分工资）存在没有兑现的现象仍很大程度上存在。仅有不到 4 成的教师认为自己所在地区能严格按政策或标准发放教师工资，3 成左右的教师认为自己所在地区中小学教师的工资（或部分工资）不存在没有兑现的现象。第三，教师工资政策的执行效果存在群体间偏差。在教师对工资政策及时了解度不高和教师感到工资政策的落实度不高的基础上，在不同学段、职称、学校性质的教师对教师工资政策的执行效果的积极感知均有差异。一方面，在政策了解状况方面，教师对工资政策的了解度随着教师所教学段的升高而降低；在各职称的教师中，职称处于“中间位置”的教师在工资了解度方面处于“凹陷”状态，这也表明教师工资政策在实行时需关注这部分群体的特征。另一方面，在政策落实情况方面，城市教师在工资兑现方面的积极感知要高于农村教师；与政策了解度表现相同，在各职称的教师中，职称处于“中间位置”的教师在工资政策落实度方面的积极感知也处于“凹陷”状态。与此同时，小学教师对工资政策落实度的回答高于初中教师和普通高中教师对工资政策落实度的回答；以及民办学校和名校办民校在教师工资政策的落实度方面的积极感知要好于公办学校的教师。可见，教师工资政策还有待进一步加强，从而进一步促进教师的发展和教育质量的提高。通过进一步分析教师工资政策执行情况，本次调查发现，教师工资政策执行效果不佳的原因，主要有以下几个方面。

1. 教师工资政策本身存在模糊性，各级政策执行者未形成整体整合机制

为了使各地基层政府能根据各地的情况因地制宜地制定教师工资政策，中央政策的文本表述往往以“指导性与宏观性”的方式呈现。我们根据调查结果及综合以往的研究发现，基层政府在制定当地教师工资政策时，仍普遍存在照抄照搬中央政策文本的现象，基层教育行政机构没有进一步承担起将宏观政策细化为教师工资分配政策的职责，而是由各学校根据本校的情况细化教师工资政策，制定以学校为单位的教师工资实施细则。因此，我们在调查过程中发现，大部分教师感到只对本校的工资调整细则清楚，但对更高层面的政策调整了解度不高，认为自己能及时了解的教师更是在少数。从中央至各级地方行政机构再到学校乃至教师，整个政策执行体系中，教师大多只了解学校层面的规定，不了解更多宏观的政策，这也直接导致了教师对政策落实的消极感知。

2. 对教师工资调整政策的宣传力度和针对性不强

随着绩效工资制在越来越多的中小学实行，教师的工资构成也呈现出“多元构成”的特点。因此，教师工资调整政策也反映了教师的工作重点和利益关切。但从调查结果来看，教师对工资调整政策的了解度仍然不高，一方面对工资调整政策的宣传力度还不够，导致部分教师无法及时了解政策信息；另一方面，由于不同特征的教师基于自身的利益需求对工资调整政策的关注度不同，例如，未定级的教师由于对职称和工资的需求度较高，他们更关注工资调整政策，而职称处于“中间位置”的教师常常在专业发展上处于不上不下的“瓶颈”状态，因此他们往往对工资调整政策的主动关注程度不高。相关部分在对工资调整政策进行宣传时没有关注到这些不同教师的特征，导致教师对政策的了解度不高和对政策落实度的感知不佳。

3. 教师工资政策配套的经费保障机制和工资考核标准体系尚未健全

我们在调查过程中发现，教师仍在很大程度上感到工资未严格按标准或政策发放，并存在中小学教师的工资（或部分工资）没有兑现的现象。一方面是因为教师的工资标准模糊，尤其是绩效工资部分的工资标准常常不能得到学校教师的广泛认同；另一方面，教师工资政策配套的经费保障机制不够完善，使得各级部门出于自身利益的考量牺牲教师的部分工资，从而导致教师的工资政策得不到落实。

四、教师薪酬待遇政策建议

（一）建立教师工资最低保障制度

本次调查结果显示，教师薪酬待遇存在总体水平偏低且地区之间差异较大的现象，主要原因有区域间经济发展不平衡、国家宏观调控不到位、缺乏教师工资保障机制等，据此，本报告提出以下建议。

1. 明确教师薪酬待遇标准，落实“不低于当地公务员平均水平”，保障平均最低工资

教师的薪酬待遇标准模糊是教师工资落实不到位以及教师实际薪酬待遇偏低、差异大的主要原因之一。一方面，需要建立透明的薪酬标准体系，杜绝教师工资发放不到位的情况和部分学校因存在“小金库”从而拉大教师工资间差异的情况；另一方面，需要将《中华人民共和国义务教育法》中明确规定的“教师的平均工资水平应当不低于当地公务员的平均工资水平”作为中小学教师平均工资的法律保障，这从平均水平的方式上保障了教师的最低工资，为教师的工资标准提供了基线。习近平总书记在2018年全国教育大会上也指出，“随着办学条件不断改善，教育投入要更多向教师倾斜，不断提高教师待遇，让广大教师安心从教、热心从教”[①]。但我们从调查中不难发现，教师待遇水平总体上较低，且对教师的薪酬待遇缺乏明确的标准。在建立透明的薪酬标准体系的同时，应严格落实“教师平均工资不低于当地公务员的平均工资水平”，是当前各级政府应履行的职责，也是提高教师待遇的前提和基础。

---

① 习近平在全国教育大会上强调坚持中国特色社会主义教育发展道路 培养德智体美劳全面发展的社会主义建设者和接班人[EB/OL]. 人民网. http://edu. people.com.cn/n1/2018/0911/c1053-30286253.htm [2018-09-11].

2. 探索教师薪酬管理制度，建立教师队伍自身的工资最低标准

1994 年，《中华人民共和国劳动法》颁布，其中第四十八条指出："国家实行最低工资保障制度。"最低工资的具体标准由省、自治区、直辖市人民政府规定，报国务院备案。最低工资标准是对各行各业所做的规定，但教师队伍作为教育事业发展的重要组成部分，以及教师工作具有特殊性和复杂性，教师的工资不应该只是满足最低的生活需求，应当建立教师队伍自身的最低工资标准，以提升教师职业的吸引力，吸引更多优秀人才进入教师队伍，保障教师队伍的先进性。此外，从国家制度层面应该建立一个"底线"，各省（自治区、直辖市）应根据国家标准及自身的情况制定各自的标准。

（二）建立工资持续增长制度，创新教师薪酬待遇管理机制

本次调查结果显示，教龄越长，教师的薪酬满意度越高，但从另一个角度来讲，青年教师的薪酬满意度相对较低。同时，在不同学历的教师中，本科生和研究生教师的薪酬满意度最低。也就是说，现行的教师工资制度还缺乏激励作用，尤其是难以吸引青年教师和优秀人才。因此，本报告提出以下建议。

1. 建立多方位的工资持续增长制度

1）建立教师工资与物价增长相联系的工资增长机制

首先，教师工资水平的确定要充分考虑教师所在地区的物价水平、生活成本等。其次，应建立与物价增长相联系的教师工资增长机制，可以根据物价增长比例直接提高教师实际工资，也可以设立物价增长补贴①，并根据居民消费指数的变动不断调整补贴金额。

2）教师工资增长率不低于公务员工资增长率

在保障教师工资水平不低于当地公务员工资水平的前提下，应根据公务员工资的增长率定期调整教师工资的增长率，使教师工资增长率不低于公务员工资增长率，这样才能持续落实教师工资水平不低于当地公务员工资水平的法定要求。

3）定期调整教师工资至国民经济行业中上等水平

保证教师工资处于国民经济行业的中上等水平，是吸引优秀人才从事教育事业、加入教师队伍的必要条件，这对于西部地区教师队伍的建设尤为重要。因此，

---

① 姜金秋，杜育红. 提高中小学教师工资水平的方案设计及可行性分析[J]. 教育研究，2014，35(12)：54-60.

各级政府必须要依据国民经济其他行业的工资水平以及变动情况，来调整教师工资水平，直至教师工资在国民经济行业中保持在中上等水平。

4）参照全国同水平学历人员平均工资水平，提高高学历教师的工资水平

针对现行教师工资制度对高学历教师缺乏激励作用的问题，各级政府应参照全国同水平学历人员平均工资水平以及变动情况，不断调整高学历教师的工资水平，保证高学历教师的教育投资收益不低于全国同水平学历人员的平均工资水平，这样才能吸引更多高学历的人才进入教育行业。

2. 尝试建立宽带薪酬制度和特人特薪制度

1）建立以工作表现为重要决定因素的宽带薪酬制度

宽带薪酬制度是指在职级工资制的基础上，将原本十几甚至二十几、三十几个薪酬等级压缩成几个级别，同时拉大每一个薪酬级别所对应的薪酬浮动范围，并以工作表现、绩效和成果为决定教师薪酬的重要因素。传统的职级工资制可能会导致教师因为教龄等外部条件的限制，而对自身工资的增长产生无力感，从而挫伤教师的工作积极性。宽带薪酬制度就避免了这种问题，在这种制度下，教师只需不断提高自身的教学技能、丰富教育知识，就可以获得相应的报酬。建立宽带薪酬制度能在一定程度上有针对性地对青年教师产生激励作用，使得青年教师能够通过努力获得与中高级职称教师相同甚至更高的薪酬。

2）结合年薪制、考核制，针对特殊人才实行特人特薪制度

为提高教师工资的外部竞争力，除了定期调整教师工资至国民经济行业的中上等水平，以及保证高学历教师的教育投资收益不低于同学历水平人员的全国平均水平外，还应针对高水平优秀人才、特殊人才尝试建立特人特薪制度。在学校中建立特人特薪制度时，可借鉴企业中的年薪制，将特殊人才的薪酬分为基本年薪和风险年薪两部分，风险年薪主要与教师个人的绩效和学校组织的整体发展情况相挂钩。这样就能以基本年薪吸引优秀人才，以风险年薪激励教师的个人发展，并促进学校的整体进步。同时，在此基础上，还应该完善教师工资的考核制度，对于高学历人才、特殊人才，参照市场相应人才的标准，对教师进行个人能力评价和工作绩效考核，以此作为评判教师风险年薪高低的依据。

（三）进一步促进工资政策的完善、规范，提高其透明度

本次调查结果显示，在教师工资方面，存在教师的薪酬满意度不高、工资政策的执行效果不佳等情况。根据我们的调查，这些问题产生的主要原因之一是工

资政策还不够完善、规范、透明，本调查具体提出以下建议进一步加强工资政策的完善、规范，提高其透明度。

1. 进一步明确政策内涵，优化教师工资政策的实施环境

首先，各级政府必须尽可能地克服信息不对称的困难，要及时获取有用的政策执行信息，并以此为基础对政策内涵进行科学分析，准确制定适合本地区的教师工资政策。其次，在明确政策内涵时，可利用第三方机构在政策评估中的专业作用，“通过第三方机构进行信息搜集和政策评估提高政策考评的独立性和客观性，更有利于政策趋向教师等利益相关主体的诉求”①。

2. 有针对性地加大对教师工资政策的宣传力度

各级政府和学校要利用多种宣传渠道宣传教师工资政策及其内涵、标准、意义。针对对工资调整政策主动了解度不高的群体，要找准了解度不高的原因和根据他们不同的特征找准宣传方式，尤其注意在宣传时要积极调动这部分教师的工作积极性，增强教师对政策的了解度，进而改善教师工资政策执行的效果。

3. 加强推进预算公开

各级政府和学校要充分发挥《中华人民共和国预算法》对基层财政的监督作用，增强教师工资政策的规范化，提高其透明度，保障教育经费的合法筹措和使用。“确保中小学教师平均工资收入水平不低于或高于当地公务员平均工资收入水平”②，进一步提高教师对工资政策的满意度，提升教师工作的幸福感和获得感，从而增强教师的工作积极性；建立工资长效联动机制，以促使地方教育财政因地制宜地划定教师工资足额兑付的预算。

（四）建立工资政策执行的监督与问责机制

本次调查结果显示，教师工资政策执行不到位的情况仍然存在。目前，建立和完善工资政策执行的监督与问责机制是确保教师工资政策完整落实的有效措施，具体建议如下。

---

① 姚翔，刘亚荣. 义务教育教师绩效工资政策执行现状及其治理——基于29省市教育局长和督学的调查[J]. 现代教育管理，2018（8）：86-91.

② 中共中央 国务院全面深化新时代教师队伍建设改革的意见[EB/OL]. 中国政府网. http://www.gov.cn/xinwen/2018-01/31/content_5262659.htm［2018-01-20］.

1. 厘清各级政府对教师工资的支出责任，明确落实教师工资的来源和渠道

2015年，《国务院关于进一步完善城乡义务教育经费保障机制的通知》发布，提出“中央继续对中西部地区及东部部分地区义务教育教师工资经费给予支持，省级人民政府加大对本行政区域内财力薄弱地区的转移支付力度。县级人民政府确保县域内义务教育教师工资按时足额发放”。然而，各级政府具体分配的数额和比例依旧没有明确化。2018年2月，国务院办公厅公布《基本公共服务领域中央与地方共同财政事权和支出责任划分改革方案》，该方案对义务教育的事权和支出责任的划分暂时没有变化。在现有体制格局下，需要在建立以省级政府统筹的教师工资保障机制的基础上，进一步明确各级政府对教师工资的支出责任。尤其要加大省一级的责任，确定省以下各级政府的经费分担责任，落实中央安排的转移支付和地方各级政府的资金投入，承担与其职责和财力相应的教师工资支出经费数额，加大对财力比较薄弱的县区的转移支付力度。

2. 维护政策权威，落实教师法定工资，进一步完善教师工资政策配套的经费保障机制和工资考核标准体系

在《中华人民共和国教育法》《中华人民共和国义务教育法》等法律和其他相关的政策文件中均有对教师工资的规定，教师工资政策的执行需要法治作为基本保障，教师工资的实际落实度要与教师工资的法定要求相统一。首先，健全教师绩效工资政策执行的评估与问责机制，对于各级政府没有尽到该尽职责的要进行督察和问责，避免出现推卸责任的现象。其次，要协调好各级政府职责与经费保障之间的关系，预防政策执行中因经费保障不明而产生政府层级间的规避行为，避免因经费总量和结构问题而产生学校在政策执行过程中的执行偏差行为。[①] 最后，制定工资考核标准时，要保证多元主体参与，通过提高教师对政策标准的认同度，增强教师对工资政策落实度的积极感知。

① 严凌燕. 义务教育教师绩效工资政策执行偏差研究[D]. 华东师范大学，2017.

第八章
教师职业社会声望调查报告

教育事业，关乎育人，关乎文化传承，关乎民族振兴。国家发展寄希望于具有优秀人力资本的高素质人才，而教师作为教育事业的主要工作者，担负着培养高素质人才的重任。在职业多元化发展的今天，教师处于何种生存状态？教师职业的社会声望如何？这会影响教师的职业情感和职业表现，进而会影响教育事业的发展质量。因此，本章围绕“中小学教师职业的社会声望”这一研究主题，进行相关的实证分析，以便更好地把握与改善教师职业社会声望的现实境况。

一、教师职业社会声望研究概述

（一）研究缘起

1. 尊师重教成为主流政策话语之一

尊师重教，早在《荀子·大略》中就被提到事关国家兴衰存亡的高度。2018年以来，国家出台的相关政策中不断强调尊师重教，提升教师待遇和社会地位。《中共中央 国务院关于全面深化新时代教师队伍建设改革的意见》中提到，在2035年要实现“尊师重教蔚然成风，广大教师在岗位上有幸福感、事业上有成就感、社会上有荣誉感，教师成为让人羡慕的职业”[①]的目标。《教育部等五部门关于印发教师教育振兴行动计划的通知》中强调，“依法保障和提高教师的地位待遇，通过多种方式吸引优质生源报考师范专业”[②]，旨在进一步提升教师的地位和职业吸引力。此外，《中国教育现代化2035》把“建设高素质专业化创新型教师队伍……加大教师表彰力度，努力提高教师政治地位、社会地位、职业地位”[③]作为面向教育现代化的战略任务之一。政策层面对教师职业的日益重视表明，在实现伟大中国梦的过程中，提升教师地位、营造尊师重教的氛围对于发展宏大的教育事业具有十分重要的意义。

2. 师道尊严成为社会关注的焦点

近几年，随着社会对基础教育领域各种话题、各种问题的关注和报道，教师曾被称作传道、授业、解惑的“君子”“圣人”，其形象以一种前所未有的关注程度成为社会各界讨论的焦点，也影响着教师职业的社会声望。教师职业声望与教师职业魅力、教师职业认同密切相关，共同作用于国家大计——教育事业。因此，关于教师职业声望的研究是教育发展中的重要研究主题。只有提高教师职业社会声望，重振师道尊严，提升教师的社会地位，才能使教师职业更具吸引力，才能吸引更多的优秀青年选择教师职业，才能更好、更快地实现教育现代化，实现教

---

① 中共中央 国务院关于全面深化新时代教师队伍建设改革的意见[EB/OL]. 教育部网站. http://www.moe.gov.cn/jyb_xwfb/moe_1946/fj_2018/201801/t20180131_326148.html[2019-5-20].

② 教育部等五部门关于印发教师教育振兴行动计划（2018—2022年）的通知[EB/OL]. 教育部网站. http://www.moe.gov.cn/srcsite/A10/s7034/201803/t20180323_331063.html[2019-5-20].

③ 中共中央、国务院印发《中国教育现代化2035》[EB/OL]. 教育部网站. http://www.moe.gov.cn/jyb_xwfb/s6052/moe_838/201902/t20190223_370857.html[2019-5-20].

育强国的目标。

因此，本章基于对一线中小学教师和社会人士的调查数据，分析当前我国中小学教师职业社会声望的状况及主要存在的问题，探索性地提出提升中小学教师社会声望的对策建议。

（二）核心概念界定

1. 职业声望

职业声望作为社会学的一个经典研究主题，是以解释社会地位与社会分层关系为其主线的。[①] 德国著名社会学家马克斯·韦伯最早提出职业声望是社会地位评价的标准之一。李平认为，对职业社会的众多职业，每个社会成员都会自然而然地产生某种职业选择倾向，形成某种职业声望看法。所谓职业声望，是指不同的群体对不同职业的价值评价。[②]高芳认为，职业声望是社会舆论对某一职业的意义、价值与声誉的综合评价，这种评价带有强烈的主观性，不管在什么社会中，通过社会评价所显示的职业声望，都是带有等级性的。[③]职业声望不同于经济地位和政治权力，它受社会公认的价值体系的影响，可以理解为人们主观上设定的一种高低有序的阶梯，显示了该职业的社会地位。

2. 社会声望

学者李强在研究转型时期的中国社会分层结构时，基于社会上绝大多数人对某个人或某个群体的综合性价值评价来界定社会声望的高低。其在《阶级、身份和政党》一文中指出，"社会声望分层由社会价值评价体系所决定，具有一定的稳定性，对人们的身份认同、价值态度和行为方式有直接影响" [④]。戴维·波普诺则从社会学角度进行了阐述，认为社会声望是指一个人从别人那里获得的良好评价与社会承认。他指出，社会声望通常呈现出多种形式，如社会公众的接受与名誉、尊重与钦佩、荣誉与敬意，而且社会声望的获得也有多种形式，特别善良、慷慨、勇敢、有创造性或者聪明的人通常可以获得社会声望，当然也可以利用金钱或权

---

① 高顺文. 我国职业声望研究二十年述评[J]. 华中科技大学学报（社会科学版），2005（4）：40-45.

② 李平. 职业地位和职业声望[J]. 社会，1986（2）：12-14.

③ 高芳. 社会学视野中的教师职业地位分析[J]. 当代教育论坛，2005（23）：69-70.

④ 转引自：李春玲. 当代中国社会的声望分层——职业声望与社会经济地位指数测量[J]. 社会学研究，2005（2）：74-102，244.

力来获得社会声望，至少表面上是这样的。[①]

3. 教师职业的社会声望

马克斯·韦伯对职业声望的三维解释框架（财富、权力和声望）成为教师社会声望研究的基本框架。宗刚等认为，教师职业的社会声望可以界定为人们对教师职业的主观价值评价，是社会成员对其职业的主观态度的综合，其包括政治声望、经济声望与社会声望等维度。[②] 根据周洪宇等的看法，所谓“教师职业的社会声望”，就是社会对教师职业状况的评价、看法与态度，它是教师行业社会地位、社会名声、发展环境的生动表达，是教师行业的社会认可度、关注度、尊重度、美誉度等的综合体现，是国家、社会、行业全面重视教师职业发展的社会效应，具有可体验性、客观性、建构性等明显特征。[③] 从社会学角度来看，影响教师职业声望的因素十分复杂，比如，社会文化和政治因素、职业环境、职业功能、职业的专业性程度、任职者本身的素质、文化程度和道德品质等。值得注意的是，教师的职业声望与他们的经济收入和权力等往往是不一致的，而且通常要高于他们的经济收入和权力。[④] 综合以上观点，我们认为教师职业的社会声望是指整个社会对教师职业的魅力、价值、声誉的自发性主观综合评价，且该评价受客观结构与功能的制约，会随环境的改变产生一定的动态变化。

（三）分析维度

在既有的职业声望研究中，学者的分析维度涉及职业的社会功能、职业要求、职业报酬以及职业环境[⑤]，也有学者从职业道德声望、职业能力声望和职业贡献声望三个维度对教师的职业声望进行分析[⑥]。本章则从教师职业声望评价、教师职业魅力、教师职业认同三个维度展开调查，通过自主开发的教师职业声望调查问卷（“教师卷”的 α 系数为 0.84，“社会人士卷”的 α 系数为 0.94）收集数据。其中，

---

① 戴维·波普诺. 社会学[M]. 李强译. 北京：中国人民大学出版社，1999：242.

② 宗刚，李盼道，孙晨晨. 改革开放以来我国职业声望排序及变迁研究[J]. 北京工业大学学报（社会科学版），2016，16（2）：11-17.

③ 周洪宇，程光旭，宋乃庆，等. 学习贯彻全国教育大会精神，加快推进教育现代化[J]. 陕西师范大学学报（哲学社会科学版），2018，47（6）：5-28.

④ 高芳. 社会学视野中的教师职业地位分析[J]. 当代教育论坛，2005（23）：69-70.

⑤ 童星，汪和建. 劳动社会学[M]. 南京：南京大学出版社，2001：138.

⑥ 董新良. 中小学教师职业声望调查研究[J]. 教师教育研究，2011，23（6）：56-61.

教师职业认同维度参照了魏淑华的教师职业认同的理论构想结构[①]，涵盖角色价值观、职业归属感、职业自尊感三个方面。

二、教师职业社会声望基本现状

（一）总体状况

调查数据显示，教师对自身社会声望的评价较低（M=2.47）（采用利克特五点计分，从 1 至 5，表示评价越来越高），而社会人士对中小学教师社会声望的评价相对较高（M=3.22），但整体状况并不乐观。在职业认同方面，教师整体表现出较高的职业认同感，具体体现在较为良好的角色价值观、较强的职业归属感以及较高的职业自尊感。在教师职业魅力层面，相对于教师而言，社会人士对教师的职业魅力给予了更高的评价。对于教师来说，工资水平和福利待遇是影响教师职业声望的两大因素，尤其是以公务员为参照群体进行比较时，教师整体具有较强的心理不平衡感，进而会影响对职业的感知、评价与认同。

（二）具体状况

1. 教师职业声望评价

对教师职业声望评价的调查，主要采用常用的职业声望评价打分与排序的方式进行。一是对不同职业进行排序；二是对中小学教师的社会声望按照由低到高打分（数字 1 至 5 依次代表“最低等级”“较低等级”“中等级”“较高等级”“最高等级”）。本次调查依据社会公众对一般职业种类的理解和认同程度，以及课题研究的需要，选择研究中常被选择的代表性较强的 16 种职业。调查发现，教师和社会人士对教师职业声望的评价存在较大差异。

1）排序不容乐观

在不同职业排序的调查中，我们对不同职业被选频次进行了排序（图 8-1 和图 8-2）。在“教师卷”中，中小学教师的社会声望位于第 11 位，而在“社会人士卷”中，中小学教师的社会声望则位列第 5 位，明显高于“教师卷”中的声望排名。对中小学教师社会声望的打分评价中，统计结果显示，社会人士对中小学教师社会声望的评价（M=3.22）显著高于教师的自我评价（M=2.47）。具体来看，

① 魏淑华. 教师职业认同研究[D]. 西南大学，2008：38

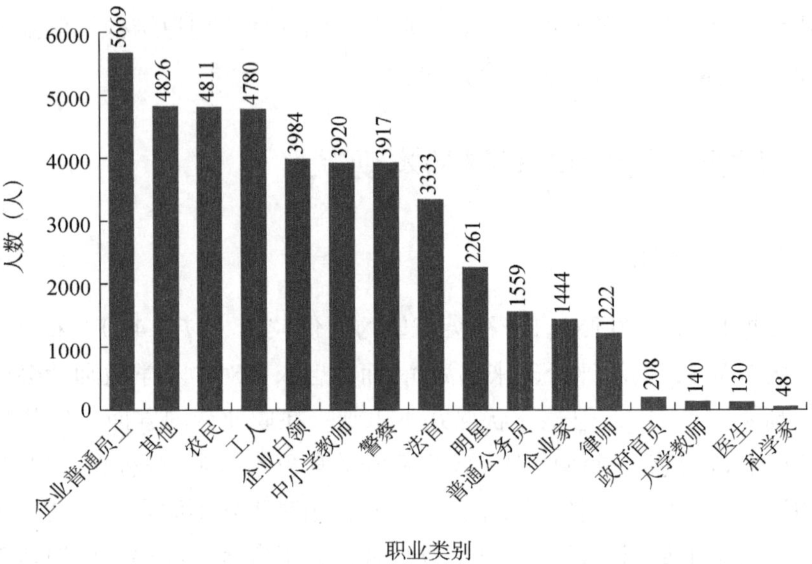

图 8-1 中小学教师对不同职业社会声望的排序情况

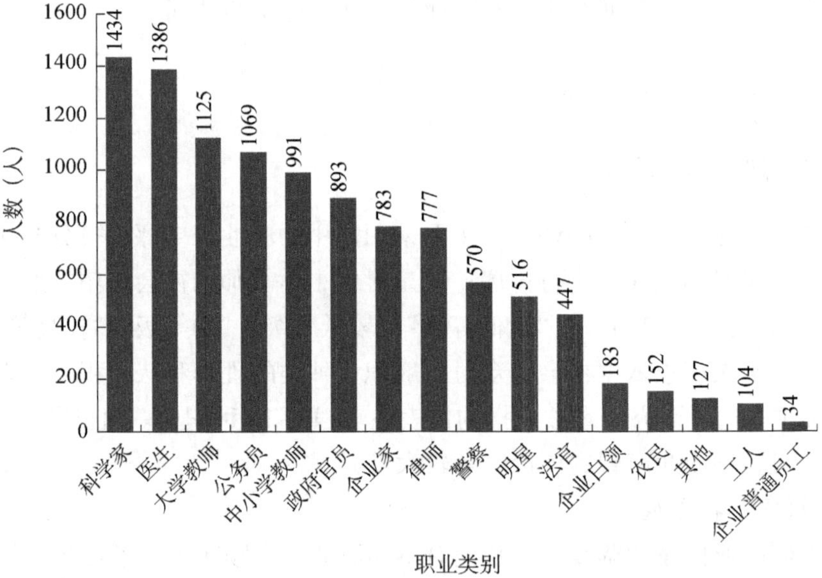

图 8-2 社会人士对不同职业社会声望的排序情况

在对教师的调查中，认为中小学教师社会声望高的教师仅占 16.25%，认为中小学教师社会声望为中等水平的教师占 35.45%，而认为中小学教师社会声望低的教师占 48.3%。在对社会人士的调查中，认为中小学教师社会声望高的社会人士占 14.33%，认为中小学教师社会声望为中等水平的社会人士占 36.27%，认为中小学教师社会声望低的社会人士占 49.40%。教师自评与社会人士评价中，各部分比例大体相当。由此可见，当前我国中小学教师职业的社会声望状况不容乐观，亟须加大力度提升。

2）教师职业声望评价与教师个体背景信息显著相关

本次研究中教师个体背景主要是指教师的性别、教龄、学历、职称、任教阶段等。但教师的职业声望基本上不受社会人士的个体背景信息的影响。

（1）女性教师对职业声望的评价（M=2.49）显著高于男性教师（M=2.41）（p=0.002<0.01，t=3.057）。具体来看，16.25%的女性教师认为中小学教师享有高水平的社会声望，男性教师持此观点的比例则为 15.35%；36.25%的女性教师认为中小学教师享有中等水平的社会声望，男性教师持此观点的比例为 33.15%；女性教师中有 47.30%的人认为中小学教师享有低水平的社会声望，男性教师中持此观点的比例则为 51.50%。相对而言，女性教师的评价总体上更为乐观。

（2）处于不同发展阶段的教师对职业声望的评价存在显著性差异。中小学教师对职业声望评价的差异非常显著（p=0.000，F=27.647），入职期教师对职业声望的评价最高，而后依次为稳定期、退出教职期、平静和保守期、实验和歧变期。本研究基于休伯曼的教师职业“生命周期阶段”理论，根据教龄将教师职业发展划分为五个阶段：入职期（1～3 年）、稳定期（4～6 年）、实验和歧变期（7～25 年）、平静和保守期（26～33 年）以及退出教职期（34 年及以上）。如图 8-3 所示，教师在五个阶段中对教师社会声望的评价呈现出“高—低—低—高—高”的特点，处于入职期的教师对教师社会声望的评价最高，各方面感知均较为乐观，处于离职期的教师对职业声望的评价与入职期趋于相似。处于实验和歧变期的教师对社会声望的评价最低，我们认为这与该阶段教师的“职业高原”有关，教师面临发展的“天花板”，职业获得感不高，易产生职业倦怠感，进而会影响其对职业声望的认知与评价。

（3）不同职称教师对职业声望的自我评价差异明显。中教高级（或小教特级）教师对教师职业声望的评价最高，其次是中教二级（或小教一级）和中教三级（或小教二级）教师且差异不大，中教一级（或小教高级）教师对教师职业声望的评价最低（图 8-4）。这与上述的职业发展阶段密切相关，中教一级（或小教高级）教师更可能处于实验和歧变期，对教师职业声望的评价相对较低。

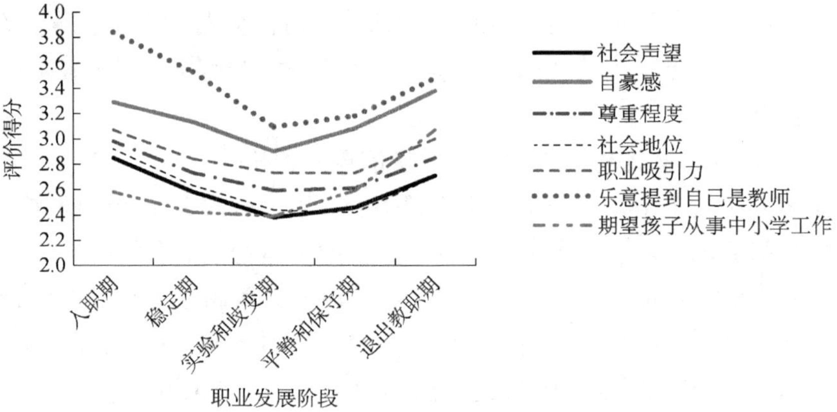

图 8-3　不同职业发展阶段教师的教师职业感受

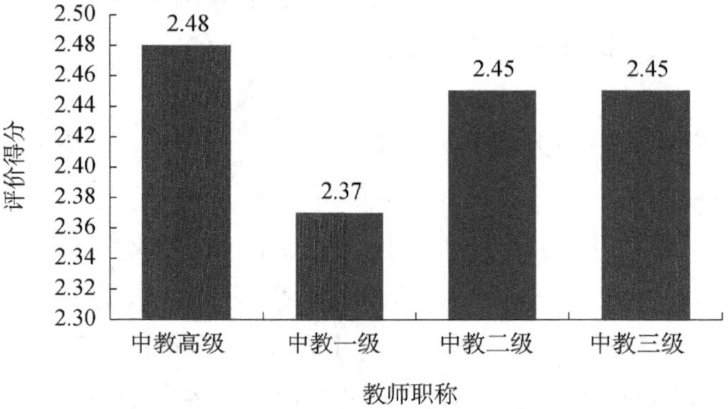

图 8-4　不同职称教师对教师职业声望的看法

（4）本科学历的教师对教师职业声望的评价较低。我们在调查中将教师最高学历划分为六个层次：普通高中及以下、中专/技校、大学专科、大学本科、硕士研究生、博士研究生，但由于普通高中及以下、中专/技校以及博士学历的教师人数较少，因此主要对专科、本科以及硕士研究生学历的教师进行分析。统计结果表明，不同学历的教师对教师职业声望的评价存在显著差异（F=4.166，p=0.000），具有本科学历的教师对教师职业声望的评价显著低于专科学历和硕士研究生学历的教师（图 8-5）。学历与年龄交叉分析及访谈发现，具有专科学历的教师多为老年教师。联系休伯曼的教师职业“生命周期阶段”理论，这类教师多趋近离职期，较高的职业成就、职业荣誉以及较高的经济收入使得他们对教师的职业声望有较高的评价。相对于本科学历的教师而言，具有硕士研究生学历的教师在职业发展中一般会面对更充足的保健因素和激励因素，对教师职业会产生更高的满意度，因此他们对教师职业声望的评价也会高于本科学历教师。

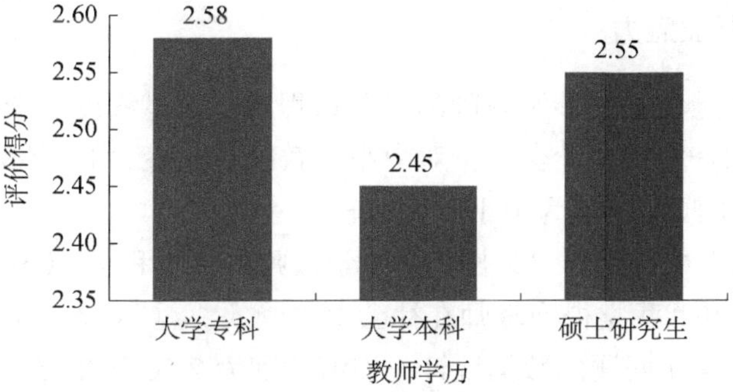

图 8-5 不同学历教师对教师职业声望的评价

（5）任教学段对教师职业声望评价的影响也达到了显著性水平（F=4.166，p=0.035<0.05）。统计结果显示，小学教师对教师职业声望的评价显著高于初中教师和普通高中教师（图 8-6）。相关分析表明，教师的工作量与所任教学段呈显著正相关（r=0.15，p=0.000）。访谈中，初中、普通高中教师普遍反映工作量大、工作压力大，小学教师的工作量则相对较小，且工作压力较轻。进一步分析发现，学段越高，教师对工资的满意度越低，越认为工资水平与自身的能力水平、劳动付出不成正比，进而会产生更强的相对剥夺感，对教师职业声望的评价偏低。马斯洛认为，需要的层次及其满足情况会影响一个人的心理健康水平。人们的需求层次，先是从最基本的生理需要、安全的需要、归属的需要再到更高层的爱的需要、自尊的需要以及自我实现的需要[①]，高强度工作下的中学教师更倾向于希望得到与工作付出成正比的应然回报，然而在当前受诸多因素的影响，生存需要和安全需要甚至都不能很好地得到满足，进而影响了教师对教师职业声望的认知。

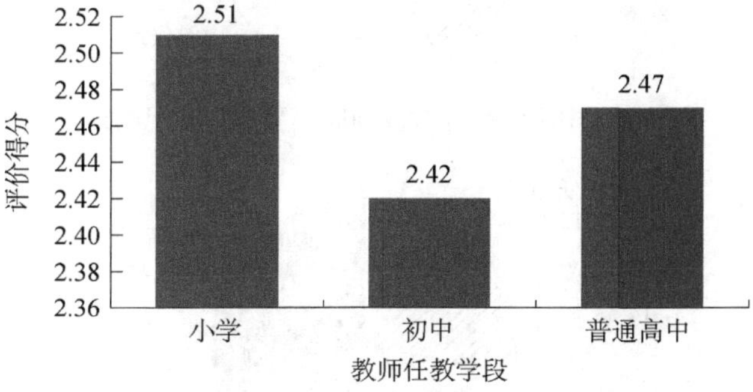

图 8-6 不同任教学段教师对教师职业声望的评价

① 王登峰，黄希庭. 自我和谐与社会和谐——构建和谐社会的心理学解读[J]. 西南大学学报（人文社会科学版），2007（1）：1-7.

2. 教师的职业魅力

教师的职业魅力主要涉及教师的受尊重程度、贡献程度、选择倾向、工作待遇四个指标。调查发现，社会人士对中小学教师职业魅力的评价更为积极。

1）社会人士倾向于认为中小学教师较受尊重

在“教师卷”中，基于“家长对中小学教师的尊重程度”（从 1 至 5 表示尊重程度越来越高）和“我觉得当教师在社会上很受人尊重”（从 1 至 5 表示认可该观点的程度越来越高）两题的数据统计，均值分别为 2.66 和 2.95，这表明中小学教师对自身受尊重程度的评价不高，低于中等水平。在“社会人士卷”中，基于“您身边的朋友都很敬重教师”和“您觉得当教师在社会上很受人尊重”两题的数据统计，均值分别为 3.66 和 3.45。由图 8-7 可知，教师群体中认为家长对教师的尊重程度高的仅占 20.40%，认为程度适中的占 37.55%，认为尊重程度低（含最低等级和较低等级两类）的占 42.05%。在图 8-8 中，认为社会各界对中小学教师尊重程度高的社会人士占 47.15%，认为尊重程度低的社会人士占 27.78%。相对于教师群体的自我感知而言，社会人士认为中小学教师这一职业在社会上更受人尊重，尽管如此，仍可以看出教师的受尊重程度并未达到较高水平，有待进一步提升。

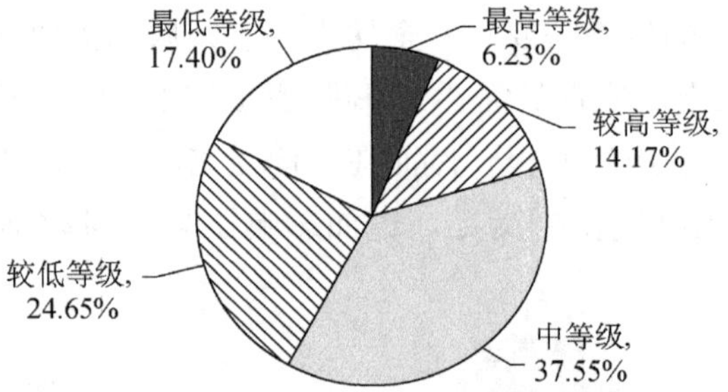

图 8-7　中小学教师对教师职业受尊重情况的评价

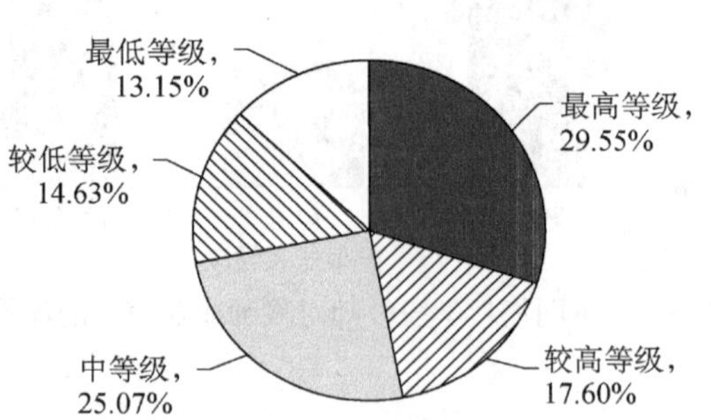

图 8-8　社会人士对教师职业受尊重情况的评价

访谈中，经验较丰富的教师倾向于认为自己较受家长尊重，并表示家长对教师的尊重来自教师对学生的关爱、对教育事业的付出以及学生的成长与进步。一位有 22 年教龄的教师说：

> 我觉得家长和学生还是比较认可我的，我挺受尊重的。我对学生是全心地付出的，全是站在学生的角度去为他们考虑，老师本来就是个良心活，孩子们长大了都会回忆，哪个老师特别认真、真诚地对待他们，他们会有很深的印象。

另外一位有 20 年教龄的教师说：

> 在我们那儿，我是一个比较有经验的老教师了，周围的同事对我的教学工作评价比较高。我的学生以及学生的家长对我还是比较满意的。我个人认为教师的社会地位不算高，但是也没有受到歧视，大众还是挺尊重教师的。

然而，部分教师在此问题上表现出了截然不同的态度，认为自己并未受到家长应有的尊重。有教师提到，家长对学校工作过多地参与，影响了正常的教学管理环境，给教师增加了一定的工作压力。教育事业的发展需要自由包容的环境，同时教师专业发展是一个缓慢积累的过程，新任教师更应得到家长的包容和尊重。

> 初任教师时，站在三尺讲台上，我就觉得自己应该是教育的代表，在这个领域是无人替代的，所以我觉得自己高高在上，甚至有点趾高气扬。现在我多了一个家长的身份，我突然意识到，其实教师和家长之间是平等的，教师应该俯下身去，用更谦虚的姿态跟家长去商量。只有你足够谦虚，足够尊重他，他才会在另一方面来扶你，真正成熟的稻谷应该是弯下腰去的。

这是一位有着 12 年教龄的小学语文教师从最初的趾高气扬到为人母后的谦虚稳重的转变，这一转变是教育经验与智慧的结晶，成熟的稻谷低着头，“她”成了一道美丽的风景，为人赞赏、为人尊重。教育，需要时间的积淀，只有这样教师的魅力才会得以彰显。

2）中小学教师职业的贡献程度较高已是共识

教师和社会人士一致认为，中小学教师这一职业对社会有着较大的贡献，其中教师对贡献程度的评价均值为 4.28，社会人士的评价均值为 4.05，都处于较高水平。具体来看，81.65%的教师认为中小学教师职业对国家、社会有着高水平的贡献度，13.42%的教师认为中小学教师职业对国家、社会有着中等水平的贡献度（图 8-9）。对于社会人士而言，72.98%的社会人士认为中小学教师对国家和社会的贡献度是比较高的，17.25%的社会人士认为中小学教师对国家和社会的贡献度是中等水平的（图 8-10）。马克思说过，“较高级复杂的劳动，是这样一种劳动力的表现，这种劳动力比较普通的劳动力需要较高的教育费用，它的生产需要花费较多的劳动时间。因此，具有较高的价值”[①]。教育是一种高级复杂的劳动，因而也具有较高的价值。一个民族的将来如何，全在于父母教育、学校教育和自我教育。教师承担着传播知识、传播思想、传播真理的历史使命，肩负着塑造灵魂、塑造生命、塑造人的时代重任，是国家富强、民族振兴、人民幸福的重要基石。中小学教师在学生的人生观、世界观、价值观的塑造上，更是发挥着关键作用。

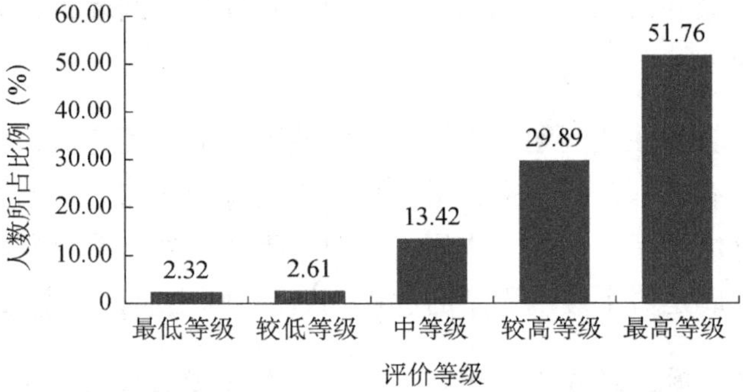

图 8-9　中小学教师对教师职业对社会贡献度的评价

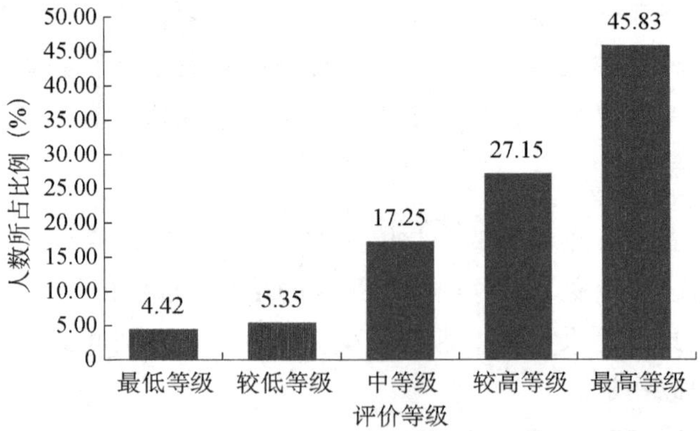

图 8-10　社会人士对教师职业对社会贡献度的评价

① 张世林. 理论的力量[M]. 成都：西南交通大学出版社，2009：46.

3）社会人士认为中小学教师的职业吸引力更高

如图 8-11 所示，社会人士在“较高等级”和“最高等级”两个选项上的选择比例均高于教师。其中，45.98%的社会人士认为中小学教师职业具有较高的吸引力，25.15%的教师认为中小学教师职业具有较高的吸引力，比例明显低于前者。社会人士对于中小学教师职业吸引力的评价（M=3.41）显著高于教师的评价（M=2.79）（t=−22.130，p=0.000<0.01）。

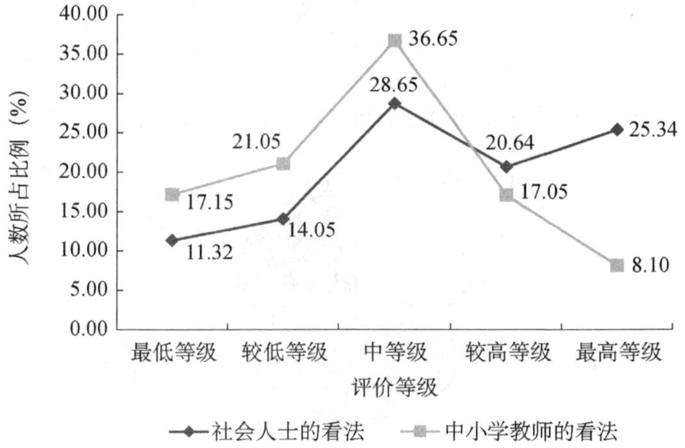

图 8-11 中小学教师职业在社会上的吸引力

当被问及是否期望自己的孩子从事中小学教师工作时，教师的期望水平（M=2.47）显著低于社会人士的期望水平（M=3.16）（t=−22.771，p=0.000<0.01），这与对教师职业吸引力的调查结果相一致。具体来看，仅有 22.29%的教师期望自己的孩子从事中小学教师工作，而 42.09%的社会人士希望自己的孩子从事中小学教师工作（图 8-12 和图 8-13）。访谈中，尽管很多教师提到学生的成长和进步使他们深感幸福，但同时他们也承受着日益增长的职业压力，“弱势群体”“清贫”“累”等是访谈中教师提及的高频词，这种境况使得他们不愿意让自己的子女从事中小学教师职业。进一步的相关分析表明，“期望孩子从事中小学教师工作”与“中小学教师在社会上的声望”之间呈显著正相关（r=0.38，p=0.000），与“家长对中小学教师尊重程度”之间呈显著正相关（r=0.37，p=0.000），与“劳动付出与工资收入的相称程度”之间呈显著正相关（r=0.32，p=0.000）。可见，中小学教师在社会上声望越高，家长对中小学教师的尊重程度越高，劳动付出与工资收入的相称程度越高，教师就越期望自己的孩子从事中小学教师工作。但在社会人士看来，教师工作稳定且有寒暑假期，已经成为该职业具有吸引力的两大主导因素，因此，

相对于教师而言，社会人士更期望自己的子女成为中小学教师。

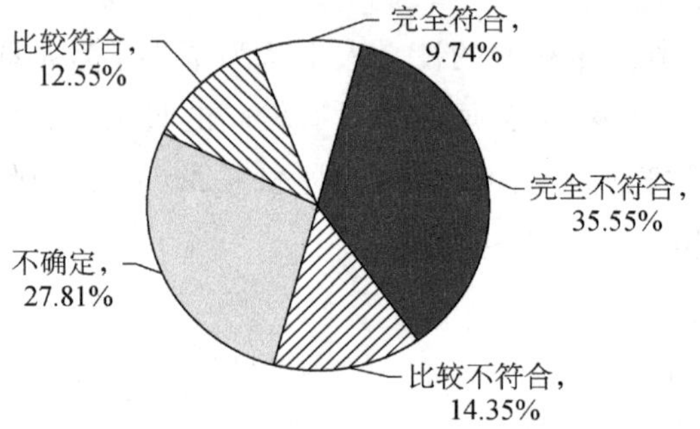

图 8-12　教师期望自己的孩子从事中小学教师工作的情况

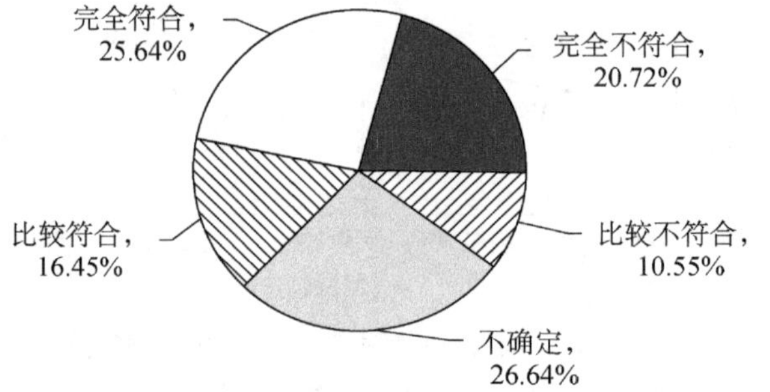

图 8-13　社会人士期望自己的孩子从事中小学教师工作的情况

需要注意的是，虽然教师期望自己的子女从事中小学教师工作的比例仅占22.29%，但针对“如果可以重新选择，您是否会放弃教师职业而选择其他”这一问题，则有 56.75%的教师表示不会放弃教师职业，38.86%的教师则会考虑重新选择职业（图 8-14）。超过半数的教师会继续坚守中小学教师职业，说明这一职业以其自身的独特价值依旧吸引着教师。正如有教师所提到的，学生的进步带给教师的成就感和幸福感、学生的可爱纯真带给他们的年轻体验等，使他们愿意与学生同行，陪伴孩子成长。访谈中，也有教师提到自身所具备的能力不能满足新工作的要求，因而不愿意更换职业。

4）多数中小学教师对工作待遇的满意度不高

首先，多数中小学教师对工资水平较不满意。在调查中，仅有 16.67%的教师对工资收入满意（图 8-15），14.90%的教师认为自己劳动付出和工资收入是相称的（图 8-16），而 87.41%的教师认为教师的平均收入低于当地公务员的收入（图 8-17）。调查数据表明，教师当前的工资收入并未达到其期望水平，甚至远低于其

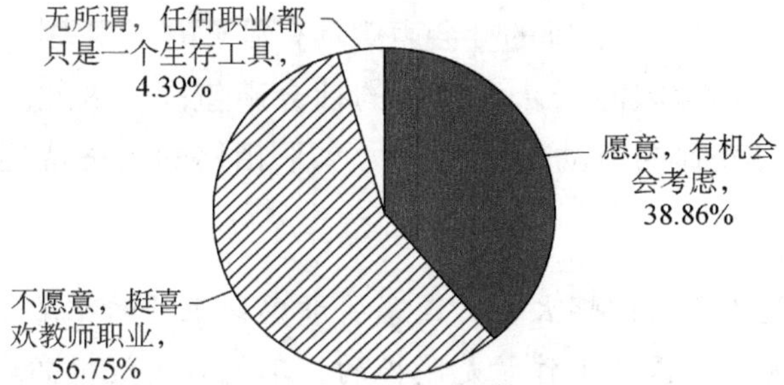

图 8-14　中小学教师对其职业的坚守情况

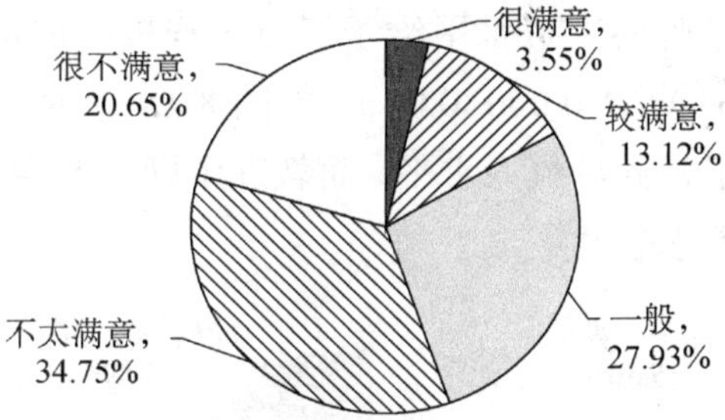

图 8-15　教师对工资收入的满意程度

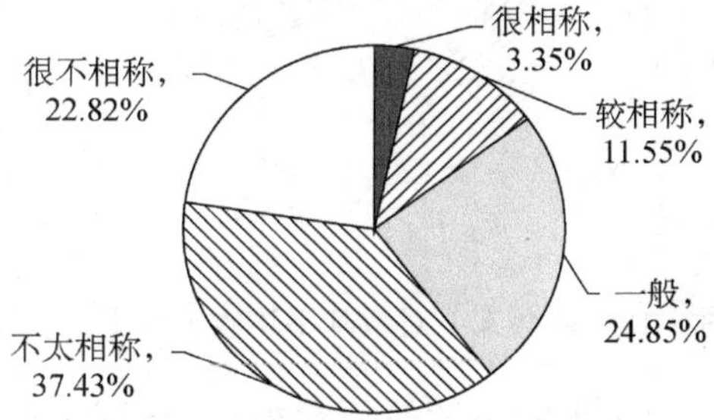

图 8-16　教师对“劳动付出和工资收入是否相称”的看法

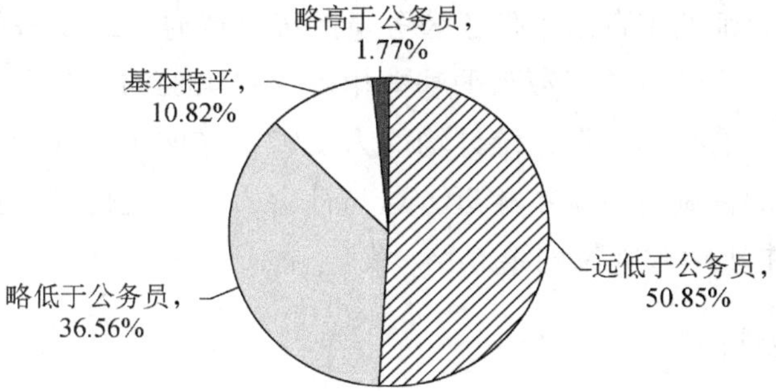

图 8-17　教师对教师平均收入水平的认识

期望。而教师的工资水平与教师的社会声望具有显著的正相关性（$p=0.000<0.01$），工资水平越高，教师越倾向于认为教师的社会声望高。因此，国家应切实维护教师利益，提供与教师的劳动付出和能力水平相称的工资待遇。正如一位教师所说：

> 教师不是不食人间烟火的，国家要考虑到教师的生活等各方面。教师的工作强度大，很多工作量是隐性的，不能只是说提高地位，要从经济上提高教师工作待遇。

多数社会人士对教师的工资水平给予了更为积极的评价（$M=3.08$），显著高于教师的评价（$M=1.63$）（$p=0.000<0.01$）。如图 8-18 所示，30.70%的社会人士认为教师的收入水平低于公务员收入水平，而教师中则有 87.41%的人认为教师的收入水平低于公务员收入水平。

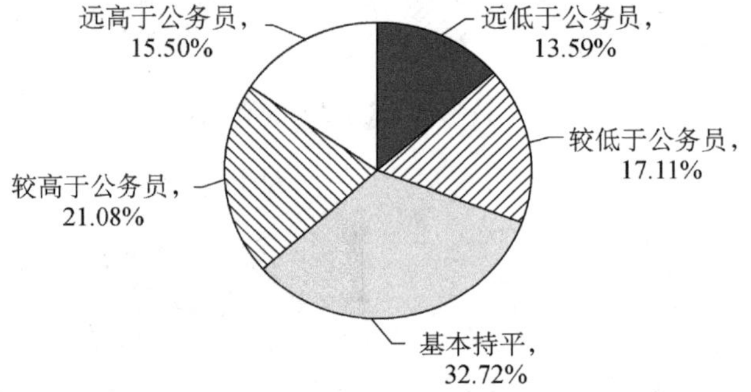

图 8-18　社会人士对教师平均收入水平的认识

其次，多数社会人士认为中小学教师的福利待遇良好。整体而言，超过半数的社会人士对中小学教师的工资水平予以肯定评价。如图 8-19 所示，共有 37.16%的社会人士认为教师的工资水平低于公务员的福利待遇，28.36%的社会人士认为教师的工资水平与公务员的工资水平基本相持，34.48%的社会人士认为教师的工资水平高于公务员的福利待遇。统计均值为 2.92，这说明在社会人士看来，中小学教师和公务员的福利待遇基本相近，这与社会人士所进行的职业声望排序（公务员位列第 4，中小学教师位列第 5）一致。

3. 教师职业认同

调查数据显示，多数教师的职业认同感较强。教师的职业认同既指一种状态，

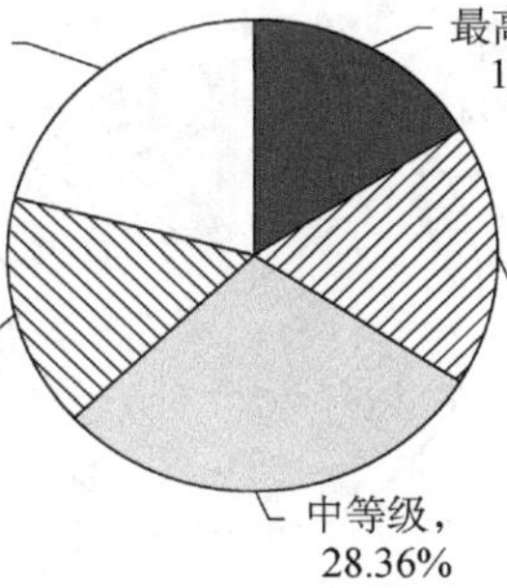

图 8-19　社会人士对中小学教师的工资水平的评价

即教师当前对其职业及内化的职业角色的态度，是一种积极的认知、体验和行为倾向的综合；也指一种过程，即通过与情境相互作用，教师逐渐形成和确认自己多种角色的复杂、动态平衡过程。① 教师良好的职业认同度是教育发展的无形资产，在一定程度上反映出了教师的职业竞争优势。以下从角色价值观、职业归属感和职业自尊感三个方面分析我国中小学教师的职业认同现状。

1）多数教师具有良好的角色价值观

（1）超过半数的教师具有相对良好的工作自豪感。如图 8-20 所示，33.63%的教师认为教师工作带来了高水平的自豪感，33.55%的教师认为工作带来了中等水平的自豪感，而认为自豪感为较低等级或最低等级的教师分别占 18.54%和 14.28%。进一步进行相关分析发现，教师的工作自豪感与职业坚守的意愿呈显著的正相关（r=0.28，p=0.000），与角色意义的认识呈显著的正相关（r=0.12，p=0.000），与教育情怀呈显著的正相关（r=0.26，p=0.000），与工作量满意度呈显著的正相关（r=0.32，p=0.000），与工作获得感和成就感呈显著的正相关（r=0.39，p=0.000）。一言以蔽之，在工作量适度的情况下，具有较高师德修养和较高教育情怀的教师会产生较强的工作自豪感。一位教师说："我觉得每天面临的事物都是鲜活的，每天都有欢乐的事情可以分享，小孩那么可爱……他每天都会叫你老师，我就会觉得自己挺有身份、挺自豪的。"一名内心充满教育之爱的教师，足以感化孩子简单澄澈的心。学生感恩教师、敬重教师，必然也会激发教师的自豪感。

（2）教师主动提及职业的意愿存在差别。我们在调查中发现，愿意提到自己职业的教师占半数，与此同时，有一半的教师不确定或不愿意提到自己是一名教师（图 8-21），整体均值为 3.23。教师愿意提及职业的意愿与教师社会声望存在较显著的正相关关系（r=0.48，p=0.000）。教师的社会声望越高，教师越愿意提到自

① 魏淑华．教师职业认同研究[D]．西南大学，2008：18.

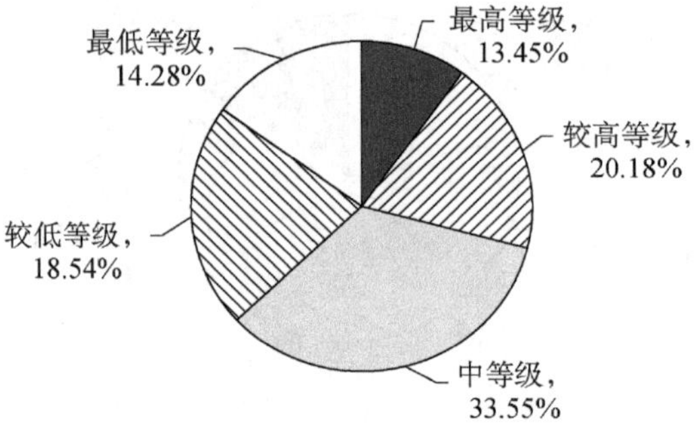

图 8-20　工作给教师带来自豪感的情况

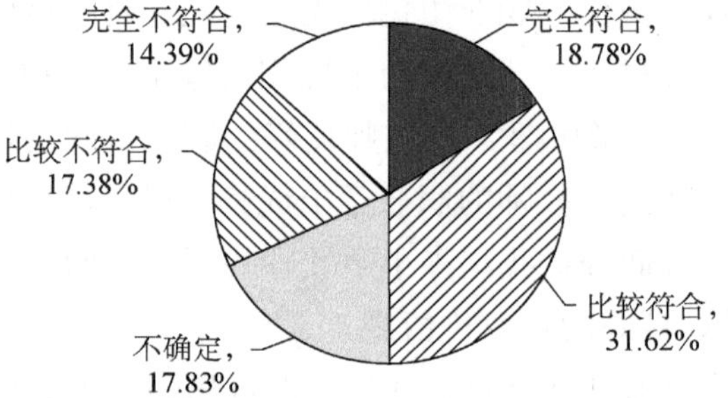

图 8-21　教师是否乐意提到自己是教师的情况

己是一名教师；反之，则不愿提及自己的职业。在访谈中，有教师说：

> 我觉得很丢人，出去时不愿意说我是老师。因为现在社会对老师的评价很低，觉得老师收红包、补课什么的，而且还认为我们对孩子的教育有问题，有很多负面信息，所以我不愿意说。现在学校是向我们要成绩的，我们能不尽心地教吗？

可见社会对教师的评价对教师产生了一定的影响。

2）整体而言，教师具有较强的职业归属感

教师的职业归属感是指教师对于教育团体的归属感，是与整个教育队伍荣辱与共的内心状态。对于“当有人指责教师群体时，我感到自己受到侮辱”这一问题，均值为 4.22，有 84.08%的教师选择“完全符合”和“比较符合”，即感到自己受到侮辱；仅有 8.24%的教师表示不确定；7.68%的教师选择“比较不符合”和“完全不符合”，即表示不会受到影响（图 8-22）。这说明绝大多数教师具有较强的职业归属感，能与教师队伍荣辱与共。

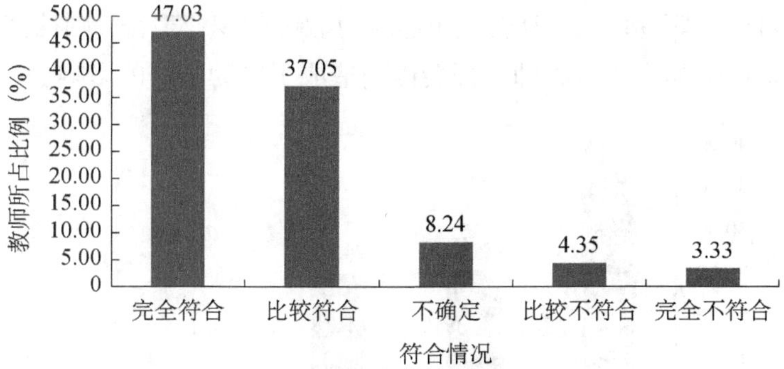

图 8-22 教师的职业归属感情况

3）整体而言，教师表现出较强的职业自尊感

教师的职业自尊感是指教师对本职业的自我尊重和自我爱护的良好心理状态，也包含职业被尊重的期望。调查表明（图 8-23），职业声誉深受绝大多数教师重视（M=4.41），89.72%的教师选择“非常重视”和“较为重视”，即高度重视自己的职业声誉；仅有 3.43%的教师持相反态度，选择“不太重视”和“非常不重视”；6.85%的教师表示重视程度一般。社会人士眼中教师对职业声誉的重视程度（M=3.81）相对低于教师自我认知中对于职业声誉的重视程度。有 62.11%（图 8-24）的社会人士选择“非常重视”和“较为重视”，认为教师比较重视自己的职业声誉；24.83%的社会人士表示重视程度一般，13.06%的社会人士选择“不太重视”和“非常不重视”，认为教师对职业声誉的重视不够。相关分析表明，“教师对职业声誉的重视程度”与“媒体的负面报道降低了教师的社会声誉”之间呈较为显著的正相关关系。

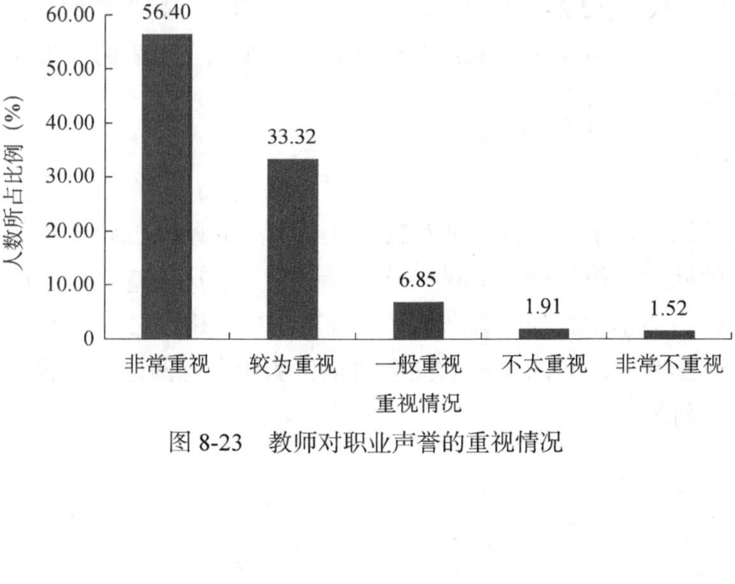

图 8-23 教师对职业声誉的重视情况

教师越重视自己的职业声誉，社会人士越认可教师的职业声誉，则社会人士就会越认为媒体的负面新闻报道对教师的社会声望造成了极为不好的影响。

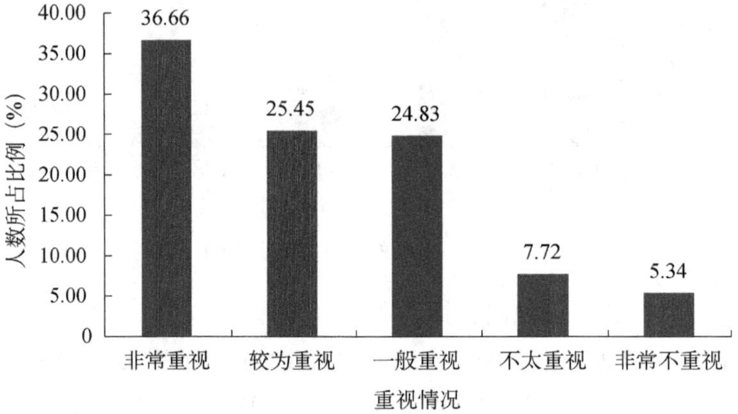

图 8-24　社会人士眼中教师对职业声誉的重视情况

（三）差异状况

1. 地域差异

调查统计数据显示，教师的社会声望存在显著的东部、中部、西部地区差异，且中部地区教师对教师职业社会声望的评价（M=2.56）显著高于东部地区（M=2.45）和西部地区（M=2.32）。在中部地区教师中，17.91%的教师认为中小学教师享有高水平的社会声望，东部地区有 15.23%的教师认为中小学教师享有高水平的社会声望，西部地区仅有 12.24%的教师认为中小学教师享有高水平的社会声望。尽管总体状况并不乐观，但相对来说，中部地区教师对社会声望的评价较东部和西部地区教师更为积极。

2. 城乡差异

调查统计结果显示，乡村教师对教师社会声望的评价（M=2.50）显著高于城市教师对教师社会声望的评价（M=2.45）（t=−2.131，p=0.033）。其中，有 18.04%的农村教师认为中小学教师享有高水平的社会声望，相比之下，有 15.35%的城市教师认为中小学教师享有高水平的社会声望，从所占比例也可以看出，城市教师的评价低于农村教师。

三、教师职业社会声望的现实困境

（一）中小学教师的社会声望状况亟须改善

“教师卷”和“社会人士卷”的调查数据表明，当前中小学教师的社会声望水平不高，且在社会人士认为近三年（2015—2018年）职业声望下降幅度较大的职业中，中小学教师位列第3名（图8-25）。社会人士表示，职业声望下降与过分追求经济利益、工作待遇较低、职业道德下滑、大众媒介的负面报道以及社会形象期待较高等因素有关（图8-26）。相关分析表明，当前中小学教师的社会声望水平与教师收入水平和师德修养均存在显著的正相关关系（$p=0.000<0.01$），与大众媒介的负面报道存在显著的负相关关系（$r=-0.16$，$p=0.000<0.01$）。

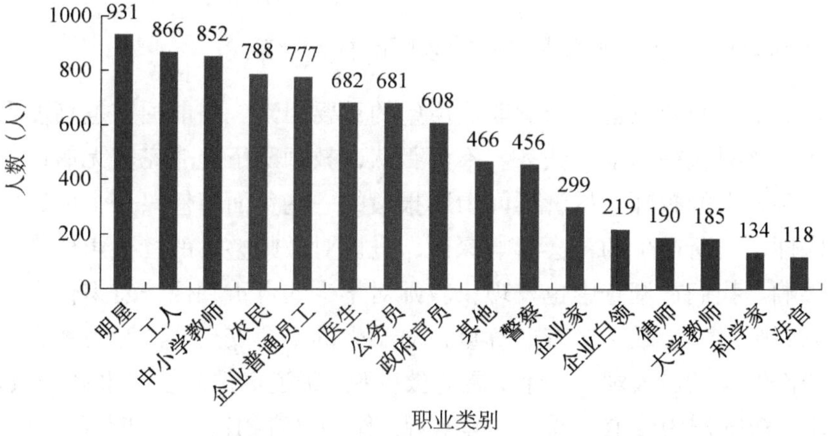

图8-25 社会人士认为近三年职业声望下降幅度较大的职业类别

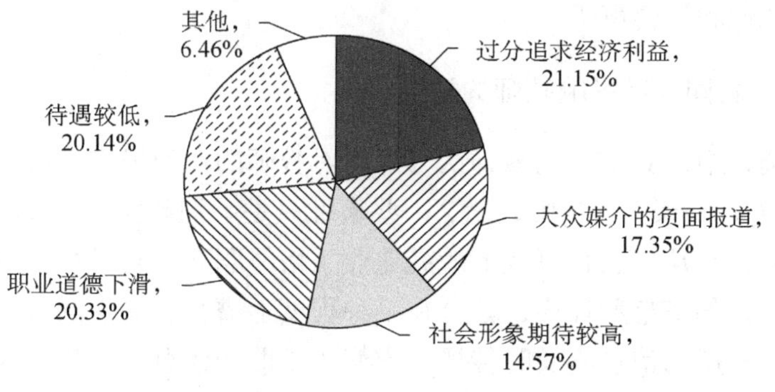

图8-26 社会人士眼中的职业声望的影响因素

1. 教师的经济地位影响教师的社会声望

根据马斯洛的需要层次理论，教师首先要考虑的是基于自身生存需要的经济利益。人追求个人利益的最大化，需要获得合理的经济回报。在本次调查中，绝大多数教师表示出对收入待遇的不满，认为工资收入与工作付出不成正比，且低于公务员的平均收入水平。数据分析也表明，教师的经济地位与社会声望具有较强的正相关性，教师待遇过低是导致教师职业声望下降的重要因素。一位教师在访谈中将教师喻为糖人，外表光鲜亮丽，为人称赞，内在仅是空气而已。当前中小学教师的经济地位不高，在一定程度上降低了教师的职业期待和从教士气，影响了对教师职业声望的评价。经济基础决定上层建筑，只有合理提升教师的工资待遇，赋予教师更高的经济地位，使其产生较强的职业自豪感和较高的职业声望，教师才能更安心、幸福地工作。

2. 教师队伍的整体师德水平影响教师的社会声望

调查显示，职业道德是影响职业声望的重要因素。当前国家也高度重视师德建设，将立德树人视为根本任务。不可否认，教师队伍绝非完美无瑕，必然存在个别未达到要求的教师。尽管新闻中所报道的一些负面事件只是个例，因教师身份的特殊性，其所产生的社会影响深远，进而对教师整体的社会声望产生了严重的负面影响。我们在调查中也发现，教师对学生的尊重和保护意识仍有提升的空间，部分教师对学生缺乏应有的尊重，对学生的生命安全持“旁观者”心态，同时缺乏全面发展的成人观、个性发展的教育观。师道尊严的获得多系于教师自己，难假外求。教师作为传道、授业、解惑者，作为培育祖国未来花朵的“园丁”，作为“孕育灵魂的文化工作者”，更应以较高的师德自我修养为基石，这关系到教师的现实社会地位和社会声望。

3. 媒体的新闻报道影响教师的社会声望

在本次调查中，80.12%的教师认为媒体对教师的负面报道降低了教师的职业声望（图 8-27）。访谈中，教师表示，一些事件只是个别现象，大多数教师具备良好的个人素养，在从事教育事业上兢兢业业、恪尽职守。当代社会中的人每时每刻都被各种各样的信息所环绕，公众在某种程度上遭受着一定的真相迷失和理性迷失。准确、权威的信息不及时传播，虚假、歪曲的信息就会扰乱人心；积极、正确的思想舆论不发展壮大，消极、错误的言论观点就会肆虐泛滥。[①] 媒体的正

① 习近平. 加快推动媒体融合发展 构建全媒体传播格局[J]. 前线，2019（4）：4-7.

向导向作用尤为关键，提供更多真实客观、观点鲜明的信息内容，加强对教育事件的正向报道，应是媒体的发展之路。唯此，教师的舆论压力会得以减轻，职业荣誉感会得以增强，教师的社会声望也会逐步提高。

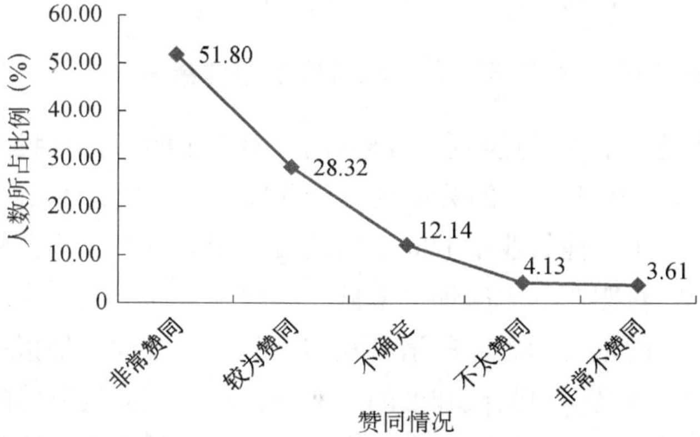

图 8-27 媒体对教师的负面报道降低了教师的职业声望

4. 尊师重教的文化氛围影响教师的社会声望

调查结果显示，教师认为自己被尊重的水平处于中等以下。教师在访谈中多次用“弱势群体”“高危职业”形容当前教师职业的特点，这与我国古代的教师地位形成了鲜明的对比。《国语·晋语》中提到，“天地君亲师”是礼制社会的核心价值观，教师尽管在这个权力支配系统中没有明确的定位，但是“天地”“君”“亲”都可以扮演“师”的角色，履行教化职责，故而教师可以依托于这种教化名望，共享社会中存在的“族权”和“神权”，享有较高的社会地位。尊师重教的文化直接影响着教师的社会地位和社会声望。当前尊师重教的文化在一定程度上被淡化和弱化，社会整体实力的提升、文化资本的普遍提升、价值观的多元化以及知识来源渠道的多样化等因素均会对教师的社会地位和社会声望提出挑战。现今社会，尊师重教的文化建设需要被再次强调，教师的社会声望只有在浓厚的尊师重教的文化中才能不断提升。

（二）教师的职业魅力有待提升

有研究发现，教师的内向性职业声望较低。教师的内向性职业声望是教师自身对职业现状的主观意识和感受，反映了教师对自己所从事的职业社会声望位置的自我评价。[①] 在本次调查中，教师的内向性社会声望水平之所以显著低于教师的外向性社会声望水平，与教师职业魅力不高有很大关联。工资水平、福利待遇以及职业环境等相关因素，所引发的教师“相对剥夺感”和职业“高原反应”以及“职业共情”均会影响教师对社会声望的评价。

1. 工作中的“相对剥夺感”会影响教师的整体感知

相对剥夺感是指个体通过与参照群体比较而产生的一种自我需求得不到满足的主观负面感受。[②] 由于教师的劳动具有弥散性，工作压力不断增加，而收入水平、福利待遇相对于其他行业中的同学历人员又相对偏低，这会使教师产生相对剥夺感，进而导致对职业的声望评价偏低。心理学家罗杰斯认为，自我与经验的一致性是心理健康的重要标志。所谓自我与经验的一致性，是指每个人对自我的看法与他的实际表现是一致的或和谐的。然而，产生相对剥夺感的中小学教师对职业的自我评价显著低于工作中的实际表现，这是一种心理环境的失衡，是一种有待改变的主观状态。

2. 专业发展的“高原反应”会影响教师的职业评价

调查发现，处于不同发展阶段的教师，从入职期（1～3 年）到稳定期（4～6 年），再到实验和歧变期（7～25 年），对教师职业声望的评价都不高。从职称的角度看，中教一级（或小教高级）教师对教师职业声望的评价最低。我们认为，该评价现状与教师专业发展中的职业高原现象密不可分。教师在其职业生涯发展阶段中，在具备一定工作经验的基础上，会面临晋升、流动机会等缺失而引起的停滞现象，进而会产生消极的心理和行为状态。根据奥尔德弗的 ERG 理论，人们存在三种核心的需要，即生存（existence）的需要、相互关系（relatedness）的需要和成长发展（growth）的需要。当教师关键的成长发展需要得不到满足时，就会产生一定的职业倦怠感，进而会影响其对职业的整体感知。

3. 重大教育事件的“职业共情”会影响教师对其职业声望的评价

Decety 等认为，共情是在不混淆自己与他人的体验和情感的基础上体验并理解他人的感受和情感的一种能力，包括情绪共享、观点采择和情绪调节三种

---

① 张国平. 中国教师的职业声望研究[J]. 现代交际，2012（3）：230-231.

② 郭星华. 城市居民相对剥夺感的实证研究［J］. 中国人民大学学报，2001（3）：71-78.

成分。[①] 刘聪慧等认为，共情是指个体面对（或想象）一个或多个个体的情绪情景时，首先产生与他人情绪情感的共享，而后在认知到自我与他人有区别的前提下，对其总体状况进行认知评估，从而产生的一种伴有相应行为（外显或内隐行为）的情绪情感反应，且主体将这种情绪情感和行为指向客体的心理过程。[②] 基于此，我们认为，所谓“职业共情”，是指教师在面对重大教育事件时，体验并理解其他教师的感受和情感，并产生伴有相应行为的情绪情感反应。由于工作内容的同质性，教师更容易理解彼此的情感状态，产生感受相似的情绪情感反应。访谈中，多数教师提到近年来身边所发生的或媒体所报道的教育事件对教师群体产生了深刻影响。教师认为，社会对教师的职业形象期待过高，似乎在以“圣人”的标准对教师予以道德绑架，而在某些教育事件中真正的弱势群体实质上是教师本身。调查表明，教师具有较强的职业归属感和自尊感。因此，当某些教师被指责或利益受到侵害时，其他教师出于职业共情，也会产生受到侮辱的心理反应，进而导致对职业声望的评价偏低。

综合以上分析，通过整体提升教师职业的魅力、提高教师的工作待遇以减轻“相对剥夺感”、改善教师的职业发展环境以缓解“高原反应”、保障教师的个人权益以优化“共情”状态，进而提升教师的内向性社会声望，是重要的实践策略。

（三）教师的职业认同有待进一步加强

研究发现，城乡教师之间的内向性社会声望格局发生变化（乡村教师的内向性声望水平有所提升），这与城乡教师不同的职业认同感受有较大关系。有学者提到，处于边缘地位的农村教师在整个场域的竞争中，无论是具体形态、客观形态还是体制形态的文化资本都处于劣势地位[③]，因而农村教师职业更缺乏吸引力。此外，也有研究提到，农村教师所拥有的知识也呈现出神圣性弱化、工具性弱化、权威性弱化和稀缺性弱化等特征，以致其在社会分工和社会结构性安排中日益缺乏职业竞争力，从而趋于边缘化。[④] 但在本次调查中，农村教师却表现出比城市教师更高的内在性社会声望水平，表现出更高的职业认同感，在职业贡献程度、

---

① Decety J, Philip L, Jackson P L. A social—neuroscience perspective on empathy[J]. Current Directions in Psychological Science, 2006, 15 (2), 54-58.

② 刘聪慧，王永梅，俞国良，等. 共情的相关理论评述及动态模型探新[J]. 心理科学进展，2009，17（5）：964-972.

③ 金柱伟，段兆兵. 农村教师低职业吸引力的社会学分析[J]. 教育探索，2013（10）：13-15.

④ 周兆海，邬志辉. 知识现代化与农村教师社会地位边缘化[J]. 当代教师教育，2018，11（4）：23-28.

社会地位、职业自豪感以及期望孩子从事中小学教师工作的意愿等方面的分值均显著高于城市教师。

调查发现，之所以出现这种变化，主要有以下几个方面的原因：①近几年，农村教育日益受到重视，国家对农村教师的生存与发展予以了更多的支持和保障，对农村教师社会声望的提高有一定的促进作用，农村教师的职业认同感更高。②农村社会对学生和教师的期望值相对较低，对教师的工作认可度更高。数据分析结果表明，农村教师的获得感和成就感显著高于城市教师，对职业声望的评价也更为乐观。③农村教师更多出身于农村，相对薄弱的社会文化资本使之更加珍惜中小学教师的职业。本次调查中，有不想做教师的想法农村教师所占比例显著低于城市教师。因此，整体而言，进一步提升教师的职业认同水平，提高教师的工作满意度和工作倾向，使其树立较为良好的角色价值观，有助于改善教师的社会声望状况。

四、提升教师职业社会声望的对策建议

（一）重视师道尊严，重塑教师形象

1. 创造性地继承师道尊严合理内核

在我国的教育文化传统中，师道尊严是支配教育活动中师生关系的核心教育理念。[①]《学记》曰："凡学之道，严师为难。师严然后道尊，道尊然后民知敬学。"师和道紧密联系，通过尊师重道而推行社会教化，这是对以教师为代表的知识分子及社会文化的尊崇与维护，是维系中华文明与社会稳定和谐的重要力量，是具有普适性价值的文化要素。[②]孟子将国君与教师并列，"天佑下民，作之君，作之师"[③]。荀子认为，师与天、地、君、亲共为治国之根本，"故礼，上事天，下事地，尊先祖而隆君师，是礼之三本也"[④]。在中国传统文化演变过程中，教师被赋予较高的社会地位，"师道尊严"已深入到国人的精神内核之中。历经时代变迁，受多种因素的影响，当前社会中师道尊严的思想受到一定的削弱与挑战，譬如，教师的知识威信削弱，社会示范性弱化，随之产生了一系列负面影响。现在总处

① 李学丽. 师道尊严在大学教师当中的偏失与重塑[J]. 现代教育科学，2013（9）：63-65.
② 程志宏. 师道尊严的偏离与回归[J]. 学术界，2016（6）：188-195.
③ 杨伯峻. 孟子译注[M]. 北京：中华书局，1960：31，118.
④ 司马迁. 史记全本（上）[M]. 沈阳：万卷出版公司，2016：111.

在过去的掌心中，社会的进步离不开优良传统的支撑，当代的尊师重教思想与古代的师道尊严思想一脉相承。习近平提到，“自古以来，中华民族就有尊师重教、崇智尚学的优良传统”[①]。不同时代，人们对于“师道”的理解是有差别的，需要注意的是，重提师道尊严不是搞文化复古、教育复古，而是要结合时代的精神进行创造性的继承和转化。[②]唯有融入新时代的文化元素，创新性地继承师道尊严的合理内核，才能重树具有蓬勃时代气息的师道尊严，提升教师的社会声望。

2. 统整性地提升当代教师职业形象

教师形象作为教师角色的社会期待和自身角色的外化与表征，是一定历史条件和文化背景下，人们对教师职业社会职能、职业特点和角色行为所形成的一种较为稳固而概括的总体评价与整体印象。[③]良好的教师形象是教师立身之基础、学生素质之模型[④]，改善教育的整体形象，也是提升教师社会声望的重要凭借。何为良好的教师形象？2014 年 9 月 9 日，习近平总书记在北京师范大学的讲话中提出成为一名党和人民满意的好老师的四条标准——有理想信念、有道德情操、有扎实学识、有仁爱之心[⑤]，这是对良好教师形象的大体勾勒。教师在其职业生涯中塑造良好形象时面临着各种挑战，或是教育现代化的冲击，或是教育惯习的桎梏，或是社会文化的制约。如何应对这些挑战，进而提升教师的职业形象，离不开一套具有整合力的整体结构。国家通过制定和修订相关的教育法律、政策、制度来进行宏观统整，学校层面通过确立教师的专业地位、扩大教师的专业权力以及提高教师的专业水平和师德水平来进行中观统整，教师通过自身角色及其行为自主的专业发展来促进专业自我的形成以进行微观统整。只有这三个层面相互依存、积极互动，才能形成巨大的现实力量，实现教师职业形象的整体提升，教师的社会声望也因此得以提升。[⑥]

（二）切实落实国家教师荣誉制度

教师荣誉集中体现了教师职业的社会价值与教师个体的社会贡献，是一种国

---

① 习近平：全面贯彻落实党的教育方针 努力把我国基础教育越办越好[N]. 人民日报，2016-09-10（001）.
② 石中英. 师道尊严的历史本意与时代意义[J]. 当代教师教育，2017，10（2）：18-23.
③ 陈云奔，车筱萌. 教师形象研究的若干问题[J]. 教育评论，2010（3）：32-35.
④ 张爱琼. 浅议教师形象设计与塑造的重要性[J]. 长春教育学院学报，2013，（11）：123.
⑤ 中共教育部党组. 努力造就一支党和人民满意的教师队伍[N]. 人民日报，2014-09-19（012）.
⑥ 阮成武. 专业化视野中教师形象的提升与统整[J]. 教育研究，2003（3）：61-66.

家和社会对于教师辛勤付出和获得成就的肯定和赞扬方式，是尊师重教的重要体现。当前我国已建立相关教师荣誉制度，如“全国模范教师”“特级教师”“教书育人楷模”等，在一定程度上对教师起到了激励作用。教师荣誉制度的根本意义在于激励教师对本体价值的追求，构建教师职业的灿烂前景，进而提升教师行业的吸引力。切实完善与落实国家教师荣誉制度，需要构建公平有效的荣誉评选与奖励机制，道德与卓越兼顾，精神与物质激励并重。此外，可以借鉴国际上教师荣誉制度的举措。美国的“国家年度教师”（National Teacher of the Year）、英国的“年度教师奖”（The Teaching Award）和新加坡的“卓越教师总统奖”（President's Award for Teacher）等国家教师荣誉最高奖之所以具有较大的政治作用和社会影响力，与如下特点密切相关：①以学生为落脚点，尊重教师的个性发展，给予教师极大的自由发展权；②社会和其他利益相关者的积极参与，社会认可度较高，鼓励社会各界关注教师、理解教师行业；③极为关注弱势群体——教师，来自薄弱地区的教师更易获得嘉奖；④最高荣誉获得者接受国家赋予其荣誉的同时，也需要承担起教师领袖、教学传播者和社会联络人的角色职责。[①] 结合我国教师的精神面貌，中央政府层面需要进行顶层制度设计，保证教师荣誉的权威性，引导各级政府、社会团体、各级各类学校来规范教师荣誉的设置、评选、颁授和管理。[②] 国家教师荣誉制度的完善与落实不仅有助于激励提升教师的职业认同感，也有助于促进社会对教师职业的关注，提高教师的社会声望。

（三）完善教师的薪酬体系，切实提高教师待遇

政府部门要坚持依法治教，严格依据相关政策法规的规定，加大对中小学教师待遇的投入力度，切实提高中小学教师的工作待遇，提高教师的经济地位，进而提升教师的职业自豪感和吸引力，这样才能更好地吸引优秀人才从事教师职业。因此，要完善教师的薪酬体系，重视薪酬体系对教师的激励作用。合理化完善教师薪酬体系，要秉持公平的理念，确保教师薪酬的内部和外部公平，以及教师劳动付出与收入所得的个人公平，尽可能避免教师出现相对剥夺的心理环境。此外，融入竞争的激励理念，在合理评估教师劳动价值和劳动强度的基础上，设定合理化的工资差额，以便调动教师的主观能动性，激励其更加高效地工作。

此外，政府应积极提高教师的福利待遇，改善教师的工作环境，为教师的教育教学提供必要的办公条件和教学设备，为有需要的教师配备周转房等生活设施，

① 罗明煜. 美、英、新加坡国家教师荣誉制度的共性研究[J]. 教师教育研究，2014，26（5）：107-112.

② 周洪宇. 国家教师荣誉制度亟待完善[N]. 中国教育报，2012-09-07（5）.

保证教师舒适、无后顾之忧地工作与生活。

（四）优化提升教师职业社会声望的策略

1. 营造尊师重教的文化氛围

教育部部长陈宝生提到，“教育质量是尊重出来的，不尊师重道，绝不会有好的教育质量”①。习近平总书记在全国教育大会上强调“教师是立教之本、兴教之源”②。建设教育强国，对教师队伍提出了新的更高要求，也对全党、全社会尊师重教提出了新的更高要求。“要深刻理解和把握习近平总书记关于教育的重要论述，切实做到“九个坚持”，全面落实教育优先发展战略。要把立德树人作为教育的根本任务，在坚定理想信念、厚植爱国主义情怀、加强品德修养、增长知识见识、培养奋斗精神、增强综合素质等六个方面下功夫，培养德智体美劳全面发展的社会主义建设者和接班人。要加强教师队伍建设，不断提高教师待遇，让广大教师安心从教、热心从教。”③营造尊师重教的文化氛围，需要注意以下几个方面。

（1）政府、学校都要努力营造风清气正的教师队伍建设环境，因地制宜地开展多种形式的教师表彰活动，积极落实相关优待政策，提升教师的职业荣誉感。学校领导应首先表现出对一线教师的尊重，对教师给予积极的支持和评价，为教师提供坚实可靠的后盾，尽最大努力保护教师的合法权益。访谈中，有教师说道：

> 尊重教师，我觉得首先从学校做起，我们学校生源差，校长对待好学生像宝贝一样看待。这些学生去校长办公室反映点问题，校长都非常赞同学生，他站在学生那一边。我觉得这不行，如果学生在心里就是不认可老师，而校长认同了他的看法，我怎么教他？他都已经做到不信任我了。所以学校的领导、各个阶层都应该凸显对一线教师的全面的尊重。

（2）家长要以身作则，爱师敬师，尊重并积极支持教师的工作，引导孩子尊重教师。教育家陈鹤琴认为，小孩子“知识之丰富与否，思想之发展与否，良好行为习惯之养成与否，家庭教育实应负完全的责任”④，因此，家长应积极参与家

---

① 中华人民共和国教育部. http://www.moe.gov.cn/jyb_xwfb/gzdt_gzdt/moe_1485/201903/t20190308_372642.html［2019-03-08］.

② 教师是立教之本兴教之源［EB/OL］. 人民网. edu.people.com.cn/n/2014/0905/cl053-25609475.html［2019-03-08］.

③ 陈宝生. 中国教育：波澜壮阔四十年［N］. 人民日报，2018-12-17（11）.

④ 北京市教育科学研究所. 陈鹤琴教育文集（上卷）［M］. 北京：北京出版社，1983：595.

校共育和家长培训，增进对教师的理解和包容。

（3）媒体应坚持主流价值，充分发挥正向和引导作用。各种媒体要做大做强主流舆论，融合发展，为实现中华民族伟大复兴的中国梦提供强大精神力量和舆论支持。[①]媒体要理性地报道教育事件，宣传教师中的“时代楷模”和“最美教师”，通过发掘优秀教师典型、宣传优秀教师先进事迹，树立新时代优秀教师的典范和榜样，引导师德建设，强化人们对教师队伍的正向认知，进而营造尊重教师的社会氛围，这也是教师所期待的。正如有教师所说：

> 多宣传我们的正能量，让大家都看到教师其实是一个奉献的职业，没有奉献精神的教师是干不好的。如果当一天和尚撞一天钟，成绩肯定不高，学生对你的评价也不好，家长对你的评价也不好，所以我觉得要想提高教师的地位，就要多表扬那些优秀的老师，让大家去学习。

2. 确保相关政策法规的完善及落实

1）完善教师资格证书制度

与发达国家相比，我国教师获得教师资格证的评判标准还没有达到像医师资格证书、律师证、会计证一样让人信服。[②]因此，我国应完善教师资格证书制度，适当提高教师入职门槛，选拔具有良好的专业素质和道德品质的高素质人才进入教师队伍，避免出现“劣币驱逐良币”的现象。只有这样有意从事教师职业的人才会更加积极地提高自身的素质，在职教师也会在“鲶鱼效应”下保持积极的学习状态和工作状态，提升自己的专业素质和师德水平，这在一定程度上可以减少负面教育事件的发生，有益于教师社会声望的进一步提升。

2）改进对媒体的监督和审查制度

在当今的信息化社会，媒体舆论对社会的影响与日俱增，国家应从政策法规的角度对媒体环境进行严格的规范和监督，依法管理媒体对教师问题的报道，并对造成恶劣影响的严重失实报道进行强有力的责任追究。相关部门应加强对媒体的督导，科学全面地评估媒体运营环境，一些事件必须经相关部门同意才能报道，鼓励媒体进行有正面导向的理性报道，对一些选择性丑化教师、不实报道教师问题的媒体依法从严从重处罚。

---

① 中国政府网. 加快推动媒体融合发展 构建全媒体传播格局[EB/OL]. http://www.ccps.gov.cn/xtt/201903/t20190315_130410.shtml[2019-03-15].

② 张晓书. 试论教师职业专业化与教师地位提高的关系[J]. 教育探索，2007，(11)：78-79.

3）建立权威的学生惩戒法规制度

《中华人民共和国教育法》第二十八条规定：学校有权对学生进行学籍管理，实施奖励和处分，但对惩戒措施却没有具体的规定。唯一对中小学生惩戒措施做具体规定的国家级政策文件是教育部制定的《小学管理规程》，其中第十五条规定："小学……对犯有错误的学生应予批评教育，对极少数错误较严重学生可分别给予警告、严重警告和记过处分。"关于学生惩戒的权威上位法的缺失状态束缚了学校和教师管理学生的勇气，在一定程度上制约了学校教育职能的发挥。[①]调查中，教师强烈呼吁建立具有权威的惩戒制度，而不是对学生违纪行为的隐忍与漠视。一位教师说道：

> 很多问题搞得教师畏首畏尾，工作要考虑方方面面的要求，顾虑很多……现在不能严厉批评，不能体罚和变相体罚，搞得老师们不知道怎么做。

只有建立权威而具体的义务教育学生惩戒措施体系，在具体政策的指导和保障下，教师理性管理学生的勇气才会重燃，对学生施以严爱相济的教育，有助于学生的成长。同时，政策法规的权威性也会有效降低社会的抵触与不理解情绪，相关负面新闻的影响也会减弱。

4）建立家长行为规范制度

教师在访谈中提到部分家长无视师道尊严，对教师工作造成了一定影响。优质的教育资源具有稀缺性，我们不能期望孩子遇到的每位教师都如圣人般完美。正如杜威所说，教育即生活、学校即社会，学生在学校这个小社会中生活，磕磕碰碰在所难免。教师需要得到家长足够的包容和理解，而非受到个别家长情绪化的宣泄与指责。为了避免出现个别家长对教师的不理智侵权现象，就需要国家建立明确的家长行为规范制度，一方面制约家长的不规范行为，另一方面也对学校科学地进行家校管理予以制度保障。有教师提到：

> 国家既需要保护家长，也需要保护教师。现在很多网上爆料的事情，都是在追究教师的责任，当然不能完全排除教师有责任，但这个事情可能是双方面的，不能事情一出现，就认为绝对是教师的错误。我觉得除了父母希望孩子好，那么无私的、希望孩子好的第二个人就是教师，所以教师绝对不会故意把孩子教坏。家长也需要考核，现在没有一个考核

---

① 田鹏慧. 义务教育阶段学生惩戒措施的种类与设定[J]. 中国教育学刊，2014（11）：7-13.

家长的机制，所以他们想说什么就说什么，想干什么就干什么，也没有人去追究他们的责任。我觉得应该出台一个政策去管理一下家长的行为，如果家长行为真的太过分的话，也可能触犯到法律，学校也要对其追究责任。现在教师责任心排第二，自保排第一。

3. 提高中小学教师专业素养

“师道的尊严，也多系于教师自己，难假外求。教师本身有可尊道，学生自然相率以从，社会亦必相观而善。因此，作为教师，应该加强自身的道德修养和职业素养，做好社会的表率。”[①]《中国教育现代化2035》中提到，建设高素质专业化创新型教师队伍，是实现教育现代化的重要战略任务之一。所以，教师队伍整体素养的提高，是教师社会声望提升的重要前提。

中小学教师要特别注重师德修养。“中小学是我国基础教育的主阵地，是教育事业塔式结构的底基。”[②]中小学教师队伍的师德水平不仅对基础教育的质量影响深远，也深受社会各界的关注，影响着社会对教师职业声望的评价。新时代教师队伍建设中高度重视师德师风建设，将师德师风作为评价教师素质的第一标准，推动师德建设长效化、制度化。因此，教师应加强自身的师德修养，在实际的教育教学行为中表现出高尚的职业道德。①教师应提升师德内化的主体意识，加强对师德重要性的认识，进行自我锻炼、自我改造和自我提高。②媒体应对教师道德规范的相关内容进行宣传与多方位的解读，以提高教师对师德的认知。③富有实效的榜样示范、奖惩机制以及社会舆论的支持机制也不可或缺。④重视对教师所开展的师德教育，且全面重视教师道德学习的阶段性特质并依此改造自身的相关认识与实践。[③]

教育家马卡连柯说：“学生可以原谅老师的严厉、刻板，甚至吹毛求疵，但是不能原谅他的不学无术。如果不能完善地掌握自己的专业，他就不能成为一个好教师。”[④]在学习型组织的社会，教师人力资本的持续积累已成为教育的主旋律。家长将孩子送入学校，获取知识已经不是唯一的目的，他们期待的是孩子可以在学习型教师的培育下，收获健康快乐，进而全面地发展。因此，教师必须努力提升自身的专业素养，不断发展自我，逐渐积累知识技能和工作艺术，塑造教师这

---

① 李方安. 论教师自我发展[J]. 教育研究，2015（4）：95.

② 李春秋，王引兰. 中小学教师职业道德修养[M]. 北京：北京师范大学出版社，2012：1.

③ 傅淳华，杜时忠. 论当前师德教育的困境与超越——基于教师道德学习阶段性特质的反思[J]. 教师教育研究，2016，28（3）：13-17，66.

④ 马卡连柯. 马卡连柯教育文集[M]. 吴式颖等编. 北京：人民教育出版社，2005：155.

一职业的不可替代性，实现教师职业价值，提高教师的职业声望。

要促进教师专业水平的提升，需要激发教师专业发展的内驱力。当教师的专业发展成为其内在真实的追求时，当教师对教育的意义，对自己所授学科的教育意义，对自己正在教授的内容在整个知识体系中的位置与联系及其教育意义，对怎样使这样的教育意义在自己的学生身上得到实现都有着清醒的认识的时候，他的教育、教学实践就注入了研究的态度。[①]教师会表现出专业意识的自觉、专业生活方式的转变、专业智慧的增长和专业态度的形成，专业发展成为其人生的幸福之路。[②]同时，也可以借助教师协同发展共同体来促进教师的专业发展。教师共同体中教师群体成员之间协同影响、共同进步。“教师共同体是一种专业性的团体，是在学校推动下或在教师自发的情况下，基于教师共同的目标和兴趣自愿组织的、旨在通过合作对话与分享性活动促进教师专业成长的教师团体。”[③]正如美国教育学者帕克·帕尔默所说：“如果想要在实践中成长，我们有两个去处：一个是达成优质教育的内心世界，一个是由教师同行所组成的共同体，从同事那里我们可以更多地了解我们自己和我们的教学。”[④]

---

① 教育部基础教育司、师范教育司. 普通高中新课程研修手册·校本教研与教师专业发展[M]. 北京：高等教育出版社，2004：22.

② 卢真金. 教师专业发展的阶段、模式、策略再探[J]. 课程·教材·教法，2007（12）：68-74.

③ 王天晓，李敏. 教师共同体的特点及意义探析[J]. 教育理论与实践，2014，34（8）：25-27.

④ 帕克·帕尔默. 教学勇气——漫步教师心灵[M]. 吴国珍译. 上海：华东师范大学出版社，2014：136.

第九章

“U-G-S”教师教育模式下区域学校教师专业发展实践探索

——以长春市南关区为例

东北师范大学倡导建构的“U-G-S”教师教育模式为基础教育教师成长搭建了优质的发展平台，正成为很多师范大学指导区域教师专业发展的重要工作机制。《中国教育现代化 2035》指出，要切实“夯实教师专业发展体系，推动教师终身学习和专业自主发展”。然而，如何依托既有的教师教育资源科学推进教师成长，正成为新时代教师专业发展的重要问题。作为东北师范大学“U-G-S”教师教育改革实验区，吉林省长春市南关区在教师专业发展的实践探索中，不断提升区域教师发展的整体水平，切实推进各学校教师专业发展。本部分个案研究报告通过调查与梳理，试图呈现“U-G-S”教师教育模式下区域学校教师发展的实践探索，为教师专业发展提供借鉴与启示。

一、指向区域学校教师专业提升的“U-G-S”教师教育模式

“师范大学—地方政府—中小学校”合作的“U-G-S”教师教育模式自诞生之日起，便将区域学校教师专业提升作为重要的发展目标。为培养更多的卓越教师与未来教育家，东北师范大学于2007年在继承以“长白山之路”为基础的教育服务办学特色的基础上，创造性地提出并实施了“师范大学—地方政府—中小学校”合作的“U-G-S”教师教育模式。该模式实施十余年来，推动了区域学校的教师专业发展，在中小学教师培训、基础教育课题研究、教师教育者专业发展和教师教育信息平台建设等方面，取得了良好的教育效果和社会效益，进一步凸显了东北师范大学作为师范大学的本质属性和教师教育特色，转变了教师教育者专业发展范式，切实推动了不同区域学校教师的专业发展。

（一）推动区域学校教师教育的实践探索

中华人民共和国成立之初，时任东北师范大学党委书记和校长的著名教育家成仿吾先生审时度势，提出了师范大学要面向中小学教育实际的办学思想。改革开放后，东北师范大学明确提出了为基础教育服务的办学方向。从20世纪80年代中期起，学校在吉林省长白山区域长期进行基础教育研究和实践，极大地促进了当地基础教育的发展，为区域学校教师专业发展提供了重要机遇。学校面向农村区域基础教育学校的办学道路被誉为“长白山之路”，在全国产生了广泛影响。

进入21世纪，东北师范大学审慎面对区域学校教师专业发展的现实需求，承担起新时代实施师范生公费教育、培养卓越教师与未来教育家的重任，其中的重要一项便是要切实提升不同区域学校教师的专业发展水平，并着重解决了如下两个方面的实践难题。

1. 扎实开展区域学校中小学教师培训

“U-G-S”教师教育模式突破了师范大学教育空间的限制，将师范大学“人才培养、科学研究、社会服务、文化传承”的功能延伸至“实验区”中小学校，“实验区”有多大，师范大学的校园就有多大。在“U-G-S”教师教育模式实施过程中，东北师范大学针对“实验区”中小学校教师专业发展的现状与需求，构建并实施了以“常青藤工程”（激活教师进修学校职能，盘活教师进修学校资源）为主，

由"集中培训""同课异构""置换培训""校本研修""订单培训""送课下乡""影子培训""双向挂职"等形式构成的在职教师培训体系，一系列的培训工作促进了区域学校中小学教师的专业发展。

2. 着力提升教师教育者的专业发展能力

教师教育者是"U-G-S"教师教育模式建构中最活跃、最关键的主体要素，他们的参与度决定着这一模式实施的有效性，甚至决定着这一模式的成败。因此，教师教育者的专业发展得到尊重与保障，是实施"U-G-S"教师教育模式的基本前提。基于这样的思考，东北师范大学提出了"优先发展教师教育、优质服务基础教育"的教师教育发展战略思想。东北师范大学利用科研经费支持，将教师教育研究者的课题研究与"U-G-S"教师教育模式的实施和"实验区"建设结合起来。东北师范大学鼓励大学教师教育研究者研究课题来源于基础教育、研究过程结合于基础教育、研究成果应用于基础教育；把研究放在基础教育的课堂里、把论文写在基础教育的校园里、把研究成果留在基础教育的实践中。同时，东北师范大学通过教师教育文化建设，影响大学教师教育研究者专业发展价值取向，倡导大学教师教育研究者到"实验区"中去，通过师范生教育实习指导、基础教育课题研究、中小学教师校本培训，洞悉基础教育发展新态势，把握基础教育新动向，了解学校、教师、教学发展的新需求，从而获得专业历练与成长，为大学教师教育者熟悉前沿、更新自我、提升专业水平创造了良好的专业发展文化情境。

（二）建构区域学校教师专业的理论内涵

"U-G-S"教师教育模式指导下的区域学校教师专业发展之所有具有特殊性与标志性，核心就在于其有着自身独特的理论建构与阐释。

1. 以协同发展为指导理念

"U-G-S"教师教育模式运行的基础是三方合作，推进区域学校教师专业发展的理念是协同发展。其形成的合作共同体包括大学与中小学校之间的合作，大学与地方政府之间的合作，教师教育者与一线中小学教师之间的合作以及中小学校之间的合作。协同发展是指三方合作主体间的协同发展，人才培养、科学研究、社会服务与文化传承间的协同发展，职前培养、入职准备和在职培训的协同发展。其目的是三方共同培养出具有高尚职业精神、高超教育教学能力和高度可持续发展潜能的卓越教师。

2. 以知行统一为实践目标

“U-G-S”教师教育模式通过面向实践的学习，为中小学一线教师提供将其实践经验中积淀的缄默知识激发出来的机会，促使一线教师的知行统一得以实现。“U-G-S”教师教育模式面向实践的学习改变了以往教师培养中“理论与实践二元分立”的思维模式，让教师教育基于教师教育实践、面向教师教育实践、服务教师教育实践成为现实。

3. 以基地优选为运行载体

2007 年 12 月，东北师范大学与辽宁省教育厅、吉林省教育厅、黑龙江省教育厅签署协议，共建“教师教育创新东北实验区”。通过区域内中小学教师分阶段、分批次的与公费师范生置换，实现以基地优选为运行载体，优质教育资源辐射带动的区域学校教师专业发展。实验区是“U-G-S”教师教育模式坚实的实践平台，是培养卓越教师和未来教育家的创新性平台。

4. 以课程共建为主体内容

“U-G-S”教师教育模式将师范大学教育研究优势、中小学校教育实践优势、地方政府行政管理优势有机整合，三方主体共同开发设计与实施教师教育实践课程体系，形成了“教育见习・模拟教学・教育实习・实践反思”教育实践课程结构体系，建构了“理论引导・案例分析・实践体验・研究发表”教育实践课程实施模型。东北师范大学“U-G-S”教师教育模式中三方共建与实施的教师教育实践课程体系体现了实践的价值取向，切实推动了区域学校教师的专业发展。

5. 以资源共享为价值导向

“U-G-S”教师教育模式的运行以资源共享为价值导向，实现了区域学校教师专业发展方面教育资源的整合。为了培养高素质、专业化的教师，东北师范大学在地方中小学校聘请高水平的教师作为师范大学的兼职教师，承担或参与教育实践课程的教学与指导以及教育课题的合作研究。东北师范大学通过评价机制引导大学教师到中小学开展教师教育与基础教育课题研究，参与“实验区”的教育教学改革与校本研修。这种“双向挂职”的方式有效地促进了师范大学与中小学校的人才资源共享。东北师范大学整合全国中小学教师继续教育网、东北高校教师教育联盟等多个平台，促进教师教育数字资源共享平台建设，为地方政府、中小学校分享师范大学的优质教师教育资源提供保障。"U-G-S"教师教育模式的运行，打破了师范大学与中小学校之间优质教师教育人才资源双向流动的壁垒，实现了师范大学与中小学教师教育信息资源的整合与优化。

（三）提升区域学校教师成长的教育价值

"U-G-S"教师教育模式指导下的区域学校教师成长，从教育文化、国家政策以及教师教育变革等方面彰显出独特的教育价值。

1. 创生教师教育新文化，提高教师专业素养

在"U-G-S"教师教育模式实施过程中，东北师范大学始终坚守"全方位、高水平、多渠道、有特色"为区域教师教育发展服务的承诺。"U-G-S"教师教育模式既是对东北师范大学70余年办学过程中积淀的"为基础教育服务"的教师教育文化传统的继承，也是在新时代背景下教师教育文化的再创造。在指导不同区域的教师进行专业发展的过程中，东北师范大学为中小学校提供的形式多样的、有针对性的义务服务，践履了一所师范大学"以大爱回报社会，以真情奉献教育"的高度社会责任感与历史使命感。这是一种新的教师教育精神文化的创生。

2. 促进教师教育均衡发展，体现国家政策意志

"U-G-S"教师教育模式是开放的、动态的、发展的，不断有新的元素融入进来，例如，成立"东北高师院校教师教育联盟"，吸收东北三省四所省属师范院校加入的"U-G-S"教师教育模式合作发展共同体，成立"教师教育东北协同创新中心"等。这些举措有效地凝聚了教师教育创新资源，有力地促进了东北地区基础教育的均衡发展。东北师范大学的"U-G-S"教师教育模式已经获得国家认同，并作为政策加以推广。2011年，《教育部关于大力推进教师教育课程改革的意见》指出要"强化教育实践环节"，"支持建立一批教师教育改革创新试验区"。2012年，《国务院关于加强教师队伍建设的意见》指出，要"创新教师培养模式，建立高等学校与地方政府、中小学（幼儿园、职业学校）联合培养教师的新机制"。《教师教育振兴行动计划（2018—2022年）》指出，要切实推动"教师教育改革实验区建设行动。支持建设一批由地方政府统筹，教育、发展改革、财政、人力资源社会保障、编制等部门密切配合，高校与中小学协同开展教师培养培训、职前与

职后相互衔接的教师教育改革实验区，带动区域教师教育综合改革，全面提升教师培养培训质量”。东北师范大学推动区域学校教师教育实践经验已经上升到国家意志层面，通过国家政策在全国范围内进行推广与应用。

3. 标志性研究成果丰硕，引领教师教育改革

东北师范大学依托“U-G-S”教师教育模式，形成了丰富的教师教育改革研究成果，有力地推动了区域学校教师的专业成长，并先后出版了《教师教育何以创新》《教师教育创新的理论与实践探索》《中小学教师培养质量：标准、现状与对策》等教师教育专著十余部；在《教育研究》《教师教育研究》《中国高等教育》等上发表学术论文近百篇，开展教师教育研究项目百余项。东北师范大学对“U-G-S”教师教育模式进行总结和提升，在区域学校教师教育研究上形成了独树一帜、特色鲜明的研究领域和丰富的研究成果。2014 年，《“U-G-S”教师教育新模式的探索》获得高等教育国家级教学成果奖一等奖。东北师范大学“U-G-S”教师教育模式实践探索受到社会普遍关注，成为我国教师教育改革的风向标，并先后获得时任中共中央政治局委员、国务院副总理刘延东同志，时任教育部师范教育司司长管培俊等领导的重要批示。《光明日报》《中国教育报》《半月谈》《中国青年报》等媒体均对东北师范大学“U-G-S”教师教育模式在区域学校教师专业成长方面的实践探索与理论研究进行过深度报道。

（四）提升区域学校教师教育的发展愿景

“U-G-S”教师教育模式已经引领区域学校教师专业发展取得了一定的成果，促进长春市南关区等许多区域提升了教师专业发展水平，并在多方面提出了新的发展愿景。

1. 面向全国，扩大区域学校教师专业发展辐射范围

立足我国当前教师教育改革和“U-G-S”教师教育模式的既有成效与长远发展需求，实验区建设正逐步扩大区域辐射范围，由“东北区域运行”走向“全国布局规划”，以最大限度发挥“U-G-S”教师教育模式的教育功能，推动“U-G-S”教师教育模式由立足东北走向全国。截至目前，东北师范大学先后在广东深圳、安徽合肥、江苏苏州等地建立了新的教师教育创新实验区，从而促进不同区域学校教师专业发展，扩大了教师教育服务半径。

2. 提质增效，强化区域学校教师专业发展实效

东北师范大学正在深入推进"U-G-S"教师教育模式的可持续发展，在全国范围内积极建设"优质教师教育创新实验区"，进一步提高区域学校教师的专业发展水平。同时，通过师范大学、地方政府、中小学校三方合作实现其学校自身的教育质量提升；加强大学教师与基地学校教师之间、学科教师教育者与科任教师之间、科任教师与班主任教师之间的有效衔接与合作，在学科教学、班主任工作、教育科研、教师合作等多维内容上让区域学校教师的专业水平有质的提升。

3. 迈向"E–U–G–S"，提升区域学校教师专业发展水平

东北师范大学的"U-G-S"教师教育模式着重解决了师范生实践教学与区域学校教师专业发展两大难题。在多年运行经验的基础上，正逐步建立"E-U-G-S"[E-U-G-S 即教育家（educator）—师范大学（university）—地方政府（government）—中小学校（schools）的简称]"幼小初高大"一体化教师教育新模式。这一新模式更加注重不同区域内幼儿园、小学、初中、高中、大学的一体化人才培养过程、方法与策略，更加注重师范大学教师教育资源的辐射与带动功能、学前教育与基础教育对师范教育的实践引领功能。"E-U-G-S"模式的建构与探索，正在为新时代区域学校教师专业发展提供新动能。

二、"U-G-S"教师教育模式下区域学校教师专业发展个案分析

"U-G-S"教师教育模式不是一种对外部教育理念的生硬灌输，而是在充分尊重各区域、各学校教育教学传统的基础上，指导学校改进，促进教师专业发展。实际上，教师专业发展也是一种教育理念实践的过程。"U-G-S"教师教育模式下的教师专业发展充分尊重地方教育行政部门、中小学自身在教师专业发展方面所形成的传统。这些传统既是经验的积淀、学校办学文化的沉积，又是学校教师专业发展的重要契机。东北师范大学在指导长春市南关区各学校改进的过程中，充分尊重并高度重视教师专业发展，形成了"U-G-S"教师教育模式下区域学校教师发展的典型案例。

（一）个案素描

选择长春市南关区作为“U-G-S”教师教育模式下区域教师专业发展的个案，既是基于南关区教育发展实际的需要，又与东北师范大学长期扎根南关区发展有关。南关区是长春市下辖区，位于长春市区东南部，是长春市的南大门。南关区被评为全国“普九”先进区、全国学校艺术教育先进单位、省“五五”普法先进单位、市“教师专业发展型学校工程”示范区、市“综合治理标兵单位”等。多次被长春市政府教育督导评为优秀县区。

1. 综合实力强劲的中心城区

近年来，面对不断变化的新形势，南关区紧紧围绕区情、区况和区域发展实际，确立了“服务业立区”发展战略，以建设服务业发达、文明和谐的现代化城市中心区为目标，坚持以科学发展观为统领，积极转变经济发展方式，突出投资拉动和项目带动，经济和社会各项事业发展不断进步。其先后与15个国家和地区建立了经济合作关系，与33个县（市）区建立了友好合作关系。中国信达、上海绿地、和记黄埔、中海地产、中城建集团、荣丰集团等一批知名企业大举投资建设；中信银行、兴业银行、浦发银行、民生银行、华夏银行等多家金融企业纷纷抢滩落位。截止到2018年，全区三次产业比为0.1∶7.9∶92，传统商贸业不断升级换代，现代服务业快速发展壮大。北部老城腾笼换鸟、改造提升，正以崭新的面貌焕发现代活力；南部新城筑巢引凤、开发建设，正以恢弘的气势奏响时代强音。日益繁荣的南关区已逐步建设成为具有独特资源禀赋、优越基础条件、强劲开发势头、广阔发展前景的具有强大吸引力的城区之一，也正在以坚实的步伐从服务业大区向服务业强区迈进。

1）经济实力不断增强

近年来，南关区始终坚持稳中求进的工作总基调，正确处理稳增长与促转型的关系，保持了持续发展的良好态势。在经济下行压力较大的情况下，主要经济指标好于预期，总体保持平稳运行。

2）项目建设不断推进

近年来，南关区始终坚持以项目建设为龙头不动摇，不断强化项目的前期服务、中期推进和后期填充，形成了投用一批、在建一批、开工一批、储备一批的项目滚动发展局面，近几年来所积累的近 200 余亿元以上的项目能量不断释放。

3）城市功能不断完善

近年来，南关区始终坚持把城市建设与优化发展环境、提升城区品质、促进民生改善紧密结合起来，深入推进市容综合整治、人居环境不断优化。大力加快道路基础设施建设，辖区内由二纵五横交通大动脉和次级街路所构成的四通八达的路网框架日趋完善；不断推进旧城改造和新城开发，深入开展国家卫生城、文明城创建活动，城市管理实现了由单一型向综合型、突击型向长效型、粗放型向精细型的成功转变。

4）民生状况不断改善

近年来，南关区始终坚持把握"幸福南关"建设这一主题，加大投入，把新增财力的80%用于民生改善，连续多年实施与百姓生活息息相关的"民生行动计划"和"幸福南关计划"，辖区百姓持续得到实惠。持续实行积极的创业和就业服务，始终保持零就业家庭动态为零。养老、失业、医疗等各类社会保险的覆盖面不断扩大，保障标准逐年提高。低保、优抚、慈善、助学、助老、助残相结合的救助保障体系不断完善，弱势群体基本生活得到有效保障。

5）社会管理不断创新

近年来，南关区始终坚持"党委领导，政府负责，社会协同，公众参与"的总体要求，突出"做好每一件事，为每一名百姓服务"的工作新理念，率先在创新社会服务管理中探索出了"南关模式"。通过依托现代化技术手段建立起来的区、街道乡（部门）、社区（村）、网格的系统平台，及时满足了辖区百姓反映的各类诉求，实现了"问题发现在基层、矛盾解决在基层、信息反馈在基层、综治维稳在基层、民生改善在基层、党建服务在基层"的工作目标。

南关区正紧紧抓住全面深化改革所带来的历史性发展机遇，准确把握发展趋势，主动寻求新的增长动力，坚定实施"服务业立区"发展战略，加速新城建设，加快老城提升，构筑以高端现代服务业为主导的产业体系，努力开创幸福南关建设的新局面。

2. 高度重视教育事业的核心城区

南关区是长春市的发祥地、文脉所在地和百年商埠地，汇集着道台府、文庙、般若寺、清真寺等历史遗迹，孕育了大马路、永春路、鼎丰真、东发合等百年商业街区和商号，拥有中国科学院长春光学精密机械与物理研究所、东北电力设计院等6个国家级科研单位和吉林大学、东北师范大学等16所著名高等院校，处于全国一流的长春市体育场、长春五环体育馆等均坐落于此。这里科教文体资源丰富，传统商业氛围浓厚，是集商贸中心、科教中心、金融中心于一体的中心主城区。

南关区高度重视教育事业。早在1997年在全吉林省率先成为全国首批“两基”工作先进区。

2008年以来，该区相继投入资金对长春市第14中学、东二小学、南岭小学、回族小学等学校进行了整体改造，完成了全区所有学校操场维修、门窗更换、暖气改造等基建项目。2008—2010年，南关区先后撤并8所学校，完成4所学校的新建和扩建工作。全面实施校舍安全建设工程。

《2017学年度长春教育统计基本情况》数据显示，截止到2017年末，长春市南关区共有39所幼儿园，入园人数为2528人，在园儿童8288人，教职工共计1528人（其中专任教师902人）；25所小学，在校生17 451人，1351名教师（其中专任教师），占地面积215 288.4平方米，校舍建筑面积139 298.7平方米，图书494 791册，教学用计算机3118台；初中11所，145个教学班；毕业1887人，招生2287人；初中阶段在校生5865人，其中初级中学2210人，九年一贯制学校3655人；初中教职工1090人，其中初级中学321人，九年一贯制学校769人；初中专任教师683人，其中初级中学262人，九年一贯制学校421人；初中共有校舍建筑面积94 846.3平方米，教学及辅助用房56 420.5平方米，固定资产15 880.1万元。

（二）发展规划

为了进一步推进“U-G-S”教师教育模式，增强该模式的实践效果，应长春市南关区教育局的盛情邀请，东北师范大学在长春市南关区开展了为期三年（2017—2020）的区域学校改进项目，其中教师专业发展是该项目的核心。为确保该项目能够持续有效地开展，在项目实施之初，长春市南关区教育局与东北师范大学制订了清晰而详尽的发展规划。

1. 指导思想

关注、尊重每一位教师，引导教师深入理解生态教育理念，形成区域设计、学校推进、骨干引领、共同发展的生态教师专业发展体制，坚持“以人为本，和谐共进”的生态教师队伍建设理念，以“U-G-S”教师教育模式探索生态教师专业发展的有效路径。

2. 发展目标

1）整体目标

全面提升区域师资队伍法人整体水平，努力建设一支师德高尚、业务精湛、结构合理、充满活力的卓越教师队伍。

2）行动目标

（1）设计合理的生态教师培训体系。建设名师工作室；培养一批骨干教师和教学名师，建设一支数量充足、结构合理、具有生态教育理念的优秀教师队伍。

（2）完善名校长工作室机制。有效发挥名校长的辐射、带动、引领作用；形成骨干校长、名校长、专家型校长梯队。

（3）完善教研员工作机制。构建学科研究团队；培养一支“专兼结合、内外兼容、结构合理、素质过硬”的高素质教研员队伍。

3. 基本原则

（1）系统性原则。要对教师队伍建设进行系统性思考。要遵从教师专业发展的生态规律，从易到难，系统培养。

（2）孵化性原则。坚持“以点带面，点面结合”，先期培养“校本导师团”，以校为本，示范、引领全区教师整体素质的逐步提升。

（3）尊重性原则。尊重教师专业成长规律，尊重教师的专业尊严、专业需求、专业智慧。

（4）分类分层原则。坚持校长和教师队伍梯队建设，搭建平台，分层管理，逐级培养和提升。

4. 主要任务

1）通过层级教师培训，形成合理的生态教师梯队

（1）全员教师专业成长。利用省、市教师研修平台，组织教师完成每年度 90 学时的全员培训（含校本研修）；以“生态教育”理念为统领，营造良好的校本研修氛围，倡导混合式研修方式，构建富有特色的校本研修模式；推荐阅读书目，编写《好书共读》电子简报，开展教师读书交流活动，引领教师进行深度阅读。

（2）骨干教师专业提升。组建区级名师工作室，新增 3～5 个区级名师工作室，通过域外研修、主题论坛、磨课晒课等形式，培植和带动一批有研究热情、求真务实、业务精湛的学科教师共同成长和进步，凝聚集体智慧，积极研发多彩

的生态校本课程；创建“生态课堂学科研究团队”；调整和增补“生态课堂学科研究团队”成员；通过课题引领、课例分析、微创新研究等形式，营造交流与合作、开放与多元的学科教学研究氛围；构建多样生态教学模式；培养一批学科教学核心力量。

（3）研究型教师专业引领。遴选150名有一定理论功底、较强教学技能、较大发展潜力的中小学教师作为培养对象。通过专题研修、课例展示、主题论坛等形式系统培养，帮助培养对象凝练生态教学思想，塑造个人教学风格；搭建区（校）展示平台，带动更多教师成长。

2）通过校长专项培训，培养一批优秀校长

（1）通过“三段式”培养，形成骨干校长、名校长、专家型校长梯队。普遍培养阶段，通过专家引领、跟岗培训、合作论坛、域外研修和自学等形式，促进校级领导全员提升。重点选拔阶段，遴选一批素质高、能力强、肯钻研的骨干、名优、专家型校长培养对象，通过游学、访问、影子培训等方式有针对性地培养，逐步形成区域校长培养梯队。组织推荐阶段，经过周期培养，通过个人申报、党委评定、民主测评等方式，对表现突出的培养对象组织参加省市资格认定，培养一批引领区域校长队伍长足发展的领军人物。

（2）完善名校长工作室实施策略，辐射引领区域内校长共同成长。确定区域名校长工作室，制订本工作室工作方案；围绕“生态教育”，聚焦“生态课堂”开展课题研究；通过专家引领、合作论坛、治校实例研讨、现场诊断、交流合作等方式提升校长的管理智慧。

3）通过完善工作机制，建设高素质的教研员队伍

（1）完善工作机制。落实“三个三”的工作原则，立足“三个服务”（服务教育教学、服务专任教师、服务基层学校）；倡导“三个深入”（深入学校、深入教师、深入课堂）；坚持“三个务实”（重实际、重实用、重实效）。

（2）构建多样的生态教学模式。调整和增补“生态课堂学科研究团队”成员。在生态课堂实践探索的基础上，秉承生态教育理念，优化教学过程，设计教学策略，完善教学评价，创建遵循生态规律、彰显生态精神、富有学科特色的生态教学模式。

5. 保障措施

1）落实责任主体，明确任务分工

认真落实方案中涉及的各项工作，明确人员、明确任务、明确时间进度，高

质量地完成工作任务。

区教育局：为各项任务的推进提供政策保障，对方案的实施情况进行检查与总结。

进修学校：为学校和教师做好培训与指导；搭建教师成长平台；总结推进过程中的经验，形成研究成果；推广研究成果，扩大影响面。

学校：根据方案制订相应的行动计划；营造良好的学习、读书、研修氛围，构建富有特色的校本研修模式；及时总结经验并加以提升，形成研究成果。

2）强化过程管理，形成特色成果

适时进行深入指导和宏观调控，及时总结研究经验，特别是创新经验，不断提升研究成果的水平，形成特色经验。

3）完善激励机制，确保资金投入

对生态教师队伍建设工程进行全方位支持，为生态教师培养工作提供资金保障和政策保障。

6. 实施步骤

依照总体规划的设计要求，生态教师队伍建设工程将在三年内完成，共分三个阶段实施，即启动阶段、实施阶段和总结阶段。

1）启动阶段（2017年8月—2017年12月）

根据《南关区生态教育三年发展规划》的总要求，认真制定"生态教师队伍建设工程实施方案"，严格论证，落实人员及任务。

2）实施阶段（2018年1月—2019年12月）

全面启动方案所涉及的各项任务，组建团队，搭建平台，扎实开展研修活动，及时召开阶段推进会与经验交流会，并适时调控推进过程，确保各项任务的顺利完成。

3）总结阶段（2020年1月—2020年6月）

对工作进行全面的总结，形成特色经验，建设一支推动区域生态教育改革发展的优质梯队人才队伍。

7. 预期成果

1）实践成果

（1）全员远程培训参与率、合格率均为100%。

（2）组建4～5个名校长工作室，培养20名以上省、市骨干名优校长。

（3）组建3～5个名师工作室，在研究周期内，确立各工作室子课题或教师个人研究小课题，开发1～3门校本课程。

（4）组建50～60支生态课堂学科研究团队，形成百余篇微创新案例集、百余节优秀课堂教学课例、凝练个性化的学科教学模式。

2）理论成果

（1）创编12期区域生态教育理念下的“好书共读”电子简报。

（2）名校长工作室、名师工作室与生态团队取得相应的课题研究成果，各工作室及团队制作成果汇编内刊，撰写论文并陆续公开发表。

3）社会影响

（1）形成相对成熟的教学模式和成功经验，在全区推广，在长春市乃至全国产生影响。

（2）校长办学理念明晰，办学特色鲜明，打造一批优质学校，提高知名度，提高学校的声望。

（3）培养有一定美誉度的教师队伍，因为名师在国内有一定的知名度和引领价值。

（三）实施策略

基于共同制订的区域教师专业发展规划，以“U-G-S”教师教育模式为基本框架，进一步明确了实施策略。

1. 多方联动，明晰角色责任

“U-G-S”教师教育模式强调大学、地方政府以及中小学的多方联动。在长春市南关区区域教师专业发展过程中，大学发挥着理论引领的重要作用，在引领地方教育行政部门、教师进修学校、教研室等的过程中，积极带动中小学教师在教育理论、方法等方面的专业成长。地方教育行政部门及其所辖的教师进修学校、教研室等部门一方面链接着师范大学的智力资源，另一方面链接着中小学教师专业发展的实践场域，具有重要的中介功能。基础教育实验学校更是教师专业成长的重要场域，成为影响教师专业成长的关键要素。因此，多方合作，共同关注区域教师发展，在很大程度上强化了“U-G-S”教师教育模式的实践效果。

2. 目标带动，多维路径推进

“U-G-S”教师教育模式始终倡导区域教师的专业发展。十余年来，东北师范大学始终坚持与地方教育行政部门、中小学联合开展一年一度的教育实习工作会议、功课异构活动、教师专业发展论坛、教师教育国际学术会议，以多种方式促进区域教师专业发展。为了更好地实现长春市南关区区域教师专业发展的整体目标，东北师范大学的教育专家、南关区教育局与各实验学校联合设计、采取了多种方式，以多维路径推进教师专业发展。2018 年 7 月，全国著名特级教师吴正宪与实验学校的两名教师开展了小学五年级数学《比的认识》的同课异构活动。在活动过程中，各实验学校的数学教师深刻地感受到了名师授课的专业性与科学性，同时也感受到了专家点评的深刻性与引领性。这场同课异构活动在南关区引发了强烈反响，较好地推动了数学教师教学能力的提升，促进了教师的专业发展。同时，实验学校的多位中小学教师受邀担任东北师范大学教师教育研究院的教育实践导师，将自身的专业所得与师范大学的实践需求相对接，有力地促进了双方共同成长。此外，名师工作室、课程展示、专业研讨等创新性的教研活动，也有力地促进了南关区区域教师的专业发展。

3. 任务驱动，破解核心问题

东北师范大学之所以能在“U-G-S”教师教育实验区广受好评，正在于其对教师专业发展的执着探索。教师专业发展的核心问题是什么？究竟是什么阻碍了教师对自身专业发展的现实需求？这是“U-G-S”教师教育模式始终关注的重点问题。新世纪以来，东北师范大学始终积极关注教师专业发展的现实状况，认真倾听他们的专业问题，主动回应他们的发展困惑，积极探索促进教师专业发展的长效机制。长春市南关区是一个老城区，也是一个具有深厚教育底蕴、教师文化的文化区域，但教师队伍老化、教师的知识结构不合理、教师专业发展动力不足等问题仍制约着南关区区域教师队伍水平的整体提升。为此，东北师范大学委派专家组开展了全面调研，与区教育局一道发现真实问题，探讨解决方案，最终探索制订了《南关区生态教师队伍建设工程实施方案》，详细规划了发展目标、基本原则、主要任务、实施步骤、预期成果等具体要素，以任务驱动的方式助推教师的专业发展。

4. 常态互动，促进互惠交流

“U-G-S”教师教育模式不是一种静态的、平面化的短期模式，而是深耕各实验区教育一线的动态的、立体的长期模式。大学教育专家长期深入实验区中小学，开展教育调查研究；教育局、教师进修学校、教研室等的领导与中小学校长、教师一道前往东北师范大学进行理论学习、业务培训，或者参与实验区的现场会活动。这些常态化的互动不仅增强了各教育主体之间的联系，而且促进了教育理论与教育实践的有机结合，以多维路径推动了教师专业发展。在南关区区域教师专业发展项目中，南关区教师经常参与东北师范大学的课堂教学，与各师范专业的本科生、硕士研究生、博士研究生等一起探讨教育问题；东北师范大学的教育专家也常常带领博士、硕士研究生团队前往实验学校，与教师一起就某个问题开展集中攻坚、协同研讨。这种常态化的互动以互惠为基本原则，有力地推动了教师的专业成长。

5. 典型牵动，发挥示范功能

"U-G-S"教师教育模式对实验区教师专业发展的有效推动，更多地关注教师典型的专业成长模式，以典型牵动的方式，发挥示范功能。这种"典型"主要包括区域性名师的培养与引领、名师工作室的带动辐射以及外部名师在专业发展方面的引导。2018 年 12 月，南关区 104 中学孙颖名师工作室、于茜名师工作室开展了系列活动，各校的名师工作室成员积极参与其中，认真聆听了大学教育专家的点评与建议，并就自身专业成长存在的问题、名师工作室建设等与教育专家进行了深入交流，有效地推动了教师的专业自觉。同时，南关区区域教师专业发展在地缘上受益于东北师范大学。在东北师范大学参研、参培、参训的教师常常将培训问题与地方教育实践相结合，深入南关区各中小学。"中小学名师名校长领航工程"的多位全国名师在东北师范大学研修期间，在东北师范大学教育专家的带领下，与实验学校教师就专业发展问题展开交流，以自身的经验为基础，为实验学校教师提供了很好的外部资源。

三、"U-G-S"教师教育模式下区域学校教师发展基本经验

在"U-G-S"教师教育模式下，经过大学教育专家的有力指导以及南关区教育局的顶层设计，各实验学校都在教师专业发展方面进行了各具特色的实践探索。"U-G-S"教师教育模式也在这些实践中积累了宝贵经验。

（一）基于区域需求，创生发展模式

新时代，"U-G-S"教师教育模式的基本动力并不是来自师范大学，恰恰相反，

是来自地方教育行政部门的有力推动。这是新时代"U-G-S"教师教育模式的重要动力来源。

1. 植根区域教育实情，回应优师需求

在青岛李沧区、长春南关区等地的"U-G-S"教师教育模式实践中，地方政府的主动作为往往成为推动当地教师教育深度变革的核心动力。这有别于传统的、由师范大学发起的"U-G-S"教师教育模式，真实地反映了地方教育行政部门在培养优秀教师方面的现实需求。基于此，师范大学应植根区域教育发展的实际情况，主动回应地方教育行政部门提出的现实需求，与中小学联合培养优秀教师。

2. 丰富"U–G–S"教师教育模式的内涵，拓展实践边界

地方教育行政部门之所以主动表达现实需求，正在于"U-G-S"教师教育模式本身让地方教育行政部门看到了培养优秀教师、改善区域教师队伍的希望与可能。因此，师范大学在主动回应地方教育行政部门的实践过程中，应反观"U-G-S"的既有理论框架，更加重视"G"（即地方教育行政部门）的中介功能，激发地方教育行政部门与中小学的真实需求，积极拓展"U-G-S"教师教育模式的实践边界，重构"U-G-S"教师教育模式的理论表达。

（二）贡献大学智慧，形成顶层设计

"U-G-S"教师教育模式的引领者是师范大学，师范大学只有更加积极地贡献大学智慧，协助地方教育行政部门、中小学形成顶层设计，才能更加科学地推动优秀教师培养。

1. 发挥师范大学优势，供给多重资源

在"U-G-S"教师教育模式中，师范大学不仅发挥着理论引领的重要功能，而且也为地方教育行政部门、中小学提供着人才、智力、学科、学术等多重教育资源。这些宝贵的教育资源既与师范大学所独有的"师范"特色紧密相关，又深深地影响着区域教师教育过程。实际上，新时代的"新师范教育"客观上要求师范大学走进中小学，在教育理论与教育实践中达成一致，深耕细作，共同分享资源，共同建设新的教育资源，从而有力地提升师范教育和基础教育的质量。

2. 建构教育专家团队，全程有力指导

教育专家是师范大学宝贵的资源，建构专业、学科、研究方向等结构合理的教育专家团队，也是青岛市李沧区、长春市南关区等区域学校积累的重要经验。如果说“U-G-S”教师教育协同创新模式以模式化的方式推动着教师专业发展，那么教育专家团队的积极参与则强化了教师专业发展的团队化、可行性。教育专家深入中小学推动中小学教师专业发展，正成为新时代教育综合改革过程中的一种现象。事实上，中国的师范大学正在与中小学的联结中推动教育理论与实践的有效衔接，很多教育专家也在这一过程中扮演重要的角色。2017 年 3 月，长春市南关区教育局与东北师范大学教师教育研究院研究决定开展为期三年的“生态教育理念下南关区学校改进项目”。这一项目的一个重要内容就是要对南关区各校的教师专业发展进行有效指导。2017 年以来，来自东北师范大学的 7 名教育专家走进各实验学校，促使各学校在教师专业发展上取得了可喜成绩，培养了一批有代表性的优秀教师。各学校在理解生态教育理念、推动本校教师成长的过程中，经常召开专家咨询会、邀请专家团队入校，结合本校的发展实际，诊断教师专业发展等方面的现实问题，从而有效地提升了本校教师的专业发展水平。

3. 科学谋划顶层设计，提振自生能力

在“U-G-S”教师教育模式中，师范大学不仅发挥着理论引领的重要功能，而且以专业性、学术化的专家团队践行着教育理论。来自师范院校的教育专家组建专家团队，充分利用学校改进项目，投身于学校教师专业发展之中，对各校开展顶层设计、协同攻关，切实促进了教师的专业成长。应该说，正是有了众多教育专家的积极参与，主动贡献大学智慧，科学谋划顶层设计，才能真正提振区域教育行政部门在培养优秀教师方面的自我更新、自我创造、自我生成能力，促进各校教师专业发展的持续、健康推进。

（三）转变政府角色，提供专业保障

“U-G-S”教师教育模式的成功实践充分表明，地方政府的教育服务能力、治理水平发挥着十分重要的功能，不仅影响着区域教师的专业发展水平，而且也为“U-G-S”教师教育模式的成功实践提供了重要保障。

1. 改善行政行为，强化治教能力

在中国教育治理能力现代化的时代背景下，政府职能转变与角色转换成为推

动教育综合变革的重要引擎。“U-G-S”教师教育模式之所以能够持续而高效地开展下去，与地方教育行政部门的紧密配合、主动衔接密不可分。长春市南关区在推动教师专业发展过程中，积极听取专家的意见，从管理型向服务型转变，与大学教育专家一道走进中小学，与中小学校长、教师联合开展调查研究、听课和评课、教师成长沙龙等系列活动。这种保障功能有别于制度、资金等资源支持，因为专业保障更能推动教育专家在中小学教师群体中贡献智慧，更能提升中小学教师在专业成长的道路上获得智力支持、科研支持与理念支持，从而提升了自身的治教能力。这离不开地区教育行政部门对于自身教育行政行为的切实改善，以及不断提高治教能力、提升治教水平。

2. 创新服务水准，保障教师成长

“U-G-S”教师教育模式也在一定程度上推动着地方教育行政部门重新审视自身所具有的教育职能及其履行情况，以科学的理念、方法为地方教育发展贡献大学智慧，创新服务水准，唤醒地方教育局、教研室、教师进修学校转变职能、转换角色，创建服务型教育局、教研室、教师进修学校，从而进一步改善了地方教育生态。因此，“U-G-S”教师教育模式的成功实践，在某种意义上正得益于地方教育行政部门的职能的转变，为“U-G-S”教师教育模式提供了专业保障，同时又反推着地方教育行政部门自身能力的提升，从而为教师专业成长提供了坚实保障。

（四）尊重学校原创，发现原生思想

“U-G-S”教师教育模式并不是要为学校教师专业发展提供一种新的路径，恰恰相反，这一模式正是要基于学校本身所具有的发展实情，以学校教师教育的原生思想为统领，提升教师教育的理论与实践水平。

1. 充分关照学校原初形态，保护教师教育实践特色

在中国的中小学实施一种教育模式，并非是一件容易的事。因为制度化的学校教育总是沿着既定的轨道运行，总是将课堂教学、班级管理等编制成相对稳定的学校制度，以良好的教学秩序完成立德树人的教育使命。在“U-G-S”教师教育模式下，各学校开展教师专业发展，既非一种教育理念的强硬灌输，同时也不是对既有教育理念的排斥，恰恰相反，正是对学校先行教育模式的肯定，对学校

办学思想的丰富，也是对学校未来发展的有力推动。只有基于学校既有的教师发展模式，才能发现学校特色发展的生长点。例如，长春市南关区104中学的孙颖名师工作室以孙颖老师为核心，带动了学校教师的制度化研讨、模块化学习，产生了一批具有孙颖名师工作室风格的优秀教师。在“U-G-S”教师教育模式下，师范大学的教育专家积极利用这一名师工作室，强化并提升名师工作室对教师专业成长的辐射与带动能力，搭建平台，提供机会，促进更多教师在学校原有条件下更好地发展。

2. 协同凝练教育原生思想，提升教师教育理论水平

在保护中小学教师教育实践特色的过程中，大学教育专家团队与地方教育行政部门、中小学教师一同深挖教师培养过程所蕴含的教育理论，再以教育理论引领教师专业成长。三方协同提炼教师教育过程中具有的经验、不足，凸显教师专业成长的区域特色、校本特色，逐渐凝结成教师教育的原生态思想。这种宝贵的原生态思想不仅以缄默的方式始终支撑着区域教师成长，也在凝练之后以更加显性的方式提升了区域教师教育的理论水平。

（五）注重过程管理，强化反思提升

区域性的教师专业发展不是一蹴而就的，并非一朝一夕能够完成。恰恰相反，正是“U-G-S”教师教育模式的过程性管理，注重在过程中实现教师反思提升，才能在区域教师专业发展过程中实现最终目标。

1. 建构区域教师教育管理的过程性，实现“管理育师”

“U-G-S”教师教育模式十分注重过程管理，将教师专业成长放在日常教学、班级管理、校本研修、专家讲座等过程之中进行。在“U-G-S”教师教育模式中，来自师范大学的教育专家积极配合区域教育行政部门，不断引导中小学教师反观自身在日常教学中的观点、过程、方法，基于自身成长的现有基础，并以科学的理念、方法超越自身，成为一名优秀教师。这种过程性管理不仅提升了区域教育行政部门的教育行政能力，也在这个过程中实现了“管理育师”的目标。

2. 凸显区域教师专业成长的反思性，促进“反思强师”

在教师专业成长的过程中，反思扮演着十分重要的角色。“U-G-S”教师教育模式高度重视教师反思在教师专业发展中的地位和功能。这是因为受制于自身的

理念与经验，教师的反思常常带有一定的局限性，并难以超越自身。教育专家引导教师充分理解反思的重要价值，积极利用听课、评课等日常活动，以身示范，提升教师的反思意识与能力，带动教师学会反思、乐于反思并养成反思习惯。在长春市南关区区域教师专业发展过程中，专家每个月都要到实验学校中听课，与教师共同研磨一节课，并以一节课为核心点来带动相关课堂教学，启发教师在教学设计、教学方法等方面开展高质量、有深度的教学反思，从而以"反思强师"推动着教师的专业成长。

（六）发挥成果效应，引领区域发展

"U-G-S"教师教育模式在推动区域教师专业发展过程中，高度重视理论成果、实践成果、社会效应，不断推动区域教师专业成长实现多维成效，切实强化教师专业发展路径的区域辐射功能。

1. 树立结果意识，推动区域教师专业成长的多维成效

在"U-G-S"教师教育模式实践伊始，师范大学、教育行政部门以及中小学就已经明确表示出对于教师专业发展成果的关注。这种共识实际上反映出了教师专业发展问题已经成为重要问题，对这一问题的彻底解决尚不能达成满意的结果。因此，"U-G-S"教师教育模式十分重视教师专业成长的成果效应。在长春市南关区区域教师专业发展的过程中，来自师范大学的教育专家建议以三项成果来代表教师的专业成长：一是教师的理论成长，表现为教师在相关学术会议上发表了许多学术论文，同时出版了很多学术著作，成功申报了多项课题，这种高质量的理论成果代表着教师在专业理性方面实现的自觉与自为。二是教师的实践成长，表现为教师在"U-G-S"教师教育模式下能够主动提升自身的教学水平与研究能力，并着力强化自身的反思意识与合作精神，能够与其他教师协同成长。三是社会效应，表现为教师在教学示范课、公开课、展示课等不同课型中所获成长得到了广播、报纸、电视、网络以及新媒体等的宣传、报道，从而提升了教师的在区域教师专业成长中的影响力。从他者视角而言，这种第三方评价能够使教师专业成长具有更加独特的意义。

2. 提升引领功能，强化教师专业发展路径的区域辐射

无论是理论成长、实践成长还是社会效应，都在一定程度上提升了教师专业

发展的能力与水平，推动着教师在区域内发挥更大的成长带动效能。在“U-G-S”教师教育模式实践过程中，教育专家团队与区域教育行政部门、中小学以多种形式共同推动着教师专业发展，并以优质的教师专业发展路径引领其他学校发展，既保证了这种引领和带动的科学性、实效性，又提升强化了这些路径在实践中的校本化特色。应该说，“U-G-S”教师教育模式对于区域教师专业发展水平的有效提升，乃至整个区域教育发展都具有重要的理论引领与实践导向功能。

参考文献

包金玲. 中小学教师职业吸引力不足原因分析及应对策略[J]. 现代中小学教育，2018，34（11）：56-61.

陈桂生. 略论教师职业的声望[J]. 当代教育论坛（宏观教育研究），2008（8）：104-105.

邓坚阳，程雯. 教师主观幸福感的影响因素及其增进策略[J]. 教育科学研究，2009（4）：70-72.

雷治淮. 如何保障学生生命安全[J]. 科学咨询（教育科研），2010（6）：1.

李方强. 制约与提升：教师职业声望的社会学分析[J]. 培训与研究（湖北教育学院学报），2004（6）：88-90.

李广. 秉持"创造的教育"理念，推进一流师范大学建设[J]. 东北师大学报（哲学社会科学版），2019（1）：136-141.

李广. 教师教育协同创新机制研究——东北师范大学"U-G-S"教师教育模式新发展[J]. 教育研究，2017，38（4）：146-151.

李强. 转型时期的中国社会分层结构[M]. 哈尔滨：黑龙江人民出版社，2002.

李生兰. 学前比较教育[M]. 上海：华东师范大学出版社，2000.

刘益春，高夯，董玉琦等. "U-G-S"教师教育新模式的探索. 中国大学教学，2015（3）：17-21.

刘益春，李广，高夯. "U-G-S"教师教育模式建构研究——基于教师教育创新东北实验区建设的实践与思考[J]. 教师教育研究，2013，25（1）：54，61-64.

刘益春，李广，高夯. "U-G-S"教师教育模式实践探索——以"教师教育创新东北实验区"建设为例[J]. 教育研究，2014，35（8）：107-112.

刘益春. 扎根中国大地，以一流学科助推世界一流师范教育[J]. 中国高等教育，2017（19）：25-26.

楼世洲，张丽珍. 探寻与应对：教师专业化背景下的职业声望[J]. 国家教育行政学院学报，2007（2）：44-47.

王道俊，郭文安. 教育学[M]. 北京：人民教育出版社，2016.
王德勋. 高校师德建设运行机制及目标考核探讨[J]. 国家教育行政学院学报，2009（4）：69-72.
王凯. 我国中小学教师职业声望研究考察[J]. 山西师大学报（社会科学版），2010，37（S3）：16-17.
王新兵，杜学元. 社会转型时期我国教师职业声望的现状、成因及对策. 教师教育研究[J]. 内蒙古师范大学学报（教育科学版），2006（1）：66-70.
吴康宁. 教育社会学[M]. 北京：人民教育出版社，1998.
习近平. 习近平谈治国理政[M]. 北京：外文出版社，2018.
习近平. 在庆祝改革开放 40 周年大会上的讲话[EB/OL]. http：//www.xinhuanet.com/politics/2018-12/18/c_1123872025.htm[2018-12-19].
袁博，何勇平. 地位不一致性与相对剥夺感——对西部某市高校青年教师的调查研究[J]. 武汉理工大学学报（社会科学版），2017，30（6）：48-56.
曾文婧，秦玉友. 新时期师道尊严：缘何衰落与何以重振[J]. 教育发展研究，2018，38（18）：1-6
张爱卿. 归因理论研究的新进展[J]. 教育研究与实验，2003（1）：38-41.
祝丽怜. 城市居民职业声望评价的一致性与差异性研究[D]. 华中科技大学，2005.

后　记

党的十九大确立了习近平新时代中国特色社会主义思想的历史地位，开启了全面建设社会主义现代化国家的新征程。以习近平同志为核心的党中央高度重视教育工作，习近平总书记对教育工作做出了一系列重要部署，发表了一系列重要论述，深刻阐释了“培养什么样的人、如何培养人、为谁培养人”，“办什么样的教育、怎样办教育、为谁办教育”等重大理论和实践问题，丰富和发展了中国特色社会主义教育理论。为深入贯彻落实党的十九大精神，造就党和人民满意的高素质专业化创新型教师队伍，中共中央、国务院先后颁布了《中共中央 国务院关于全面深化新时代教师队伍建设改革的意见》《关于深化教育教学改革全面提高义务教育质量的意见》两个重要文件。百年大计，教育为本；教育大计，教师为本。加强教师队伍建设，深化教育教学改革，提高义务教育质量成为当前教育领域中的热点、难点和重点问题。

东北师范大学建校 70 余年，始终秉持“服务国家重大教育发展战略、培育一流基础教育师资”的大学使命，坚持“为基础教育服务”的办学特色，扎根中国大地建设世界一流师范大学。为深入贯彻落实习近平总书记关于教育的重要论述以及全国教育大会精神，创造性地贯彻《教师教育振兴行动计划（2018—2022 年）》等政策宗旨，东北师范大学充分发挥教师教育、基础教育、农村教育等学科优势，从 2018 年开始设计实施“中国教师发展报告”项目，旨在获取我国教师发展的第一手资料，充分把握我国教师发展的基本现状，为我国教师发展的政策研制提供事实基础、数据支撑、理论指导与价值引领。

本书撰写分工如下：前言，柳海民、李广、邹红军；绪论，柳海民、李广、盖阔；第一章，杨进、蒋英鑫、柳海民；第二章，梁红梅、毋锶锶、姚苏琪、李广；第三章，柳海民、邹红军；第四章，林丹、柳海民；第五章，刘学智、丁浩然；第六章，杨进、赵晓翠、柳海民；第七章，孟祥斌、李广；第八章，梁红梅、高梦解；第九章，张聪、李广；后记，李广、柳海民。全书由李广、柳海民、盖阔最终统稿。另外，张明威、邹红军、杨宁、宋林静、尤真真、苏顶顶、梁晟瑞、包一鸣、刘宇婷、付钰、崔庆珍、王紫璇、王娴娴、孙毓、许洁、张颖、朱太龙、李沐洋、韩鸣参加了资料收集、问卷研制、数据处理等工作。

本书在顶层设计过程中，得到了教育部教师工作司的大力支持与指导；在调研过程中得到了教师教育创新实验区的教育局、进修校及中小学校的鼎力配合与协同落实；在调研资料整理过程中，得到了东北师范大学教育学部、教师教育研究院等部门单位的研究生的专业帮助与智力投入；在出版过程中，得到了科学出版社的全力相助与专业指导；在完成过程中，还得到了东北师范大学教师教育省部共建协同创新中心以及部分省（自治区、直辖市）、市、县教育行政部门的大力支持，在此一并表示感谢！

尽管我们本着严谨、认真、负责、专业的态度投入本报告的撰写工作，但因时间所限，加之任务量巨大，报告中不足之处在所难免，恳请方家批评指正为盼！

东北师范大学教师教育研究院

李　广　柳海民